P. 506.
8º E

HISTOIRE
LITTÉRAIRE
DES
FEMMES FRANÇOISES.
TOME CINQUIEME.

HISTOIRE
LITTÉRAIRE
DES
FEMMES FRANÇOISES,
OU
LETTRES HISTORIQUES
ET CRITIQUES,

Contenant un Précis de la Vie, & une Analyse raisonnée des Ouvrages des Femmes qui se sont distinguées dans la Littérature Françoise.

Par une Société de Gens de Lettres.

Quid Fœmina possit. *Virg. Æneid.*

TOME CINQUIEME.

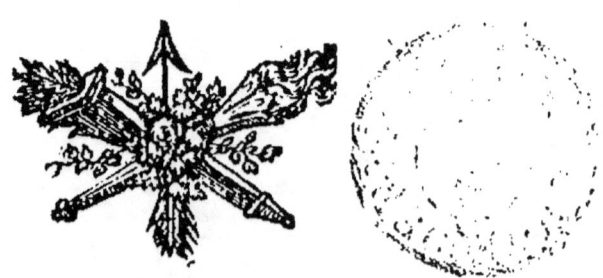

A PARIS,
Chez LACOMBE, Libraire, rue Christine.

M. DCC. LXIX.
AVEC APPROBATION, & PRIVILEGE DU ROI.

TABLE
DES ARTICLES

Contenus dans ce cinquième Volume.

LETTRE PREMIERE,	pages 1
Madame RICCOBONI,	ibid.
Le Marquis de Crecy,	2
LETTRE II,	14
Fanny Butler,	ibid.
Juliette Catesby,	23
LETTRE III,	34
Miss Jenny,	ibid.
LETTRE IV,	51
Lettres de la Comtesse de Sancere,	ibid.
LETTRE V,	65
L'Aveugle, Conte,	ibid.
Ernestine,	71
LETTRE VI,	79
Madame ROBERT,	ibid.
La Paysanne Philosophe,	80

La Voix de la Nature, 87

LETTRE VII, 94

Voyage dans les Planettes, ibid.

LETTRE VIII, 106

Madame DE PUISIEUX, ibid.
Conseils à une Amie, ibid.
Réflexions & Avis, 107
Les Caracteres, 109
La Comtesse de Zurlac, 113

LETTRE IX, 121

Zamor & Almansine, ibid.
Le Plaisir & la Volupté, 127

LETTRE X, 129

Alzarac, ibid.
Histoire de Mademoiselle de Terville, 134
Mémoires d'un homme de bien, 151

LETTRE XI, 155

Madame ELIE DE BEAUMONT, ibid.
Lettres du Marquis de Roselle, ibid.

LETTRE XII, 173

Suite des lettres du Marquis de Roselle, ibid.

LETTRE XIII, 189

Madame FAGNAN, ibid.

TABLE.

Kanor, ibid.
Miroir des Princesses Orientales, 194
Minet bleu & Louvette, 200

LETTRE XIV, 203

Mademoiselle FAUQUES, ibid.
Le Triomphe de l'Amitié, 204

LETTRE XV, 213

Abassaï, ibid.

LETTRE XVI, 230

Contes du Sérail, ibid
Durboulour, 237
Fazlillah, 241
Mémoires de Mlle Doran, 242

LETTRE XVII, 249

Mademoiselle DE SAINT PHALIER, ibid.
Le Porte feuille rendu, ibid.
Les Caprices du Sort, 252
La Rivale Confidente, 256

LETTRE XVIII, 258

Madame BELOT, ibid.
Réflexions d'une Provinciale, ibid
Observations sur la Noblesse, 263
Mélange de Littérature, 264
Nouradin & Alma-Moulin, ibid.
Buhamar, 266
Rustan & Mirza, 268

Raſſelas, 271

LETTRE XIX, 276

Ophélie, ibid.
Traductions d'Hiſtoire, 290

LETTRE XX, 292

Madame KÉRALIO, ibid.
Fables de Gay, ibid.
L'Eventail, ibid.
Madame BONTEMS, 296
Les Saiſons, ibid.

Madame BONTEMS eſt morte depuis que ſon article eſt imprimé.

Mademoiſelle DU CORBET, 305
Abrégé de la vie de M. le Pelletier, ibid.
Madame CHARDON, ibid.
Madame JULIEN, 306
Madame LE PAUTE, ibid.
Madame HECQUET, ibid.
Madame ARCHAMBAUD, ibid.
Madame DE PREMONTVAL, ibid.
Madame RÊTEAU DU FRÊNE, 307
Mademoiſelle PLISSON, ibid.
Mademoiſelle MENON, ibid.
Mad. ALISSANT DE LA TOUR, ibid.
Madame DOLIEME, ibid.
Madame de LOUVERNI, ibid.
Mademoiſelle COSSON, ibid.
Mademoiſelle DUHAMEL, 308
Madame de LAIRE, ibid.
Madame LEZÉ, ibid.
Madame DE FLONCEL, ibid.

TABLE.

LETTRE XXI, 309
    Madame BENOIT, ibid.
    Journal en forme de Lettres, ibid.
    Mes Principes, 311
    Pensées détachées, 318

LETTRE XXII, 330
    Elisabeth, ibid.
    Celianne, 330

LETTRE XXIII, 332
    Lettres de Talbert ibid.

LETTRE XXIV, 345
    Sophronie, ibid.
    Agathe & Isidore, 351

LETTRE XXV, 365
    Le Triomphe de la Probité, ibid.
    La Supercherie réciproque, 369
    Portrait, 370

LETTRE XXVI, 380
    Mademoiselle GUICHARD, ibid.
    Mémoires de Cécile, ibid.
    Mademoiselle DE BOIS MORTIER, 388
    La Comtesse de Marienberg, ibid.
    Histoire de Jacques Féru, 390
    Madame CAMPION, 393
    Elégie, 395

LETTRE XXVII, 397
    Madame BOURETTE, ibid.
    Recueil de Vers & de Prose, ibid.
    Ode au Roi de Prusse, 398

Madame DE TRECIGNY, 410

LETTRE XXVIII, 412

Madame DE SAINT AUBIN, ibid.
Le Danger des liaisons, ibid.

LETTRE XXIX, 433

Mémoires de deux jeunes personnes, ibid.

LETTRE XXX, 450

Mademoiselle de la GUESNERIE, ibid.
Mémoires de Milédy B.. ibid.

LETTRE XXXI, 473

Madame DE SAINT CHAMOND, ibid.
Portrait, 476
Lettre à M. J. J. Rousseau, 478
Eloge de Sully, 480

LETTRE XXXII, 493

Camédris, Conte, ibid.
Eloge de Descartes, 506

LETTRE XXXIII, 515

Mademoiselle BROHON, ibid.
Les Amans Philosophes, ibid.

LETTRE XXXIV, 527

Les charmes de l'ingénuité, ibid.

TABLE.

LETTRE XXXV, 544
- Mademoiselle D.***, ibid.
- Lettres de Mademoiselle de Jussy, ibid.
- Maria ou Mémoires d'une Dame illustre, 550

LETTRE XXXVI, 569
- Madame GUIBERT, ibid.
- Recueil de différentes Piéces en vers & en Prose ibid.
- Les Filles à marier, Comédie, 573
- Mademoiselle DE BERMANN, 577
- Discours, ibid.
- Madame DU COUDRAI, 583
- Art des Accouchemens, ibid.
- Madame CORRON, 584

C'est ici le lieu de parler de Madame BOURSIER, que nous avions oubliée dans le corps de l'ouvrage, & qui a écrit sur l'Art des accouchemens, avec des notes par M. Verdier.

- Madame LE REBOURS, ibid.
- Avis aux Meres qui veulent nourrir leurs enfans, ibid.

Cette Dame, dont nous n'avons rapporté que la lettre initiale dans son article, est l'épouse de M. le Rebours, auteur du Journal du Commerce, & d'autres ouvrages œconomiques.

- Mademoiselle BESUCHET, 586
- Mademoiselle DE BASINCOURT, ibid.

LETTRE XXXVII & derniere, 587
- Madame DUPIN, ibid.
- Madame DE LA POPÉLINIERE, ibid.
- Madame DENIS, ibid.
- Mademoiselle HUBERT, 588
- Mesdemoiselles DE CHOPPY, de LA CROIX

& DE LAUNAY,	ibid.
Mademoiselle DU HAMEL,	ibid.
Mademoiselle GAILLARD,	ibid.
Madame DE MAISONNEUVE,	589
Madame FAVART,	ibid.
Madame HUS,	ibid.
Plutus Rival de l'Amour,	ibid.
Mademoiselle L'ESPINASSI,	592
Essais sur l'éducation,	ibid.
Abrégé de l'Histoire de France,	594
Mlle de SAINT VAST,	595
L'Esprit des Poëtes,	ibid.
L'Esprit de Sully	596
Mademoiselle DE MILLY,	600
Histoire du Cœur,	ibid.
Madame DE LA BOUREYS,	602
Métamorphoses d'une Religieuse,	ibid.

Fin de la Table du cinquième Volume.

N. B. On a rétabli dans cette Table l'ordre des chiffres qui indiquent chaque Lettre, lequel se trouve dérangé dans quelques endroits de ce volume.

HISTOIRE
LITTÉRAIRE
DES
FEMMES FRANÇOISES.

Lettres a Madame ***.

LETTRE PREMIERE.

Avant que de vous entretenir des Ouvrages de Madame Riccoboni, je veux, Madame, vous faire connoître sa personne, en vous envoyant son portrait tracé par elle-même.

    » Ma taille est haute; j'ai les yeux noirs, &
» le teint assez blanc: ma phisionomie annonce
» de la candeur; mes procédés ne l'ont point
» encore démentie. En parlant à une personne
» que j'aime, j'ai l'air vif & gai, très-froid avec
» les étrangers. Je traite durement ceux que je
» méprise; je n'ai rien à dire à ceux que je ne

Madame Riccoboni.

» connois pas ; & je deviens tout-à-fait imbé-
» cille quand on m'ennuye.

« Une vie simple, même uniforme, me pro-
» cure une santé parfaite : des chagrins réels, un
» long & triste assujétissement, n'ont jamais pu
» l'altérer ; mon humeur est inégale ; elle dé-
» pend de la situation de mon ame ; tous mes
» sentimens se peignent sur mon front ; je n'ai
» point l'art de me contraindre ; en m'abordant,
» on lit dans mes yeux, si le sérieux ou l'enjoue-
» ment présidera à ma conversation.

« J'ai des amis ; j'en ai peu : s'il étoit possible
» d'en cultiver beaucoup, je n'en pourrois ché-
» rir qu'un petit nombre. L'esprit m'amuse sans
» me séduire ; mais les qualités du cœur m'in-
» téressent, m'attachent & me plaisent dans tous
» les tems. Je ne suis pas riche ; mais la modé-
» ration m'a toujours paru capable de suppléer
» à l'opulence : j'ai même pris l'habitude de ne
» pas me croire pauvre, en me comparant à ceux
» qui jouissent d'une grande fortune, parce que
» je n'ai pas leurs desirs, & me passe de mille
» choses, sans m'en priver «.

Madame Riccoboni, née en France, a épousé
un Acteur de la Comédie Italienne, & a joué
elle-même, sur ce Théâtre, avec des talens dis-
tingués, dans les rôles d'Amoureuse. Réduite,
par son choix, à une condition privée, & retirée
du Théâtre avec un bien honnête, & les secours
que lui procure son travail, elle partage ses momens entre la société de ses amis, & l'applica-
tion qu'elle donne à ses Ouvrages.

Le Marquis de Cressy. Un des premiers qui ayent paru, est *l'Histoire du Marquis de Cressy*. Ce Marquis, après
s'être distingué à l'armée, parut à la Cour avec

cet éclat que donne une grande naissance, une figure charmante, beaucoup d'esprit, une brillante fortune & des talens. Mille Beautés recherchent sa tendresse ; mais son ame, accoutumée à ne s'ouvrir qu'à des projets de grandeur & de fortune, se défend des traits de l'Amour. Sa fierté révolte les femmes, qui, dans ce doux commerce, n'aspirent qu'à flatter leur vanité ; & elle excite les desirs de celles qui, capables de sentimens, ne sont touchées que de cette qualité, dans l'objet de leur préférence. Madame de Raisel & Mademoiselle du Bougei furent de ces dernieres ; toutes deux joignoient aux charmes de la beauté, l'élévation, le brillant de l'esprit & la distinction du rang. Madame de Raisel avoit, au-dessus de Mademoiselle du Bougei, d'immenses possessions ; elle touchoit à sa vingt-sixième année, & sembloit s'être déterminée à renoncer à un second hymen, par les dégoûts & les amertumes qu'elle avoit éprouvés dans le premier. Mademoiselle Adelaïde du Bougei n'avoit guère plus de seize ans ; en elle on voyoit l'image de la candeur & de l'innocence. Elle fut la premiere victime de la perfidie du Marquis : également incapable de méfiance & de déguisement, elle laissa voir le fond de son cœur à M. de Cressy, qui s'applaudit de sa victoire, & en fit un trophée à sa vanité.

Ses fréquentes visites dans une maison où Mademoiselle du Bougei étoit familiere, multiplierent leurs entrevues, & enflâmerent par dégrés le cœur d'Adelaïde. Le Marquis se sert de tout l'ascendant qu'il a sur l'esprit de cette jeune personne, & emploie tous les artifices pour la conduire à ses fins ; il lui persuade qu'elle

A ij

peut, sans blesser la décence, avoir des entretiens avec lui, tous les soirs, à la faveur d'une promenade publique, dont le jardin de M. du Bougei donnoit l'entrée. Adelaïde s'y rendoit régulierement, suivie de sa gouvernante; & chaque jour sa passion croissoit avec son erreur. La Marquise d'Elmon, une de ces femmes du siécle, dont le cœur ne s'attache à rien, & veut essayer de tout, entreprend de s'assujettir le Marquis, qui feignant d'ignorer son dessein, élude ses poursuites. La Marquise, choquée de ses mépris, les attribue à une passion qui le rend heureux; elle s'empresse d'en connoître l'objet; elle y parvient; &, couvrant, sous l'apparence d'amitié & de zèle, sa basse jalousie, elle avertit M. du Bougei des secrettes intelligences de sa fille avec le Marquis. M. de Cressy ne retrouve plus Adelaïde au rendez-vous, & reçoit de sa part une lettre dictée par M. du Bougei, par laquelle on lui demande d'expliquer ses intentions: il rougit de n'en avoir aucune, que d'abuser du peu d'expérience d'une personne, en qui il découvre les plus belles qualités, qui le forcent à l'admiration & à l'estime. Il ne peut cependant se déterminer à lui sacrifier son ambition: il lui en fait l'aveu, & porte au cœur d'Adelaïde un trait, dont la blessure est sur le point de lui causer la mort. Il frémit de son ingratitude; il fait quelques efforts pour la surmonter; il s'avoue l'esclave de l'ambition; & cette passion l'avilissant à ses propres yeux, il s'est jugé indigne d'une si glorieuse alliance, qui, le mettant en possession du bien le plus précieux, lui laisseroit peut-être encore des desirs pour d'autres beaucoup moins estimables. Adelaïde se laisse d'abord toucher de la sincérité de son amant, & se plaint de n'avoir pas tous les biens à la fois en sa disposition, pour les lui offrir. Cependant, après avoir réfléchi sur sa conduite, elle ne conçoit pour lui que du mépris.

Une fête célebre, où la Cour invite toute la Noblesse, met ces deux personnes dans l'occasion de se revoir. Le Marquis ose encore paroître empressé ; les dédains de la part d'Adelaïde, qui refuse de l'écouter, & quitte toutes les places où il vient la joindre, font naître dans son ame le regret d'un bien, dont il s'est volontairement privé ; il le redemande avec larmes, par une lettre où le sentiment se peint sous les expressions les plus fortes : il obtient son pardon ; Adelaïde le signe dans un billet qu'elle lui envoie par sa femme-de-chambre, que le Marquis a mis dans ses intérêts ; &, à la sollicitation de cette fille, gâgnée par des présens, Adelaïde se rend au jardin, que lui avoient fermé les ordres de son pere, & qu'auroit dû lui interdire une trop juste méfiance.

» La conversation s'anima : Adelaïde avoit
» déja oublié qu'elle avoit des reproches à faire :
» le plaisir & l'espérance lui ôtoient le souvenir
» des fautes de son amant ; elle n'étoit occupée
» que du bonheur de le voir & de l'entendre ;
» le silence profond qui régnoit dans ce lieu,
» la beauté de la nuit, le parfum qui s'exhaloit
» des fleurs, l'air enflâmé de la saison, cette
» solitude où ils se trouvoient tous deux ; le né-
» gligé d'Adelaïde, qui n'avoit qu'une robe sim-
» ple & légere, que le moindre vent faisoit
» voltiger, sa tête sans ornemens, & sa gorge
» demie-nue, éleverent peu-à-peu dans l'ame

» du Marquis ces defirs ardens, impétueux, fi
» difficiles à réprimer, quand l'occafion de les
» fatisfaire augmente encore l'empire que les fens
» prennent fur la raifon. La joie qu'il voyoit bril-
» ler dans les yeux de Mademoifelle du Bougei ;
» l'air paifible dont elle l'écoutoit; le fentiment
» qui fe peignoit fur fon vifage, lorfqu'il pre-
» noit fa main, ou qu'il ofoit y porter fa bou-
» che, allumerent une ardeur fi vive dans fon
» fein, qu'il ne put en contenir les tranfports;
» il prit Adelaïde dans fes bras; & la ferrant
» tendrement, il imprima fur fes levres un de
» ces baifers de feu, dont le murmure aimable
» éveille l'amour & la volupté. Adelaïde fur-
» prife, céda pour un inftant à l'attrait d'un
» plaifir inconnu : elle fentit la premiere at-
» teinte de cette fenfation flatteufe, qui conduit
» à ce doux égarement où la nature, par l'ou-
» bli de tout ce qui contraint fes mouvemens,
» femble nous ramener à cette heureufe fim-
» plicité «.

Le Marquis demande une feconde entrevue
dans le même lieu; Adelaïde la lui accorde; &
le tems en eft marqué à huit jours, veille du
départ d'Adelaïde pour la campagne; ce court
intervalle voit évanouir le projet d'une conf-
tante fidélité qu'on vient de lui jurer.

La Marquife du Raifel, après avoir mis en
œuvre divers moyens de s'attirer les vœux du
Marquis, fans fe faire connoître, trouve le fecret de l'éclairer fur fa paffion, fans compro-
mettre fon honneur : le Marquis ouvre plus que
jamais fon cœur à l'ambition; & fe livrant aux
flatteufes efpérances des titres pompeux & des
immenfes tréfors dont cette alliance peut le

mettre en possession, il renonce à celle d'Adelaïde : il se repent de l'avoir revue, de l'avoir jamais aimée ; il étouffe tous les sentimens d'honneur, & tous les remords que soulevent en lui l'équité & la justice : il se détermine à violer les sermens qui le lient à Adelaïde, & veut tenter de s'assurer par la séduction, un bien qu'il ne veut plus acquérir par des voies légitimes.

» Il devient pressant, hardi : il demandoit sans
» cesse, obtenoit toujours, & se plaignoit en-
» core : ses soupirs brûlans, étouffés par la vio-
» lence de ses desirs, ses larmes feintes, ses
» prieres soumises ; cette phrase si simple en
» apparence, si souvent employée, & toujours
» trop puissante sur le cœur d'une femme,.....
» *vous ne m'aimez pas...... Si vous m'aimiez !*
» mille & mille fois répétée par lui, confondoit
» Adelaïde : elle aimoit ; elle ne pouvoit souf-
» frir que son amant doutât de son amour : de
» moment en moment, il en exigeoit une preu-
» ve nouvelle ; & plus elle donnoit, moins il
» paroissoit disposé à borner ses prétentions.....
» La tendre & crédule Adelaïde, conduite par
» lui sous un feuillage épais, abandonnée à l'im-
» prudence de son âge, à l'ignorance du péril,
» à la foi de son amant, sembloit s'être oubliée.
» Son cœur, tout entier à l'amour, n'étoit dis-
» trait par aucun autre objet : sans prévoir où
» la guidoit une question captieuse, elle y avoit
» répondu ; elle avoit dit qu'elle desiroit qu'il
» fût heureux ; qu'elle feroit tout pour assurer
» son bonheur : elle le disoit encore, quand la
» témérité du Marquis, portée à l'extrême, la
» tirant de cette yvresse dangereuse, lui rendit
» la raison & la force de s'opposer à ses entre-
» prises.

« Elle s'arracha de ses bras avec un cri d'hor-
» reur ; & , s'élançant hors du bosquet, elle ap-
» pella sa femme-de-chambre, qui se promenoit
» un peu plus loin : peu rassurée à sa vue, mais
» n'ayant pas la force de se soutenir, Adélaïde
» s'appuya contre un arbre; & , laissant tomber
» sa tête sur le sein de cette fille, qu'elle te-
» noit embrassée, elle se mit à pleurer ame-
» rement. Le Marquis voulut l'appaiser; mais
» elle le repoussa, & rentra chez elle «.

La honte d'une si lâche entreprise, la perte d'un cœur dont l'acquisition étoit un si grand bien, ne laissent pas, dans cette ame vile, une impression profonde ; & le Marquis, consolé de sa perte, & tranquille sur les maux qu'il a causés, se hâte de voler dans les bras de Madame de Raisel, ou plutôt dans ceux de la fortune, dont son alliance lui offre les faveurs. La tendre Adélaïde apprend que son perfide amant l'abandonne sans retour ; elle se rend au Couvent de Chelles, où elle fait profession.

Madame de Raisel, trompée à son tour par les paroles artificieuses du Marquis, le croit tout ce qu'il feint de paroître , & se persuade couronner en lui une passion persévérante, jusqu'alors, contrainte par le respect. Une année s'écoule, qu'elle est encore flattée de cette agréable illusion, dont la tire tout-à-coup un événement auquel sa bonté l'intéresse. Appellée à la mort d'une amie qui lui étoit chere , elle se chargea d'adoucir le sort de sa fille, qui porta le sien au comble du malheur par sa perfidie. Hortense de Berneuil, présente à l'ouverture de la lettre, qui annonçoit la consommation du grand sacrifice de l'infortunée Adélaïde , est moins capable encore de sentiment, que le Marquis de Creſſy. Hortenſe s'étonne de l'émotion où elle le voit entrer, en apprenant le parti extrême que prend Adélaïde. Elle taxe le Marquis de foibleſſe, & accepte, par plaiſanterie, le défi qu'il lui fait, de la rendre ſenſible. Elle céde à cette épreuve par vanité, enſuite par volupté, ſouille le lit de la plus vertueuſe épouſe, & trahit la plus généreuſe amie.

Madame de Raiſel, toujours immolée par ſa bonté, qui la porte d'entrer dans une maiſon, pour eſſuyer les larmes d'une femme éplorée, y trouve la ſource de celles qui empoiſonnent à jamais tous ſes plaiſirs. Elle apprend que cette maiſon eſt le lieu, où ſon infidele époux vient offrir chaque jour à l'ingrate Hortenſe, l'hommage de ce cœur, dont les froideurs lui avoient déjà décélé l'aliénation. Confuſe, déſeſpérée d'avoir été juſqu'alors, le jouet de deux perfides, elle croit que ces maux ne peuvent ſouffrir d'accroiſſement; elle n'enviſage qu'un malheur continuel dans le reſte de ſa vie, & ne cherche plus qu'à en abréger le cours. Elle s'occupa tout le jour à mettre en ordre des papiers qu'elle cachera avec ſoin; elle diſtribua des préſens à ſes femmes; &, lorſqu'elle eut fini, elle donna ordre, qu'à quelqu'heure que le Marquis rentrât, on lui dit qu'elle vouloit lui parler. A minuit, elle demanda du thé. Elle en prépara une taſſe, dans laquelle elle jetta une poudre, & la poſa ſur la table pour la laiſſer infuſer. Il étoit une heure, lorſque le Marquis rentra. Dès qu'il fut dans la chambre de ſa femme, elle le pria de remplir la taſſe qui lui reſtoit à prendre, & de la lui donner. Il le fit; & la Marquiſe la recevant de sa main, lui dit qu'elle étoit charmée que ce fût lui-même qui la lui eût présentée. Comme elle vouloit gagner du tems, elle lui parla de beaucoup de choses qui le regardoient ; ensuite, jugeant que l'heure étoit assez avancée, elle donna au Marquis un paquet cacheté.

» Gardez cela, Monsieur, lui dit-elle, jus-
» qu'au moment où vous sentirez la nécessité de
» l'ouvrir. J'attends de votre complaisance, que
» vous voudrez bien vous conformer à mes in-
» tentions : je n'en ai jamais eu de contraire
» à vos intérêts ; & le peu dont je dispose, ne
» vous fait aucun tort.

» M. de Cressy, surpris de ce langage, in-
» terdit, les yeux fixés sur elle, voyant qu'elle
» attendoit sa réponse, la pressa de s'expliquer
» avec toutes les marques de la plus vive inquié-
» tude, sur ce qu'elle alloit dire.

» Vous allez perdre pour jamais, Monsieur,
» reprit la Marquise, une amie, dont vous
» n'avez pas connu le cœur. J'ose croire que
» vous l'auriez traitée moins durement, si vous
» aviez pu juger de l'espece de sentiment qui
» l'attachoit à vous. Vous l'avez toujours trom-
» pée, cette amie ; vous l'avez négligée, tra-
» hie, abandonnée ; vous en avez agi avec elle,
» comme si vous aviez pensé, qu'elle étoit sans
» intérêt sur vos démarches. Je ne souhaite pas
» que vous la regrettiez assez, pour que son sou-
» venir trouble la tranquillité de votre vie. Mais
» je ne veux pas penser assez mal de vous, pour
» croire que sa mort, causée par vous-même,
» vous soit tout-à-fait indifférente.

» Sa mort ! ah ! Dieu ! qu'avez-vous dit ? quoi ?
» qui doit mourir, s'écria le Marquis transporté ?

» Se pourroit-il, Madame?... Détruisez l'af-
» freux soupçon qui s'élève dans mon cœur :
» auriez-vous pu ?...

» Modérez ces mouvemens, Monsieur, re-
» prit froidement Madame de Cressy ; ils ne
» peuvent plus m'en imposer. J'ai trop connu le
» fond de votre ame : mais je ne veux point me
» plaindre ; tout est fini pour moi. J'ai cru, pen-
» dant long-tems, tenir de votre main tout le
» bonheur dont je jouissois, tous les biens dont
» j'étois environnée : cette erreur est dissipée,
» pour jamais dissipée. Mais c'est de cette main,
» autrefois si chérie, que je viens de prendre ce
» qui va terminer des jours qui me sont devenus
» inutiles, même odieux, depuis que j'ai pu
» me dire, m'assûrer, que je ne vous rendois point
» heureux.

» M. de Cressy n'entendit point ces dernieres
» paroles ; il s'étoit levé, & avoit envoyé cher-
» cher du secours : ses cris, ses ordres préci-
» pités, son trouble, son effroi, lui laissoient
» à peine l'usage de la raison ; il se précipita dans
» les bras de Madame de Cressy ; il la serroit
» dans les siens, il la conjuroit de recevoir tous
» les secours qu'il pouvoit lui procurer : elle
» n'en voulut aucun. Elle s'efforçoit de le cal-
» mer : épargnez-vous des soins inutiles, lui
» dit-elle ; ne faites point un éclat fâcheux ; dans
» quelques instans, je ne serai plus ; rien ne
» peut me sauver. Je suis sûre de ce que je vous
» dis.

» Qu'avez-vous fait, cruelle, s'écria M. de
» Cressy, fondant en larmes ? Avez-vous pu me
» forcer à vous donner moi-même ?....... Ah !
» que ne vous vengiez-vous sur moi ? Hélas !
» sçavez-vous quel sentiment m'éloignoit de

» vous ? Se peut-il que la crainte de vous avoir
» trop offensée, ait pu m'arrêter ? Que n'ai-je
» osé me confier dans vos bontés ?... Et vous,
» qui soutenez cet horrible spectacle, dit-il à
» Mademoiselle de Berneuil, que l'étonnement
» rendoit immobile, pouvez-vous offrir à ses
» yeux votre barbare tranquillité ? Sortez, Ma-
» demoiselle, sortez : que faites-vous ici ? Ah !
» deviez-vous jamais y paroître ?

» Madame de Cressy, quoique fort affoiblie,
» fut touchée de ce que le Marquis venoit de
» dire. Ah ! ne mortifiez pas cette fille, déja
» trop malheureuse, lui dit-elle; n'ajoutez pas
» aux reproches qu'elle doit se faire : vous l'avez
» assez punie. Je vous pardonne à tous deux.
» Pardonnez-moi la douleur que je vous cause
» dans ce moment. Calmez-vous ; ne m'ôtez-
» pas la douce consolation de penser que je vous
» laisse heureux.

» Les personnes que le Marquis avoit en-
» voyé chercher, arrivèrent alors. La Marquise
» céda aux instances de M. de Cressy : elle prit
» ce qu'il lui présenta ; mais ce fut sans effet.
» Il la tenoit dans ses bras ; il la baignoit de
» ses larmes ; il ne pouvoit renoncer à l'espoir
» de la retirer de ce funeste état. Vivez, Ma-
» dame, lui disoit-il; vivez pour retrouver en moi
» un époux, un amant qui vous adore. Ses ca-
» resses, ses expressions passionnées, ranimèrent
» Madame de Cressy ; une couleur vive bannit sa
» pâleur : ses traits, doux & charmans, reprirent
» tout leur éclat ; la joie se peignit sur son visage.
» Je meurs contente, s'écria-t-elle, puisque je
» meurs dans vos bras, honorée de vos regrets,
» & baignée de vos larmes. Ah ! pressez-moi,
» pressez-moi dans ces bras, autrefois le Tem-

» ple du bonheur, pour l'infortunée qui n'a pu
» vivre, & s'en voir rejettée : que j'expire sur
» ce sein chéri; qu'il s'ouvre; & que mon ame
» s'y renferme. Elle perdit alors la connoissan-
» ce ; &, rien ne pouvant la retirer de l'assou-
» pissement où elle tomba sur les quatre heures
» du matin; elle s'endormit du sommeil de la
» mort «.

M. de Cressy ne put se consoler. Adelaïde sacrifiée pour lui, Madame de Raisel morte dans ses bras, formerent un tableau qui, se représentant sans cesse à son idée, empoisonna le reste de ses jours.

Ce Roman, Madame, a eu un grand succès, & il le mérite. Il est écrit avec autant d'esprit que d'élégance; & joint la délicatesse des sentimens aux graces du style; la vérité des caracteres à la chaleur de l'intérêt; la variété des tours à la finesse des réflexions. La narration en est vive, & dégagée de frivoles circonstances. Les personnages sont nobles; rien de bourgeois, rien de bas dans les détails; point d'images déshonnêtes, ni de peintures trop libres : tout décele un Auteur, à qui les mœurs du monde & les routes du cœur sont également connues. On a cependant trouvé que l'Ouvrage avoit des défauts; le dénouement sur-tout a eu des contradicteurs. On est fâché de voir mourir, d'une mort aussi tragique, la Marquise de Cressy. On lui trouve l'ame trop vertueuse, & les passions trop douces, pour la faire finir par ce genre de mort. On peut justifier ce reproche, en disant qu'une personne douce & tendre, se livre plus qu'une autre à cette profonde douleur, qui rejette toute consolation, & qui conduit à se donner la mort.

Je suis, &c.

LETTRE II.

Fanni-Butler.

Mistriss-Fanni-Butler, Madame, est folle, exactement folle de Milord Charles Alfred, & finit par en être trahie & abandonnée ; voilà tout le Roman, qui parut, je crois, en même tems que le Marquis de Cressy. Vous êtes curieuse de savoir comment Fanni traite cet amour ; le voici : l'amant est absent ; elle lui a fait des reproches ; elle sent son tort, & s'avoue coupable.

„ Vous êtes à mes genoux, lui dit-elle ! moi,
„ je suis à vos pieds, les mains jointes, les yeux
„ baissés. Non, je ne suis pas digne de vous
„ regarder : il faut que je sois une bien mé-
„ chante créature ; car je demande toujours par-
„ don. Aurai-je sans cesse des torts avec mon ai-
„ mable ami ? O la tendre, la délicieuse lettre !
„ Méritois-je de la recevoir, de la lire ? Est-ce à une
„ capricieuse, que devroient s'adresser des choses si
„ flatteuses ? Que je l'ai baisée, cette lettre ! L'autre
„ m'avoit fâchée, plus fâchée, que je ne l'ai fait pa-
„ roître : elle me sembloit écrite, parce qu'il falloit
„ écrire ; les termes étoient ceux qui expriment la
„ passion ; mais la tournure me paroissoit froide,
„ étudiée : je l'ai lue cent fois, toujours avec
„ humeur, en la rejettant, en lui faisant une
„ mine horrible : enfin je l'avois bannie de ma
„ présence. Un Arrêt de la Chambre haute la
„ releguoit tout au fond du tiroir ; je viens de
„ la rappeller. Comment avoit-elle pu me dé-
„ plaire ? Elle est de toi. Ah ! tout ce qui vient
„ d'une main si chere, porte le sceau de l'amour

» & du plaisir! mais il est des momens où l'ame,
» abattue par la tristesse, a besoin d'un trait
» vif pour se ranimer. Je l'ai trouvé, ce trait,
» dans ta derniere lettre : il m'a pénétrée.....

» J'ai dîné, sans sçavoir ce que je faisois ;
» après, je me suis endormie de pure indo-
» lence : je n'ai pas eu l'esprit de rêver : en
» m'éveillant, je me suis fait la moue ; en
» vérité, je me déteste ; il m'est impossible
» de vivre avec moi-même....... J'ai pris un
» livre ; je l'ai laissé tomber : je me suis mise
» à mon métier ; & voilà tous les pelotons en
» l'air : j'ai tout noué, tout mêlé, tout gâté.
» Je me suis mise à mon clavecin ; vous n'étiez
» pas là pour chanter : les premiers sons que j'ai
» entendus m'ont fait pleurer...... En me le-
» vant, ma figure m'a frappée dans une glace :
» à merveille, lui ai-je dit, aimable, en vé-
» rité : vous pouvez vous flatter d'être la plus
» sotte bête de l'Univers. Quoi! pas la moin-
» dre patience? Il reviendra ; vous le ver-
» rez : en attendant, sortez, jouez, faites ce
» que vous faisiez autrefois. Bon ! vous croyez
» que cette maudite tête m'écoute ? La voilà
» retombée dans un fauteuil, fixant des yeux
» tous les endroits de la chambre où elle vous
» a vu...... Il étoit là debout, le coude ap-
» puyé sur la cheminée, quand il me donna sa
» premiere lettre : c'est ici qu'il étoit assis,
» quand je lui avouai que je l'aimois : c'est dans
» ce petit coin, qu'à mes genoux, les yeux bai-
» gnés de larmes, il me jura...

» Vous voilà debout sur ma table, appuyé
» contre mon écritoire : votre lettre sert de pié-
» destal à la jolie statue : ses yeux, fixés sur les

» miens, semblent vouloir faire passer dans
» mon cœur, le feu dont ils brillent. Cette
» bouche, qui sourit, paroit vouloir s'ouvrir pour
» me parler. Je crois l'entendre me dire: aimez,
» adorez l'objet que je vous représente: c'est vo-
» tre ami, c'est votre amant, c'est lui qui trou-
» ble votre cœur, qui l'enchante. Vous lui de-
» vez ces mouvemens flatteurs, ces desirs ar-
» dens, inquiets, mais doux pourtant: c'est lui
» qui vous a fait trouver en vous-même la sour-
» ce du bonheur, que vous laissiez tarir. Vous
» lui devez tous les biens dont vous jouissez,
» tous ceux dont vous le faites jouir. Ces li-
» gnes, que vous tracez, lui causeront un plai-
» sir délicieux. Contemplez cette figure aima-
» ble; elle s'embellira encore, en lisant ce que
» vous écrivez....

» Pauvre petit portrait, si mal reçu, si rejetté,
» que tu perdois auprès de mon amant! mais,
» à présent, que tu m'es devenu cher! Par com-
» bien de caresses j'ai réparé l'espece de dédain
» avec lequel je te pris! Que de jours il a passé
» dans mon sein! Que je l'ai baisé! Combien
» de fois l'ai-je pressé contre mon cœur! J'a-
» vois du plaisir à me dire, il est là. Arrangez-vous
» avec lui, mon cher Alfred; il est à présent
» ce que j'aime le mieux: les jours de Courier,
» je lui suis un peu infidelle; la lettre est pré-
» férée; mais toutes mes nuits sont à lui.....

Vous venez de voir, Madame, comment Fanni
fait l'amour; voyons présentement comment
elle se brouille.

» Je vous dois une réponse, Milord, & je
» veux vous la faire: mais, comme j'ai renoncé
» à vous, à votre amour, à votre amitié, à la
» plus

» plus légere marque de votre souvenir ; c'est
» dans les papiers publics, que je vous l'adresse.
» Vous me reconnoîtrez : un style qui vous fut
» si familier, qui flatta tant de fois votre vani-
» té, n'est point encore étranger pour vous ;
» mais vos yeux ne reverront jamais ces carac-
» teres que vous nommiez sacrés, que vous
» baisiez avec tant d'ardeur, qui vous étoient si
» chers, & que vous m'avez fait remettre avec
» tant d'exactitude.

» Vous dites, dans votre dernier billet, que
» vous m'êtes & me serez toujours attaché par
» l'amitié la plus tendre. Mille graces, Milord,
» de cet effort sublime ; je dois beaucoup, sans
» doute, à la générosité de votre cœur, si elle
» a pu vous défendre de la haine & du mépris
» pour une femme que vous avez si vivement
» offensée. Vous ne méritez pas l'épithete que
» je vous donne ; vous ne fûtes jamais mon en-
» nemi. Vous avez l'audace de répeter que
» vous ne le fûtes jamais. Vous osez me prier
» de ne point oublier un homme qui me fut
» cher. Non, Milord, non, je ne l'oublierai
» point : je ne l'oublierai jamais ; un trait inef-
» façable l'a gravé dans ma mémoire ; mais je
» ne m'en souviendrai que pour détester ses
» artifices.

» Tremblez, ingrat ; je vais porter une main har-
» die jusqu'au fond de votre cœur, en développer
» les replis secrets, la perfidie ; & détaillant
» l'horrible trahison.... Mais le pourrai-je ?
» Avilirai-je aux yeux de l'Angleterre, l'objet
» qui sçut plaire aux miens ? Non, par une tou-
» che délicate, en ménageant l'expression du
» tableau, en rendant ses traits fortans pour lui-

Tome V.   B

» même, mettons-les dans l'ombre pour tous
» les autres.

» Descendez en vous-même, Milord, osez
» vous interroger, vous répondre ; & de tant de
» qualités dont vous vous pariez, de tant de
» vertus dont vous vous décoriez, dites-moi
» quelle est celle dont vous m'avez donné des
» preuves ? Sincere, compâtissant, libéral, ami
» des hommes, rempli de cette noble fierté qui
» caractérise la véritable grandeur ; la bonté, la
» droiture, l'honneur, & la vérité sembloient
» régler tous vos sentimens, diriger toutes vos
» démarches, guider tous vos mouvemens ; vous
» le disiez, Milord ; & moi je le croyois : eh
» pourquoi ne l'aurois-je pas cru ? Je ne trou-
» vois rien dans mon cœur, qui pût me faire dou-
» ter du vôtre.

» Ne vous applaudissez pas de m'avoir trom-
» pée ; non, ne vous en applaudissez pas : le
» fourbe le plus habile doit bien moins à son
» adresse, qu'à la bonne foi de celui qui en de-
» vient la victime.

» Mais comment un Pair de la grande Bre-
» tagne a-t-il pu s'abaisser, se dégrader au
» point, de s'imposer à lui-même une indigne
» contrainte ? de donner tant de soins, à qui ?
» Quel étoit l'objet de sa feinte ? Une simple
» citoyenne : distinguée seulement par un in-
» térieur peu connu, méritois-je le fatal honneur
» d'exercer vos talens ? Par quel malheur ai-je
» eu de vous cette odieuse préférence ? Sans
» éclat, sans célébrité, comment ai-je pû vous
» inspirer le desir de me rendre malheureuse ?
» Quel fruit avez-vous recueilli de cette fantai-
» sie ? Les gémissemens de mon cœur étouffés

» par la prudence ; mes pleurs répandues dans
» le sein d'une seule amie ; l'altération de ma
» santé attribuée à ce mal commun dans nos
» climats, rien n'a servi à votre vanité. On igno-
» re encore le sujet d'une douleur si vive, si cons-
» tante; vous n'en avez point triomphé ; mais
» qui sait après tout, ce que vous auriez fait, si
» un intérêt qui vous regardoit seul, ne vous
» eut engagé au silence ?

» Mais à quel titre avez-vous pu croire, qu'il
» vous fût permis de m'affliger? Quelle loi m'as-
» sujettissoit à votre caprice ? vous rendoit l'arbi-
» tre de mon destin ? Je ne vous cherchois pas.
» Tranquille dans mon obscurité, j'éloignois de
» moi tout ce qui pouvoit troubler une vie, sinon
» heureuse, au moins paisible. Pourquoi votre
» art perfide fût-il me voiler vos desseins ? Choi-
» sie apparemment pour amuser vos desirs, en
» attendant que la fortune remplît vos vœux in-
» téressés, vous éprouviez sur mon cœur les traits,
» dont vous vouliez blesser celui d'une femme
» riche, & puissante par ses alliances. Si con-
» noissant vos vues, par une basse condescen-
» dance, j'eusse bien voulu m'y prêter, je n'au-
» rois point à me plaindre de vous. Mais feindre
» une passion si tendre, un respect si grand, des
» transports si soumis !... Vil séducteur, digne
» à jamais de mon éternel mépris, va, mon
» cœur te dédaigne; plus noble que le tien, il
» n'accorde point son amitié à qui n'a pu conser-
» ver son estime; une haine immortelle est le
» seul sentiment que ton ingratitude & la faus-
» seté peuvent lui inspirer....

» Ah ! Sir Charles, Sir Charles, est-ce bien
» vous qui avez détruit, par votre conduite, le

» respect que j'avois pour votre caractere ? Hélas !
» trop attaché à l'erreur qu'il chérissoit, mon
» cœur a cherché tous les moyens de la conserver !
» Ah ! dans l'instant où je m'arrachois moi-mê-
» me à la douceur de vous voir, portée encore à
» diminuer vos torts, je me serois trouvée heu-
» reuse, de n'accuser de mes pleurs que l'excès
» de ma délicatesse ! Elle vous étonne peut-être
» cette délicatesse ; mais sachez, Monsieur, que
» dans un cœur bien fait, l'amour une fois blessé,
» l'est pour toujours. Dans l'égarement de la
» douleur, dans ces momens affreux, où l'ame
» avilie, abattue, succombe, ne meut presque
» plus une machine affaissée sous le poids qui
» l'accable, ou se tourne naturellement vers la
» cause de son mal ; il semble que la main qui
» vient d'enfoncer le trait, ait seule la puissance
» de l'arracher. Situation horrible, inexprima-
» ble, dans laquelle, détachée de tout, de l'U-
» nivers, de soi-même, on ne tient plus qu'à
» l'inhumain, qui vous réduit à cet état funeste !
» Le cœur ne sent alors que ses pertes ; tout en-
» tier au sentiment qu'il se cache peut-être, il
» saisit avec avidité tout ce qui lui en offre l'ima-
» ge : l'estime, l'amitié, les moindres égards
» lui paroissent un dédommagement du bien
» qu'on lui enleve ; il met un prix immense au
» peu qui lui reste ; semblable au malheureux
» qui lutte avec les flots, il s'attache à tout ce
» qui lui présente un foible appui. C'est dans
» cette agitation terrible, dans ce désordre hu-
» miliant, que je crus pouvoir vous pardonner,
» vous rendre ma tendresse, & ma confiance.
   » Les reproches dont vous ne cessiez de vous
» accabler, m'engagerent à supprimer ceux que

» j'aurois dû vous faire; vos attentions excite-
» rent ma reconnoissance ; vos pleurs me tou-
» cherent; l'amertume de ma douleur me rendit
» sensible à la vôtre; je ne pus vous voir gémir
» à mes pieds, vous que j'adorois, sans sentir
» ranimer cet amour si vrai, si tendre, dont vous
» doutiez alors, qui vous sembloit éteint ; je
» vous serrai dans mes bras; des larmes d'atten-
» drissement, & peut-être de joie, se mêlerent
» à celles que la vanité vous faisoit répandre ; je
» crus pouvoir être heureuse encore. Mais cha-
» que jour, chaque instant m'apprit, que s'il est
» possible de pardonner, il ne l'est pas d'ou-
» blier; que si la bonté du naturel peut empê-
» cher de haïr un perfide, une juste fierté s'éleve
» enfin contre notre foiblesse, & nous fait mé-
» priser & l'Amant qui peut nous trahir, & le
» penchant qui nous entraîne encore vers lui.
» C'est dans la vivacité de ce penchant, c'est
» dans la force de mon amour, que j'ai eu celle
» de renoncer à vous, de vous dire : vous n'êtes
» plus celui que j'aimois. J'ai préféré la douleur à
» la honte; j'ai mieux aimé gémir de cet effort,
» que de laisser dépendre mon bonheur d'un
» homme qui n'étoit plus digne d'en être l'ar-
» bitre ; j'ai rompu un commerce, dont je ne
» voyois plus que l'indécence; le charme flatteur
» qui me la cachoit, n'existoit plus ; je me mé-
» prisois moi-même, en songeant que je vous
» aimois. A présent, c'est vous, Milord, vous
» seul que je méprise, non pour avoir quitté une
» femme, vous être montré plus ambitieux que
» sensible, non pour avoir changé de sentiment;
» mais parce que vous en avez feint que vous ne
» sentiez pas; parce que vous avez traité du-

» ment, inhumainement votre amie, celle qui
» vous étoit véritablement attachée, dont vous
» aviez désiré la tendresse, que vous connoissiez
» digne de vos égards, & dont vous aviez mille
» fois juré de ménager la sensibilité. Je vous
» méprise, parce que vous vous êtes conduit
» avec bassesse ; qu'incapable de confiance &
» d'amitié, vous avez eu recours au mensonge,
» moyen infâme, & dont un homme de votre
» naissance devoit rougir de faire usage. Ah !
» sur combien de points vous avez eu l'art de me
» tromper ! Pour votre propre avantage, que
» n'êtes-vous, Milord, celui que mon cœur se
» plaisoit à chérir !

» Plus sincere que vous, je ne vous promets
» point mon amitié ; je renonce à la vôtre. Mais
» qu'est-ce donc qu'un homme qu'on ne voit
» plus, qu'on ne verra jamais, entend par cette
» amitié qu'il ose offrir, promettre ? Quelle pro-
» fanation d'un nom si révéré des cœurs ver-
» tueux ? Quoi ! ce sentiment si noble, don pré-
» cieux de la Divinité, qui rassemble, unit,
» intéresse, lie les humains, se borne donc dans
» l'idée de Milord, à ne point nuire à ceux
» qu'il honore du nom d'amis ! Que pouvez-
» vous pour moi ? Vous seriez-vous flatté que
» je voulusse un jour vous devoir quelque chose ?
» Vous avez détruit ma tranquillité ; est-il en
» vous de la faire renaître ? Le bien que vous
» m'avez ôté ne subsiste plus ; le Ciel même, à cet
» égard, ne peut réparer mes pertes. L'idée
» fantastique qui faisoit mon bonheur, s'est
» évanouie pour jamais : cette idole chérie,
» adorée, dénuée des ornemens dont mon ima-
» gination l'avoit embellie, ne m'offre plus

» qu'une esquisse imparfaite ; je rougis du culte
» que j'aimois à lui rendre : ainsi mon cœur
» trompé par ses désirs, éclairé par ses peines,
» n'a joui que d'une vaine erreur «.

Le but de l'Auteur, dans cet Ouvrage, paroît avoir été de peindre les nuances différentes du sentiment, de faire voir les progrès journaliers de l'amour dans un cœur, de donner une idée des alternatives continuelles que l'on éprouve en aimant, des craintes, des désirs, des inquiétudes que nous cause l'absence de l'objet aimé.

Je crois, Madame, que vous serez plus satisfaite de Juliette Catesby, que de Fanni-Butler : c'est, du moins, le jugement que le Public en a porté, dans le tems que les deux Ouvrages ont paru. La jeune Catesby est veuve depuis un an ; Milord d'Ossey en devient amoureux, & lui inspire la même passion : tous les deux jouissoient, en attendant le moment du mariage, de ce bonheur pur, qui accompagne toujours un amour mutuel, lorsque d'Ossey est invité aux nôces de Milord Portland ; il y va ; &, le cœur plein de l'impatience que donne la tendresse, il revient vers sa Juliette. Il est rencontré en chemin par trois ou quatre de ses amis, qui l'engagent à souper : il accepte par complaisance ; voit à table la jeune sœur de l'ami même chez lequel il étoit, & n'y fait nulle espece d'attention. Ecoutez, Madame, la suite de cette avanture ; d'Ossey lui-même va vous la dire.

Juliette Catesby.

» Etourdi par le bruit, fatigué de la chaleur,
» je me levai de table pour prendre l'air, dont
» je n'avois jamais eu tant de besoin : je sortis
» de la salle ; & je me trouvai dans un vestibule,
» dont la lumiere finissoit : j'en apperçus dans

» l'éloignement; &, dirigeant mes pas de ce
» côté, je traversai une longue enfilade de piè-
» ces : je parvins à un grand cabinet, où j'en-
» trevis une femme; je n'eus pas le tems de la
» bien diſtinguer; un mouvement qu'elle fit,
» renverſa une petite table, ſur laquelle étoit une
» ſeule bougie, qui s'éteignit en tombant.
» Au ſon de voix de cette femme, à ſes queſ-
» tions, je la reconnus pour Miſſ-Jenny; je
» me nommai, & la priai de vouloir bien me
» faire conduire au jardin : elle me répon-
» dit, qu'elle alloit ſonner pour avoir de la
» lumiere. Dans la profonde obſcurité où
» nous étions, il lui fut impoſſible de trouver
» le cordon de la ſonnette : cet appartement lui
» étoit preſqu'auſſi étranger qu'à moi. Cepen-
» dant elle cherchoit à ſe rappeller de quel côté
» la cheminée étoit placée; & nous nous effor-
» cions l'un & l'autre de la trouver : mon em-
» barras, & le peu de ſuccès de nos recherches,
» lui parut plaiſant : elle ſe mit à rire de ſi bon
» cœur, que ſa gaîté excita la mienne. La jeune
» Miſſ n'étoit guères plus à elle, que moi-même :
» elle appelloit, mais en vain; les gens étoient
» trop éloignés du lieu où nous nous trou-
» vions, pour pouvoir nous entendre : en mar-
» chant au haſard, nous nous heurtions tous
» deux : Miſſ-Jenny redoubloit ſes ris, badi-
» noit de mon inquiétude; & mille plaiſante-
» ries enfantines me forçoient à rire auſſi. Dé-
» terminés tous deux à finir ce jeu, nous con-
» vînmes d'abandonner l'eſpérance de nous faire
» entendre, & de nous en tenir à trouver une
» porte qui conduiſoit à une eſpece de galerie,
» de laquelle on paſſoit au jardin. Nous nous

» orientâmes de notre mieux : Miss-Jenny me
» prit par la main; & se conduisant de meuble
» en meuble, elle reconnut la place où elle étoit
» d'abord; elle m'avertit que la porte devoit
» être vis-à-vis de nous : elle s'avança; & je la
» suivois. Malheureusement elle s'approcha de
» la table, qu'elle avoit renversée, & tomba
» rudement. Sa chûte entraîna la mienne : bien-
» tôt de grands éclats de rire me prouverent
» qu'elle ne s'étoit point blessée. L'excès de son
» enjouement me fit une impression extraordi-
» naire : il m'enhardit ; l'égarement de ma rai-
» son passa jusqu'à mon cœur : livré tout entier
» à mes sens, j'oubliai mon amour, ma pro-
» bité, des loix qui m'avoient toujours été sa-
» crées. La sœur de mon ami, une fille respec-
» table ne me parut, dans cet instant, qu'une
» femme offerte à mes desirs, à cette passion
» grossiere qu'allume le seul instinct; un mou-
» vement impétueux m'emporta; j'osai tout :
» j'abusai cruellement du désordre & de la sim-
» plicité d'une jeune imprudente, dont l'inno-
» cence causa la défaite «.

Je crains, Madame, que vous ne soyez pas
contente de la tournure que prend Milord, pour
colorer son infidélité : une bougie qui s'éteint;
un cordon de sonnette que l'on ne peut trouver; une table qui fait tomber Miss-Jenny, dont
la chûte entraîne le Milord; une Miss-Jenny
qui cede sans résistance; tout cela vous paroît-il
bien naturel ? Mais enfin, c'est une affaire faite.
Miss-Jenny s'apperçoit qu'elle va devenir mere;
& par honneur, par sentiment, pour faire le sort
d'un enfant qui lui appartient, Milord d'Orsey
l'épouse, malgré l'amour qu'il a pour sa chere

Juliette. Au bout d'un an il perd sa femme; & cette mort renouvelle dans son cœur les prétentions qu'il avoit toujours conservées sur son ancienne Maîtresse: il écrit, il presse, il conjure; on ne veut point l'écouter : telle est la position des deux amans, & l'idée de tout l'ouvrage.

Juliette, toujours amoureuse, mais trop fiere encore pour pardonner, prend le parti d'aller passer quelque tems dans différens châteaux de ses amis; & le tout, dit-elle, pour fuir Milord d'Orsey. Ces petits voyages la mettent dans le cas de voir beaucoup de gens dont elle fait les portraits. L'un est » Sir Warthy, marié de-
» puis six mois...... Sa femme est une jeune
» personne, longue, séche, pâle, niaise, avan-
» çant, d'un air boudeur, une petite tête, qui
» tourne sur un col mince, & vous riant au
» nez, sans que son visage offre la moindre trace
» de gaité.

.... » Lady Howard est une très-petite
» femme, assez jolie, point coquette, trop né-
» gligée même. Elle conduit sa maison, gou-
» verne ses Fermiers, gronde ses valets, aime
» son mari, fait des enfans, de la tapisserie,
» ne lit point, de peur d'affoiblir sa vue, con-
» sulte son Chapelain, défend l'amour dans
» toute l'étendue de son domaine, marie ses
» vassaux, traite sérieusement les moindres dé-
» tails, & se fait une grande affaire de la plus
» petite chose.

.... » Miladi Vinchester est très-aima-
» ble; elle pense bien, se conduit avec décen-
» ce, & sans affectation; elle est belle, bien
» faite...... Elle aime son mari, voit ses tra-
» vers, n'en rit jamais; &, par son sérieux, en

» impose à ceux qui voudroient en railler. Dé-
» vote devant Dieu, elle le sert sans ostenta-
» tion; sévere pour elle-même, complaisante
» pour ses amis, douce avec tout le monde,
» elle exige peu d'égards, s'en attire de très-
» grands, & jouit du respect & de l'admiration
» sincere de tous ceux qui la connoissent.

» Nous avons la nouvelle Comtesse de Va-
» nallagh, une petite étourdie, n'aimant que le
» bruit & le jeu : elle est jolie, mais sans ca-
» ractere; état fâcheux. J'ai remarqué que les
» gens de cette espece prennent volontiers les
» défauts de tout le monde.

» La Comtesse de Bristol prétend à la gloire
» d'enchaîner tout, d'effacer tout. Belle en tout
» point, belle depuis le matin jusqu'au soir,
» toujours dans l'attitude d'une femme qui se
» fait peindre, ne songeant qu'à paroître belle,
» & ne parlant que des effets de la beauté. Si
» on lui adresse la parole, elle est si persuadée
» qu'on va lui faire un compliment, qu'un signe
» de remerciment précede toujours son atten-
» tion. Toutes nos Dames sont occupées à la
» railler. Malgré ce qu'elles en peuvent dire, la
» Comtesse plaît à tout les yeux; mais elle ne
» plaît qu'aux yeux.

Catesby adore toujours son amant ; mais la
fierté l'emporte toujours; & rien ne peut la déterminer à lui accorder sa grace.

» Faire un malheureux, lui écrivoit Milord,
» rejetter ses soumissions, l'abandonner à ses
» remords, mépriser son repentir, se peindre,
» sans pitié, ce qu'il doit souffrir ; c'est le pro-
» cédé d'une femme ordinaire, qui se croit
» offensée, se livre à l'ardeur de son ressenti-

» ment, veut punir, se venger, & de laquelle, au fond, on n'a pas droit d'exiger plus de douceur ou de complaisance.

» Ne pas fermer son cœur au mouvement » généreux, qui peut encore l'ouvrir à la com- » passion ; s'attendrir sur le sort d'un homme » d'autant plus à plaindre, qu'il a mérité les » maux dont il gémit ; oublier, pardonner, re- » mettre à l'ami une partie des detres de l'amant; » accorder quelque indulgence au retour d'un » coupable ; l'entendre au moins, c'est ce qu'on » avoit espéré de l'ame noble, éclairée de Mi- » lady Catesby.......... Ah ! Lady Juliette ! » est-ce bien vous qui me montrez cette inhu- » maine fierté ? Vous m'aviez tant promis de » m'estimer toujours............ Consentez à » m'entendre, au nom de tout ce qui vous est » cher ; permettez-moi de vous voir, de vous » parler : ne refusez pas cette faveur à un hom- » me qui vous adore ; qui n'a jamais cessé de » vous aimer, de vous desirer, de vous re- » gretter.

» *Cette inhumaine fierté*, reprend Juliette » Catesby ! *Que savez-vous si vous n'êtes point* » *injuste ?* Eh bien, auriez-vous pensé qu'il osât » mettre en doute, si j'ai tort ou raison avec lui ? » Ces *Lettres baignées de ses larmes....* D'où » vient donc qu'il répandoit des larmes ? Quel » sujet avoit-il d'en répandre ? Ah ! qu'il en verse » encore ! qu'il pleure ! Il a trahi cette maî- » tresse tendre, qui le préféroit à tout, ne vi- » voit que pour l'aimer ; dont les vœux les plus » ardens n'avoient pour objet, que le bonheur » de ce cruel...! Ah ! qu'il pleure ! Il a tant de » reproches à se faire ! Cette *amie fidelle* peut

» l'abandonner, sans être *inhumaine*, sans être
» *injuste*.... Audacieux suppliant; il ne se croit
» point indigne de la grace qu'il demande....
» *L'espece de ses torts m'est inconnue!* Ah!
» comment peut-il le croire & le dire? Ne m'a-
» t-il pas trompée, quittée, abandonnée? N'a-
» t-il pas détruit ma plus chere espérance?....
» Ne m'a-t-il pas privée.... hélas! de lui, du
» seul objet de mon attachement? Il m'a fait
» tout le mal qu'il étoit en son pouvoir de me
» faire; & je lui pardonnerois!....

» Les hommes nous regardent comme des
» êtres placés dans l'Univers, pour l'amusement
» de leurs yeux, pour la récréation de leurs
» esprits, pour servir de jouet à cette espece d'en-
» fance, où les assujettit la fougue de leurs pas-
» sions, l'impétuosité de leurs desirs, & l'impu-
» dente liberté qu'ils se sont réservée, de les
» montrer avec hardiesse, & de les satisfaire
» sans honte. L'art difficile de résister, de vain-
» cre ses penchans, de maîtriser la nature mê-
» me, fut laissé par eux au sexe qu'ils traitent
» de foible, qu'ils osent mépriser comme foi-
» ble: esclaves de leurs sens, lorsqu'ils parois-
» sent l'être de nos charmes, c'est pour eux
» qu'ils nous cherchent, qu'ils nous servent.
» Ils ne considerent en nous, que les plaisirs
» qu'ils peuvent goûter par nous. L'objet de
» leurs feintes adorations n'atteint jamais jus-
» qu'à leur estime; & si nous leur montrons de
» la force d'esprit, de la grandeur d'ame, nous
» sommes d'inhumaines *créatures*; nous pas-
» sons les limites qu'ils ont osé nous prescrire;
» & nous devenons *injustes* sans le sçavoir «.

Vous voyez, Madame, que la fierté de Mi-

ladi Catesby n'étoit point encore satisfaite ; & sa fierté avoit des droits dont elle vouloit jouir. Cependant Milord tombe malade ; & Juliette
» se désepere. » Hélas ! je me plaignois de lui !...
» Henriette, ma chere Henriette ! dit-elle à son
» amie, il est malade, dangereusement mala-
» de... Milord d'Ossey se meurt !... Ah, Dieu ! il
» se meurt !... Dieu tout-puissant, que ma priere
» ardente s'éleve jusqu'à toi ! qu'elles suspende
» ton arrêt ! daigne en changer l'objet ! Si la fin
» de l'un de nous doit être pour l'autre cette voix,
» dont les accens terribles rappellent vers toi nos
» cœurs égarés ; ah ! que ce soit moi, que ce
» soit ma mort qui ranime dans son ame, l'amour
» qui n'est dû qu'à toi seul. Oh ! ma chere Hen-
» riette, s'il meurt, vous n'avez plus d'amie !....
» Tout le monde fond en larmes dans le Châ-
» teau. Hélas ! je le crois : qui pourroit connoî-
» tre Milord d'Ossey, & ne pas le plaindre ?
» Comment se défendre de l'aimer ? Si noble
» dans ses façons, si doux, si bienfaisant, les
» qualités de son ame se peignent sur son front.
» Elles lui soumettent tous les cœurs : je ne
» l'ai jamais entendu nommer, qu'un éloge ne
» suivît son nom. Quel homme allia jamais plus
» de véritable grandeur à la bonté, à cette fa-
» miliarité, qui ne craint point de descendre,
» & imprime le respect, dont elle semble vou-
» loir l'affranchir ? C'est une créature si digne
» d'exister, qui va peut-être périr.... J'attends
» avec crainte, avec impatience... Mais on me
» demande.... Une nuit tranquille ; cinq heu-
» res de sommeil ; plus de délire. Le Docteur
» Harisson répond de sa vie, même de sa pro-
» chaine convalescence.... Des larmes de con-

» folation coulent enfin de mes yeux.........
» Ah! qu'il vive; qu'il foit heureux; que tous
» les biens qu'on envie, deviennent fon par-
» tage!.... Aimable & cher d'Orfey, tu m'ac-
» cufes de cruauté! Que ne peux-tu lire dans
» mon cœur! entendre les vœux qu'il forme
» pour toi! Quelle dure bienféance me retient!
» Que ne m'eft-il permis de voler auprès de
» toi; d'aller foulager, partager, adoucir tes
» maux! de baigner ton vifage des pleurs que
» m'arrache le fentiment immortel qui m'atta-
» che à toi. Ah! ranime tes efpérances : celle
» que tu chéris n'eft point *cruelle*, n'eft point
» *inhumaine* : elle peut te revoir, te pardonner,
» t'aimer ».

Milord fe rétablit; il obtient une converfation avec Juliette. La préfence d'un amant chéri fait plus d'impreffion, que les lettres les plus tendres : Juliette fe rend, & l'époufe.

Vous lirez avec plaifir, Madame, le récit de Milord d'Orfey à Juliette : la maladie & la mort de fa femme vous intéreffèront.

» Je l'aidois un jour à marcher dans une gal-
» lerie, où elle avoit defiré d'effayer de fe pro-
» mener. Sa foibleffe la forçoit à fe jetter en-
» tierement dans mes bras : après avoir fait quel-
» ques pas, elle rentra dans fa chambre, s'affit;
» &, toujours appuyée fur moi, elle fentit que
» je la preffois doucement; elle fit un mouve-
» ment de furprife, me regarda attentivement,
» & voyant dans mes yeux des marques du plus
» grand attendriffement, elle prit une de mes
» mains, & l'arrofant de fes larmes : Je fuis
» bien malheureufe, me dit-elle, de vous caufer
» tant de peine. J'étois deftinée à vous affliger.
» Faut-il que j'excite votre douleur? Hélas! mon

» état éleveroit une flatteuse espérance dans un
» cœur moins généreux que le vôtre : ma mort
» va rompre des liens qui vous contraignent ;
» une vie, dont le poids vous accable, sous lequel
» vous gémissez. Une forte inclination avoit
» prévenu votre ame : je n'ai pas droit de m'en
» plaindre : ma reconnoissance en est plus gran-
» de : mais pardonnez, Milord, pardonnez à
» mes pleurs ; c'est la premiere fois que j'ose
» en répandre devant vous : j'ai renfermé mes
» cruelles peines : vos bontés, l'attendrissement
» où je vous vois, ma fin prochaine, m'arrachent
» l'aveu d'un sentiment que vous n'avez pu par-
» tager. Tant d'égards, de bienfaits, pour me
» dédommager de l'amour que vous me refusiez,
» en me faisant admirer, respecter l'époux que
» j'adorois, ont sans cesse aigri le regret de ne
» pouvoir lui plaire : je souhaite, continua-t-elle,
» que celle dont le souvenir m'a fermé votre cœur,
» ait conservé pour vous une tendresse digne de
» votre constance : j'ai cru devoir vous cacher mon
» attachement, vous en épargner les preuves :
» la crainte de vous être importune, m'a fait
» étouffer jusqu'aux mouvemens de ma recon-
» noissance. Souffrez qu'elle éclate dans ces der-
» niers instans. Vous avez sacrifié à l'honneur
» d'une fille infortunée, un bien qui vous étoit
» cher. Puissiez-vous le recouvrer quand elle ne
» sera plus ! Puissent mes vœux ardens attirer
» sur vous toutes les bénédictions de ce Ciel
» qui m'entend, qui m'appelle, & d'où j'espere
» bientôt veiller au bonheur de mon généreux
» bienfaiteur ; de celui qui a daigné faire un si
» grand effort, pour ne pas m'abandonner à la
» honte, dont la mort même n'auroit pu me
» garantir.

» garantir. Aimez ma fille, aimez-la, Milord ;
» & oubliez les maux que sa malheureuse mere
» vous a causés ».

» Ah ! la pauvre Lady d'Orsey, reprend Juliette, » que son destin me touche ! Pourrois-je
» refuser des larmes à sa mort ? Quelle force
» d'esprit ! adorer son mari, lui cacher son
» amour, par égard, par reconnoissance ! ... Eh !
» que ne l'aimoit-il heureuse : elle étoit digne
» de son attachement.... Je suis bien éloignée
» d'approuver ce chagrin farouche, dont Milord
» l'a rendue la victime. Infortunée Miss Jenny,
» celle qui vous bannissoit du cœur de votre
» époux, voudroit vous rappeller à la vie ; vous
» voir posséder ce cœur, qui devoit être à vous ;
» elle ne troubleroit point votre bonheur. Hélas !
» ma chere Henriette, quelle différence ! J'ai
» pleuré ; & Lady d'Orsey est morte.... Je me
» reproche de l'avoir haïe : j'étois bien injuste,
» bien inhumaine de la haïr : c'étoit à elle à me
» détester.... Ah ! cette aimable Jenny ! que son
» sort a été triste ! je le croyois si heureux ! «

Ces Lettres, Madame, paroissent dictées par
le sentiment ; & l'esprit en est puisé dans la nature même. Milord d'Orsey aime de bonne foi,
s'oublie un moment, & manque à la maîtresse
qu'il adore. Catesby est furieuse, & pardonne
sans peine. La scène de ces deux amans se répete tous les jours dans la société.

Je suis, &c.

Tome V.

LETTRE III.

<small>Miss-Jenny.</small> VOICI, Madame, un des Ouvrages de Madame Riccoboni, qui lui ont fait le plus d'honneur *L'Hiſtoire de Miſſ-Jenny, écrite & envoyée par elle-même à la Comteſſe de Roſcomond,* n'eſt pas un Roman en forme de Lettres, comme les deux précédens. L'Auteur ſuppoſe que Miſſ-Jenny raconte ſes avantures à ſon amie; & elle commence ſon récit par celles de ſa mere.

Miſſ-Jenny dut le jour à Lady Sara, fille de Milord Alderſon, & à Edouard, fils du Duc de Salisbury, qui paya de ſa tête le noble attachement qu'il montra pour le ſang de ſes anciens Maîtres. Sa chûte entraîna celle de tous les ſiens: ſa famille déſolée chercha un aſyle loin de ſa patrie; & ſon fils Edouard, encore au berceau, fut laiſſé aux ſoins de Milord Révell. Parvenu au tems de ſa jeuneſſe, Edouard vit Lady-Sara, & en devint amoureux: Lady-Sara, à ſon tour, conçut pour Edouard la paſſion la plus tendre. Cette Hiſtoire eſt néceſſaire pour l'intelligence de celle de Miſſ-Jenny.

Le Comte de Revell haïſſoit Milord Alderſon; & il eût déſiré qu'Edouard eût jetté les yeux ſur une autre, que ſur ſa fille: mais il ſe rendit à ſes inſtances, & demanda pour lui Lady-Sara en mariage; Milord Alderſon y conſentit. On étoit à la veille de les unir; &, tandis que le Lord Alderſon & le Comte de Revell rédigeoient les articles du contrat, les deux amans se promenoient dans les jardins du Château.

On étoit alors au commencement du Printems : Lady-Alderson, prête à jouir d'un bonheur que rien ne sembloit devoir troubler, confuse, inquiette, osoit à peine lever les yeux sur celui dont les droits alloient être si décidés : elle l'évitoit, sans pouvoir démêler le mouvement qui la portoit à le fuir. En sortant de table, elle entra dans les jardins, & se hâtoit de gagner un bois où elle aimoit à se promener, quand Edouard, courant sur ses pas, la joignit au détour d'une allée. Sara rougit, & se déconcerta si fort en le voyant, qu'il en fut surpris, même affligé : il lui fit de tendres reproches de l'air d'abattement répandu sur son visage : mille doutes s'éleverent dans son ame pour la premiere fois ; il craignit qu'en lui donnant la main, elle ne cédât au devoir. Sa tristesse, à l'approche de l'instant où elle alloit être à lui, instant prévu depuis si long-tems, lui paroissoit naître d'une indifférence dissimulée, peut-être par respect, par soumission : ces soupçons, qu'il ne cacha pas, toucherent vivement Lady-Alderson ; des assurances réitérées de sa tendresse, un aveu naïf des mouvemens involontaires qui l'agitoient, lui inspiroient de la crainte ; & l'air de vérité dont ses discours étoient accompagnés, dissiperent bientôt l'erreur d'Edouard.

Ils entrerent dans un bosquet : la beauté de ce lieu fit sur Edouard une impression qui le rendit rêveur. Sara le pressa de lui en dire la cause. Edouard tomba à ses genoux, passa ses bras autour d'elle, & la pressant tendrement : » on nous marie demain, lui dit-il, d'un ton

» bas & timide ; on vous donne à moi : je vous
» devrai à l'acte authentique, qui se passe en
» ce moment, à une cérémonie publique, à l'or-
» dre de votre pere, aux bontés d'un ami ; pour-
» quoi ne vous devrois-je pas à préfent à votre
» choix, à l'amour, à nos communs defirs ? La
» preuve de vos fentimens dépend aujourd'hui
» de vous ; demain elle fera la fuite indifpenfa-
» ble du vœu d'obéiffance que vous aurez pro-
» noncé au pied des Autels. Ah ! fi vous m'ai-
» mez, partagez mon ardeur, comblez mes fou-
» haits ; que je puiffe me dire, Sara, ma chere
» Sara s'eft donnée à fon amant.

» Qu'ofez-vous me propofer, interrompit
» Lady-Alderfon ? Eft-ce à moi, eft-ce à celle
» dont vous recevez demain la foi, que vous
» montrez ce defir offençant ? Quand un enga-
» gement facré va remplir vos efpérances, vou-
» lez-vous….. Je ne veux rien, dit triftement
» Edouard ; je demande & n'exige pas. Je fuis
» téméraire, hardi, condamnable, fans doute,
» fi vous m'oppofez un honneur de convention,
» les préjugés, l'ufage ; chaînes cruelles, dont
» la politique & l'intérêt forgerent le tiffu gê-
» nant : un mouvement que la nature infpire
» à tous les êtres fenfibles, un fentiment vrai,
» mes defirs, la liberté ; voila mes droits : la
» complaifance, l'amour, la bonté, doivent les
» faire valoir dans votre cœur. Je n'ai aucune
» raifon contre vos refus ; mais je fens une paf-
» fion extrême de jouir d'un bien qui me foit
» donné, & m'affure que je fuis vraiment l'ob-
» jet de votre préférence. Cédez, continua-t'il,
» en redoublant fes carreffes, cédez, ma chere
» Sara ; qu'un doux confentement faffe mon bon-

» heur. Ah! si j'obtiens cette grace, je verrai
» sans cesse dans ma femme une maîtresse ten-
» dre & généreuse! Je me répéterai chaque jour,
» avec délice, avec reconnoissance, elle m'a
» rendu heureux par sa seule volonté; je croirai
» ne vous tenir que des mains de l'amour : ja-
» mais, non, jamais je ne me souviendrai de
» cette aimable condescendance, sans en être
» touché; & si, dans le cours de notre vie, un
» événement troubloit l'union de nos cœurs; si
» j'osois résister aux plus légers de vos sou-
» haits, rappellez-moi cette preuve d'estime &
» de confiance; elle me fera tomber à vos pieds,
» & tout vous sera accordé.

» Des larmes furent la réponse de Lady Al-
» derson. Sa colere, excitée par cette propo-
» sition, se changea bientôt en une tendre pi-
» tié : elle blâmoit le caprice de son amant;
» mais elle gémissoit de lui voir un desir qu'elle
» ne devoit pas satisfaire : des prieres, de dou-
» ces représentations, quelques faveurs légeres,
» conditionnellement accordées, augmentoient
» le feu qu'elle croyoit modérer. Elle vouloit
» s'arracher des bras d'Edouard, l'éloigner d'elle;
» il la retenoit, se soumettoit à ses volontés,
» renonçoit aux siennes, & n'insistoit plus que
» sur le pardon de ses témérités; il exigeoit
» des preuves de l'oubli de ses projets; chaque
» instant rendoit l'indulgence plus nécessaire,
» & les prétentions moins révoltantes. Sara,
» éperdue, s'écrioit en vain; son trouble, ses
» pleurs, son désordre la rendoient plus tou-
» chante encore. Edouard, emporté par la vio-
» lence de sa passion, cessa de l'écouter, de
» l'entendre; il ravit, peut-être obtint cette fa-

» veur si chere, si précieuse, si vivement sou-
» haitée, demandée avec tant d'imprudence, &
» refusée avez trop de foiblesse «.

Dans cette situation, Madame, vous devez reconnoître une partie de l'Histore de Mlle de Bougei, maîtresse du Marquis de Cressy.

Trois heures s'étoient rapidement écoulées, quand Lady Sara avertit Edouard, qu'on les attendoit peut-être pour signer : ils retournerent dans le Château, & en traversant une galerie, ils apperçurent des valets en mouvement, & le carrosse du Comte de Revell, attelé dans la cour. Ce Seigneur ordonnoit à ses gens, d'un ton impatient, de chercher par-tout Edouard, & de le lui amener.

L'effroi s'empara du cœur de Lady Alderson; un triste pressentiment lui fit tourner sur son amant des yeux baignés de larmes. » Ah ! qu'est-
» ce donc qui l'agite, s'écria-t-elle ? Que se
» passe-t-il ? Hélas ! si l'on nous séparoit ! «

Lady-Sara ne se trompoit pas. La vanité de Milord Alderson venoit de rompre leur mariage : il avoit voulu exiger qu'Edouard quittât le nom de Salisbury, pour prendre le nom d'Alderson, & qu'il renonçât au service & aux faveurs de la Cour. Le Comte de Revell indigné, s'étoit emporté ; Alderson avoit déchiré les articles. Ces deux Seigneurs étoient brouillés pour jamais.

Milord Revell, sans expliquer cette rupture à Edouard, profita de l'ascendant qu'il avoit sur lui, pour le faire monter dans sa voiture ; sous un prétexte vague, il le conduisit à Ver-sency, & le fit garder à vûe : tout ce qu'il lui fut permis, fut d'écrire à Sara. Cette malheureuse amante tomba malade, sans que son état pût fléchir Milord Alderson. Edouard reçut l'ordre de se rendre à l'armée : sur le champ il fallut partir; il envoya son portrait à Sara; & les deux amans se jurerent, dans leurs lettres, une fidélité éternelle.

Peu de tems après le départ d'Edouard, Sara sentit dans son sein une agitation extraordinaire. Un sentiment mêlé d'effroi, de honte, d'inquiétude la troubla, l'interdit, & cependant l'intéressa vivement à l'objet de cette nouvelle peine. Liée plus fortement à Edouard, par la découverte de son état, elle prit courageusement le parti de se regarder comme tenant à lui seul dans l'Univers; & dès ce moment, elle prépara tout pour quitter le Château d'Alderson.

Lidy, la plus jeune de ses femmes, fit louer un appartement à Londres. Sara laissa, en partant, une lettre pour son pere. Il entra en fureur, quand il apprit le départ de sa fille; ensuite, pour en cacher la cause, il répandit qu'elle étoit allée accompagner une Dame en France; peu de tems après, il annonça qu'elle étoit malade à Calais; il partit, comme pour aller la secourir, & revint un mois après avec un cercueil; de maniere que personne ne douta plus de la mort de Sara.

Pendant ce tems, Sara vivoit à Londres ignorée de tout le monde : elle fit un journal de ses avantures, qui commençoit au moment où elle avoit vu Edouard pour la premiere fois : elle recevoit souvent de ses lettres; tout-à-coup elle cesse d'en recevoir : elle s'inquiette; on lui apprend qu'Edouard a été tué dans une bataille. Les agitations & les secousses de la douleur

C iv

avancerent la naissance de son enfant ; Miss-
Jenny voit le jour ; Sara prend une fievre ardente ; & on désespere de sa vie.

Milord Revell, qui, de son côté, étoit inconsolable de la perte d'Edouard, étoit le seul confident de Sara, & venoit la voir souvent : il se chargea de l'enfant, & lui assura un sort digne de sa naissance & de sa générosité. Sara dépérissoit tous les jours ; & avant d'expirer, elle voulut jouir encore une fois de la vûe de son respectable ami.

» Ma faute vous est connue, lui dit-elle ; je
» l'ai cruellement sentie ; & mes derniers mo-
» mens sont si douloureux, que j'ose espérer le
» pardon céleste : je meurs, & laisse après moi
» une fille dont vous aimâtes le pere : qu'elle
» éprouve vos bontés ; c'est le seul vœu d'un
» cœur, où la chaleur commence à s'éteindre.
» Destinée à l'avilissement, même avant de naî-
» tre, la honte, la misere, un titre infâme ;
» voilà l'héritage de la fille d'Edouard. Sa mere
» infortunée ne peut rien pour elle. Votre pro-
» tection, Milord, est l'unique bien que le Ciel
» me laisse espérer en sa faveur. Puisse ce Ciel,
» qui m'abandonna à l'égarement de mon cœur,
» regarder dans sa bonté cette malheureuse or-
» pheline ! & puisse t-elle ne jamais sentir une
» douleur égale à celle qui m'arrache la vie ! Si
» la sienne est conservée, daignez lui faire con-
» noître les auteurs de ses jours ; qu'elle donne
» des larmes à la mort de son pere ; que sa mé-
» moire lui soit chere & respectable : que celle
» de sa mere, lui serve d'une triste & utile leçon
» pour éviter ses erreurs. Sa foiblesse & ses
» larmes la contraignirent de s'arrêter........

. . . .

» J'ai écrit à Milord Alderson, reprit-elle, d'un
» ton affoibli : vous voudrez bien fermer ma
» lettre : je souhaite qu'elle lui soit envoyée dès
» l'instant où je ne serai plus. Sa juste indigna-
» tion cessera peut-être avec ma vie. Je ne me
» flatte point de l'attendrir pour ma fille : j'ai
» cru pourtant devoir à cet enfant une démar-
» che dont j'espere peu. C'est vous, Milord, c'est
» vous seul qui me rassurez sur son sort. Alors
» elle lui fit remettre les clefs de tout ce qui
» lui appartenoit. Elle serra la main du Comte,
» lui dit adieu ; &, se sentant plus mal, elle ôta
» de son col le ruban où le portrait d'Edouard
» étoit attaché : elle le fixa long-tems, & dit
» d'une voix basse, entre-coupée par ses desirs :
» image du plus aimable des mortels ; image
» cherie, autrefois les délices de mes yeux, l'ob-
» jet de tous mes plaisirs, devenue celui de ma
» profonde douleur ; je ne te perdrai de vûe qu'en
» cessant de vivre. Elle l'approcha de ses levres,
» le baisa avec ardeur. Elle sembloit avoir réuni
» toutes ses forces pour ce dernier acte de sa
» tendresse : elle ne parla plus ; ses yeux se fer-
» merent ; elle expira sans faire le moindre mou-
» vement, ni retirer ses mains, qui pressoient le
» portrait d'Edouard contre sa bouche «.

Je me suis un peu étendu sur l'histoire de ces deux amans, parce qu'elle m'a paru la plus attendrissante du Roman.

Milord Alderson reçut la lettre de sa fille ; & son cœur fut sourd à ses prieres. Le Comte de Revell dédaigna de lui en parler davantage : il assura de plus en plus la fortune de Jenny, & se chargea de son éducation. Comme il étoit entouré de parens qui aspiroient à sa succession, il choisit un ami, & lui remit secrettement, & en papier ce qu'il destinoit à Jenny. La mort l'enleva quelque tems après. L'ami chargé du dépôt, dérangea sa fortune; & celle de Jenny y fut malheureusement enveloppée.

Jenny réduite à la derniere extrêmité, vouloit se jetter aux pieds de Milord Alderson, lui déclarer sa naissance & l'attendrir par ses larmes.

» Je jugeois alors, dit-elle, de l'intérieur de
» tous les hommes, par les seules sensations de
» mon ame. Pouvois-je imaginer qu'il existât
» dans la nature des êtres insensibles au plaisir si
» pur, si satisfaisant, de tendre une main secou-
» rable aux malheureux, de ranimer un cœur
» flétri par la tristesse, d'entendre retentir à ses
» oreilles les douces expressions de la reconnois-
» sance: je l'avois senti ce plaisir si vrai : ma
» propre expérience me persuadoit, que pour se
» faire un bonheur de répandre la joie autour de
» soi, il suffisoit de posséder ces biens, dont
» une belle ame se plait à corriger le partage
» inégal.

» Je me trompois. Les cris douloureux de l'ad-
» versité touchent rarement le cœur d'une per-
» sonne heureuse. C'est dans un état borné, c'est
» dans la médiocrité qui nous laisse des be-
» soins, nous accoutume à nous gêner, à sentir
» une continuelle privation, que nous jettons
» des regards compâtissans sur celui qui souffre
» d'une privation plus grande. Si pour le soula-
» ger, il ne faut que nous gêner davantage, l'ha-
» bitude de nous refuser beaucoup à nous-mê-
» mes, nous conduit à le secourir généreuse-
» ment, nous fait trouver de la douceur à ban-

» nir du cœur d'un autre, cette peine si souvent
» renouvellée au fond du nôtre.

Lidy doutant du succès, mais vaincue par les instances de Jenny, fit des démarches & se lia avec les femmes de Milord Alderson ; & une d'elles se chargea de faire venir Jenny au Château, comme une de ses parentes ; Milord la vit, parut touché de sa figure, s'accoutuma peu-à-peu à la voir, & conçut même pour elle toute l'amitié, dont un cœur tel que le sien étoit susceptible. Il la faisoit manger avec lui, & passoit avec elle des journées entieres ; mais il ne la connoissoit pas, & ne cherchoit pas même à s'informer quels étoient ses parens : il étoit seulement frappé de la ressemblance qu'elle avoit avec Lady Sara, & n'en demandoit pas davantage. Il tombe malade, & reçoit les soins de Jenny, qui nuit & jour ne quittoit point le chevet de son lit. Malheureusement Jenny casse un flacon, & dans le mouvement qu'elle fait, laisse voir le portrait de son pere, qu'elle portoit attaché à son col.

» Milord reconnut l'image d'Edouard. Il poussa
» un cri étouffé, suivi de plusieurs exclamations.
» Où suis-je, disoit-il ? quel piége veut-on me
» tendre ? quel complot odieux se forme ici
» contre moi ? Cette ressemblance singuliere
» avec Sara, ce portrait ont sans doute inspiré à
» des ames viles, le projet de m'en imposer, de
» se jouer de ma vieillesse, de me tromper. . . .
» Un mouvement impétueux me fit tomber à ses
» pieds, saisir une de ses mains, la presser, la
» baiser; & trouvant la force de parler, dans celle
» du sentiment dont j'étois animée, on ne vous
» tend point de piége, Milord, lui dis-je ; on ne

» vous trompe point. Pardonnez-moi, ah! par-
» donnez à l'infortunée qui implore votre pitié;
» ne me punissez pas d'avoir espéré en vous.
» C'est la fille de Lady-Sara; c'est la vôtre qui
» gémit à vos pieds; ah! ne me haïssez pas! je
» ne mérite point votre haine.

» Mes pleurs me contraignirent de m'arrêter;
» de la main que je lui laissois libre, Milord
» s'efforça de me repousser. Mais passant mes
» bras autour de lui, le serrant avec ardeur, ôtez-
» moi la vie, lui criois-je; mais ne m'accablez
» pas de votre colere, de vos dédains; ne dé-
» tournez point vos regards d'une fille pauvre,
» abandonnée, plus sensible à vos mépris, qu'à
» ses malheurs. Non, ce n'est plus un protecteur,
» c'est un pere, que je cherche en vous! Je vous
» respecte; je vous aime! votre premiere vue
» a élevé dans mon cœur un sentiment inconnu;
» il me fait desirer votre tendresse plus que votre
» secours. Des regards moins séveres, une seule
» expression caressante, dont vous daigneriez
» m'honorer, me seroit plus chere, que le retour
» de ma fortune; nommez-moi votre fille! Per-
» mettez-moi de vous donner une fois, une seu-
» le fois le nom de pere; & je me croirai heu-
» reuse! Il voulut encore me repousser; non,
» non, vous ne m'échapperez point, m'écriai-
» je; mon cœur vous est pour jamais attaché.
» Ah! ne m'éloignez point de votre présence; ne
» me bannissez point de votre maison; n'im-
» porte à quel titre j'y demeure; contente de
» rester près de vous, je vous révererai comme
» mon pere, ou vous servirai comme mon maî-
» tre, si vous l'exigez.

» Si l'oppression de mon cœur n'eût étouffé

» ma voix, j'aurois pû parler plus long-tems. La
» fureur de Milord le rendoit immobile, & ne
» lui permettoit pas de m'interrompre. Elle
» éclata enfin ; il s'arracha de mes bras ; & pre-
» nant ce ton terrible, qui le faisoit paroître si
» redoutable aux malheureux dont le sort dépen-
» doit de lui : jeune audacieuse, s'écria-t-il,
» ose-tu te dire de mon sang. Eh! quand tu en
» serois!.... Tremble, frémis, crains la juste
» punition de ton mensonge & de ta hardiesse.

» Il fit appeller Mistriss Hammon, l'interrogea
» d'un ton impérieux. Apprenant par elle, que
» Lidy étoit dans sa maison, il la demanda, l'ac-
» cabla de menaces, lui donna les noms les plus
» durs, nous reprocha à toutes trois un complot
» infâme, formé en commun pour le tromper.

» Indignement chassées de la présence & de la
» maison de Milord, traitées de misérables,
» qui attentoient à son honneur, à sa fortune,
» & peut-être à sa vie, nous sortîmes toutes trois
» du Château, pour n'y rentrer jamais ». Cette
scène ne vous rappelle-t'elle pas, Madame, un
des endroits les plus attendrissans des Mémoires
de M. de Labédoyere ?

Miss Jenny ne savoit plus quel parti prendre,
quand, par hazard, Milord Huntley qui l'avoit
vue autrefois, & l'avoit aimée, la rencontre, la
suit, obtient la permission d'aller chez elle, s'instruit de son état, n'en est que plus amoureux,
propose un mariage, & parvient à son but,
malgré les répugnances de Jenny : Sir James
Huntley, aussitôt après la célébration, l'emmene
dans une jolie maison de campagne, & lui demande en grace, de tenir quelque tems son hymen
caché, pour n'être pas dans le cas de perdre de

très-gros biens, qu'il attend de Milady, Duchesse de Rutland, dont il a promis d'épouser la nièce : Jenny se conforme à ses intentions, passe dans sa maison, pour la parente de Sir James, qui se cachoit de son côté, & par une porte dérobée venoit toutes les nuits avec elle. Sir James étoit toujours fort amoureux ; Jenny assez indifférente, mais cependant heureuse & tranquille, lorsqu'un jour, pendant l'absence de son époux, elle entendit arrêter à sa porte, une voiture, d'où il sortit une dame magnifiquement vêtue. Elle monte chez Miss Jenny, paroît frappée de sa beauté, & lui témoigne une bonté mêlée de dédain & de pitié. Jenny surprise, ne sait à quoi attribuer cette visite. La dame inconnue lui dit que la curiosité en est le motif; qu'elle a appris ses liaisons avec Milord d'Auby. Jenny proteste qu'elle ne connoit point ce Milord ; elle répond avec fierté ; une des femmes de l'inconnue lui dit de parler avec plus de respect à la Duchesse de Rutland. » Y pensez-vous, Miss, dit la Du-
» chesse? Pourquoi séparez-vous James & Mi-
» lord d'Auby. Assurément vous n'ignorez pas
» que Sir James Huntley, devenu Comte d'Au-
» by, en m'épousant. . . . . . Qu'entends-je,
» s'écrie Jenny, en vous épousant? Sir James
» Huntley est Milord d'Auby? Il est marié? Il
» l'étoit donc?. . . . . . Ah, Dieu ! « Sa voix s'éteignit ; & elle tomba sans connoissance aux pieds de Milady.

Sir James n'étoit qu'un traître ; il étoit marié depuis long-tems à la Duchesse de Rutland ; & il avoit abusé Miss-Jenny par un mariage supposé. Cette perfidie étant éclaircie, Milady témoigna à Miss la compassion la plus généreuse :

elle lui offrit un asyle, sa protection, son amitié ; Miss-Jenny la remercia avec transport ; & la Duchesse lui donna sa voiture, pour la conduire chez une femme de sa connoissance, en lui promettant qu'elle l'y joindroit dans deux heures.

Miss-Jenni partit avec une des femmes de la Duchesse & Lidi. A deux cent pas de Londres, une caleche passe ; en même tems on entend une voix qui crie d'arrêter : c'étoit Milord d'Auby, qui venoit dans le dessein de passer un jour avec Jenny. Voyant si près le carrosse de la Duchesse, & craignant d'être reconnu, il avoit pris le parti d'arrêter, & de descendre, persuadé que c'étoit la Duchesse, qui alloit à Londres. Il reconnut, avec la plus grande surprise, Miss-Jenny : en même tems elle s'évanouit ; il la prit dans ses bras, & l'emporta dans sa caleche.

Quand Miss-Jenny revint à elle, elle se trouva dans une maison inconnue : Lidy lui apprit que c'étoit la demeure de Palmer, qui avoit joué le personnage de Ministre à son mariage. Milord d'Aubi avoit donné des ordres, pour qu'il ne lui fût pas possible de s'en échapper : cependant, après plusieurs jours de langueur & de tourmens, elle gagna la femme de Palmer ; parvint à s'évader, & se retira chez une bonne veuve de la Cité, nommée Mistriss-Tomkins.

Dans cet asyle, Lidy inconsolable d'avoir contribué au malheur de sa Maîtresse, en l'engageant à épouser Sir James, tomba malade, & mourut.

Miss-Jenny restoit sans ressources ; &, (ce qui est bien plus affreux) sans amie, sans appui.

Un homme, sous l'habit de Ministre, parut chez elle, de la part de Milady d'Anglésey, jeune veuve, riche & généreuse. Cette Dame l'invitoit à entrer chez elle pour lui tenir compagnie. Miss-Jenny accepta cette offre avec reconnoissance ; Milady d'Anglésey la reçut comme sa sœur & son amie : la confiance la plus intime les unit bientôt. Miss-Jenny raconta ses malheurs à Milady ; & Milady, à son tour, lui fit l'histoire des siens.

Je n'entrerai pas dans le détail de cet épisode. Milady d'Anglésey avoit été enlevée par le Comte d'Anglésey, l'avoit épousé sur la frontiere, & s'étoit réfugiée en France avec lui. Le séjour de Paris avoit été funeste au Comte d'Anglésey ; des hommes perdus s'étoient plu à troubler l'union des deux époux ; & ils avoient entraîné le Comte dans toute sorte de libertinage. Après avoir épuisé sa santé, & détruit sa fortune, il étoit revenu à sa femme, déchiré de remords.

Milord d'Anglésey mourut peu de tems après. Son épouse étoit retournée à Londres auprès de Milord Arundel, son Beau-frere ; & cette position douce & tranquille avoit presqu'effacé dans son ame, toutes les traces du chagrin.

Milord Arundel étoit alors à la guerre. Il revint au commencement de l'hiver. Miss Jenny le reconnut aussitôt pour celui qui étoit venu, sous l'habit d'un Ministre, l'engager à entrer chez Milady d'Anglésey, & pour celui qui avoit fait l'office de pere à son mariage avec Sir James. Milord d'Arundel lui expliqua qu'il s'étoit trouvé par hazard à son prétendu mariage, & qu'il

ignoroit

ignoroit que Sir James eût alors d'autres engagemens. Les vertus & les malheurs de Jenni ne tarderent pas à faire sur Milord Arundel l'impression la plus profonde. Ce Seigneur étoit marié ; mais sa femme étoit dans un état qui annonçoit une mort prochaine. Miss Jenni, pénétrée de reconnoissance pour le frere & pour la sœur, jura à Milord d'être à lui, quand il seroit libre.

La Duchesse de Surrey projettoit le mariage de son neveu, Milord Clare, avec Milady d'Anglésey : elle le présenta à Milady ; cette vue fut fatale au repos de Jenni. Pour la premiere fois, elle apprit à connoître l'amour. Cependant Ladi Arundel mourut. Miss Jenni renonça à son penchant pour Milord Clare ; & on prépara en même-tems les noces de Milady d'Anglésey avec ce Seigneur, & celles de Milord Arundel avec Miss Jenni.

Sir James n'avoit point abandonné ses espérances auprès de cette derniere ; la Duchesse de Rutland étant morte, il engage Milord Alderson à reconnoître Jenni pour sa fille, & à la lui donner en mariage : Jenni refuse cette offre avec hauteur. Sir James désespéré, propose un duel à Milord Arundel, & le tue. Le tableau de cette mort termine le Roman. Miss Jenni se retire en France ; & Milady d'Anglésey épouse Milord Clare.

Ce Roman vous attendrira, Madame ; les situations en sont intéressantes, bien enchaînées, bien développées. Peut-être y auroit-il quelque chose à reprendre dans la passion naissante de Miss Jenni pour Milord Clare. Le lecteur voit avec peine, qu'il obtienne d'elle des sentimens qu'elle doit aux vertus & aux bienfaits d'Arundel ; mais l'Auteur a voulu peindre une de ces bizarreries du cœur, qui ne sont que trop ordinaires. On desireroit un dénoûment moins triste ; l'ame dont l'attention n'a été arrêtée que sur des malheurs depuis le commencement, aimeroit à respirer à la fin avec les héros qui l'ont attachée. Au reste, cette production de Madame Riccoboni mérite de justes éloges ; il y a des momens si bien rendus, un ton d'honnêteté & de sentiment si touchant, qu'on ne peut balancer à le regarder comme un des meilleurs Ouvrages de ce genre.

Je suis, &c.

LETTRE IV.

LA Comtesse de Sancerre avoit passé dans le monde, du vivant de son mari, pour une femme capricieuse, singuliere, & même extravagante, qui rendoit malheureux un galant homme, dont elle paroissoit très-aimée. Elle devint veuve ; & cette bizarrerie qui cessa tout-à-coup, fut imputée au chagrin d'avoir été mariée contre son inclination. Vous allez voir, Madame, combien le monde se trompe quelquefois. La Comtesse de Sancerre, dans des lettres qu'elle est supposée écrire à son ami le Comte de Nancé, lui explique la véritable cause de cette prétendue & apparente bizarrerie.

Lettres de la Comtesse de Sancerre.

» J'avois à peine seize ans, dit la
» Comtesse, lorsque le Maréchal de Tende,
» en me présentant son neveu, le Comte de
» Sancerre, me pria de prendre pour lui, les sen-
» timens d'une tendre sœur. La figure du Com-
» te me charma ; son esprit me séduisit ; & ses
» soins me toucherent. Instruit des projets de
» son oncle, il mit toute son étude à me plaire,
» à me persuader qu'il m'aimoit. J'ignorois
» qu'on pût feindre ou tromper ; mon cœur fut
» aisément surpris par un art que je ne connois-
» sois pas.

» Rien ne s'opposant à notre union, le Ma-
» réchal la pressa ; de concert avec ma mere, il
» en dirigea les articles, & nous sépara de
» biens. Pendant la lecture de ces articles,
» Monsieur de Sancerre ne put cacher sa sur-
» prise. Il s'attendoit à se voir avantagé par son

» oncle, & penſoit s'affranchir en ſe mariant,
» de la dépendance où il avoit toujours été. Son
» ſilence & ſa rougeur prouvoient ſon mécon-
» tentement ſecret ; cependant il alloit ſigner,
» quand le Maréchal l'arrêta : Monſieur, lui dit-
» il, en lui montrant un paquet cacheté, ſous
» cette enveloppe, ſont deux teſtamens que j'ai
» faits : l'un vous nomme mon Légataire uni-
» verſel ; l'autre appelle votre femme à ma ſuc-
» ceſſion & vous en exclut pour jamais. La con-
» duite que vous tiendrez pendant ma vie, ren-
» dra valable un de ces deux actes. Votre pere
» porta la douleur & la mort dans le ſein de ma
» ſœur ; cet affligeant ſouvenir, toujours préſent
» à mon eſprit, m'engage à vous ôter la dange-
» reuſe facilité de ruiner votre compagne, & de
» mettre vos enfans dans la triſte ſituation où
» vous-même fûtes laiſſé. Je vous donne une
» femme jeune, belle, noble, modeſte, aima-
» ble & riche ; elle réunit en elle tout ce qui
» peut exciter les deſirs & fixer un cœur. Son pere
» étoit mon parent ; le ſang & l'amitié m'atta-
» chent à la fille du Comte de Dammartin ; je
» deſire ardemment ſon bonheur ; c'eſt à vous à
» le faire..... Il en eſt tems encore, ajouta-t'il ;
» ne vous engagez point, ſi ces conditions vous
» effrayent. M. de Sancerre ne répondit que par
» une profonde inclination ; & prenant la plume,
» il ſigna.

» On nous maria ſans pompe & ſans éclat.
» Ma mere me trouvant délicate & peu formée,
» obtint du Comte, qu'il ne me traiteroit pas
» comme ſa femme.... Il parut conſentir avec
» peine à cet arrangement.... Il m'écrivoit ſou-
» vent ; ſes lettres portoient une douce joie au

» fond de mon cœur. Les peines de l'absence
» tendrement exprimées, le desir de vivre près
» de moi, de me voir toute à lui ; des souhaits
» ardens de pouvoir avancer l'instant de son bon-
» heur, du mien, augmentoient chaque jour la
» vivacité de mes sentimens. Simple dans mes
» idées, ce bonheur dont il m'entretenoit, me
» paroissoit attaché au seul plaisir de le regarder,
» de l'entendre parler, de l'aimer, de lui plaire,
» d'être l'objet le plus cher à son cœur. Sans
» posséder ce bien, j'en ai joui ; mais que ma
» félicité dura peu ! Pour la goûter long-tems, il
» falloit toujours ignorer que M. de Sancerre
» se jouoit de ma crédulité.

» Il venoit de se rendre en Allemagne, où
» nos Troupes s'assembloient, quand ma mere
» tomba dangereusement malade.... Après sept
» jours passés à craindre, à espérer, j'appris la
» mort de mon aimable, de ma tendre, de ma
» respectable amie ; perte irréparable, vivement
» sentie, & dont le tems n'effacera jamais le
» souvenir douloureux......

» Vers le milieu d'Octobre, M. de Sancerre
» arriva ; le Maréchal nous céda son petit pa-
» villon d'été. J'y passai quatre mois, si satis-
» faite de mon sort, si sensible à la tendresse de
» M. de Sancerre, aux soins paternels du Ma-
» réchal, que le bonheur dont je jouissois, me
» paroissoit le bien suprême. Paisible ignorance !
» flatteuse erreur ! douces illusions ! Est-ce-donc
» vous seules qui nous rendez heureux ? Ah,
» mon ami ! mon cœur s'émeut encore au sou-
» venir d'un tems, où trompée, trahie, sacri-
» fiée, je me croyois au comble de la félicité....

» Un soir que M. de Sancerre venoit de par-

» tir pour Versailles, le feu prit au parquet de
» son cabinet. Mes gens effrayés se hâterent de
» transporter dans mon appartement les meu-
» bles les plus précieux. En revenant de chez ma
» sœur, où j'avois soupé, je trouvai tout en con-
» fusion ; heureusement le feu étoit éteint & le
» danger cessé ; mais comme il falloit travailler
» au parquet & aux lambris du cabinet de M. de
» Sancerre, je fis laisser dans le mien plusieurs
» petits meubles, que les ouvriers pouvoient
» endommager en les déplaçant.

» J'allois me mettre au lit, quand je vis sur
» ma cheminée un billet cacheté. Le désordre
» de mes gens leur avoit fait oublier de m'en
» parler : il étoit de Madame de Cezanes : je
» le lus ; elle me prioit de lui prêter deux fleurs
» de diamans, qu'elle vouloit faire imiter. Je
» demandai ma cassette ; on me l'apporta ; je
» l'ouvris & dis à Pauline, une de mes femmes,
» de prendre ces fleurs & de les envoyer le len-
» demain matin à Madame de Cezanes. Pau-
» line chercha long-tems, renversa quantité de
» papiers, ôta tous les tiroirs, & s'écria qu'elle
» ne trouvoit point mes pierreries. Je m'appro-
» chai, vis sa méprise, & reconnus d'abord la
» cassette de M. de Sancerre. Je passai dans mon
» cabinet, pris ces fleurs & les lui donnai.....
» J'allois refermer la cassette de mon mari,
» quand sur le pli d'une lettre, ces mots écrits
» & soulignés s'offrant à mes regards, excite-
» rent ma curiosité. *Je vous ai permis d'épouser*
» *Adélaïde ?* ...

» Je reconnus l'écriture de Madame de Ceza-
» nes ; & la singularité de cette expression , *je*
» **vous ai permis d'épouser Adélaïde**, me fit de-

» sirer de lire la lettre que je tenois. En voici la
» copie ».

Je ne veux ni vous voir ni vous entendre ; combien de fois faut-il vous le redire ? Vous ne pouvez vous justifier ; vos mensonges hardis ne m'en imposent plus. Vous me trompez ; je le sais ; j'en suis sûre. Vous êtes un perfide ; je vous hais, je vous méprise, je renonce à vous, je vous laisse pour jamais. Toutes vos excuses sont révoltantes ; je vous ai permis d'épouser Adélaïde ? vous me répétez que je vous l'ai permis ? Ah combien d'ingratitude dans cette espece de reproche ! Quoi ! votre oncle n'exigeoit-il pas ce fatal mariage ? Sacrifier à vos intérêts le bonheur de vous posséder seule ; immoler toute la douceur de ma vie à votre fortune ; est-ce donc vous donner le droit de me trahir ? de vous livrer à la folle passion qu'un enfant vous inspire ? d'abuser de mes bontés, de ma condescendance ? de manquer à vos sermens ? de me ravir un bien acheté si cher ? de m'abandonner aux fureurs de la jalousie ? enfin de m'exposer à perdre en un moment, dans la violence de mes transports, cette réputation acquise par tant de contrainte, par tant de privations ; ce respect que peut-être, je méritois d'exciter, avant qu'un ingrat eût égaré ma raison, & triomphé de tous mes principes ?

Je vous ai permis d'épouser Adélaïde ! mais vous ai-je permis de lui donner un cœur, dont je me croyois sûre ? Vous n'aimez pas Madame de Sancerre ; vous ne l'aimez pas, dites-vous ? Eh ! pourquoi donc la suivre par-tout, en parler sans cesse ? oser répéter devant moi, qu'elle est belle, aimable, touchante ?... Infidele ! Adélaïde est donc ma rivale ? elle partage donc un cœur,....

Mais ce feroit peu de le partager ; elle le remplit..... Ah ! puis-je vivre, & penfer qu'une autre vous plaît, vous attire, vous touche ! Quoi ! l'idée d'une autre peut vous être toujours préfente ? Quoi ! près de moi, dans mes bras, peut-être.... Mais écartons ce doute ; il eft cruel & défefpérant.

Eh ! qu'a-t'elle donc de fi touchant, *cette jeune & timide perfonne ? Eft-ce fa modeftie provinciale qui vous enchante ? des traits* réguliers, délicats, *que rien n'anime ; une* fraîcheur, *qu'elle doit en partie à l'inaction de fon efprit ;* de grands yeux, *où le défir de plaire ne fe peint jamais ;* une douceur enfantine, *une* bonté peu réfléchie, *une ennuyeufe* égalité d'humeur ? Voilà *les graces* naïves, *les* charmes décevans *qui vous féduifent, qui vous entraînent fur les pas de Madame de Sancerre ; la font paroître touchante à vos regards. Eh ! depuis quand la froideur & la fimplicité ont-elles l'art de vous toucher ?* &c.

„ Pendant cette lecture, ma furprife, mon
„ trouble, la violente émotion de mes fens, &
„ le ferrement de mon cœur étoient inexpri-
„ mables. Je me croyois agitée par un fonge
„ révoltant & pénible... Je repouffai cette fa-
„ tale caffette ; je m'en éloignai ; un inftant
„ après, je m'en rapprochai.... Parmi plufieurs
„ boëtes, qui renfermoient des portraits de
„ Madame de Cézanes, j'en reconnus une ; je
„ l'avois donnée à M. de Sancerre ; &, fur fa
„ parole, je la croyois perdue. Sa vûe me fit
„ treffaillir ; je l'ouvris avec crainte, avec effroi :
„ cependant je me flattai d'y retrouver mon
„ image : celle de Madame de Cézanes s'offrant
„ à mes regards, pénétra mon cœur du trait le

» plus douloureux.... Je me vis sacrifiée, haïe,
» méprisée ; mes larmes commencerent à cou-
» ler, à baigner les tristes témoignages de l'in-
» telligence de deux perfides. Renversée sur
» un siége, les mains jointes, la tête baissée, je
» m'abandonnois à toute l'amertume de mes
» sentimens, quand ma porte s'ouvrant brus-
» quement, M. de Sancerre entre d'un pas pré-
» cipité. A son aspect, je jette un grand cri :
» il approche, voit sa cassette en désordre, ses
» papiers épars autour de moi, son secret dé-
» couvert : il frémit ; la fureur se peint sur son
» front, dans ses regards menaçans ; je tremble ;
» un froid mortel glace mes sens ; je fais un effort ;
» je veux fuir ; mon cœur se serre ; je tombe sans
» connoissance aux pieds de M. de Sancerre.

» Le hasard ne l'amenoit pas dans cette cham-
» bre, à trois heures du matin. Un valet de Ma-
» dame de Cézanes, en apportant son billet chez
» moi, avoit vu le cabinet de M. de Sancerre en
» feu. Le Comte partit de Versailles après le
» coucher du Roi : arrivé chez sa maîtresse, il ap-
» prit d'elle cet accident. Inquiet de ses papiers,
» il se hâta de venir à l'Hôtel ; trouvant son ca-
» binet à demi démeublé, sçachant sa cassette
» dans le mien, il prit le parti d'entrer douce-
» ment, de traverser ma chambre sans m'éveil-
» ler, & de reprendre cette importante cassette ;
» mais prêtant l'oreille à ma porte, m'enten-
» dant pleurer & gémir, il l'ouvrit, comme je
» vous l'ai dit : il me laissa mourante, sonna mes
» femmes, emporta sa cassette, sortit de l'Hôtel,
» & défendit à ses gens de dire jamais qu'il y
» eut paru cette nuit : il fut exactement obéi ; &
» je n'ai sçu ce détail que long-tems après sa mort.

» Revenue d'un long évanouissement, le pre-
» mier objet qui s'offre à ma vûe, est le Maré-
» chal de Tende. Assis près de moi, encore pé-
» nétré de la crainte de me voir succomber à
» des foiblesses, qui se sont, dit-il, succédées
» depuis le milieu de la nuit jusqu'à la moitié
» du jour, il gémit de mon état ; il tient mes
» mains entre les siennes ; il les serre tendre-
» ment. Eh ! ma fille, s'écrie ce bon, ce véné-
» rable vieillard; eh! quel étrange accident? qui
» a pu le causer? Votre pâleur, votre abatte-
» ment, l'air dont vous m'écoutez, vos soupirs,
» vos larmes, le nom de votre mari tristement
» répété pendant les courts intervales de vos
» foiblesses, m'annoncent un mystere ; je veux
» le dévoiler. Ordonnant alors à mes femmes
» de sortir, il m'interroge; il me conjure de
» lui répondre. Sancerre fait-il couler vos pleurs?
» Est-ce lui qui vous afflige à cet excès? Parlez,
» dit-il, parlez, ma chere niece ; ne me cachez
» rien ; vous devez de la confiance au senti-
» ment qui m'engage à vous en demander.

» La bonté du Maréchal, ses caresses, la
» certitude d'être aimée de lui, ouvroient mon
» cœur à ce desir si naturel de se plaindre, d'ex-
» citer une tendre compassion par le récit de
» ses peines. Je me jettai dans les bras de cet
» ami sensible & respectable ; j'inondai son vi-
» sage de mes larmes; je voulois parler; mes
» cris, mes gémissemens étouffoient ma voix :
» Monsieur de Sancerre, répétois-je, hélas!
» Monsieur de Sancerre! Eh bien, qu'a-t'il fait,
» demanda le Maréchal avec vivacité ? En vous
» unissant à lui, j'ai promis, j'ai juré de veiller
» à vos intérêts, à votre bonheur; de vous pro-

» téger contre lui. Manque-t'il aux égards qu'il
» vous doit à tant de titres? Vous néglige-t'il?
» Vous offense t'il? Vous pleurez; vous vous
» taisez, Madame: eh quoi, n'osez-vous être sin-
» cere avec un parent, avec un ami dont l'atta-
» chement & l'équité vous sont connus? Ne
» vous souvient-il plus que je me suis réservé
» le droit de punir le Comte de Sancerre, s'il
» vous donnoit de justes sujets de vous plaindre
» de sa conduite.

» Ces dernieres expressions du Maréchal rap-
» pellerent à ma mémoire ce qu'il avoit dit à
» son neveu, au moment de la signature de
» l'acte qui nous lioit. Je me souvins de ces
» deux testamens, dont un me rendoit héritiere
» du Maréchal; en lui parlant, j'allois le révol-
» ter contre M. de Sancerre, attirer ses faveurs
» sur moi seule, réduire mon mari à dépendre
» d'une femme qu'il n'aimoit pas. Plus il seroit
» en mon pouvoir de l'obliger, plus il me haï-
» roit peut-être: cette réflexion blessa mon
» ame; elle m'enleva la consolation de répan-
» dre mes chagrins dans le sein de mon unique
» ami, de mon généreux protecteur; elle m'ar-
» racha un cri de douleur; de tristes exclama-
» mations, de longs soupirs furent les seules
» expressions de mon cœur. En me substituant
» aux droits de mon mari, on m'avoit pour ja-
» mais ôté le pouvoir de l'accuser, ou de me plain-
» dre de lui.

» Le Maréchal continuoit à me presser de lui
» montrer plus de confiance, quand, suivant ses
» ordres, on vint l'avertir que son neveu arri-
» voit de Versailles. Il se levoit pour aller le
» trouver; mais le Comte de Sancerre le pré-

» vint; il parut à la porte de ma chambre pâle,
» interdit; il s'avançoit lentement; ses regards
» erroient sur son oncle & sur moi : il cher-
» choit à lire dans nos yeux l'accueil qu'il de-
» voit attendre. Enhardi par les premiers mots
» du Maréchal, sûr qu'il ignoroit encore l'avan-
» ture de la nuit, il se jetta à genoux devant
» mon lit, prit mes mains, les baisa mille fois,
» demanda mes femmes, se fit raconter toutes
» les particularités de mon accident, en inter-
» rompit le court récit par les marques du plus
» grand attendrissement. Pauline lui dit que le
» bruit de ma sonnette l'ayant éveillée, elle
» étoit accourue, & m'avoit trouvée froide,
» inanimée, mon visage & mon sein inondés
» de pleurs. M. de Sancerre pouvoit l'interroger
» sans craindre ses réponses. Sorti de ma cham-
» bre avant qu'elle y entrât, sa précaution le
» mettoit à l'abri du soupçon.

» L'air pénétré qu'affectoit M. de Sancerre,
» en me demandant la cause d'une révolution
» si surprenante, ses caresses, l'ingénuité de ses
» questions, l'audace de les répéter, me por-
» terent insensiblement à me recueillir en moi-
» même, pour m'assurer si je ne me trompois
» point, si un songe fantastique ne troubloit pas
» mon imagination, si l'homme qui me don-
» noit tant de preuves de tendresse, étoit l'a-
» mant de Madame de Cezanes, ou l'époux pas-
» sionné, dont l'ardeur paroissoit si naturelle &
» si vive.

» La feinte de M. de Sancerre réussit ; il ré-
» péta plusieurs fois, que mon évanouissement
» pouvoit être l'effet d'un mouvement de frayeur,
» excité par le désordre de mes gens, par un

» récit exagéré du danger; le Maréchal le crut,
» & me quitta, persuadé que son neveu n'avoit
» aucune part à l'état dont on venoit de me tirer.

» M. de Sancerre l'accompagna; mais rentrant
» aussitôt, changeant de maintien & de ton:
» Madame, me dit-il, mon imprudence & vo-
» tre indiscrette curiosité, mettent entre vos
» mains la réputation d'une femme respectée,
» & la fortune d'un homme dont vous pouvez
» vous plaindre: vous avez dû vous croire aimée;
» vous venez de découvrir qu'une liaison formée
» avant de vous connoître, sans fermer mes
» yeux sur vos agrémens, ne m'a pas permis
» de vous donner un cœur prévenu. On m'im-
» posa la loi d'être à vous; cette contrainte me
» rendit mes premiers nœuds plus chers. Je ne
» vous flatterai point d'un sacrifice que je n'ai
» pas dessein de vous faire; je ne m'abaisserai
» point à vous prier, à vous demander le secret;
» vous me promettriez en vain de le garder; des
» intérêts trop puissans vous engagent à le ré-
» véler: une femme résista-t'elle jamais à la dou-
» ceur de se venger? Parlez, Madame, parlez;
» irritez le Maréchal; perdez Madame de Ce-
» zanes; envahissez mon héritage; mais en cau-
» sant mon malheur, soyez sûre de faire le vô-
» tre: attendez-vous de ma part à tout ce que
» le dédain, la haine & le ressentiment firent
» jamais éprouver de plus sensible. Je répandrai
» l'amertume sur tous les instans de votre vie;
» les procédés de M. de Cezanes régleront les
» miens à votre égard; tout ce qu'il osera con-
» tre sa femme, je l'oserai contre vous. Eh!
» qu'aurai-je à ménager? Frémissez, jeune im-
» prudente; tremblez: redoutez pour vous-même

» le sort que vous préparerez à celle qui m'est
» chere : il sera le vôtre ; je le jure par tout ce
» qui est sacré, par tout ce qu'on révere. En
» finissant de parler, il se leva ; il s'avança du
» côté de la porte : j'étendis mes bras vers lui ;
» je l'appellai d'un ton foible, mais tendre. Ah !
» ne me fuyez pas, Monsieur, ne me fuyez pas,
» m'écriai-je ; ne me haïssez point ; je me tairai,
» je respecterai ce funeste secret ; jamais, non
» jamais ma bouche ne s'ouvrira pour vous nuire
» ou pour vous affliger. Il ne m'écouta point, &
» sortit sans me répondre.

Ce que vous venez de lire, Madame, suffit pour vous faire juger, si c'est avec raison que dans la suite, Mad. de Sancerre quitta son mari pour aller vivre dans une de ses Terres. On attribua cette retraite à une bizarrerie extravagante ; & le Maréchal lui-même cessa d'avoir pour elle la tendre estime, qu'il lui avoit témoignée jusqu'alors. Il laissa ses biens en mourant à son neveu, qui continua de faire passer sa femme pour une folle. Heureusement pour elle, le Comte mourut après dix ans de mariage. La Comtesse, jeune encore, ne pouvoit manquer de soupirans. M. de Montalais fut le seul qui lui inspira le desir de s'engager de nouveau. La naissance, les progrès insensibles de cette passion, l'heureux succès dont elle fut couronnée, voilà Madame, la matiere de toutes les lettres de Madame de Sancerre à son ami. Je copierai quelques morceaux de la dix-neuvieme, que vous trouverez, je crois, assez plaisante.

» On a raison de le penser, de le dire : oui,
» Madame de Martigues est inconsidérée, im-
» prudente ; elle a des idées si bizarres, des pro-

» jets si extraordinaires ! Je suis en colere con-
» tr'elle, contre un autre, contre moi peut-être.
 » Hier je vais chez Madame de Martigues ;
» je la trouve seule. Après un instant de conver-
» sation, elle me donne un billet de M. de
» Montalais. Je viens de le recevoir, dit-elle ;
» lisez & voyez s'il est possible de s'exprimer
» mieux ? Je le prends, le parcoure, l'approuve
» & le remets sur la cheminée. Madame de
» Martigues me regarde fixement : *cela est bien*
» *écrit, convenez-en* : très-bien. *Un style aisé.*
» Oui. *Je ne sais quoi de tendre, d'intéressant.*
» Je l'interromps ; je passe à un autre sujet. *Si*
» *indifférente, Madame !* & moi de m'étonner.
» Quoi ! à quel propos, que signifie.... *Vous*
» *ne voulez rien voir dans ce billet ?* Qu'y ver-
» rois-je ? *Que le Marquis est passionnément*
» *amoureux, & mérite au moins d'être plaint.*
» Amoureux, lui ? eh de qui donc ? *Devinez.*
» De vous sans doute ? *Bon !* de Madame de
» Termes ? *point du tout.* De Madame de The-
» mines ? *Non.* Ah ? c'est de Madame de Thian-
» ges ? *eh non.* De Madame de Comminges ? *eh !*
» *mon Dieu non.*

 » Lasse de me tromper, je cesse de chercher ;
» j'appelle son chien, le caresse, me mets à jouer
» avec lui. Elle s'impatiente, murmure, me que-
» relle. *Un homme si charmant n'inspirer rien,*
» *pas même de la curiosité ! c'est porter l'insensi-*
» *bilité à un excès condamnable.* Mais, lui dis-
» je doucement, car elle s'animoit, est-il fort
» important pour votre ami, que je sois instruite
» des mouvemens de son cœur ? Pourquoi vou-
» drois-je connoître l'objet de sa tendresse ? Si
» c'est là ce secret caché si long-tems.... *Vous ne*

» l'avez pas découvert ce secret ? Non. Ah ! com-
» me vous mentez ! Y songez-vous ? Comment
» n'auriez-vous pas lu dans son cœur ? c'est vous
» qu'il aime. moi ? Vous. . . . . . . Oubliez-vous
» qu'il est . . . marié, voulez-vous dire ? Plai-
» sant obstacle que sa femme ! Comment ? Pre-
» mierement, on l'a forcé de l'épouser. Est-ce
» une raison. . . . Elle est boiteuse ! Qu'importe.
» Aigre, savante & sotte. . . Mais. . . Laide, tra-
» cassiere & boudeuse. . . Mais elle est. . . En-
» nuyeuse, maussade, une vraie bégueulle, avec
» qui je suis brouillée. . . . mais elle est sa fem-
» me ? oh ! comme ça. Qu'appellez-vous comme
» ça ? Oui, pour un peu de tems, cela finira.
» Quelle idée ? Idée, Madame ! reprend-elle
» gravement ; je ne parle point au hasard. Cette
» femme a la manie d'avoir des héritiers ; c'est
» en elle une passion ; elle doit périr au troi-
» sieme ; elle en est avertie. Le pauvre Marquis
» la conjuroit de se conserver ; elle a rejetté ses
» prieres, méprisé la menace ; dans six mois
» nous en serons débarrassées. Sa maigreur est
» extrême ; elle tousse, ne peut se soutenir. Elle
» mourra ; je le sais ; j'en suis sûre ; mon Méde-
» cin me l'a dit ; il est le sien ; elle n'en reviendra
» pas ; j'en réponds ».

Je suis, &c.

LETTRE V.

Je renfermerai, Madame, dans cette lettre, tous les autres Ouvrages de Madame Riccoboni; & je commence par un petit Conte intitulé *l'A-* *veugle*, dont elle a pris l'idée dans un Auteur Anglois. L'amour y est peint fortement, mais avec décence; le sentiment y brille sans fadeur; le stile en est vif, agréable, & léger.

L'Aveugle, Conte.

La Fée Nirsa apperçut dans un Bosquet agréable, deux jeunes personnes de sexe différent, assises au pied d'un Sicomore, & qui paroissoient pénétrées de la plus vive douleur : elles mêloient leurs larmes; & l'on voyoit aisément qu'un même sujet les forçoit d'en répandre.

La Fée se sentit touchée de compassion; & fixant ses regards sur une pierre metallique, où se gravoient d'abord tous les objets qu'elle desiroit connoître, l'histoire de ces Amans se traça sous ses yeux.

Nadine, fille d'un Prêtre de Visnou, avoit été élevée avec Zulmis; &, sur la foi d'un Oracle, leur hymen fut projetté; on leur permit de se voir, de se parler sans cesse; la liberté d'être toujours ensemble, accoutuma leurs cœurs aux douceurs de l'amour : Nadine, adorée de Zulmis, l'aimoit passionnément : depuis deux ans, ils espéroient le retour du sage Alibeck, qui voyageoit pour trouver une eau merveilleuse; cette eau devoit détruire les obstacles qui s'opposoient à leur bonheur. Alibeck n'étoit plus; on l'ignoroit; & Nadine & Zulmis l'attendoient encore.

Tome V,   E

L'Amant de Nadine, doué de toutes les vertus, de tous les agrémens qui rendent aimable, n'avoit jamais vu le soleil : un voile épais le lui cachoit ; & ses yeux fermés dès sa naissance, ne pouvoient appercevoir les charmes de Nadine : son ame s'étoit attachée à la sienne, par des liens plus forts que ceux de la beauté : sa douceur, sa bonté, l'égalité de son humeur, son esprit, la noblesse de ses sentimens, lui soumettoient un cœur formé pour apprécier les qualités du sien.

La mere de Nadine initiée dans les mysteres de Zoroastre, par une superstition née du systême des Mages, regardoit l'aveuglement de Zulmis comme une marque de réprobation : le soleil éclaire tous ceux qu'il aime, disoit-elle ; sans doute, il hait Zulmis : que Zulmis appaise sa colere ; qu'il voie ; ou qu'il renonce à la main de Nadine.

Un Oracle consulté depuis long-tems, assuroit que Zulmis verroit la lumiere avant sa vingtieme année : Alibeck n'étoit point revenu. Ce jour, le dernier d'une espérance si chere, les rendoit malheureux à jamais. Dans une heure Zulmis devoit avoir vingt ans accomplis ; ses yeux ne s'ouvroient point : les Prêtres de Visnou alloient les séparer cruellement, désunir leurs mains, déchirer leurs cœurs ; dans l'attente de ce fatal instant, Zulmis & Nadine pleuroient, gémissoient, & se juroient de s'adorer toujours.

Nirsa n'eut pas besoin de s'instruire davantage. Elle prit la forme d'Alibeck, & se trouva métamorphosée en un vénérable vieillard. Elle s'avança d'un pas lent & majestueux, vers le lieu où le desir d'obliger l'attiroit. Dès que Nadine l'apperçut, elle poussa un cri de joie ; & courant à la

rencontre, » ô sage, chéri du Ciel, ô Alibeck,
» est-ce vous que je vois, lui dit-elle ? Venez-
» vous remplir nos desirs, combler nos vœux ?
» Nous apportez-vous le divin spécifique ? allez-
» vous nous rendre heureux ? Ah ! que votre lon-
» gue absence nous a coûté de larmes ! Encore
» un moment, & je perdois Zulmis pour ja-
» mais ».

En parlant, elle conduisoit la Fée près de son
Amant. Nirsa s'assit entr'eux sur un lit de gazon,
calma leurs craintes, rassura leurs cœurs encore
incertains, répondit à leurs questions, & promit
de les rendre heureux. » Une partie de vos sou-
» haits, dit-elle, s'accomplira avant la fin du
» jour : les obstacles qui s'opposent à vos vœux,
» disparoîtront à ma voix; vous serez unis. Mais,
» aimable Nadine, quand je veux combler vos
» desirs, vous devez me les exposer avec sincé-
» rité. Consultez bien vos véritables intérêts :
» sans ouvrir les yeux de Zulmis, je puis vous
» lier tous deux d'une douce chaîne. Est-ce sa
» main, est-ce la fin de son aveuglement que
» vous demandez ? Si cet aveuglement cesse, n'y
» perdrez-vous rien ?

» Eh que pourrois-je y perdre ? dit Nadine
» étonnée. Plus que vous ne pensez, reprit Nirsa.
» Zulmis, privé de la lumiere, vous aimera tou-
» jours ; les qualités qui ont fait naître son
» amour, l'entretiendront sans cesse : votre époux
» sera votre amant. Vous vieillirez aux yeux des
» autres ; vous conserverez une éternelle jeunesse
» pour Zulmis. Vos années s'écouleront dans un
» paisible repos. Zulmis vous devra tous ses
» plaisirs ; son bonheur dépendra de vous seule ;
» & quand l'Auteur de la nature vous rappel-

» lera dans le séjour céleste, vous y arriverez
» sans avoir éprouvé les peines cruelles que font
» sentir des mouvemens jaloux, l'abandon d'un
» ingrat, où le regret d'aimer un inconstant.

» Et Zulmis, dit Nadine, s'il reste privé de
» la lumiere, en sera-t-il plus heureux ? Non,
» continua la Fée ; en vous possédant, il jouira
» d'un grand bien ; mais il n'en connoîtra ja-
» mais toute l'étendue ; il ne contemplera point
» des charmes, dont la vue augmenteroit ses
» plaisirs à chaque instant ; jamais un souris de
» Nadine ne portera l'ivresse du sentiment dans
» son ame ; il ne saura pas que Nadine est belle ;
» mais il l'aimera toujours ; & Nadine sera par-
» faitement heureuse.

» Elle sera parfaitement heureuse, s'écria
» Zulmis ! ah ! c'est tout pour moi ; j'ignore ce
» que je puis perdre en restant dans l'obscurité ;
» mais, sage Alibeck, obtenez-moi la main de
» Nadine ; & je ne regretterai rien ; que j'en-
» tende toujours le son mélodieux de cette voix
» chérie ; que je touche la main de Nadine ;
» qu'elle presse doucement la mienne ; qu'elle
» m'aime, me le dise, me le répéte mille fois
» en un moment ; & tous mes vœux seront rem-
» plis ; est-il d'autres biens ? des biens plus
» grands ? Ah ! s'il en est, Zulmis ne peut les
» comprendre, & ne desire pas de les con-
» noître.

» Mais, dit en soupirant Nadine, ne pourriez-
» vous pas lui faire voir la lumiere & le rendre
» constant ?

» Croyez-vous, reprit Nirsa, que la science
» d'un mortel surpasse le pouvoir du Ciel ?
» Ignorez-vous l'extrême légereté de ce sexe ?

» Dès que les yeux de votre amant parcourront
» tant d'objets capables de charmer ses regards,
» comment espérer de les fixer sur un seul ? L'im-
» mensité de cet Univers suffit-elle aux desirs in-
» quiets, aux vœux audacieux des hommes ? On
» en a vu qui, peu satisfaits de tant de beautés
» offertes à leur amour, ont voulu forcer les in-
» telligences de l'air à descendre sur la terre,
» pour leur donner des plaisirs nouveaux.

» Hélas, dit Nadine, si je demande que Zul-
» mis reste dans son état, mon amour, mes
» complaisances seront donc son seul bonheur ?
» Il n'en sentira, il n'en connoîtra point d'autre ?
» Et si un sort fatal le privoit de moi, quelle se-
» roit sa consolation ? J'emporterois donc avec
» ses regrets, la triste certitude de le laisser dans
» une éternelle douleur ? Cher Zulmis ! quoi le
» soin intéressé de me conserver ta tendresse, me
» rendroit cruelle à ton égard ! Je te ravirois des
» biens que tu peux goûter ! Je te priverois de
» la vue du Ciel, de celle des créatures, des
» eaux, des bois, des fleurs, des merveilles de
» la nature, de ces astres brillans, dont l'éclat
» nous charme & nous étonne ! Non, oh ! non!
» puissant Alibeck, ouvrez les yeux de Zulmis ;
» qu'il voye ; qu'il admire, qu'il jouisse de ces
» objets, qui me l'enleveront peut-être ! N'im-
» porte, rendez-le heureux; ah ! qu'il le soit ; &
» qu'il cesse de m'aimer, si son inconstance peut
» ajoûter à sa félicité ? «

» Non Alibeck, non, s'écria Zulmis, que je ne
» voye jamais le jour ; que j'en sois à jamais pri-
» vé, si sa clarté doit me rendre Nadine moins
» chere.

Nirsa touchée de ces tendres sentimens, prit

les mains de Nadine & celles de Zulmis, & les unissant : « Couple charmant, leur dit-elle, ai-
» mez-vous toujours de même ; conduisez-moi
» devant ces parens qui vouloient vous séparer;
» allons au Temple de Visnou ; & vous connoî-
» trez le pouvoir d'Alibeck... «

Au bruit du retour de ce sage vieillard, une foule nombreuse s'étoit hâtée d'accourir au Temple : la Fée fit approcher les jeunes Prêtresses qui s'empressoient pour voir Zulmis; il s'en trouva bientôt entouré ; Nadine se mêla parmi elles, inquiete, troublée, agitée ; un mouvement qu'elle n'avoit point encore senti, lui fit remarquer la parure de ses compagnes, & regretter de ne s'être jamais occupée de la sienne.

Les regards timides & incertains de Zulmis, cherchoient Nadine, parcouroient tant d'attraits variés ; son cœur craignoit de se méprendre ; ses yeux s'arrêterent enfin sur son aimable maîtresse: il souhaita qu'elle fût Nadine ; considérant encore toutes ces jeunes beautés, il fixa Nadine pour la seconde fois, soupira ; & la montrant à Alibeck :
» ah ! lui dit-il, serois-je inconstant ? Un nou-
» vel objet me séduiroit-il ? Si ce n'est pas là
» Nadine, je suis ingrat & malheureux.

Ces paroles pénétrerent au fond du cœur de Nadine : » eh quoi, Zulmis, mon cher Zulmis,
» cesserois-tu de m'aimer ?

» Ah ! c'est le son de sa voix, s'écria Zulmis;
» c'est elle ; c'est Nadine ; c'est la divinité de mon
» ame ; toutes ces merveilles de la nature, dont
» je n'avois point d'idée, sont rassemblées sur
» ce visage charmant : ô Alibeck ! privez-moi si
» vous le voulez, de la vue du monde entier ;
» mais augmentez, redoublez en moi la faculté

» de voir, d'admirer, d'adorer ma chere Na-
» dine ».

Des cris de joie s'éleverent autour de ces tendres amans ; on les ceignit d'une chaîne de fleurs ; ils s'avancerent vers l'Autel, où le Grand-Prêtre les unit pour jamais.

Pendant que Nadine & Zulmis fixoient tous les regards, Nirfa quittoit la forme d'Alibeck ; dès qu'on l'apperçut fous la fienne, l'admiration fuccéda à la furprife ; les femmes s'inclinerent profondément ; les hommes fe profternerent à fes pieds. » Habitans de ces paifibles lieux, dit » la Fée, les vertus de ces amans font récompen-
» fées ; ils s'aimeront toujours ; & l'Ange de la
» mort les conduira enfemble dans les régions
» fublimes, où commence une nouvelle vie.
» Vous qui partagez leur joie, souvenez-vous à ja-
» mais du paffage de Nirfa dans vos contrées » : alors elle difparut ; les Silphes, à un figne qu'elle fit, éleverent près du Temple un fuperbe Palais pour Zulmis & Nadine ; d'immenfes tréfors y furent apportés. Tous ceux qui étoient préfens à cet événement merveilleux, virent accomplir le plus ardent de leurs fouhaits ; & Nirfa, la bienfaifante Nirfa, remonta au féjour brillant des Fées, avec la douce fatisfaction d'avoir fait des heureux.

M. des Fontaines a tiré de ce conte, le fujet d'une petite Piéce, mélée d'Ariettes, qui fut jouée en 1766, fur le Théâtre de la Comédie Italienne.

L'Hiftoire d'Erneftine ne vous paroîtra peut-être pas moins agréable, Madame, que le Conte de l'*Aveugle* ; elle pourra même vous intéreffer davantage.

Erneftine.

» Une Etrangere arrivée depuis trois mois à

« Paris, jeune, bien faite, mais pauvre & in-
» connue, habitoit deux chambres basses au
» Fauxbourg S. Antoine. Elle s'occupoit à bro-
» der & vivoit de son travail. Revenant un soir
» de vendre son Ouvrage, elle se trouva mal en
» rentrant dans sa maison; on s'efforça vaine-
» ment de la secourir, de la ranimer; elle ex-
» pira sans avoir repris ses sens, ni laissé apper-
» cevoir aucune marque de connoissance ».

Cette femme, nommée Christine, étoit une Allemande, que les mauvaises façons de son mari avoient forcée de se réfugier en France, avec Ernestine sa fille, qui, pour lors, âgée de quatre ou cinq ans, ne vivoit que du travail de sa mere. Aux larmes & aux cris de cette petite infortunée, qui voyoit expirer ce qu'elle avoit de plus cher au monde, tous les voisins accoururent; & il s'y trouva entr'autres une charitable veuve, qui, émue par les sanglots d'Ernestine, se chargea de faire enterrer la morte, & emmena l'orpheline chez elle.

Ernestine pleura sa mere, la demanda souvent dans les premiers jours qui suivirent sa mort. Elle l'oublia, grandit, se forma, devint belle. Elle reçut une éducation simple, apprit à chérir la sagesse, à regarder l'honneur comme le bien suprême; mais vivant très-retirée, ses idées ne purent s'étendre. Elle n'acquit aucune connoissance du monde.

Madame du Fresnoi (c'étoit le nom de la veuve,) trop peu riche pour laisser du bien à Ernestine, voulut au moins lui procurer un talent capable de la soutenir, choisit la Miniature, & fit venir chez elle un Peintre, pour lui apprendre le dessein. Ernestine fit bientôt, dans cet art, les progrès les plus considérables, & promettoit d'y devenir très-habile.

Au bout de trois années passées dans cette occupation, Monsieur du Mesnil songea à faire connoître son Eleve, & engagea plusieurs de ses amis à se laisser peindre par elle. Ses essais furent heureux, & commencerent à lui donner de la réputation ; elle peignit entr'autres le Marquis de Clémengis, qui, étonné de la beauté, du talent & des graces d'Ernestine, prolongea son portrait autant qu'il lui fut possible, & en fit faire une copie, afin de se procurer le plaisir de voir Ernestine plus long-tems.

Pour donner à ses visites un prétexte raisonnable, il se mit dans la tête d'apprendre à dessiner, sous les yeux d'Ernestine, qui employa tous ses soins à former son nouvel éleve.

« Jamais le Marquis n'avoit passé des momens
» si agréables : la douceur de s'entretenir fami-
» liérement avec une fille de seize ans, belle
» sans le savoir, modeste sans affectation, amu-
» sante, vive, enjouée, à laquelle son rang, sa
» fortune ou son crédit n'imposoient aucun égard;
» qui laissoit paroître une joie naturelle à son
» aspect ; dont l'innocence & l'ingénuité ren-
» doient tous les sentimens libres & vrais : être
» assis près d'elle, la nommer sa maîtresse, lui
» voir prendre une espece d'autorité sur lui,
» s'empresser à la contenter, à lui plaire sans en
» avouer le dessein, se flatter d'y réussir, c'étoit
» pour le Marquis de Clémengis, une occupation
» si intéressante, qu'insensiblement il devint in-
» capable de goûter tous ces vains amusemens,
» dont l'oisiveté cherche à faire des plaisirs ».

Peu de tems après, M. du Mesnil meurt ; &

sa veuve, au moment même, se retire avec Ernestine, à trois lieues de Paris, dans une maison charmante, où plusieurs valets prévenus s'empressoient de les recevoir : vous devinez, Madame, quel étoit le maître de cette habitation; & vous jugez bien qu'Ernestine y trouva tous les agrémens qu'elle pouvoit desirer.

Madame du Mesnil, à qui elle demanda le nom de la personne qui lui prêtoit cette maison, lui répondit que son mariage contracté malgré ses parens, l'avoit privée de ses biens, durant la vie de son mari, & qu'elle y rentroit. Ernestine qui ne savoit ni les loix, ni les usages, ajouta foi à ce conte ; & pour satisfaire son amie, elle accepta le plus bel appartement de la maison, de riches présens, une femme-de-chambre, & des maîtres de toute espece, croyant tenir toutes ces choses-là, de l'amitié & des bontés de la femme de son ancien maître.

A la sollicitation de Madame du Mesnil, qui s'ennuyoit du séjour de la campagne, M. de Clémengis loua & meubla une maison charmante au Fauxbourg S. Germain, dans laquelle Ernestine vint loger avec sa compagne. Un jour qu'elles étoient à l'Opéra, Ernestine y fixa tous les yeux, & fut environnée en sortant de tous les agréables de Paris. Au milieu de la foule, elle apperçoit Mademoiselle du Mesnil, sœur du Peintre, dont elle avoit été l'intime amie, lorsqu'elle demeuroit chez son frere; elle fend la presse, & va se jetter à son col. Mademoiselle Henriette, c'est le nom de Mademoiselle du Mesnil, blessée du faste & de l'air opulent dans lequel elle retrouve son ancienne amie, la repousse doucement...

» Aimable & malheureuse fille, ajoute-t'elle,

» est-ce bien vous ! Quel éclat ! mais quel foi-
» ble dédommagement de celui, dont brilloit la
» simple, l'innocente éleve de mon frere ».

A peine ces derniers mots sont-ils prononcés, qu'Henriette part, & laisse Ernestine confuse & interdite. Cependant elle remonte en voiture avec Madame du Mesnil, & se livre à la tristesse en songeant à cette réception.

Après mille pensées différentes qui agiterent le cœur d'Ernestine toute la nuit, elle résolut de s'éclaircir par elle-même, & d'approfondir ce que signifioit, à son égard, la pitié de Mademoiselle du Mesnil. En conséquence elle se leve, & se rend chez elle de grand matin, habillée très-simplement.

» Eh ! bon Dieu ! s'écria Mademoiselle du
» Mesnil, d'un air surpris, vous voir ici ! vous,
» Mademoiselle ! Quelle affaire si pressante
» peut donc vous y attirer ?

» La plus intéressante de ma vie, répondit
» Ernestine ; je viens savoir si vous êtes encore
» cette amie, autrefois si sensible à mon malheur,
» dont le cœur s'ouvroit à mes peines, dont la
» main essuyoit mes larmes ! Si vous n'êtes
» point changée, pourquoi m'avez-vous affli-
» gée, & presqu'offensée hier ? Si vous cessez de
» m'aimer, apprenez-moi comment j'ai perdu
» votre affection : je me plaignois d'une longue
» négligence, d'un oubli surprenant ; me plain-
» drois-je à présent de votre injustice ? Et pas-
» sant ses bras autour de son amie, la pressant
» tendrement, parlez, ma chere Henriette ; di-
» tes-moi ce qui nous sépare, & pourquoi mon
» heureuse situation semble vous inspirer de la
» pitié ?

» Votre heureuse situation, répéta Made-
» moiselle Dumesnil? Si elle vous paroit heu-
» reuse, un léger reproche peut-il en troubler la
» douceur? Mais quel dessein vous engage à me
» chercher? Pourquoi me presser de parler? Ne
» m'avez-vous pas entendue?

» Non, dit Ernestine : que me reprochez-
» vous? qu'ai-je fait? en quoi nos sentimens
» different-ils? ma conduite vous paroit-elle blâ-
» mable? Cette question m'étonne, reprit Ma-
» demoiselle du Mesnil; & la regardant fixement,
» osez-vous m'interroger avec cet air paisible, sur
» un sujet si révoltant, lui dit-elle : en vous écar-
» tant de vos devoirs, avez-vous perdu le souve-
» nir des obligations qu'ils vous imposoient;
» ne vous en reste-t-il aucune idée? Vous rou-
» gissez, ajouta-t-elle; vous baissez les yeux : la
» pudeur brille encore sur le front noble & mo-
» deste d'Ernestine : ah! comment a-t-elle pu la
» bannir de son cœur?

» Je rougis de mes expressions, & non pas
» de mes fautes, dit Ernestine : exacte à rem-
» plir les devoirs qu'on m'apprit à suivre, je ne
» me reproche rien : cependant vous m'accusez :
» je me suis écartée de ces devoirs; j'en ai per-
» du l'idée. Qui vous l'a dit? Sur quoi le jugez-
» vous?

» Je ne vous aurois jamais soupçonnée de cette
» surprenante assurance, dit Henriette : mais
» cessons cet entretien; ne me forcez point à
» m'expliquer sur les sentimens qu'il peut m'ins-
» pirer. Ah! Mademoiselle, vous avez fait à la
» richesse un sacrifice bien volontaire, bien en-
» tier, s'il ne vous reste pas même assez de dé-
» cence, pour rougir de l'état méprisable que vous
» avez choisi.

» Eh, mon Dieu! s'écria Erneſtine, toute en
» pleurs, eſt-ce une amie? Eſt-ce Henriette
» qui me traite avec tant de dureté? *Un état
» mépriſable! J'ai choiſi cet état! J'ai renoncé
» à la décence! Je l'ai ſacrifiée à la richeſſe!*
» Moi! comment! dans quel tems? en quelle
» occaſion? Quoi! Mademoiſelle, vous m'inſul-
» tez ſi cruellement? Vous oſez m'imputer des
» crimes?«

Ne trouvez-vous pas, Madame, que tout ceci reſſemble fort à la ſcène de Jenny avec la Ducheſſe de Rutland qui la croit entretenue par ſon mari, tandis que Jenny, perſuadée de ſon innocence, ne peut ni comprendre, ni ſoutenir les queſtions de la Ducheſſe? Enfin, Madame, d'éclairciſſemens en éclairciſſemens, Erneſtine reconnut qu'il n'étoit ni honnête ni décent, de profiter des bienfaits de M. de Clémengis; mais comme ce dernier n'avoit que des vûes légitimes, après les délais néceſſaires dans un Roman, il épouſe ſa chere Erneſtine, avec laquelle il paſſe des jours heureux & tranquilles.

Je ne vous dirai rien, Madame, de trois autres ouvrages de Madame Riccoboni ; parce qu'elle-même n'y a pas attaché beaucoup de prétention. Les deux premiers font partie du Volume, où ſe trouvent les Contes de l'*Aveugle* & d'*Erneſtine* ; le troiſieme eſt la Traduction d'un Roman Anglois, de M. Fielding, intitulé *Amélie*. Le fond de cette derniere production n'appartient point à notre Auteur ; elle n'y a mis que le ſtyle; & le ſtyle de Mad. Riccoboni vous eſt connu préſentement. Dans les deux autres, elle en affecte un qui n'eſt pas le ſien : les *Lettres de la Princeſſe Zelmaïde au Prince Alamir, ſon époux*, ſont écrites dans le goût Oriental. Madame Riccoboni nous les annonce comme une traduction de l'Arabe. La seconde production où elle a encore déguisé sa maniere, est la suite de la *Marianne* de M. de Marivaux : elle l'a composée, dit-elle, sur un défi qu'on lui avoit fait, d'imiter le style de son original ; & si jamais cette suite vous tombe dans les mains, vous trouverez, Madame, en le comparant avec le Roman de M. de Marivaux, que notre Auteur n'a pas mal réussi.

Pour vous dire présentement ce que je pense en général des Ouvrages de Mad. Riccoboni, je crois avoir remarqué de l'ordre & de la justesse dans les plans, un enchaînement nécessaire dans les faits, de la finesse, du brillant dans les pensées, de la délicatesse & de l'élévation dans les sentimens ; ses peintures sont naïves ; ses caracteres pleins d'expression. Elle intéresse sur-tout par les situations : aucune qui ne fasse naître l'admiration, la surprise, l'indignation ou l'attendrissement : elle parle sur-tout le langage du cœur d'une maniere si naturelle, qu'on entre, malgré soi, dans son sujet, qu'on partage la joie ou la douleur des personnages qu'elle met sur la scène.

Je suis, &c.

LETTRE VI.

JE voudrois pouvoir observer, pour les femmes vivantes, ce que j'ai tâché de faire pour celles qui sont mortes, suivre l'ordre chronologique, & les placer suivant la date de leur naissance & l'ancienneté de leur âge. Mais, Madame, vous en sentez l'impossibilité; aucune d'elles ne m'auroit voulu communiquer son extrait baptistaire; & meme, pour qu'elles n'ayent point à se plaindre, je déclare que ce n'est ni l'âge, ni le mérite qui doit désormais les amener les premieres sur la scène, mais la facilité de me procurer leurs Ouvrages. Comme j'ai actuellement sur mon Bureau ceux de Madame Robert, c'est par elle que je vais commencer.

Madame Robert.

Son pere, M. de Roumier, fils d'un Procureur du Roi d'une Ville de Province, & resté orphelin en bas âge, fut obligé d'entrer dans le commerce. Il épousa, à Paris, Mademoiselle Bourée, fille d'un Avocat; & de ce mariage est née Marie-Anne de Roumier, aujourd'hui Madame Robert. Elle a eu, jusqu'à l'âge de douze ans, l'éducation la plus distinguée; & M. de Fontenelle, lorsqu'il alloit manger chez son pere, suivant sa coutume, de manger toujours chez les autres, se faisoit un plaisir de s'amuser avec cette jeune personne, dans laquelle il remarquoit des dispositions pour les Lettres; elle avoit une mémoire prodigieuse, beaucoup de goût pour la lecture, & une très-grande envie de se faire un nom; mais la mort de son pere & de sa mere, & des pertes considérables que sa famille avoit essuyées pendant le système, dérangerent ses vûes. Un parent dévot, qui devint son tuteur, la mit dans un Couvent, & la maria ensuite avec M. Robert, Avocat très-estimé dans son ordre.

Madame Robert n'a jamais été dans ce qui s'appelle le grand monde; la délicatesse de son tempérament lui a occasionné plusieurs maladies, qui l'ont réduite à être souvent seule: c'est sans doute, ce qui l'a déterminé à composer quelques Romans: un fonds de lecture, joint à une imagination féconde, lui a fourni différens sujets. On y remarque une raison qui frappe, & un ton de sentiment, qui donne à ses écrits un vif intérêt; son style est simple & naturel; on voit qu'elle ne cherche point à l'orner du bel esprit à la mode.

La Paysanne Philosophe. La Paysanne Philosophe, ou les Avantures de la Comtesse de ***, est son premier Ouvrage. La Comtesse raconte elle-même son histoire, & ne rougit point de déclarer l'obscurité de sa naissance: elle est née dans un Village, de parens très-pauvres. Madame d'Arinville revenoit d'une de ses terres, avec le Comte de ***, son parent; ils furent surpris, à la fin du jour, par un orage terrible; leur Postillon, ébloui par les éclairs, s'égare dans une forêt; pour comble de malheur, la cheville ouvriere de son équipage se rompt: ils sont contraints de descendre; après avoir erré long-tems, ils arrivent enfin à une misérable chaumiere, qui faisoit toute la fortune des pere & mere de notre Héroïne. Ces bonnes gens ne les font point attendre: la femme, prête d'accoucher, s'étoit levée; sa surprise de voir une

une si brillante compagnie, précipite ses douleurs ; elle met au monde une fille, que Madame d'Arinville veut elle-même tenir sur les fonts de Baptême avec le Comte. Celui-ci y consent, à condition qu'il entrera de moitié dans le bien que la Comtesse veut lui faire. Notre Paysanne est portée à l'Eglise ; & on lui donne le nom de *Flore*, qui étoit le nom de sa marraine. On laisse l'enfant à sa mere, pour le nourrir ; & l'on part dès que l'équipage est raccommodé.

Lorsque la petite Flore eut atteint l'âge de trois ans, Madame d'Arinville la retira chez elle : on passe rapidement sur son enfance ; on lui donna des Maitres, quand elle fut en âge d'apprendre ; & elle fit des progrès rapides.

Madame d'Arinville veut assurer une pension à sa filleule ; elle invite son ami à dîner, pour le consulter sur cette démarche ; celui-ci l'approuve ; & cependant la donation n'a point lieu.

Un jour Flore étoit dans un des bosquets du parc, occupée à lire une brochure ; le Comte se place doucement derriere elle, & lui arrache le livre des mains ; Flore fait un cri, rougit & se rassure ; le Comte lui dit qu'il veut la former, & lui choisir ses lectures, parce qu'il a conçu pour elle des sentimens qui se fortifient, à mesure qu'il découvre en elle de nouvelles perfections. Ces mots portent une douce onction dans le cœur de Flore. Elle sent des plaisirs nouveaux, dont elle ne pénetre pas encore bien la cause. Le premier chagrin qu'éprouva notre Philosophe, fut la mort de sa mere & de son pere, que Madame d'Arinville avoit fait venir chez elle, & dont elle prenoit soin.

Cependant plusieurs partis avantageux se pré-

sentant, on lui en parle; mais, par la répugnance qu'elle témoigne pour le mariage, on lui promet de ne pas gêner son inclination. Au bout de quelques années, Madame d'Arinville se met dans la tête de marier le Comte; & l'objet qu'elle lui propose, est une jeune fille, nommée Julie, du même âge que Flore, petite maîtresse du premier ordre, ayant beaucoup d'esprit, pas le sens commun, & cependant fort amusante. La nouvelle de cet himen, que Flore croyoit une chose faite, jette le trouble dans son ame; elle ne dort plus; son teint se flétrit; sa marraine lui en demande la cause; elle prétexte une migraine; le Médecin ordonne la saignée; notre Philosophe n'ose s'y opposer. La saignée, jointe au chagrin, lui cause une véritable maladie: le Comte vient la voir un jour, la trouve seule, lui déclare son amour, & lui demande si elle n'aura pas de la répugnance à répondre à sa flamme. » Ah! mon cher par-
» rain, que vous seriez injuste, si vous m'en
» soupçonniez! Hélas! lorsque vous venez,
» par l'amour le plus tendre, remettre le cal-
» me dans mon ame, pourquoi m'est-il dé-
» fendu de répondre à des sentimens que j'ai
» moi-même tâché de vous inspirer? Il faut
» vous ouvrir mon cœur; la reconnoissance
» n'est pas le seul sentiment qui regne dans
» mon ame; je ne vous dissimulerai pas que
» vos perfections y ont fait naître la passion
» la plus vive........ Mais, ne serois-je pas
» indigne de vos bontés, si j'acceptois l'offre
» que vous me faites? Je veux vous faire voir,
» en la refusant, que si je ne suis pas d'une
» naissance égale à la vôtre, du moins conserve-

» rai-je toute ma vie la délicatesse des sentimens
» que vous avez gravés dans mon ame.... Julie
» vous est offerte; elle est digne de vous; &
» c'est elle que vous devez préférer. Mon cœur
» souffre, en vous donnant ce conseil; mais ma
» raison le lui dicte: conservez-moi votre esti-
» me & votre amitié. «

Vous jugez bien que le Comte est trop sensé, pour ne pas savoir faire la différence d'une femme née dans un état obscur, mais vertueuse & modeste, d'avec une femme qui n'a d'autre mérite que sa naissance. Il insiste; il veut que Flore consente à faire un jour son bonheur; elle refuse constamment; il revient quelques jours après, & réitere aussi inutilement ses demandes: Flore obtient même qu'il ne parlera plus de son amour. Le Comte consent à s'éloigner, moins pour faire voir que l'absence ne changera jamais son cœur, que pour se dérober aux instances de Madame d'Arinville. Avant son départ, celle-ci fait de nouvelles tentatives; elles sont inutiles; sujet de rupture entre elle & le Comte: il part; déja trois mois se sont écoulés, & Flore n'a pas eu de ses nouvelles: qu'on juge de son inquiétude; elle le croit infidele. Nouveau sujet de douleur; la Comtesse paroît diminuer de sa tendresse pour elle; elle ne l'admet plus de ses sociétés; elle est obligée de passer presque tout son tems dans la solitude, que le souvenir du Comte vient troubler fort souvent.

Dans ces entrefaites, arrive chez la Comtesse le Baron de Gomar, parent de feu M. d'Arinville, qui vient passer quelques jours avec sa parente: il a pour Flore des attentions distinguées; cependant elle voit l'amitié de la Comtesse se refroidir de jour en jour ; elle ne doute plus de sa disgrace. Un matin, sa marraine la fait descendre, & lui déclare la résolution où elle est, de la marier avec le Baron, avec lequel elle sera heureuse ; en faveur de cette alliance, elle lui donne cent mille francs : un triste silence est la réponse de Flore ; la Comtesse s'en offense, & lui jure de l'abandonner, si elle n'accepte ses offres : Flore veut s'excuser ; on ne veut rien entendre ; elle remonte dans son appartement, où elle se livre à la douleur la plus vive. Après plusieurs nuits passées dans l'amertume & dans les pleurs, elle se résout à déclarer son amour pour le Comte. Madame d'Arinville l'écoute attentivement, & lui dit que puisqu'elle a eu le courage de lui déclarer ce qui se passoit dans son ame, elle aura encore celui d'obéir, & d'épouser le Baron. Il faut, ajouta-t'elle, vous résoudre à renoncer au Comte : mille raisons, que je ne puis vous dire, m'empêcheront toujours de consentir que vous l'épousiez. A ces mots, Flore s'évanouit ; Madame d'Arinville en est attendrie. Cependant l'heure de partir est arrivée ; elle part avec le Baron, & recommande Flore à Mademoiselle Brouce, sa femme-de-chambre.

Flore ne reçoit aucunes nouvelles du Comte, à qui elle avoit écrit, pour lui faire part du dessein de Madame d'Arinville. Ses réflexions se tournent naturellement sur les grands, dont l'amitié est si suspecte. ″Ils croyent sans doute, ″ dit-elle, que l'on doit à leur qualité tout ce ″ qu'ils exigent de leurs inférieurs ; & qu'on ″ est trop heureux de les aimer, sans pouvoir ″ en espérer aucune reconnoissance. ″

Le tems que Mad. d'Arinville avoit fixé pour son voyage, étoit expiré; Flore l'attend; & elle ne la voit point arriver; ses inquiétudes redoublent. Un jour, en rentrant au Château, elle voit deux équipages dans la cour; elle ne sait à qui ils peuvent appartenir; elle entre avec Mademoiselle Brouce dans un sallon, où elle trouve une Marquise, parente & héritiere de Madame d'Arinville. La Marquise apprend à Mademoiselle Brouce la mort de sa maîtresse; une fievre maligne l'a enlevée dans six jours...........
» Quelle est cette jeune personne, parlant de
» Flore ? Ne seroit-ce point cette petite créa-
» ture, dont Madame d'Arinville faisoit son
» idole ? On dit qu'elle joue très-bien le senti-
» ment...... Mais elle n'est point mal; je ne
» la croyois pas si bien : on me l'a recomman-
» dée; & je verrai à la placer Tourriere dans
» quelque Couvent; car je suis sûre que cette
» fille n'est propre à rien. «

Pour se soustraire aux duretés de la Marquise, Flore se fait conduire chez le Curé du lieu, qui la reçoit avec humanité; elle est chez lui depuis un mois; & cependant elle n'a aucune nouvelle du Comte. Un jour Mademoiselle Brouce lui apporte une lettre; elle la croit de son amant; son cœur palpite; elle l'ouvre, & reconnoît l'écriture du Baron, qui lui apprend la mort de sa bienfaitrice, & qui renouvelle les assurances de son amour. Flore est sur le point de partir, pour se rendre à Paris dans quelque Couvent; le Baron arrive la veille de son départ; il lui apprend qu'une maladie du Comte a causé son retardement. » Le Comte malade, reprend-t'elle
» vivement? Il est peut-être mort? Monsieur

» ne me cachez rien. Il est hors d'affaire; je lui
» ai fait confidence de mon amour pour vous,
» du consentement que Madame d'Arinville
» voulut bien donner à notre union ; & il m'a
» pressé lui-même de partir, ne voulant plus
» retarder mon bonheur. Il vous a pressé lui-
» même de partir! Que me dites-vous ? Que je
» suis malheureuse ! &c. &c. « Elle fait au
Baron l'aveu de son amour pour le Comte : le
Baron lui répond généreusement, qu'il tâchera
de renfermer dans son cœur des sentimens qui
ont dû l'offenser ; & il se borne à devenir
son ami. Il la presse de rester encore quelque
tems chez le Curé; il lui offre de l'argent ; mais
vous jugez bien, Madame, que quoiqu'elle en
ait peu, elle se gardera bien d'accepter l'offre ;
cela est dans la regle : il vaudroit mieux mourir
de faim.

Flore est partie pour le Couvent: chemin faisant, elle se lie avec une Madame de Gémond,
qui lui fait mille instances, pour l'engager à
prendre un logement chez elle. Elle doit encore
refuser, parce qu'il se trouvera dans le Couvent
une infortunée, dont l'histoire forme ici un épisode que je supprime.

Le Comte se fait voir enfin aux yeux de sa
maîtresse ; conversation tendre ; épanchement
de cœur ; nouvelles protestations ; il apprend à
Flore, que Madame d'Arinville a fait un testament, par lequel elle lui assure une somme de
cent mille livres : vous croyez, Madame, que
la jeune Flore va voir la fin de ses peines ? elle
éprouve encore quelques traverses ; mais comme
son bonheur vous intéresse, je supprime tout ce
qui pourroit le différer. Il suffit de vous dire

qu'elle passe du Couvent dans les bras de son Amant. Ils apprennent tous deux, par une femme qui avoit eu la confiance de Madame d'Arinville, que le réfroidissement de cette Comtesse n'avoit eu d'autre cause, que la passion qu'elle avoit conçue pour le Comte. On les instruit de l'excès de sa jalousie, lorsqu'elle découvre leurs intelligences. C'est ce qui la détermine, après plusieurs tentatives, à lui faire épouser le Baron : la fermeté de Flore à refuser un établissement aussi avantageux, lui a fait voir, que c'étoit en vain, qu'elle entreprendroit de la perdre dans l'esprit de son amant; & ce sont ces continuelles agitations qui l'ont enfin conduite au tombeau. Flore en est pénétrée : elle passe la nuit en pleurs, veut encore se refuser aux empressemens de son amant : mais vaincue par sa tendresse & les vives sollicitations de ses amis, elle consent enfin à leur mutuel bonheur.

Telle est, Madame, la conduite de ce Roman, qui offre des situations tendres, des morceaux animés d'un intérêt vif & touchant.

Voici encore une femme qui raconte ses aventures ; & ce second Roman de Madame Robert ne le cede point au premier. Il est intitulé *la Voix de la Nature*; & le style est celui du cœur & du sentiment. La Marquise de *** a cru long-tems qu'elle tiroit son origine de la Province de Normandie. Son pere adoptif étoit un pauvre Gentilhomme ; il se nommoit Dambleville : il mourut, & laissa notre Héroïne orpheline. Le Curé se chargea d'annoncer cette fâcheuse nouvelle à son frere qui demeuroit à Paris, où il s'étoit acquis une réputation des plus brillantes au Barreau. Il fut pénétré de douleur de la mort de

La Voix de la nature.

son frere. Il fit prier le Curé de prendre soin de sa niéce pendant son enfance. Le Curé s'en chargea, & la confia à une femme de condition, qui joignoit à beaucoup d'esprit un grand usage du monde, & que des circonstances malheureuses avoient forcée de passer le reste de sa vie à la campagne, croyant qu'en s'occupant dans cette retraite, son cœur ne seroit plus en proie à de tendres & tristes souvenirs. Mais qui peut leur former une barriere invincible? Enfin elle périt de langueur.

Quoique notre Héroïne n'eut que quatorze ans, elle connut toute la perte qu'elle venoit de faire. Le Curé en informa M. Dambleville. Comme il étoit marié depuis quelques années; qu'il n'avoit pas d'enfans, & que Madame Dambleville avoit le caractere le plus aimable, joint à beaucoup de belles & rares qualités, elle se prêta avec plaisir à prendre la petite Provinciale; car c'est ainsi qu'elle la nomma. Elle la reçut avec joie; elle eut pour elle les sentimens les plus tendres : elle lui donna une éducation brillante; & elle se chargea de former son cœur à la vertu.

Bracmont, frere de Madame Dambleville, ne vit pas les graces naissantes, ni l'esprit vif & naturel d'Adélaïde, sans prendre pour elle une passion assez vive. Il étoit aimable; il avoit de l'esprit, mais badin : il mettoit tant de politesse dans tout ce qu'il disoit, que son badinage devenoit toujours avantageux à ceux, à qui il l'adressoit. Adélaïde étoit enchantée de lui. Madame Dambleville, après avoir fait parer sa chere niéce, la mena faire des visites, & de-là aux Tuileries. Ce jardin étoit, ce jour-là, rempli de tout ce que nous avons de plus grand à Paris. L'amour propre de notre Adélaïde fut comblé;

elle avoit de ces tailles de Nymphe, un port majestueux, des traits des plus réguliers; toutes ces graces formoient une jeune personne des plus accomplies.

Au retour de la promenade, Madame Dambleville trouva chez elle M. le Duc de ***. La beauté d'Adélaïde lui avoit fait une impression si forte, qu'il prétexta une affaire pour venir consulter M. Dambleville, & voir sa charmante niece. Quelques jours après, Madame Dambleville fut invitée à dîner chez Madame Pichard, épouse d'un Fermier Général. Celle-ci fut charmée d'Adélaïde; elle en complimenta son amie, qui y fut sensible. Verneuil, qui étoit le fils de M. Pichard, ne vit pas avec indifférence cette jeune personne. On annonça qu'on avoit servi: il donna la main à sa Reine, & fit si bien, qu'il se trouva auprès d'elle à table. On la pria de chanter; elle s'en acquitta avec graces: comme elle chantoit; Verneuil lui composa à l'instant un couplet, & la regarda avec un air si tendre, qu'elle en rougit. Il demanda à Madame Dambleville la permission de lui faire sa cour. Elle le lui permit avec ce plaisir que l'on ressent, en recevant le fils de son amie. L'on doit bien penser qu'il usa de la permission. Le Duc de *** prit un goût très-décidé pour Adélaïde. Verneuil s'en apperçut; & son extrême jalousie le porta à en faire des reproches à sa maîtresse. Elle répondit avec beaucoup de fermeté.

M. Després, ami de M. Dambleville, homme fort âgé, mais riche, lui demanda la main de cette charmante fille: il la lui promit, & arrêta le mariage. Bracmont, ayant appris cette nouvelle qui désespéroit Adélaïde, la pria de lui promettre qu'elle ne formeroit point d'engagement avant qu'il fût de retour d'un voyage de long cours qu'il alloit faire : il étoit Officier de Marine : quoiqu'il fût très-jeune, il avoit acquis une haute réputation. M. Pichard, qui avoit remarqué que son fils étoit épris de la passion la plus vive pour cette aimable personne, pressa son mariage avec une demoiselle, qui étoit un parti avantageux : Verneuil ne voulut jamais y consentir. Comme il étoit fils unique, son pere le ménageoit. Notre amant espere tout du tems. Un jour qu'Adélaïde étoit à l'Eglise avec sa femme-de-chambre, elle fut tout-d'un-coup enlevée, mise dans une Chaise de poste, & conduite dans un Château du Duc de ***, qui s'étoit porté à cette violence, parce qu'il avoit appris que M. Dambleville l'alloit marier à M. Després.

Malgré tout le respect que le Duc avoit pour Adélaïde, elle ressentit un chagrin si amer de se voir dans la puissance d'un ravisseur, qu'elle en tomba malade. Le Duc ne la quitta pas, & eut tous les soins possibles de sa chere Adélaïde. Mais elle aimoit Verneuil ; & rien ne pouvoit l'en détacher. Elle guérit, & fit tant de recherches pour recouvrer sa liberté, qu'elle y parvint, & se rendit auprès de M. Dambleville. Verneuil, jaloux, loin d'être transporté de la plus grande joie, de revoir sa chere maîtresse, mille idées s'emparant de son esprit, l'évite, la fuit ; les larmes, la douleur, la fureur de la passion l'obsédent ; il ne voit Adélaïde qu'indigne de son amour. Il tombe dangereusement malade. Madame Dambleville prend la résolution de faire passer quelque tems à sa niéce dans un Couvent, pour lui donner le tems de connoître ce qu'elle doit faire, après l'évenement qu'elle vient d'éprouver. Elle la conduit à l'Abbaye de ***. Dès que l'Abbesse l'a examinée, elle conçoit pour elle un sentiment des plus tendres; la loge dans son appartement, & prend d'elle tous les soins imaginables.

M. Després ne change pas de résolution; il apprend le retour d'Adélaïde; il court chez son ami, & le somme de tenir sa promesse. M. Dambleville fait dire à sa niéce, qu'elle ait à se décider; qu'il veut qu'elle épouse M. Després. Elle résiste, & prend le parti de ne point céder à la volonté de son oncle, qui meurt peu de tems après. Verneuil & Adélaïde se raccommodent; & M. Pichard consent à leur mariage..

Le Comte de *** qui étoit souvent chez M. Pichard, n'avoit pû connoître le mérite de Madame Dambleville, sans en être charmé : rien ne put effacer l'impression qu'elle avoit faite sur son esprit & sur son cœur. Il lui déclara les sentimens qu'elle avoit fait naître, & lui demanda sa main. Elle la lui accorda avec plaisir. Les belles qualités qu'elle lui connoissoit, l'y avoient déterminée; mais à l'instant de conclure leur mariage, il apprend qu'elle & Adélaïde sont ses filles; que Bracmont est son fils, & que l'Abbesse chez laquelle Adélaïde demeure, est leur mere. Elle avoit été mariée secrettement avec le Comte; on avoit confié les deux aînés à Madame de Bracmont, qui les éleva comme ses enfans. L'on donna vingt mille livres à M. Dambleville, qui adopta Adélaïde. Cette tendresse que Madame l'Abbesse avoit ressentie en la voyant, étoit donc la voix de la nature qui s'étoit déclarée pour elle, ainsi que les sentimens du Comte de *** pour sa fille, qu'il prit pour ceux de l'amour. Dans cet aveuglement il alloit conclure, si le Ciel ne les eût éclairés. Par cette reconnoissance, Adélaïde devint riche; ce qui ne diminua rien de l'amitié que M. Pichard avoit pour elle : enfin le jour pris, qui devoit être celui du triomphe de nos deux amans, couronnés par l'hymen, Adélaïde est enlevée & conduite à un Port de mer, où on l'embarque. C'est Bracmont qui est son ravisseur. Qu'il doit avoir de regret, de causer tant de douleur à une sœur qu'il adoroit ! Il vouloit la mener en Amérique, voir sa bienfaitrice & tous ses trésors. Leur vaisseau périt; ils se sauverent dans une chalouppe, & se retirerent dans une caverne. Ils n'en sortoient que la nuit pour aller chercher quelques fruits. Ils rencontrerent un soir des Arabes; un d'eux se saisit d'Adélaïde, & la porta à leur Roi. Elle fit connoissance & lia une étroite amitié avec la favorite du Monarque, nommée Mirka, qui lui procura les moyens de se sauver. Elles passerent avec Bracmont en Amérique; ils trouverent chez sa bienfaitrice leur pere, Verneuil, & Madame Dambleville, qui étoient partis pour les chercher, sur des avis qu'ils avoient eus, qu'ils pouvoient être de ce côté-là. L'on doit penser tout ce que le sentiment, l'amour le plus tendre peut inspirer à la réunion d'amans si chers, & d'un pere si tendre. Ce sont de ces instans que le cœur sent, & que la plume ne peut rendre. Enfin notre chere Adélaïde & Verneuil se marierent; ils repasserent en France. Mirka les y suivit, fit abjuration, & épousa un Monsieur du Vivier.

 Leur retour occasionna la joie la plus vive à Madame Pichard, de revoir son fils heureux, & sa chere Adélaïde qui faisoit son bien suprême. Madame l'Abbesse n'en fut pas moins pénétrée. Mais il faut reparler de notre Duc de

***, il mérite notre retour ; il vint prendre toute la part possible au bonheur de nos héros : il devint amoureux de Madame Dambleville : elle étoit faite pour inspirer un sentiment qui ne meurt jamais, qui est celui de l'amour respectueux ; elle joignoit à une belle taille, un air majestueux ; une figure pleine de graces, qui annonçoit l'esprit le plus agréable, embelli d'une ame incapable de reproches. Le Duc lui étoit trop sincérement attaché, pour ne pas la décider à lui donner la main ; elle l'estimoit, l'aimoit ; mais ne pouvoit se déterminer à un second hymen, & l'éludoit. Enfin le Duc un jour l'invita à dîner chez lui avec Madame de Verneuil, & le Comte ; d'abord il le pria de permettre qu'il fît passer les dames dans son cabinet seules avec lui : qu'y trouverent-elles ? Le Marquis leur Grand-pere, qui les embrassa comme ses cheres filles ; mais il eut le ressentiment le plus vif contre le Comte leur pere : les tendres caresses de ses filles, le déterminerent à le recevoir. L'on voit dans ce moment, la tendresse qui triomphe du ressentiment; le Duc n'oublie pas de prendre jour pour conclure son mariage avec Madame Dambleville. Bracmont repasse en France avec Madame Dorval; c'est le nom de sa bienfaitrice. Madame de Verneuil marie son frere très-avantageusement : elle reçoit de Madame Dorval toutes les preuves de l'amitié, & d'une générosité peu commune. Voilà une fin d'histoire des plus heureuses : tous nos Héros sont au comble de la plus grande joie, après avoir éprouvé les plus grands revers. Il n'y a que la pauvre Abbesse, qui meurt à l'instant de voir ses vœux cassés, & son mariage déclaré bon & valide.

Je suis, &c.

LETTRE VII.

Voyage dans les Planetes.

J'AI encore entre les mains un autre Ouvrage de Madame *Robert*, qui a pour titre : *Voyage de Milord Céton, dans les sept Planettes, ou le nouveau Mentor.* Elle en a sans doute pris l'idée dans les mondes de M. de Fontenelle ; mais il faut convenir, qu'elle l'a bien déguisée, & qu'elle a sçu lui donner tout le prix de la nouveauté, par la fiction, qu'elle y a attachée, & qui amene la critique des défauts & des vices qui couvrent notre globe.

Le nom seul de chaque planette annonce le caractere de ses habitans; la lune, un monde vain & frivole, un monde d'agréables & de petites maîtresses, d'hommes enfin que le goût de la nouveauté domine. Mercure, un monde de citoyens, uniquement occupés à sacrifier au Dieu de l'or & des richesses. Venus est la planette des voluptueux, des Epicuriens ; Mars celle des héros & des guerriers en général ; le Soleil est le monde des savans ; Jupiter celui des nobles. Saturne représente le siécle d'or, ce bon vieux tems, où régnoient la candeur, & l'innocente simplicité. Ainsi sous cette allégorie, qui fait le plan naturel de l'Ouvrage, Madame Robert enveloppe ses critiques sages & judicieuses; & les sept Planettes où elle fait voyager son Milord, ne sont que les sept classes d'hommes, qui figurent sur le Théâtre du monde, & sur-tout à Paris, & qu'il est important à un jeune homme de connoître pour s'y conduire avec prudence, & pour éviter les ridicules & les travers des uns & des autres.

Milord Céton & sa sœur Monime, qui est aussi du voyage, & ne le rend que plus intéressant, sont restés seuls d'une famille illustre d'Angleterre, sacrifiée à la tyrannie de Cromwel: ils rencontrent, dans un vieux Château de leurs ancêtres, un Esprit, c'est-à-dire, un Génie, qui se charge de leur éducation. Ils sont jeunes tous deux & orphelins. Monime joint toutes les graces du corps aux agrémens de l'esprit & aux aimables qualités du cœur. Comme c'est Céton qui raconte, il ne dit rien de lui. Le génie, qu'on nomme Zachiel, fait à leur égard toutes les fonctions du Mentor le plus sage & le plus éclairé. Vous verrez, Madame, que le titre du livre est très-bien rempli, & que le Mentor de Céton n'est pas moins habile que celui de Télémaque; il vous prouvera encore combien les voyages, faits sous les yeux d'un guide sage, peuvent servir à la parfaite éducation d'un jeune homme de qualité. Je doute pourtant que l'exemple de Monime prenne dans le monde; les voyages des jeunes Demoiselles, pour l'ordinaire, se bornent au Couvent; c'est peut être encore un préjugé. Quoi qu'il en soit, le Génie conduit d'abord nos jeunes voyageurs dans le monde de la lune. Vous me dispenserez, Madame, de rapporter ici tout ce qui n'est que fiction dans l'ouvrage, pour ne m'attacher qu'à ce qui est de morale, de critique ou d'instruction.

Arrivés dans la planete de la Lune, Zachiel fait remarquer à ses éleves tous les ridicules qui y regnent ; & cela, non par des sermons toujours ennuieux, mais par des exemples & des tableaux, dont l'impression est plus sûre. Avant que d'entrer dans la capitale du monde lunaire, ils voyent déja un échantillon du goût qui domine dans cette planete : ce sont des paysages variés d'une infinité de petites maisons de plaisance, qui ont l'air de jolis petits châteaux de carte ; ces maisons sont toutes portes & croisées ; Monime, aux différentes couleurs des jalousies & des contrevents, les prend pour des décorations de perspective, semées sur les routes par les habitans de la Lune, pour sauver, sans doute, l'ennui aux voyageurs. En approchant davantage de la Ville, on voit de magnifiques allées plantées d'arbres, des jardins superbes, où l'art brille de toutes parts, & semble s'être efforcé d'en bannir la nature : l'agréable y a pris la place de l'utile.

Ce premier monde est rempli de quantité de petits portraits faits d'après nature, & dont l'assemblage forme le tableau complet des mœurs, des goûts, des usages, ou plutôt de la légereté de l'inconstance, de la frivolité & de la folie des Lunaires. Je ne détacherai qu'une ou deux de ces petites miniatures, pour vous donner une idée du pinceau léger de Madame Robert.

C'est d'abord un jeune Seigneur, assis dans une espèce de fauteuil de filigrane, traîné par un cheval, qui a la vîtesse d'un oiseau. Un caillou se trouve sur la route ; voilà le jeune Damon culbuté, & le cabriolet en pieces. Le petit Maître n'est sensible qu'à la perte de quelques babioles échappées de la chaîne de sa montre ; &
c'est

c'est un de ces petits Maîtres, dit Madame Robert, que rien n'affecte, que le plaisir & la dissipation; il n'a d'autre emploi, que celui de plaire; d'autre penchant, que celui de s'amuser; d'autre goût, que celui de la nouveauté. Il possède dans la plus haute perfection, ce qu'on appelle le ton de la bonne compagnie chez les Lunaires, c'est-à-dire, qu'il a autant de façons de se présenter, & autant de variété dans ses expressions, qu'il en faut dans ce monde, pour ne point paroître uniforme chez les différens Seigneurs qui l'admettent dans leur société. Il joint à tous ces talens, un répertoire de petits traits d'histoire curieux, méchans, &, suivant ses termes, frappés au bon coin. On juge aisément qu'avec des connoissances aussi étendues, il a, des premiers, toutes les chansons, les vers, les épigrammes, les brochures nouvelles, auxquelles il joint toutes les minuties & les bagatelles qui paroissent, se piquant encore des plus profondes connoissances sur les modes.

Il y a cent autres traits qui éclatent dans la conduite & les entretiens de Damon, qu'il faudroit réunir, Madame, pour vous faire connoître l'original en entier : cet air avantageux, ce ton assuré, ce langage affecté, ces phrases interrompues, ces propos libres, ces empressemens éternels; rien n'échappe à nos voyageurs.

Je pourrois rapporter mille autres peintures, non moins agréables, qui feroient connoître le goût frivole, qui entraîne tous les habitans de la Lune. Ce sont, en général, des hommes vains, légers, superficiels, passionnés pour tout ce qui porte l'empreinte de la nouveauté. Malgré leur légèreté, leur vie est aussi

Tome V. G

uniforme, que le cours du Soleil : le matin, chez la Reine, ou dans l'anti-chambre d'un Visir; une partie de la journée, à table, au jeu, aux promenades, aux spectacles; le reste du jour se termine en débauche dans leurs petites maisons. Imitateurs serviles de ceux qui les gouvernent, ils s'honorent de leurs vices comme de leurs vertus; vrais automates, dont la frivolité seule conduit les ressorts.

Passons au globe de Mercure; c'est le monde des riches. Vous y retrouverez, Madame, des petits Maîtres & des petites Maîtresses; car cette espece d'hommes est de tous les mondes, comme le remarque Madame Robert : mais que les mœurs de cette planete sont différentes de celles de la Lune! Ici c'est le séjour du faste, du luxe & de l'opulence. De somptueux édifices ornent toutes les Villes; de beaux châteaux, des parcs admirables embellissent les campagnes; l'argent est le seul Dieu qu'on y reconnoisse, le seul ami, le seul mérite qu'on y révere. L'intérêt, en un mot, est la passion qui influe & qui domine sur tous les Cilléniens; c'est le nom des habitans de Mercure. Ils ne sont occupés que des moyens d'amasser de l'or; il leur tient lieu de talens, d'esprit, de vertus : les richesses leur donnent tout cela. Toutes les voies sont employées à cette fin; bassesses indignes, vexations cruelles, mauvaise foi, fourberie : chez ces peuples ce n'est que l'habit, les équipages & le crédit qu'on honore; un homme de la plus basse extraction, qui s'annonce d'un air bruyant, est le plus estimé; la prospérité cache tous ses défauts & ses ridicules; c'est un aimable homme; il est riche; sa table est bien servie; son équipage bien doré; nombre de domestiques l'accompagnent ; il fait beaucoup de dépense ; il joue gros jeu : en voilà assez pour mériter toute leur estime.

Telle est l'idée générale des Cilléniens, que le Génie donne à nos jeunes voyageurs, qui répandus ensuite parmi les Citoyens de la Cillénie, entrent dans des détails qui achevent de peindre leurs mœurs & leur caractere.

Le second voyage est semé, comme le précédent, d'épisodes intéressans, naturellement amenés & enchaînés les uns aux autres, avec art. Ils vont tous au but, c'est-à-dire, à mieux faire connoître & à rendre plus sensibles les ridicules de chaque monde.

Ne nous arrêtons pas plus longtems dans celui de Mercure : les bornes d'un extrait nous prescrivent de passer à la planete de Vénus. Les peuples qui l'habitent se nomment Idaliens, d'un des noms que la Fable donnoit à la mere de l'Amour. L'influence de la planete est terrible sur ses habitans : il n'y en a pas un qui y résiste longtems : les hommes & les femmes, entraînés par sa force invincible, n'y respirent que la volupté, le plaisir, la mollesse & l'amour. Ce n'est pas un amour pur, délicat & vertueux ; c'est un amour effréné & brutal, qui dégénere en libertinage. Ce n'est pas que dans ce monde, il ne se trouve aussi de ces ames honnêtes, de ces cœurs délicats, qui savent allier la vertu à la plus tendre sensibilité ; mais les exemples en sont rares. La coquetterie la plus rafinée & la plus hardie ont pris, chez les Idaliennes, la place de la modestie & de la pudeur. Le libertinage même en fait souvent des héroïnes, qu'on se montre aux promenades & aux spectacles.

Voici ce que Céton nous dit des mœurs des Idaliens. Dans l'empire de Vénus, ce sont les femmes qui gouvernent l'Etat ; les plus importantes négociations ne se font que par elles : elles disposent de toutes les charges, de tous les emplois, de tous les postes éminens, & de tous les gouvernemens, quoiqu'il ne paroisse, que des hommes à la tête de leurs conseils. On pourroit ajouter que les choses n'en vont pas mieux pour cela dans le Royaume de Vénus. Les Idaliennes se sont affranchies de ces régles séveres que les hommes ont jugé à propos d'imposer aux femmes de notre monde. Madame Robert en prend occasion de venger, en passant, l'honneur de son sexe d'un préjugé injuste, que l'amour-propre des hommes y a attaché. » On crie sans cesse contre » les femmes ; on les accuse d'inconstance, d'in- » fidélité ; on leur demande une vertu à toute » épreuve; tandis que ceux qui veulent les réduire » dans cet esclavage, s'accordent à eux-mêmes une » pleine liberté. En vérité, y a-t-il là de l'équité? » Les choses, pour cet article en particulier, sont » mieux entendues par les Idaliens; les loix y sont » égales ; & ils n'ont rien à se reprocher les uns » aux autres : « ironie maligne, qui vaut bien une critique.

Vous trouverez dans ce troisieme monde des peintures riantes des environs du Palais de la Reine, la description du Temple de l'Amour, des bosquets, des jardins enchantés qui l'environnent, & le tableau animé d'une multitude infinie de personnes des deux sexes & de tout âge, qui y viennent apporter leurs vœux.

Je ne puis me dispenser de rapporter ceux que deux jeunes filles y adressoient à l'Amour,

dans le tems que Céton & Monime y passerent :
« l'une se plaignoit que son amant étoit trop en-
» treprenant; elle demandoit à l'Amour, qu'il ral-
» lentît ses desirs, afin de les rendre plus durables.
» L'autre accusoit le sien d'un défaut contraire.
» Hélas ! disoit-elle avec ferveur, pourquoi as-tu
» permis que je me sois attachée à un homme si
» timide & si indifférent ? Que ne puis-je me met-
» tre sur l'offensive ! Je lui ferois connoître la vi-
» vacité de mes désirs. Amour, fais qu'il de-
» vienne plus entreprenant ! « Une béate, un peu
plus loin, imploroit le Dieu de son côté, afin
qu'il rallumât les feux d'un Flamine qui la diri-
geoit depuis longtems. On sent si ces vœux partent du cœur de celles qui les font, ou de l'imagination de l'Auteur.

Le reste de ce troisieme volume comprend plusieurs petites avantures amoureuses, qui arrivent
journellement chez les Idaliens. La jeune Monime, à qui le Génie avoit donné toutes les graces & la beauté d'une Nymphe, pour la faire
briller dans cette planette, est l'objet d'une de
ces histoires. Le jeune Milord en auroit sans
doute fait des siennes aussi, vu la violente influence de l'astre, si le Génie lui avoit laissé sa
forme ordinaire ; mais connoissant sa foiblesse,
il l'avoit changé en mouche : il comptoit plus,
comme de raison, sur la vertu de Monime, qui
manqua pourtant d'y faire naufrage avec un
Prince charmant, connu dans le pays sous le
nom de Prince Pétulant. Elle meurt au moment
où cet amant passionné alloit recueillir, après un
hymen légitime, le prix de sa tendresse & de
ses feux ; c'est-à-dire, que Monime redevient
mouche, & abandonne l'enveloppe, sous laquelle

elle s'étoit montrée aux yeux du Prince, qui se désole de ne plus retrouver que la dépouille inanimée de sa chere Monime.

Les voilà embarquées dans un tourbillon, pour passer à un quatrieme monde, celui de Mars. En y arrivant, ils reprennent l'un & l'autre leur figure ordinaire. C'est ici que Céton destiné par sa naissance à l'état militaire, commence ses premieres armes. Ils trouvent d'abord les chemins remplis de chaises de poste, d'équipages, de fourgons, de mulets & de gens qui vont à la guerre, & d'autres qui en reviennent. Les premiers ont l'air le plus content du monde; ils ne parlent que de places prises, que de victoires remportées; vous diriez que les ennemis vont prendre la fuite à la premiere nouvelle de leur approche; image trop naturelle de ce que nous voyons tous les jours. Les seconds n'ont pas, à beaucoup près, l'air si content; ils sont découragés, rebutés. Officiers, Soldats, chevaux, domestiques; tout fait pitié : leurs discours répondent à leur figure ; on les a menés à la boucherie ; le Général a perdu la tête ; les espions sont mal payés, &c. &c. Ils arrivent au Temple de la Gloire ; il est bâti sur un rocher, le plus escarpé qui fut jamais : il gagne infiniment à être vu de loin; pensée vraie & ingénieuse. Autour du Temple sont des précipices affreux : un monceau de cadavres horriblement défigurés, couvre le fonds du vallon.
» Ces morts-là, dit le Génie à ses compagnons,
» ne méritent ni votre attention, ni votre pitié : ils
» sont ici dans l'ignominie & l'oubli, parce qu'ils
» ne furent jamais que des héros manqués, & de
» faux braves. Plusieurs d'entr'eux sont venus se
» briser contre cette pointe de rocher, que vous

» voyez à votre gauche, & qu'on appelle le faux
» point d'honneur. Ils n'étoient que de vils gla-
» diateurs ; voilà leur récompense. D'autres que
» vous voyez de l'autre côté, continue le Génie,
» eussent pu faire de grands hommes; ils ont abu-
» sé de leurs talens, & n'ont été que de grands
» scélérats. Tel est celui que vous voyez ici suspen-
» du par les pieds, la tête en bas, couvert d'un
» sang qui paroît encore tout récemment versé.
» C'est Cromwel, l'auteur des malheurs de l'An-
» gleterre & de ceux de votre famille. «

Quelle leçon, Madame, dans ce tableau, dont je ne vous cite que quelques traits ! Tel est l'art du nouveau Mentor; il ne fait pas lui-même les réflexions; il les fait naître; & ce sont, sans contredit, les plus efficaces.

Dans le reste de l'ouvrage, ce sont les caracteres des différens peuples de Mars ; des combats, des batailles décrites avec feu, où Céton fait admirer sa valeur, & Madame Robert les connoissances qu'elle a d'un art qui semble peu fait pour les graces timides. Il nous revient encore trois mondes de sa façon ; & il faut espérer que sa plume légere & féconde ne se reposera pas au septieme; mais qu'elle continuera de créer.

Toujours guidés par le Génie, nos infatigables voyageurs arrivent dans la planete du Soleil. Ils sont introduits dans la bibliotheque d'Apollon ; & là ils trouvent des livres rares & curieux, qui leur donnent occasion de s'entretenir sur des matieres transcendantes, & d'expliquer divers systêmes d'Astronomie & de Physique, tels que ceux de l'attraction & de l'électricité. Ces sujets paroissent assez familiers à Madame Ro-

bert ; mais elle les envisage principalement du côté moral. Elle attribue à l'attraction les causes de la sympathie qui nous « fait pancher pour
» un objet, plutôt que pour un autre ; qui en-
» gage deux cœurs ou deux personnes d'esprit à
» se lier d'une étroite amitié ; qui fait naître ce
» penchant secret qui porte les deux sexes à
» s'unir. On peut croire que l'homme est animé
» par une double attraction, l'une qui l'entraîne
» au vice, & l'autre à la vertu ; l'éducation &
» les circonstances lui donnent toute son activité
» & son énergie. En un mot, elle est cette cause
» inconnue, cet agent secret, avec lequel la na-
» ture met tout en mouvement, tient tout dans
» l'équilibre ; c'est-à-dire, qu'elle agit univer-
» sellement. «

Lorsque Monime & Céton ont quitté la Cour d'Apollon, le Génie les fait traverser une forêt merveilleuse, & les mene dans un verger où il rencontre un fameux Théologien de l'Eglise Anglicane, qui place l'enfer dans le Soleil. Madame Robert en fait l'asyle des Savans, des Philosophes & des beaux esprits : elle y établit une Académie, où Ciceron fait un discours à la réception de M. de Fontenelle.

Vous voulez, Madame, que je ne m'attache pas tellement à suivre nos voyageurs, que je ne les devance aussi quelquefois : je vais donc les laisser bien loin derriere moi ; & tandis qu'ils entendront moraliser dans le Soleil, je passerai tout d'un coup dans la planete de Jupiter. On y trouve, comme sur la terre, des êtres infatués de leur noblesse, & d'autres qui, sans être nobles, prennent les airs, les tons & les manieres de ceux qui le sont.

Les habitans de Saturne, plus raisonnables & plus modestes, se contentent des douceurs d'une vie champêtre, & ne suivent que l'impulsion simple de la nature. Les détails qui remplissent cette derniere partie, forment un tableau où l'on trouve la critique de nos mœurs, toujours en opposition avec celles des bons & honnêtes Saturniens.

Madame Robert a composé deux autres Ouvrages intitulés : *Nicole de Beauvais* & les *Ondins*. Vous connoissez son style, sa maniere de voir & de présenter les objets ; elle est la même dans ces dernieres productions : je puis donc me dispenser d'en faire l'analyse.

Je suis, &c.

LETTRE VIII.

ON m'envoya, ces jours derniers, les premières productions littéraires de Madame Madeleine Darfant, née à Paris, épouse de M. de Puisieux, Avocat, & connue par plusieurs Ouvrages de morale & de fiction.

<small>Madame de Puisieux.</small>

Elle donna d'abord un livre intitulé, *Conseils à une amie*, dont l'objet principal, Madame, est l'instruction des personnes de votre sexe. Ce sont d'excellens principes d'éducation, capables de former une jeune Demoiselle aux vertus & aux bienséances. Voici ce qui m'a paru le plus propre à vous satisfaire.

<small>Conseils à une amie.</small>

» Que votre société soit douce, dit l'Auteur à
» son amie ; ne faites point sentir votre supé-
» riorité. L'esprit, les talens, le mérite, le rang
» & la fortune sont pour les autres un poids assez
» pesant, sans l'augmenter de celui de l'osten-
» tation.

» On doit faire peu de cas des amis que l'on
» s'est acquis par des louanges fausses. Les com-
» plimens sont d'usage dans la société ; mais ils
» ne doivent jamais être faits aux dépens de la
» vérité. S'ils ne conviennent point aux per-
» sonnes à qui on les adresse, & si elles ont le
» sens commun, ce sont pour elles autant d'in-
» jures qu'elles sentent, & ne pardonnent point.
» Les gens sont-ils assez simples pour croire les
» mériter, c'est presque se mettre à leur place,
» que de les tromper ? Un compliment bien tour-
» né & fait à propos n'a jamais déplu : mais il
» faut, encore un coup, qu'il ait rapport à la vé-

» rité. Il n'y a que les courtisans & les valets,
» qui puissent être de vils adulateurs ».

» Quand vous voudrez confier un secret à quel-
» qu'un, ayez toujours un gage du sien. Je vous
» permets de compter sur la discrétion des au-
» tres, quand ils vous appréhenderont autant
» que vous les craindrez.

» L'espérance est la plus grande consolation
» des malheureux. Sans elle, le désespoir sui-
» vroit de près l'infortune : c'est le palliatif du
» malheur, le soutien des passions, l'avant-cou-
» reur des plaisirs : elle tarit les larmes ; elle
» donne du courage, de la patience, de la joie.
» Qui voudroit de la vie sans l'espérance ? Hélas !
» il reste peut-être même à celui qui meurt dans
» des sentimens qui ne lui promettent ni bien
» ni mal après le trépas, l'espérance qu'il se
» trompe ».

Contentez-vous, Madame, de ces courtes réflexions ; tout le livre est écrit dans le même goût. Après ce premier Ouvrage, Madame de Puisieux en donna un autre, qui est comme une seconde partie du premier. Il est intitulé *Réfle-* *xions & Avis sur les défauts & les ridicules à la mode*. La morale qu'il renferme roule principalement sur l'état de femme. Le défaut principal de votre sexe, dit l'Auteur qui doit le connoître, c'est l'envie. » Cette passion bête & cruelle sem-
» ble née avec les femmes. La plûpart ne peuvent
» voir dans les autres avec tranquillité, des gra-
» ces ou des talens qui les rendent aimables. Le
» chagrin qui paroît sur les visages, quand on en
» loue quelqu'une, ne prouve que trop l'amertu-
» me que l'envie répand dans le cœur des au-
» tres. C'est encore une suite de la mauvaise

Réflexions & Avis.

» éducation & d'une ambition démesurée de
» plaire. Si l'envie ne causoit que des peines
» momentanées, elle seroit plus supportable :
» mais elle assaisonne tous les plaisirs ; il faut
» renoncer à celui que procure la vue d'un beau vi-
» sage, à ce sentiment vif & délicieux que fait
» naître la voix touchante d'une femme aimable
» qui chante avec ame ; enfin il faut se refuser
» à presque toutes les sensations agréables.

» A quarante ans, une femme ne doit plus avoir
» de prétentions : si elle est aimable, elle peut
» encore conserver ses conquêtes ; mais le ridi-
» cule, à cet âge, est d'en vouloir faire de nou-
» velles. Les graces séduisantes dans la jeunesse
» deviennent minauderies dans l'arriere saison.
» Un peu d'esprit, de l'égalité, de la douceur
» dans la société ; voilà les seules ressources pour
» être agréables, quand la beauté est sur le re-
» tour.

» Une femme qui se met au-dessus des pré-
» jugés, mérite, à mon sens, le plus grand mé-
» pris ; & il s'en faut bien que je regarde comme
» une marque d'esprit, cette espece de détache-
» ment des bienséances. Au contraire, je crois
» que plus une femme met de circonspection
» dans sa conduite, & de réserve dans ses mœurs,
» plus elle a été capable de sentir de quelle con-
» séquence il est pour elle, d'être respectée. Les
» femmes qui, sans réflexion, donnent dans les
» travers, sont plus à plaindre qu'à blâmer, puis-
» qu'elles sont entraînées par leur penchant vi-
» cieux : mais commettre les fautes de sang
» froid, ou se moquer de ce qu'on en dira,
» c'est le comble de la sottise ou de l'indignité.

» Une femme mariée a toujours tort de s'at-

» tacher : si elle a un galant homme pour époux,
» il y a une espece d'indignité à le tromper. Si
» c'est un jaloux, elle se prépare des peines sans
» nombre. Si c'est un sot, elle le déshonore, &
» la femme d'un homme déshonorée est mé-
» prisée.

» Quand une femme sait penser, la vertu ne
» lui doit rien coûter. Les hommes ne sont dan-
» gereux, que pour les jeunes personnes sans
» expérience, qui ne remarquent que leurs agré-
» mens. Si elles savoient ce qui les détermine,
» elles les verroient avec les plus mauvaises in-
» tentions, cherchant à les séduire, ou à les
» tromper quand ils les ont séduites. Il faut
» pourtant rendre justice à la plûpart : ils sont
» dans la bonne foi quand ils promettent, &
» tant que leur passion dure. Est-elle passée ?
» leurs sermens ne leur paroissent plus que com-
» me des ruses ordinaires dans la galanterie, &
» une duperie à celles qui s'y sont laissées sur-
» prendre.

Le troisieme Ouvrage de Madame de Pui- *Les Ca-*
sieux a pour titre *les Caracteres*. Il est dans le *racteres.*
goût des précédens ; &, c'est pour les hommes ce
que les deux autres sont pour les femmes ; c'est-
à-dire, une ample matiere d'instruction & de morale. Je choisirai quelques pensées dans les deux
volumes qui composent ce Recueil.

» Les hommes ont un grand avantage sur
» nous ; c'est d'être loués de leurs semblables,
» quand ils le méritent. Au lieu qu'il n'y a que
» les hommes qui nous accordent les qualités
» que nous avons en effet. C'est notre coutume
» de nous consoler des injustices de notre sexe,
» par l'admiration & par l'estime de l'autre. Je

» connois une fort jolie personne, qui disoit,
» quand elle entendoit médire de sa figure :
» *pour me venger, je ferai demain un infidele.*
» Cette vengeance lui a réussi tant de fois, que
» les femmes sont enfin convenues qu'elle étoit
» aimable ; mais non pas qu'elle fût sage. Leur
» médisance n'a fait que changer d'objet.

» Les agrémens de la figure sont tout dans
» les femmes ; mais ils ne sont presque comptés
» pour rien dans un homme d'esprit, à moins
» qu'il ne veuille les sacrifier à quelque femme
» de qualité, qui se servira de lui, comme d'un
» sot, qui auroit les mêmes avantages.

» Les plus belles pensées vieillissent ; il n'en
» est pas de même des belles actions ; elles sont
» toujours nouvelles.

» Le vrai moyen de vivre sans inquiétude &
» de mourir sans regret, c'est de régler toutes
» les actions de sa vie sur l'équité & la droite
» intention. Les regrets ne viennent point sans
» mécontentement ; & le mécontentement de
» soi suppose des folies. Pour des scrupules, les
» gens d'esprit n'en ont point. Car qu'est-ce
» qu'un scrupule ? sinon la mémoire de quel-
» qu'action équivoque, sur laquelle on n'est pas
» en état de prononcer par soi-même. Les scru-
» pules des gens du monde sont une affectation
» de probité, & ceux des gens dévots, les va-
» peurs de la dévotion.

» Toutes les grandes passions abandonnent
» les hommes à la mort ; toutes excepté l'ava-
» rice. Ils se repentent sincérement d'avoir aimé
» les femmes aimables, & d'avoir fait un mau-
» vais usage de leurs richesses : alors ils écartent
» les femmes ; mais ils continuent d'être avares.

» Le Commandeur de... eut une longue ma-
» ladie. Sur le point de mourir, il dit à son Mé-
» decin, qui lui avoit rendu six mois de visites
» assidues, qu'il vouloit le récompenser de ses
» bons services, & lui présenta en même tems
» trois louis, qu'il tira d'un sac qu'il tenoit ca-
» ché sous son chevet. Le Médecin surpris de la
» médiocrité de la somme, lui demanda si c'étoit
» un à compte ? Un à compte, Monsieur, reprit
» le Moribond ? Non, Monsieur, non ; la som-
» me me paroit raisonnable pour tout le tems
» de ma maladie. Le Médecin lui fit encore
» quelques remontrances, auxquelles le Com-
» mandeur répondit : je vois bien que vous n'êtes
» pas content ; tenez, voilà donc encore un pe-
» tit écu. Le Médecin ne put s'empêcher de rire
» & de refuser les trois louis & le petit écu.
» L'espérance & l'avarice suivent les hommes
» avares jusqu'au dernier moment, ou peut-être
» les avares ne croyent pas l'être, & s'endor-
» ment là-dessus.

» Il est aussi essentiel à un jeune homme, de
» voir de bonne compagnie en femmes, qu'à
» une femme, d'éviter la mauvaise en hommes.
» Un jeune homme se forme l'esprit & le cœur
» avec elles ; mais il faut pour cela qu'elles ne
» soient ni dévotes ni libertines. Il n'y a rien à
» apprendre avec les dévotes ; & ce que l'on ap-
» prend avec des libertines n'est pas bon à savoir.
» Celles-ci corrompent le naturel le mieux dis-
» posé : on a beau dire qu'on en revient dans un
» âge mûr ; rien n'est plus incertain ; & quand
» cela seroit, on conserve toujours de leur com-
» merce, quelque chose qui déplait aux femmes
» bien nées. Que faire donc quand on a vécu

» long-tems avec des femmes libertines ? Em-
» ployer ses dernieres années à rougir des pre-
» mieres, & se déplaire à soi-même & aux au-
» tres ? En vérité il vaudroit presqu'autant avoir
» continué de voir les mêmes compagnies, puis-
» qu'on n'est plus bon que pour elles. Je ne dirai
» rien de la société des dévotes. Elles ne me
» pardonneroient pas; & je crains la calomnie.

» Le bonheur est une boule, après laquelle
» nous courons tant qu'elle roule, & que nous
» poussons du pied quand elle s'arrête. Cet exer-
» cice nous a menés loin, lorsqu'il commence à
» nous déplaire. On est bien las, quand on se
» résout à se reposer, & à laisser aler la boule :
» c'est alors qu'on médit de la vie & qu'on s'en
» prend à tout, hors à soi-même.

» Tout le monde dit : je crois que si j'étois
» riche, je ferois un bon usage de mes richesses.
» Je suis un peu surprise que tant de gens qui
» ne sont propres à rien, se croient capables
» d'une chose si difficile : il faut de la bonté de
» cœur pour obliger ; il faut du discernement
» pour choisir ceux qui le méritent : il faut du
» goût pour se procurer des amusemens & des
» plaisirs délicats & sensés. Car que faire de ses
» richesses, si on ne les met à ces emplois ? Et
» tous ces gens qui se vantent d'en connoître
» l'usage, ont-ils donc de la bonté de cœur, du
» discernement & du goût ? Je vois tous les jours
» des gens qui jouissent d'un revenu considéra-
» ble, & qui vivent très-mesquinement : ils ne
» savent ni dépenser, ni ordonner dans leur do-
» mestique : ils s'ennuyent de la Ville au Prin-
» tems : ils vont à la campagne sans profiter de
» ses agrémens : ils passent les plus belles heu-

» res au jeu, & reviennent à Paris reprendre le
» même ennui. Ils vont à l'Opéra sans goût pour
» la musique, à la Comédie, parce qu'il faut
» bien aller quelque part. Ils ont des livres sans
» lire, des maîtresses sans aimer, des amis sans
» leur rendre ni en recevoir aucuns services, des
» meubles magnifiques sans être commodes; tout
» se ressent de leur indolence, du défaut de goût,
» d'une sordide économie : ils ont cent mille li-
» vres de rente ; mais ils boivent, mangent,
» se promenent, se levent, se couchent, vivent,
» meurent, comme s'ils n'en avoient que vingt
» mille. Que font ils du reste ? A quoi leur
» sert-il ? à remplir des coffres : mais tout le
» monde est capable de cet emploi; & si c'est-là
» le bon, tout le monde a raison de dire ; si j'é-
» tois riche, je crois que je me ferois honneur
» de mes richesses.

» L'esprit est comme la vûe : c'est la compa-
» raison la plus juste ; il est des gens aveugles
» d'entendement, comme il y en a de corps ;
» il en est d'autres dont la vue est extrêmement
» courte, & qui n'apperçoivent rien des objets
» éloignés ; d'autres qui voyent tout d'un coup
» d'œil. Ces excellentes vues ressemblent aux
» esprits supérieurs ; mais on rencontre à cha-
» que pas des vues basses, & si basses qu'à peine
» distinguent-elles ce qui les touche ».

Les Caracteres de Madame de Puisieux sont l'Ouvrage qui lui fait le plus d'honneur ; mais comme ce genre d'écrire entraîne nécessairement un peu de sécheresse, je terminerai ma lettre par un Roman que vous trouverez peut-être moins sérieux : ce sont les *Mémoires de la Comtesse de Zurlac*. Cette Comtesse, qui se nom-

La Comtesse de Zurlac.

moit d'abord Mademoiselle de Valence, fut mariée au Comte de Zurlac, vieux Seigneur fort riche, qu'elle épousa par respect pour les volontés de Monsieur & de Madame de Valence, & dont elle devint veuve peu de tems après.

La nouvelle Comtesse vivoit avec son mari sans amour & sans plaisirs, lorsqu'elle vit le Marquis de ***. Il avoit dix-sept ans, une figure charmante, & toutes les qualités les plus propres pour se faire aimer ; Madame de Zurlac le trouva digne de toute sa tendresse.

Le pere du Marquis avoit une maison de campagne, où il invita la Comtesse d'aller passer l'Automne. Elle n'eut garde de refuser une partie qui devoit lui procurer l'occasion de voir à toute heure, ce qu'elle aimoit, & de donner à son amant le même plaisir.

Le jour du départ étant arrivé, on s'arrangea dans un carrosse de voyage, le Marquis, son Gouverneur, son pere, ses sœurs, la Comtesse; & on se plaça de maniere, que Madame de Zurlac se trouva à côté du Marquis. La nuit ayant surpris nos voyageurs, les amans qui profitent de tout, ne laisserent pas échapper cette occasion de se donner des marques d'amour. Madame de Zurlac s'étoit panchée sans façon sur le bras du Marquis; cet amant avoit eu le secret, je ne sais comment, de s'emparer d'une main de la Comtesse, & la serroit avec tant de passion, qu'elle commença à avoir des distractions : on lui parloit ; & elle répondoit de travers ; mais comme l'on crut qu'elle s'endormoit, on la dispensa de répondre plus juste. Le bruit du carrosse empêchoit d'entendre le Marquis qui soupiroit de tems en tems, avec beaucoup d'indiscrétion. On arriva enfin ; on soupa fort gaiement ; on supposa qu'on étoit fatigué ; & chacun se retira de bonne heure. Nos deux amans convinrent de se rendre le soir, quand tout le monde seroit retiré, sur la terrasse qui donnoit sur la riviere : c'étoit l'endroit le plus écarté du Château, & conséquemment celui où ils pouvoient s'entretenir avec plus de liberté. Cette premiere entrevue fut employée par la Comtesse, à donner à son amant des avis sur sa conduite, & à le reprendre de quelques légers défauts. Le Marquis écouta avec docilité, fit quelques folies, & retourna au Château plus amoureux que jamais.

Il avoit trouvé tant de douceur dans cet entretien, qu'il pressa Madame de Zurlac de lui en accorder de semblables ; & elle lui donna un rendez-vous, à quelques jours de-là, & au même endroit. Elle se sentit toute émue en traversant les jardins, non de cette émotion qui annonce plus de terreur que de tendresse, mais de celle que l'on éprouve à l'approche d'un amant chéri, à qui on a donné des prétentions, & que l'on craindroit de chagriner par des refus. Il faisoit grand clair de lune ; & le Marquis avoit imaginé, en attendant la Comtesse, de lui proposer une promenade sur la riviere. Elle crut qu'elle seroit plus en sûreté sur l'eau, que dans l'obscurité : il sembloit que l'astre qui éclairoit ses démarches, lui donnât de la fermeté. Pour le Marquis, il étoit enyvré de cette joie délicieuse, qui tient un peu de l'égarement. Les rayons de la lune frappoient sur le visage de la Comtesse : on sait que cet astre est favorable aux belles personnes. Le silence de la nuit, la tranquillité qui régnoit autour d'eux, tout augmentoit leur émotion. Le Marquis s'arrêtoit à chaque inſtant ; & la conſidérant avec admiration, il lui diſoit tout ce que le déſordre de ſes ſens pouvoit lui inſpirer.

Ils arriverent à un petit batteau qui ſervoit à ſe promener quelquefois. Le Marquis, après y avoir fait entrer la Comteſſe, détacha la chaîne qui le retenoit au rivage ; il ne ſavoit pas le conduire ; mais peu en peine où il les méneroit, il le laiſſa aller au courant. La Comteſſe s'étoit aſſiſe, & le Marquis auprès d'elle : » à préſent » vous ne pouvez plus m'échapper, lui dit-il : » qui vous ſauvera de mes tranſports ? En même-» tems il la preſſoit dans ſes bras avec tant de » force, que la Comteſſe troublée, ſans réfléchir » pourquoi, ſe débarraſſa & ſe mit à fuir à l'au-» tre extrêmité du batteau. Le Marquis n'écou-» tant que ſes deſirs, courut après elle ; il mettoit » tant de vivacité dans ſes expreſſions, & il avoit » tant de feu dans ſes regards, que Madame » de Zurlac eut eu peine à échapper à un auſſi » grand danger pour ſa vertu, ſi rappellant en » elle-même toute ſa fierté, elle ne lui eût com-» mandé, d'un ton ſévere, de s'arrêter. Le Mar-» quis à cet ordre ſuſpendit ſes tranſports, & » s'aſſéyant vis-à-vis d'elle, garda un profond ſi-» lence ».

La Comteſſe étoit reſtée à ſa place ; & inquiete de ce que le Marquis ne diſoit rien, elle l'appella ; pour cette fois il n'obéit point : comme elle crut que c'étoit de l'humeur qui le retenoit, elle fut quelques momens ſans rompre le ſilence. Cependant le Marquis preſſé par ſa douleur, & attribuant les rigueurs de Madame de Zurlac à ſon

peu de tendresse, se livroit sans ménagement à
ses réflexions cruelles. La Comtesse entendit ses
soupirs ; & cédant à son inquiétude ! elle s'approcha de lui ; mais quel fut son accablement, en lui
trouvant le visage baigné de larmes ; elle se précipita dans ses bras, qui quelques momens auparavant lui avoient causé tant d'effroi. » Qu'avez-
» vous, lui dit-elle ? vous vous éloignez de moi ;
» & vous avez du chagrin ? Cher Marquis, di-
» gne amant, séchez vos larmes ; je ne veux pas
» que vous en répandiez de douleur. Le Mar-
» quis n'avoit garde de résister à de si douces ins-
» tances ; il oublia toute sa tristesse, pour re-
» tomber dans les transports qui avoient offen-
» sé la Comtesse ; elle fuit encore : mais on ne
» va pas bien loin dans un petit batteau que
» l'amour gouverne ; aussi son amant l'atteignit-
» il : ah ! lui dit-il, Silvie, ma chere Silvie, par-
» tagez mon bonheur.... La Comtesse irritée
» menaça le Marquis de repartir le lendemain,
» s'il continuoit à l'offenser. A ces terribles mots,
» il tomba à ses pieds & lui demanda grace. La
» Comtesse n'avoit besoin, pour oublier les fau-
» tes du Marquis, que de le regarder. Levez-
» vous, lui dit-elle, & écoutez-moi : tous les
» deux foibles & tremblans ils s'assirent. Je veux
» bien, continua-t-elle, vous pardonner vos fo-
» lies pour cette fois ; mais s'il vous arrive d'en
» faire à l'avenir de semblables, quelqu'effort
» qu'il m'en coûte, je ferai tout pour vous ou-
» blier ».

Il étoit tard, quand nos amans s'apperçurent
que le bateau avoit fait beaucoup de chemin. Ils
mirent pied à terre, & se rendirent en peu de
tems au bas de la terrasse, d'où ils étoient partis.

Les nuits commençoient à être froides ; & le Marquis craignant que la Comtesse n'en fût incommodée, lui proposa de se rendre dans sa chambre & de causer au chevet de son lit. Après quelques difficultés qui n'en étoient sans doute que pour la forme, Madame de Zurlac consentit à le recevoir dans son déshabillé. Le Marquis se présenta en robe de chambre : cela étoit un peu familier ; mais la Comtesse avoit permis de tendres baisers ; elle en avoit même donné quelques-uns : le négligé du Marquis après cela n'étoit plus qu'une bagatelle, à laquelle on ne prit garde que parce qu'il lui alloit fort bien.

» Il entraîna la Comtesse devant une glace ;
» & appuyant une de ses joues sur les siennes,
» il examinoit les nuances de leur coloris : il les
» avoit plus vives que celles de la Comtesse ;
» & elle en eut du dépit. Attendez, lui dit le
» Marquis, elles seront bientôt au même dégré ;
» & y appuyant sa bouche, il les rendit plus vermeilles
» que les siennes ; puis marquant à son
» tour, qu'il en étoit piqué, il fallut nécessairement
» que la Comtesse lui rendît le même
» service. Le Marquis avoit ses vues : il loua la
» bouche de la Comtesse ; que je suis fâché, disoit-il,
» que la mienne ne lui ressemble pas ?
» Essayons, reprit-il, à les animer comme les
» joues : ma Comtesse, je parie que si vous voulez,
» dans un instant mes lévres seront aussi belles
» que les vôtres. Je n'en crois rien, reprit la
» Comtesse avec un peu de dédain. Le Marquis
» s'approcha d'elle ; & la fixant avec des yeux
» pleins de passion, ah ! Silvie, que vous êtes
» belle, lui dit-il en soupirant ! je vous adore... «

La Comtesse sentit que le danger étoit bien

plus grand auprès de sa cheminée, que dans le petit bateau : elle s'étoit imaginée alors n'en avoir jamais couru de plus à craindre ; mais elle éprouva que la vue des objets qui nous plaisent, augmente de beaucoup le plaisir & le danger. Madame de Puisieux pousse l'aventure jusqu'où elle peut aller ; mais je tire le rideau sur cette scène trop voluptueuse.

Ces deux amans occupés, comme l'on voit, faisoient leurs destinées ; ils respiroient l'un pour l'autre, & ne pensoient qu'à s'assurer d'un état si doux pour toute leur vie. Le Marquis, après avoir rendu tous ses hommages à la Comtesse, se leva, s'assit à côté d'elle, & n'ayant plus rien de mieux à faire, lui demanda des conseils. » Vos
» vertus & votre expérience, lui dit Madame de
» Zurlac, ne vous permettent d'envisager le
» monde, que par le beau côté : vous ignorez le
» vice & ses suites : les jeunes gens ont rare-
» ment le naturel vicieux, surtout quand ils ont
» été élevés dans la réserve, & qu'ils n'ont eu
» sous les yeux, que de bons exemples ; mais le
» tems des passions est-il arrivé ? ils se lassent
» bientôt d'un joug qu'ils traitent d'odieux, &
» qui en effet est difficile à porter : il n'y a qu'une
» passion sérieuse pour une femme estimable,
» qui puisse garantir un jeune homme des désor-
» dres, dans lesquels l'impétuosité des passions
» l'entraîne : tout dépend du premier choix ;
» un homme s'attache d'ordinaire à la premiere
» femme qui lui procure du plaisir ; il s'accou-
» tume aisément à soustraire son cœur aux liai-
» sons capables de le former à la vertu. De-là vient
» le goût décidé pour le libertinage, & l'éloi-
» gnement pour les engagemens sérieux. Il est

» absolument essentiel à un jeune homme, de
» commencer à connoître son existence par les
» sentimens du cœur ; une femme vertueuse ap-
» prend à son amant à maîtriser ses passions &
» à réprimer ses desirs ; elle lui donne de la sen-
» sibilité, cette vertu si rare ; elle l'éclaire dans
» l'obscurité de ses pensées, lui fait développer
» ses idées, l'accoutume à la vertu, lui ensei-
» gne la noblesse des procédés, & ceux qu'il
» doit tenir ; elle l'encourage dans le bien, éle-
» ve son cœur & son ame, forme son caractere :
» enfin elle en fait un homme d'honneur, si son
» naturel y est disposé, & l'éloigne du vice, s'il
» a du penchant à s'y livrer. C'est un excellent
» Mentor, qu'une maîtresse respectable ; c'est
» un guide admirable, que l'amour éclaire du
» flambeau de la raison. C'est la beauté, cher
» Marquis, qui égare les hommes ; mais la vertu
» les ramene, quand la personne qu'ils aiment,
» la suit avec plaisir. «

La Comtesse devenue veuve, & jouissant de la plus brillante fortune, acheva de s'attacher le Marquis. Un Gouverneur bourru, qui veilloit sur sa conduite ; son pere, qui n'étoit guère plus traitable, traversoient souvent cette charmante liaison ; mais enfin la mort inopinée du pere, procura bientôt au jeune homme, la liberté de consacrer sa vie au bonheur d'une femme adorable, à qui il avoit de si grandes obligations.

Je suis, &c.

LETTRE IX.

UN homme d'esprit, qui veut être honnête homme, est toujours malheureux, quelques précautions qu'il prenne pour éviter de l'être. Voilà, Madame, ce que se propose de faire voir Madame de Puisieux, dans un autre Roman intitulé, *Zamor & Almanzine, ou l'inutilité de l'esprit & du bon sens.*

Zamor & Almanzine.

L'histoire principale, annoncée dans le titre, est liée avec trois autres, qui, pour éviter la confusion, demandent à être contées séparément. La premiere est celle d'un Monarque imbécille, à qui tout réussit au gré de ses desirs. Ce Prince régnoit en Perse, & se nommoit *Transcendant.* A peine fût-il sur le trône, qu'il demanda à marcher lui-même contre les Turcs, à la tête de dix mille hommes. Son Grand-Visir lui représenta que sa personne étoit trop chere à l'état. » Taisez-vous, Visir, lui dit le Sophi ; » vous raisonnez comme un Abbé ; « surquoi le Visir répondit : » Votre Hautesse me fait trop » d'honneur. «

Transcendant, qui avoit à cœur la félicité de ses sujets, fit les réglemens les plus absurdes, qui furent suivis des effets les plus heureux. On lui représenta qu'il devoit songer à se marier, pour se donner des successeurs. Il se fit prier long-tems ; & il se détermina enfin à épouser une grande femme d'une naissance obscure, parce qu'il avoit entendu dire à des Médecins, que les femmes de haute taille n'avoient point d'esprit. Azama, c'étoit le nom de la nouvelle Reine, avoient des yeux qui ne finiſſoient point ; une bouche grande & férieuſe, & ne ſçavoit que faire de ſes éternels bras.

Peu de tems après ſon mariage, Tranſcendant fut averti que ſa femme en vouloit à tous les beaux garçons de la Cour ; il jura d'y mettre ordre ; & il changea toute la Maiſon de la Reine. Il lui donna pour gardes, des figures hideuſes ; pour garçons de chambre, quatre Eunuques ; pour chef de ces quatre monſtres, un Aſtrologue nommé Hurlubrelu ; avec cette compagnie, elle étoit ſujette à s'ennuyer : ″ le moyen de ne pas ″ périr d'ennui avec des Eunuques ! ″

Quand elle eut donné à l'Empire pluſieurs héritiers dignes de leur pere, le Sophi la laiſſa vivre à ſa fantaiſie, tandis que de ſon côté, il ſe livra à tous ſes goûts. Azama prit de l'amour pour Zamor & pour Kadek ; le premier étoit le plus vertueux, & le ſecond le plus bel homme du Royaume. L'un & l'autre furent inſenſibles à ſes avances ; & voyant que les premiers Officiers ne vouloient point d'elle, ″ elle deſcendit ″ aux ſubalternes, où elle trouva mieux à s'a ″ muſer.

″ Kadek plaiſoit à toutes les femmes par des ″ eſpérances flatteuſes, dont il ne tardoit guère ″ à les déſabuſer. Une d'entr'elles l'avertit qu'il ″ n'étoit pas fait pour être à la mode, & qu'il ″ lui reſtoit des reſſources ſi limitées, qu'il de ″ voit s'en tenir à ce qu'on appelle une belle ″ paſſion, avec une femme reſpectable. ″ Fedime l'étoit ; il s'attacha à elle. La Reine n'ayant pu le rendre ſenſible, voulut du moins apprendre de lui l'hiſtoire de ſes amours. C'eſt le ſujet d'une conversation entre Kadek & la Princesse. « Je ne conçois pas, dit Azama, quel plaisir on » peut avoir à baiser les mains d'une femme. » Kadek répondit que c'étoit un plaisir de l'ame, qui satisfaisoit la vanité. » Je n'entends pas ces » distinctions-là, reprit la Reine ; quand j'ai du » plaisir, je ne vas pas me tourmenter l'esprit » pour approfondir si c'est de corps ou d'ame. » Mais où sentez-vous du plaisir, quand vous » en avez, demanda Kadek à la Reine ? Moi, » dit Azama, j'en sens, &c.... Permettez-moi, Madame, de ne pas suivre l'Auteur, dans une pareille conversation.

Fedime étoit à la veille d'épouser son amant, lorsqu'elle fut informée, qu'il se donnoit les airs d'avoir des passades ; elle lui refusa sa main : de dépit il épousa Urika. Les deux époux se lasserent bientôt l'un de l'autre. Kadek fit de mauvais contes aux dépens de sa femme : il en fit même sur le Sophi, qui, pour l'en punir, le fit enfermer. Kadek joua l'insensé; & cette feinte lui procura la liberté. Il soutint ce personnage le reste de sa vie ; & comme on se défie moins d'un sot, que d'un homme d'esprit, toutes les femmes voulurent l'avoir. Une entr'autres, nommée Zulmen, en fut vivement éprise : elle avoit le mari le plus jaloux d'Ispahan. » Plus d'une fois » la santé de Zulmen l'avoit fait trembler : j'au- » rois bien dit le tempérament, ajoute Mada- » me de Puisieux, mais il n'est plus permis aux » femmes d'en avoir & d'en montrer ; c'étoit » donc la santé de Zulmen qui épouvantoit son » mari ; Kadek commençoit à connoître cette » santé-là ; mais il étoit déterminé à faire à » propos sa retraite : c'étoit sa ressource en pa- » reil cas.

De tous les Grands qui compofoient la Cour du Sophi, il n'y en avoit pas un, qui eût autant de mérite que Zamor, fon premier Vifir. Il étoit aimé d'Almanzine, sœur du Roi, pour laquelle il foupiroit depuis long-tems, & qui répondit enfin à fon amour. Mais il eut le malheur de déplaire à fon maître, par l'attachement trop vif qu'il témoignoit pour le Prince Amir, frere de ce Monarque. Azama, dont il avoit dédaigné les faveurs royales, ne lui avoit pas pardonné cette marque de mépris; & elle acheva de le perdre dans l'efprit du Roi fon époux. Tranfcendant envoya fes muets à Zamor, qui en fut averti & prit la fuite. Quand le Sophi fçut qu'il s'étoit fauvé, il s'écria qu'il l'avoit échappé belle. Zamor fe déguifa en Derviche, & prit fa route du côté de l'Egypte. Chemin faifant, il rencontra une cabane où vivoit un Hermite Philofophe. Zamor choifit cet azile contre les recherches de fes perfécuteurs. Je n'entre point dans le détail des occupations de nos deux folitaires pendant plufieurs mois qu'ils vécurent enfemble; leurs entretiens rouloient ordinairement fur la religion & fur la morale. Les raifonnemens que leur prête Madame de Puifieux, principalement fur la religion, pourroient piquer votre curiofité; mais je m'en tiens au récit de leurs aventures.

Zamor avoit trouvé moyen d'inftruire Almanzine, du lieu de fa retraite; & cette Princeffe follicitoit vivement auprès de fon frere, le retour de fon amant. Elle lui apprit enfin, que le Sophi avoit ordonné fon rappel; & Zamor reparut à la Cour de Perfe dans la plus haute faveur. Son mariage avec Almanzine auroit mis le comble à fon bonheur, fi l'ambition de cette Princeffe n'avoit répandu l'amertume sur le reste de ses jours.

Cette femme n'ayant pû engager son mari à s'emparer de la Couronne de Perse, entreprit de l'empoisonner. On sçut aussi qu'elle avoit attenté à la vie du Roi ; & on lui attribua la mort subite du Prince Amir. En punition de tous ces crimes, elle fut enfermée dans un vieux serrail à cinquante lieues d'Ispahan. Elle suborna un Eunuque pour sortir de sa prison. Almanzine étoit belle ; & l'Eunuque à qui il restoit des yeux & un cœur, se chargea de lui procurer sa liberté. Elle se réfugia, sous l'habit de Derviche, dans la même cabane où Zamor avoit passé le tems de sa premiere disgrace. Ce Visir s'étant consolé de la perte de sa femme, fut épris des charmes de Fédime, à qui vous avez vu que Kadek avoit fait la cour. Fédime étoit mariée ; & son époux étoit l'ami intime de Zamor. Il eut d'abord quelque scrupule d'aimer la femme de son ami. Sa probité en gémit ; & voulant borner ses sentimens pour elle à la simple amitié, il la quittoit aussitôt qu'il sentoit ses yeux chargés de tendresse. Mais, demande l'Auteur, si Fédime l'eût aimé, est il probable qu'il eût laissé échapper son bonheur par une sotte délicatesse ? Madame de Puisieux trouve d'abord la question difficile à résoudre ; mais faisant ensuite un retour sur elle-même. » Pour moi, dit-» elle, à la place de Zamor, les forces n'eussent » pas secondé ma probité. »

Le Visir vit un jour Fédime endormie, offrant à ses regards une partie de ses charmes. » Falloit-il fuir, demande encore Madame de Pui-» sieux ? Non, répond-elle ; il fit bien de rester ». Il resta en effet jusqu'à l'arrivée du mari, qui eut tout lieu de croire que les forces de Zamor n'avoient pas secondé sa probité. Cet époux furieux met l'épée à la main, & oblige le Visir de se défendre. Zamor veut prouver son innocence ; mais on ne l'écoute point ; forcé de se battre, il tue son adversaire. Ce dernier malheur le dégoûte de la Cour. La cabane du Philosophe se présente à son esprit avec tous ses charmes ; il prend la résolution de s'y fixer pour toujours. Quel fut son étonnement, en y arrivant, lorsqu'il apprit qu'Almanzine habitoit cette solitude ! Il sçut aussi que le Solitaire, ayant reconnu son sexe, s'étoit laissé vaincre par ses attraits. Ce lieu, autrefois si agréable, ne fut plus pour lui, qu'un séjour plein d'horreur : il abandonna cette funeste cabane. Almanzine ne pouvant survivre à sa honte, s'empoisonna. L'histoire de ce Solitaire philosophe est encore un épisode du Roman.

Il se nommoit *Sélim*, & étoit frere de Soliman qui régnoit à Constantinople. Sa mére étoit grosse de lui, lorsque Soliman fit mourir tous ses freres ; elle fut renfermée dans le vieux serrail ; mais ayant trouvé moyen de s'évader, elle se réfugia en Egypte, où elle épousa le Gouverneur du Caire. Sélim naquit un mois après ce mariage, & passa pour être le fils de Zulric ; c'étoit le nom du Gouverneur. Sa mere lui apprit le secret de sa naissance, quelques jours avant que de mourir : cette découverte lui inspira de grands projets, que l'amour ne lui permit pas d'exécuter : il fut d'abord amoureux de sa sœur. » La nature, en la formant, n'avoit
» rien oublié de tous les charmes qui rendent
» les hommes idolâtres des femmes : fraî-
» cheur, embonpoint délicat, violence de pas-
» sion. «

Il aima ensuite une jeune esclave, dont la beauté étoit » d'autant plus séduisante, qu'elle » étoit délicate. Enfin il épousa une veuve qui » avoit de quoi rendre un sot fort amoureux, » & ensorceler un homme d'esprit. « Toutes ces femmes lui devinrent infidelles; & l'indiscrétion qu'il eut de leur apprendre qu'il étoit frere de Soliman, l'auroit perdu sans ressource, s'il ne se fût caché dans la cabane, où il conta toute son histoire à Zamor. Il vécut long-tems dans cette solitude, & y mourut en Philosophe.

Pour revenir au but de ce Roman plus bouffon que sérieux, vous voyez, Madame, que les deux hommes qui ont le plus d'esprit & de probité, Zamor & Selim, passent une vie malheureuse; & que l'imbécille Transcendant, & le fourbe Kadek, coulent leurs jours dans le bonheur.

Le plaisir languit où l'amour n'est pas : il dégénere en libertinage, s'il n'est assaisonné de délicatesse & de volupté. Telle est la morale renfermée dans un petit Conte allégorique de Madame de Puisieux, intitulé : le *Plaisir & la Volupté*.

<small>Le Plaisir & la Volupté.</small>

On fait d'abord paroître sur la scène une belle Aminte; on la place dans une solitude riante, où elle se retiroit quand ses vapeurs lui faisoient quitter Paris. L'amour, fatigué du séjour de cette Ville, & peu satisfait de ses habitans, erroit au hazard dans la campagne. Il apperçoit un Château vaste & régulier; il s'en approche; il en voit sortir une femme. C'étoit Aminte elle-même; il est étonné de tant de charmes; il se cache derriere un Oranger, pour les mieux contempler; & il se propose de blesser le cœur de cette belle indifférente. L'amour pénétre dans sa chambre;

il s'approche d'un lit, d'où il sembloit que quelqu'un venoit de sortir. Ce Dieu fatigué se couche dans la place vacante. Mais quel fut son étonnement, de sentir à ses côtés, un enfant profondément endormi ? C'étoit le Plaisir. L'Amour l'éveille ; le Plaisir lui conte ses aventures ; &, comme il s'ennuye chez Aminte, il propose à l'Amour d'occuper sa place pour quelque tems. Le Dieu de Cithere consent à passer pour lui ; le Plaisir s'envôle. Lisis vivoit avec Aminte ; & cette froide union, qui duroit depuis huit jours, pésoit également à l'un & à l'autre. Lisis prétexte des affaires à Paris, & s'enfuit. Dès qu'il est parti, l'Amour ne s'occupe que d'Aminte. Elle avoit un fils âgé de sept ans ; & elle lui avoit donné, pour Gouverneur, Damis, jeune, timide, & d'une figure charmante. Restée seule à la campagne, elle envoye chercher Damis ; & c'est lui dont se sert l'amour pour enflammer Aminte.

Le plaisir voltigeant de maisons en maisons, & parcourant tous les états, trouvoit partout des raisons pour s'en éloigner. Chez les uns c'étoit la sottise, chez d'autres l'avarice, l'intérêt, la mauvaise foi, & surtout le défaut de délicatesse qui le faisoient fuir. Il rencontre la Volupté ; il en devient amoureux, & l'épouse. Mais l'ennui le gagne bientôt ; & il s'abandonne à son penchant volage. Il fait de mauvaises connoissances ; il s'associe avec le libertinage, les excès & le dégoût. Enfin, il revient de ses erreurs ; il retourne à la volupté, & se fixe avec elle auprès de Théagene & d'Eglé.

Je suis, &c.

LETTRE X.

ON doit encore à la plume fertile de Madame de Puisieux trois Romans, dont le premier est *Alzarac, ou la nécessité d'être inconstant.*

Alzarac.

Dans un pays, dont l'Auteur ne dit pas le nom, régnoit un Prince plus beau que l'Amour, & qui avoit beaucoup d'esprit; il étoit maître d'un petit Empire, qu'il gouvernoit dans le sein de la paix. Cette situation inspiroit au Souverain, du goût pour les plaisirs : on doit croire qu'ils le venoient chercher ; il étoit Roi ; il avoit eu toutes les femmes ; & il avoit peu connu l'amour. Alzarac n'avoit donc pas encore goûté les douceurs du sentiment. Comme il n'aimoit point, il n'étoit pas aimé. Il fit le ferment effroyable, que la premiere femme qui lui résisteroit constamment, seroit sa Souveraine & celle de ses sujets. » Ce serment, dit Madame de Puisieux, » fit trembler toutes celles qui avoient des des- » seins sur Alzarac ; & ce qui paroîtra peut-être » inoui, il n'en trouva pas plus de cruelles ; tant » il avoit d'ascendant sur les femmes. «

Le Prince fait part à Lazink, son favori, du mal qui le dévore, c'est-à-dire, de cet ennui, de ce vuide qu'il éprouve au sein des voluptés. Le courtisan lui donne le sage conseil, de se marier à la fille du Roi de.....C'est la plus belle Princesse du monde ; elle sait s'occuper, penser & raisonner.

Lazink part, demande la Princesse en mariage pour son maître, & l'obtient. Elle arrive ; le Roi en est enchanté ; de son côté, elle le trouve charmant. *Divine*, c'est le nom de la Princesse, s'entretient avec une de ses confidentes, nommée Lusie, des impressions que le Prince a excitées dans son cœur. Alzarac va la voir à son lever; elle lui paroît plus digne encore de son amour. La nature avoit trop favorisé Divine, pour qu'elle craignît le fatal coup-d'œil du matin; elle étoit fiancée au Monarque; ils se firent les déclarations les plus tendres; & Alzarac fut respectueux contre son ordinaire : il commençoit à aimer; il donne à sa maîtresse les fêtes les plus galantes. Il faut sçavoir que la Princesse étoit l'ingénuité même. Alzarac l'embrasse dans un bosquet; & elle ne le repousse point, parce qu'elle ignoroit l'art de feindre : mais plus Divine montroit d'innocence & de naïveté, plus son amant craignoit d'usurper des droits qui ne sont dûs qu'à l'hymen. Alzarac, jusqu'à la veille de son mariage, n'avoit marqué ses momens, que par des plaisirs touchans, parce qu'ils étoient purs & vrais, parce qu'ils étoient ceux du cœur même. Enfin les deux amans se marient; Alzarac paroît encore aimer sa femme le lendemain. Le troisieme jour n'étoit pas fini, que le Prince est surpris par Lazink dans une rêverie, dont celui-ci demande la cause. Le Souverain avoue qu'il s'est glissé dans son ame une langueur, dont il ne peut guères se rendre compte à lui-même; enfin il voit que le titre d'époux a jetté de l'insipidité sur les plaisirs de l'amant. Alzarac en est désespéré. » De qui dois-je at- » tendre mon bonheur, s'écrie-t'il, si Divine » ne le peut pas faire ? « Il est donc très-décidé que Divine l'ennuie, ainsi que toutes les autres femmes de sa Cour, avec lesquelles il a été bien.

Le maître & le courtisan cherchoient, chacun de son côté, les moyens de trouver un remede contre cet ennui, qu'on pourroit appeller la maladie des grands & des heureux. Alzarac seul ouvre une porte qui donnoit sur les jardins du Palais, & prend le chemin qui conduisoit vers un labyrinthe; il entend des soupirs tendres & voluptueux, de ces soupirs qui sont la voix de l'Amour; il écoute la conversation qui les suit; il en conclut que c'est un amant qui est bien éloigné de se plaindre des rigueurs de sa maîtresse: il reconnoît la Princesse, sa sœur, dans la femme qui s'étoit montrée si généreuse pour cet homme reconnoissant. Il avoit cru à cette Princesse un éloignement invincible pour les intrigues; elle étoit destinée à épouser un Prince de sa maison: ce mariage étoit arrêté depuis huit jours. Alzarac s'avoue à lui-même, qu'il n'y comprend plus rien; il s'éloigne de peur d'être vu, & d'être obligé de punir un homme, d'avoir paru aimable à sa sœur.

Le Roi sort du labyrinthe, apperçoit une des Dames de la Princesse, qui marchoit à pas précipités vers une grotte; il y court; il entend son favori Lazink, accablant de protestations d'amour Lusie, la confidente de Divine. Lusie étoit peu susceptible de sensibilité, coquette & extrêmement gaie. Lazink, du plus grand sérieux du monde, lui débitoit toutes les fadeurs de la galanterie. Il se trouve, par un hasard des plus étranges, que Lusie est une femme sage; elle décide qu'ils ne se conviennent point. Lazink prend son parti, & quitte brusquement Lusie, déterminé à se venger de ses froideurs avec quelqu'autre femme d'un caractere plus accommodant. Alzarac pourſuivoit ſon chemin; il entend des éclats de rire; il tourne ſes pas du côté d'où ils partoient: il reconnoît Zobéïde, une des Dames de ſa Cour, à qui un certain Luzès parloit de ſa paſſion avec chaleur; Luzès avoit conçu les plus grandes eſpérances ſur les façons libres de Zobéïde; il en étoit devenu réellement amoureux; enfin il la quitte dans le deſſein de ne pas mourir de douleur, & de chercher dans quelques nouvelles intrigues, le remède contre la paſſion malheureuſe que cette beauté lui avoit inſpirée. Il veut s'éloigner, lorſque le Prince entre dans le pavillon où ils étoient. Luzès laiſſe Alzarac avec Zobéïde; le Prince croit qu'il y va de ſa gloire de la faire revenir ſur l'eſpece d'averſion qu'elle a pour les hommes. Alzarac paroît avoir quelque goût pour elle. Il ſe trouve à un bal chez Divine; il apperçoit une femme ſeule dans un coin du ſalon, qui ſembloit examiner de ſang-froid les folies des autres; il cherche à lui parler; il apprend qu'elle aime depuis trois ans, & qu'elle eſt „ heureuſe d'aimer, dit elle, „ & ſûre de l'être; j'ai borné toute ma félicité „ à plaire à mon amant. " Elle avoue cependant qu'elle eſt jalouſe, & que ce ſentiment empoiſonne ſes plaiſirs. Elle ne croit pas avoir une converſation avec le Prince; elle ne balance pas ſur les demandes qu'il lui fait, à convenir que ſi le Roi l'aimoit, & qu'il voulût la combler de biens & d'honneurs, elle le dédaigneroit. Cette déclaration toute nouvelle ſurprend Alzarac, qui n'étoit pas accoutumé à entendre de pareilles vérités. Il va chez pluſieurs femmes, qui lui avoient donné rendez-vous pour le lendemain du bal, & les trouve toutes auſſi ridicules, auſſi mépriſables.

Il lui arrive cependant une avanture qui pique sa curiosité. On vient le prendre mystérieusement par la main; on le mene à un appartement dans lequel étoit un lit en niche, dont les rideaux étoient fermés; une femme lui parle; à sa voix, il la reconnoit pour Zobéïde. Il avoit entendu prononcer le nom de Luzès, auquel il ressembloit par la taille : il vint au Prince l'idée de passer pour lui, & de profiter de l'occasion. Zobéïde, après avoir affiché la plus sublime métaphysique de sentimens, finit par rendre heureux le Prince, qu'elle prend toujours pour Luzès. Alzarac n'attend pas que les deux amans en viennent à une explication; il appelle Luzès, & lui donne quelques ordres. Zobéïde traite son véritable amant avec tant d'indifférence, qu'il demande au Roi la permission d'aller passer quelques semaines à son Gouvernement. Alzarac, de son côté, jouoit la froideur; il évita même de parler à Zobéïde. Elle ne perdit rien de son orgueil & de ses caprices; ce qui étonnoit la fierté du Prince. Il est piqué; il lui fait entendre, le plus poliment qu'il est possible, qu'il avoit été heureux par une méprise qui lui avoit été favorable. Zobéïde, éclairée dans l'instant, n'en est pas plus déconcertée, & s'obstine à soutenir au Prince & à son favori Lazink, qu'il lui députe, qu'Alzarac assurément l'a prise pour l'objet de ses visions; elle accompagne ce mensonge d'un air de vérité si naïf, que le favori commence à croire que son maître s'est trompé. Alzarac lui fait voir son indignation, de ce qu'un courtisan ose douter après l'aveu de son Souverain. Lazink sent toute l'énormité de sa faute, &

pense en tomber évanoui. Le Roi, qui avoit besoin de conseils, lui pardonne.

Le Prince continue d'être éperduement amoureux de Zobéide. Il fut convenu qu'il diroit qu'il s'étoit trompé, & que Lazink lui feroit des excuses de sa part. Zobéide prit le parti de céder aux volontés d'Alzarac ; elle avoue au Prince qu'elle craint de perdre sa conquête ; que les protestations qu'il lui fait de l'adorer toujours, ne la rassurent pas ; elle a peu de foi à ces sermens, les lieux communs des amans, & sur-tout de ceux qui sont assis dans les premiers rangs. La nature, la vérité, sont si peu à côté de la grandeur ! Il est si aisé d'être parjure, lorsque les plaisirs viennent nous chercher ! Tous ces inconvéniens se font sentir à Zobéide.

Luzès revient de son Gouvernement : il a une explication avec Zobéide, qui se raccommode avec lui. Elle ne peut cacher ses démarches à Alzarac, qui se croit offensé ; il accable Luzès de biens & d'honneurs, & finit par l'exiler. Pour Zobéide, elle termine le Roman par devenir Philosophe ; & Alzarac est toujours emporté de fantaisies en fantaisies, jusqu'à l'âge où les femmes respectables lui devinrent nécessaires.

Le but de ce Roman est de prouver, que les femmes valent peu de chose, & que les hommes valent encore moins.

Si un enchaînement d'horreurs & de crimes peut exciter quelqu'intérêt, vous ne refuserez pas votre attention, Madame, à l'*Histoire de Mademoiselle de Terville*, par Madame de Puisieux.

Je ne vous ferai point l'éloge ni du stile, ni du fond du sujet. Vous jugerez de l'un & de l'autre,

Histoire de Mlle de Terville.

La premiere partie, car l'Ouvrage en a six, commence par les Amours & le Mariage d'un Baron de Prémur avec Lufy, niéce de fon Curé. Il eut de ce mariage une fille, qui fut, dit l'Auteur, un prodige d'égaremens & de méchancetés. A l'âge de douze ans, elle fuivoit
» déjà fon pere à la chaffe, montoit à cheval,
» tiroit un coup de fufil auffi-bien que le pre-
» mier Chaffeur. Cet exercice violent forma fon
» corps, & la rendit d'une force finguliere,
» mais ne cultiva pas fon efprit. Cependant elle
» fongea qu'il étoit néceffaire de favoir quelque
» chofe : elle fe munit de tous les livres qui
» étoient reftés dans les armoires à Prémur,
» parmi lefquels il y en avoit, dont on n'auroit
» pas dû lui permettre la lecture ; quelques
» anciens Romans, où la vertu étoit traitée à la
» rigueur, furent rejettés : elle les dédaigna
» pour s'attacher à ceux qui étoient propres à
» l'inftruire du vice. Elle choifit ces derniers,
» par préférence, pour le fujet de fes médita-
» tions : les queftions indifcrettes qu'elle fai-
» foit, étoient regardées par fon pere, comme
» l'effet d'un efprit prodigieux ».

Le Baron de Prémur vit avec affez d'indifférence croître trois fils que fa femme lui donna dans les premieres années de fon mariage ; fa fille feule l'intéreffoit ; & fitôt que fes enfans furent en âge de prendre un parti, il en deftina un à l'état Eccléfiaftique ; & les deux autres furent confiés à un parent, Officier de vaiffeau, qui partoit pour le Canada.

Le vieux Curé de Prémur, oncle de la Baronne, étant mort, on lui donna pour Succeffeur un Abbé, nommé Lovel, qui, avec une figure aimable, un esprit doux & complaisant, un caractere timide & foible, avoit beaucoup de penchants contraires à son état. Il ne fut pas plutôt installé dans son Bénéfice, qu'il fit venir sa sœur qui étoit pensionnaire dans un couvent en basse Normandie.... Mademoiselle de Prémur ne la vit pas sans une extrême jalousie. Elle vint un jour chez le Curé, lorsque le Chevalier de *** y étoit; Mademoiselle de Prémur connut d'abord qu'il étoit l'amant d'une personne qu'elle commençoit de haïr; son amour-propre lui fit imaginer qu'elle pourroit la chasser d'un cœur, où elle desiroit de régner elle-même; & elle devint fort assidue chez le Curé, pour avoir occasion de connoître le Chevalier, qui y venoit aussi très-fréquemment. Elle ne cessa de représenter au Curé, que les assiduités du Chevalier nuiroient à la réputation de sa sœur, & peut-être à la sienne : le Curé auroit glissé sur ces considérations, s'il ne s'en étoit joint une autre, beaucoup plus forte pour lui.

Il ne pouvoit se cacher que Mademoiselle de Prémur ne trouvât le Chevalier aussi aimable, qu'il l'étoit en effet; & comme il avoit des yeux prévenus, & ne voyoit rien de si beau qu'elle, il appréhenda que le Chevalier ne quittât sa sœur pour Mademoiselle de Prémur. Il étoit bien loin de condamner l'inclination de sa sœur, ayant dans son ame de quoi se donner de l'indulgence pour les foiblesses d'autrui : d'ailleurs, il étoit fort tranquille sur la conduite de Mlle Lovel, & connoissoit sa vertu. Cependant, devenu chagrin, il cherchoit souvent à la quereller : sa passion pour Mademoiselle de Prémur faisoit des progrès; il accusoit sa sœur de son peu de succès auprès d'elle, par la haine qu'elles se portoient mutuellement.

Le Curé, par le conseil de Mademoiselle de Prémur, mit Mlle Lovel en couvent : le Chevalier lui rendoit de fréquentes visites : mais Mademoiselle de Prémur résolut de les désunir, à quelque prix que ce fût. » Elle sçut que le Che-
» valier retournoit ordinairement fort tard à M....
» On étoit en Automne ; & les jours commen-
» çoient à être courts : elle profita de la cir-
» constance, pour mettre à exécution le plus
» lâche & le plus noir de tous les projets. Il y a
» quelque apparence que le Curé ne sçut point
» ses intentions, & n'entra dans cet horrible
» complot, que parce qu'il ne crut point qu'elle
» eut dessein de pousser si loin sa vengeance : il
» étoit toujours jaloux du Chevalier : il voulut
» se défaire d'un rival, en lui donnant une
» grande frayeur. Quoi qu'il en soit, on ne
» peut le justifier de sa complaisance : il falloit
» que Mademoiselle de Prémur eut attaché des
» récompenses proportionnées aux risques qu'il
» couroit.

Qu'une femme aguerrie dans le crime, fasse des actions cruelles, à la honte de l'humanité, cela n'est pas sans exemple : mais qu'une fille de dix-huit ans secoue tous préjugés & toute crainte, c'est ce qui paroîtra extraordinaire.

» Le Chevalier avoit passé la journée au par-
» loir ; jamais il n'avoit été si tendre, ni Ma-
» demoiselle Lovel si touchée : ces amans s'é-
» toient dit tout ce qu'une passion mutuelle peut
» inspirer. Ils ne pouvoient se résoudre à se
» quitter ; trois fois il revint à la grille pour
» lui dire adieu : il sembloit que son cœur lui

» annonçât sa funeste aventure. L'heure étoit
» déja passée, où l'on souffre les étrangers au
» parloir; & la Tourriere avoit averti qu'on al-
» loit fermer les portes; le Chevalier sembloit
» oublier qu'il avoit trois lieues à faire dans une
» nuit obscure : enfin, après mille assurances
» d'un amour éternel, il monta dans sa chaise,
» & partit.

» Il n'avoit pas fait une lieue, que deux hom-
» mes l'attaquerent. L'un, qui paroissoit le plus
» fort, arrêta le postillon, en le menaçant de
» le tuer s'il crioit, ou qu'il se mît en devoir
» de marcher. L'autre vint à la portiere, & tira
» un coup de pistolet d'une main mal assurée,
» en disant, dans un assez mauvais langage : voilà
» de quoi punir le téméraire qui dispute à Mi-
» lord C.... une fille qu'il aime. « (Ce Milord
C..... avoit recherché l'alliance de Mademoiselle Lovel.) » Le Chevalier reçut le coup dans
» la joue droite; la balle traversa, & sortit du
» côté opposé : l'homme qui retenoit le Postil-
» lon, lui ordonna de continuer son chemin;
» après quoi les deux assassins s'enfoncerent dans
» le plus épais du bois. Le Postillon, sans regar-
» der derriere lui, fit une telle diligence, qu'il
» arriva au prochain Village quelques momens
» après. «

La guérison du Chevalier, la douleur de sa
maîtresse, le départ de celle-ci pour aller joindre, avec le Chevalier, sa famille réfugiée en
Angleterre; leur mariage, leur voyage aux Indes, où ils amassent de grandes richesses; enfin
leur retour en France : tels sont les évenemens
qui terminent la premiere partie de ces Mémoires, où il n'est pas encore question de Ma-

demoiselle de Terville ; mais bientôt vous allez la voir paroître.

Le Baron de Prémur mourut. Sa fille s'ennuyant du séjour de la campagne, engagea sa mere à faire un voyage à Paris. On y fit connoissance avec deux Gardes du Roi, dont un, nommé M. de Terville, prit de l'amour pour Mademoiselle de Prémur. Il la demanda en mariage, l'obtint ; & cinq mois après, en eut une fille. M. de Terville en fut étonné ; mais on lui dit de se tranquilliser ; que la Faculté de Médecine avoit prononcé que cinq mois étoient un terme compétent. Il se retira fort pensif, se renferma dans son cabinet ; & le soir même, il fit sceller un cheval, & partit de Prémur, sans en avoir rien dit à Personne. Madame de Puisieux laisse à entendre, que l'enfant pouvoit bien appartenir au Curé.

Tout ceci se passa pendant que Mademoiselle Lovel, devenue Madame de Marsevil, par son mariage avec le Chevalier, étoit en Angleterre ou aux Indes. Rendue à sa Patrie au bout de quelques années, son premier soin fut de faire part de sa fortune au Curé de Prémur ; & l'on convint qu'il quitteroit sa Paroisse. » La petite de
» Terville avoit alors cinq ans ; le Curé passoit
» presque toute la journée à l'instruire. Un soir
» qu'il étoit dans une salle basse, avec cette
» jeune enfant, appuyé sur une table, & lui
» conduisant la main pour former quelques let-
» tres, il fut frappé tout-à-coup, & renversé
» mort d'un coup de fusil, partant à travers
» d'une fenêtre qui donnoit sur le jardin. Il
» tomba sur la pauvre petite créature, qui étoit
» assise à ses côtés, & qui attira, par ses cris,

» tout le monde du château. Madame de Ter-
» ville fut des premieres : sa mere, les servan-
» tes, tous accoururent à ses terribles plaintes.
» Cet enfant avoit reçu, sur son sein, les derniers
» soupirs du malheureux Prêtre Lovel, qui n'a-
» voit pu prononcer que ces mots : *c'est elle qui*
» *me tue.* «

Madame de Terville envoya chercher la Justice du lieu, & fit tout ce qui étoit en son pouvoir, pour faire croire qu'elle étoit désespérée
d'un accident si funeste, qui la privoit, à ce
qu'elle disoit douloureusement, du meilleur de
ses amis. » Comme on soupçonnoit depuis long-
» tems son commerce avec le défunt, on n'eut
» garde d'imaginer qu'elle eut causé sa mort :
» l'on trouvoit sa douleur si juste, que person-
» ne n'en osa blâmer l'excès ; & sa désolation
» paroissoit si naturelle, qu'on alla jusqu'à la
» plaindre. «

Pour des raisons, qu'on ne peut pas bien définir, Madame de Terville prit pour sa fille une
haine invincible. Ayant résolu de l'éloigner, elle
médita quelques projets, qui presque tous lui pa-
rurent impraticables. Enfin elle s'arrêta au moins
difficile, qui fut d'emmener sa fille à Paris, où
sa présence étoit nécessaire pour y suivre un
procès. » Un matin, elle sortit avec sa fille ; lui
» ayant fait faire bien du chemin, elle la laissa
» sur le Pont-Royal, en lui disant de l'attendre,
» qu'elle alloit revenir. Mademoiselle de Ter-
» ville avoit environ six ans : sa figure étoit si
» distinguée & si charmante, que tous les pas-
» sans la regardoient : elle étoit assise sur le bout
» du parapet. Voyant que sa mere ne revenoit
» point, elle se mit à pleurer. Plusieurs person-

» nes s'approcherent, & la questionnerent: elle
» répondit que sa mere lui avoit dit de l'atten-
» dre. Voyant que l'on n'avoit aucune nouvel-
» le, on commença à soupçonner que cet en-
» fant avoit été exposé par quelque misérable
» femme, qui n'étoit pas en état de la nourrir.
» On la mena chez un Commissaire, qui la
» questionna de nouveau sur son nom & sur
» tous les points nécessaires. Ses réponses déter-
» minerent à faire des perquisitions pour dé-
» couvrir la rue & l'hôtel garni où Madame de
» Terville étoit logée; ce qui fut très-difficile,
» parce qu'ayant médité son dessein, elle s'étoit
» dépaysée, & avoit pris un autre nom sur le
» registre du carrosse de voyage & dans l'hôtel
» garni. Le Commissaire recommanda Made-
» moiselle de Terville à sa femme, qui en eut
» grand soin, & alla instruire le Lieutenant de
» Police d'une si singuliere aventure.

» Le Magistrat, curieux d'interroger lui-même
» la petite fille, la fit venir; il fut surpris de ses
» graces & de toute sa personne. Rempli d'une
» tendre pitié pour elle, il ordonna qu'elle se-
» roit mise dans une Communauté, jusqu'à ce
» qu'on eut retrouvé ses parens, ou qu'il eut
» vu ce qu'on pourroit faire d'elle. On redou-
» bla les recherches; à force de peines & de
» démarches, on parvint à les découvrir. «

Ayant été reconduite à Prémur, elle y fut
traitée par sa mere, comme vous sçavez qu'on
traite dans le monde une fille qui déplaît : on
la mit au couvent; & à seize ans, on la fit revenir toute seule par le coche. Voilà donc Mademoiselle de Terville encore exposée à la merci
du premier venu. Deux Officiers, un Moine &

une Marchande de Paris, compofoient tout l'équipage. Heureufement la Marchande, nommée Madame Didier, fe mit de compagnie avec elle, & ne la quitta pas. » Elles avoient
» pris une chambre à part ; fouperent, & fe
» coucherent fort tranquillement. Mademoi-
» felle de Terville s'endormit profondément,
» & ne fe réveilla que par le poids d'une main
» qu'elle fentit fur fon fein. Machinalement
» elle fauta hors du lit, du côté oppofé, en criant
» de toutes fes forces au fecours. Madame Di-
» dier fe réveilla à fes cris, & courut à fon lit,
» où elle ne la trouva plus. Qu'eft-ce donc, ma
» chere enfant, lui dit-elle ? Venez vous mettre
» dans mon lit. Mademoifelle de Terville n'o-
» foit fortir de la ruelle où elle s'étoit réfugiée :
» elle trembloit comme la feuille, en difant
» qu'il y avoit des voleurs dans la chambre.
» Madame Didier ouvrit un rideau épais, qui
» cachoit la fenêtre. La lune éclairoit affez la
» chambre, pour appercevoir un homme en che-
» mife, qui cherchoit la porte : elle cria ; un Offi-
» cier accourut, & trouva que l'homme en che-
» mife étoit le Religieux. « Ce ridicule jetté fur un état refpectable, n'ajoute aucune valeur au Roman de Madame de Puifieux.

La frayeur empêcha les Dames de fe recoucher. On fut affez férieux les jours fuivans, furtout quand on fut que Mademoifelle de Terville étoit une fille de condition, qui alloit rejoindre fa mere dans fes Terres. L'Officier qui les avoit fecourues, marqua beaucoup de chagrin, lorfque le quatrieme jour, un domeftique vint chercher Mademoifelle de Terville au carroffe, pour la conduire à Prémur. Il l'avoit traitée avec beaucoup de respect depuis l'aventure de l'Auberge. Quelques tems après, il se rendit au Château de Prémur, pour faire agréer ses visites & ses intentions.

L'Abbé de Prémur, oncle de Mademoiselle de Terville, songeant à l'établissement de sa niéce, fit beaucoup d'accueil à M. de Valcy, c'est le nom de l'Officier. Quoiqu'elle ne sentît rien dans son cœur pour cet amant, elle se crut trop heureuse d'être recherchée par un homme jeune & aimable, qui, selon toutes les apparences, possédoit un bien honnête, & qui la tireroit d'une situation fâcheuse, qui pouvoit même le devenir davantage, pour peu que sa mere augmentât de mauvaise humeur. Il étoit question d'obtenir le consentement du pere de M. de Valcy. C'étoit un Financier fort riche, qui ayant appris d'ailleurs, en quelle réputation étoit Madame de Terville dans sa Province, défendit sérieusement à son fils, de songer à ce mariage. » Un jour Ma-
» dame de Terville fit appeler sa fille. Après lui
» avoir fait un long préambule sur la nécessité
» de chercher les occasions de se procurer un
» mari, qui ne se trouveroient pas pour elle en
« restant à Prémur, elle finit son discours, en
» l'exhortant à profiter des circonstances. Je vous
» envoye à Paris, ajouta-t-elle, chez une dame
» de condition, qui m'a promis de vous placer
» auprès d'une Princesse. Songez que c'est dans
» ces maisons, qu'on est à portée de faire de
» bonnes connoissances : soyez assez adroite pour
» en profiter. Surtout n'allez pas étaler votre
» morale de Couvent, qui ne plait point à tout
» le monde : je vous donne jusqu'à demain, pour
» vous préparer à votre voyage ; car après de-

» main il faut que vous partiez ; votre place est
» arrêtée au carrosse d'Amiens..... Le lende-
» main au soir, elle lui donna quelques bagatel-
» les ; lui fit un discours assez sensé, lui dit très-
» positivement, qu'elle ne devoit plus compter
» sur elle, & l'embrassa en lui souhaitant bien
» du bonheur.

Quelqu'exposée que fût encore Mademoiselle de Terville, son voyage fut heureux. Elle arriva chez une Madame de Saury, à qui sa mere l'avoit adressée. C'étoit une très-honnête femme ; mais peu riche & qui vivoit avec beaucoup d'économie. » Je sais, lui dit-elle, les intentions de Madame
» de Terville ; mais j'ignore les moyens de vous
» rendre service. Quoi, Madame, demanda
» Mademoiselle de Terville, vous n'avez pas
» promis à ma mere de me placer auprès d'une
» Princesse ? Vous n'avez pas la parole de cette
» dame ? Ah ! la fourbe, s'écria Madame de
» Saury ; elle vous a trompée, ma chère enfant ;
» jamais je n'eus d'accès auprès d'aucune dame
» de ce rang ; & je vois bien qu'elle vouloit se
» défaire de vous à quelque prix que ce fût ;
» mais il vaut encore mieux que vous soyez ici,
» que d'être exposée tous les jours à être mal-
» traitée ou renvoyée, sans savoir où vous devez
» aller ». Quelqu'argent que Mademoiselle de Terville avoit reçu en présent d'une de ses amies du Couvent, & les légers secours de son oncle servirent à payer sa pension chez Madame de Saury qui la regarda désormais comme sa fille.

Dans une promenade, M. de Valcy reconnut sa maîtresse, & obtint la permission de l'aller voir quelquefois. Elles firent aussi la connoissance d'un Garde du Roi, homme sensé, & d'un certain âge,

nommé

nommé M. de Tarol; celui-ci conçut une forte passion pour Mademoiselle de Terville qui avoit pris le nom de Madame de Vaury, qu'elle faisoit passer pour sa mere. Triste, rêveur & pensif, il paroissoit aimer sans espérance; il craignoit de s'expliquer; & l'on entrevoyoit dans ses discours interrompus, un éloignement pour le mariage, qu'on ne pouvoit attribuer qu'à quelque malheur qu'il avoit éprouvé. Voilà quels étoient les amis de Mad. & Mademoiselle de Vaury, lorsqu'une affaire contraignit M. de Valcy de s'expatrier.

Madame de Vaury fut obligée de faire un voyage en Lorraine. Mademoiselle de Terville étoit restée chez Madame Didier; craignant enfin d'être à charge à cette femme, par la longue absence de son amie, elle eut recours à un Religieux en qui elle avoit confiance, & qui la présenta à Madame la Duchesse de Saint-Per. Celle-ci la mit au Couvent avec sa fille, où elle eut beaucoup à souffrir des hauteurs de cette Demoiselle. Le Comte de Marsevil devoit épouser Mademoiselle de Saint-Per, dont il étoit aimé. Il vint au Couvent pour lui rendre visite; il vit au Parloir Mademoiselle de Terville, & en devint amoureux. La Duchesse se joignit à la Marquise de Marsevil, pour rompre cette liaison naissante. Elles furent secondées par l'Abbé de Ligni, le même que l'Abbé de Prémur, oncle de Mademoiselle de Terville, lequel ayant changé de nom, ainsi que sa niéce, avoit été chargé de l'éducation du Comte. Ces trois personnes résolurent qu'il falloit marier Mademoiselle de Terville à Monsieur de Valcy, alors réfugié en Espagne. L'Abbé lui-même y conduisit sa niéce, malgré la répugnance qu'elle montroit pour ce voyage. Il la maria & la laissa avec son époux, qui, peu de temps après, obtint sa grace, & revint à Paris. La mort le priva bientôt des douceurs d'une union qu'il avoit tant desirée. Madame de Terville étoit morte; & Madame de Valcy s'étoit retirée dans sa terre. Le Comte de Marsevil, qu'on avoit contraint de se marier avec Mademoiselle de Saint Per, découvrit, après bien des recherches, la demeure de Madame de Valcy: il y vola, & en partit plus amoureux que jamais. La Duchesse de Saint Per & la Marquise de Marsevil en furent informées. Nouvelles persécutions de leur part contre la veuve de l'infortuné Valcy. M. de Tarol, qui avoit soupiré long-tems pour elle, la croyoit toujours fille de Madame de Vaury; & ne l'ayant point perdue de vûe, même depuis son mariage, il avoit été lui rendre plusieurs visites au Couvent, où elle s'étoit retirée depuis peu. La Duchesse de Saint Per prit avec lui des moyens pour la lui faire épouser. Il eut la foiblesse de se prêter à un projet, qui ne devoit pas le faire estimer de sa maîtresse, mais qui lui en assuroit la possession: ce fut de l'enlever, & de la conduire à Saint Per.

» Ce que la Duchesse pût dire de plus per-
» suasif, les promesses, les menaces, rien ne
» la fit changer; elle persista toujours à deman-
» der d'être ramenée dans son Couvent, pour
» y vivre en repos. La Duchesse irritée la me-
» naça de son indignation & de son ressenti-
» ment; elle parut aussi peu sensible à ses me-
» naces, qu'aux offres qu'elle lui avoit faites
» d'abord. On essaya pendant plusieurs jours,
» différens moyens de la déterminer à accep-

» ser la main de M. de Tarol ; tout fut inutile.
» La Duchesse désesperant de réussir par les
» voies de la douceur, prit d'autres mesures ; &
» quoique M. de Tarol fut naturellement éloi-
» gné de la violence, entraîné par son amour,
» il consentit à tout ce qu'on exigeoit de lui. «

» Il y avoit huit jours que Madame de Valcy
» étoit à Saint Per, lorsqu'il lui arriva, en sor-
» tant de table, un accident nouveau pour elle.
» Sa raison s'égara ; elle tint des discours ex-
» travagans ; ses actions répondirent à ses
» paroles. Soit qu'on eut glissé quelques dro-
» gues dans sa boisson, ou qu'elle eut bu des
» vins qui lui eussent dérangé le bon sens, elle
» le perdit absolument pendant quelques heu-
» res, qu'on employa pour lui faire épouser M.
» de Tarol. Son oncle, qu'on ne peut trop ab-
» horrer, se rendit dans la Chapelle du Châ-
» teau, où l'on porta Madame de Valcy. M.
» de Tarol, d'une main tremblante, prit la
» sienne, en présence de la Duchesse, de son
» Intendant, & de deux autres personnes qui
» servoient de témoins ; on fit la cérémonie du
» mariage ; & Madame de Valcy se trouva ma-
» riée pour la seconde fois.

» Tout le monde rentra dans l'appartement
» de la Duchesse, pour signer les actes néces-
» saires. Un Notaire avoit été appellé ; & cha-
» cun se plaça autour d'une table, pour enten-
» dre la lecture du contrat. Le Notaire deman-
» da le nom & les qualités de l'époux, qui,
» n'ayant aucunes raisons de cacher son nom
» de famille, dit qu'il s'appelloit François-Au-
» gustin de Tarol, Seigneur de Terville & au-
» tres lieux. A ce nom, l'Abbé de Ligni fit un

« cri, & se renversa sur sa chaise, comme un
» homme éperdu. Tout le monde se regardoit.
» L'Abbé, sans dire mot, ouvre un porte-feuil-
» le, en tire plusieurs papiers, & entr'autres
» le consentement de M. de Terville, lorsque M.
» de Valcy demanda en mariage Mlle de Ter-
» ville. L'Abbé avança ce papier devant M. de
» de Tarol : en le reconnoissant, ses yeux se
» couvrirent d'épaisses ténèbres ; une défaillance
» mortelle le saisit ; il tomba dans un évanouis-
» sement profond.

» L'assemblée effrayée de cet accident, se
» pressa de lui donner du secours. Madame de
» Valcy, chez qui les fumées du vin commen-
» çoient à se dissiper, demandoit si M. de Ta-
» rol étoit mort ? Personne ne lui répondoit.
» Dans la confusion où on étoit, on ne sçavoit
» à quoi se déterminer. Le Notaire fut ren-
» voyé ; & la Duchesse éloigna les témoins de
» cette singuliere scène. Les quatre personnes
» intéressées étant restées seules, on convint
» qu'il falloit cacher à jamais, une avanture
» qui ne pouvoit leur faire honneur.

» Cependant, à mesure que Madame de
» Valcy reprenoit ses esprits, elle paroissoit in-
» quiette de l'état de M. de Tarol, qui ne re-
» venoit point de son évanouissement. L'Abbé
» paroissoit plongé dans une profonde rêverie ;
» la Duchesse gardoit le silence, & sembloit
» attendre le retour de Madame de Valcy, pour
» lui expliquer des incidens si extraordinaires.
» Enfin M. de Tarol reprit ses sens ; le premier
» usage qu'il en fit, fut de regarder Madame
» de Valcy avec des yeux égarés. Dieu ! dit-il,
» qu'allois-je faire ? Pourquoi m'a-t'on trompé

» si long-temps ? Pourquoi avez-vous pris un
» autre nom que le vôtre ? Je suis le malheu-
» reux de Terville, qui épousa votre mere il y
» a environ vingt ans.

» Rien ne peut exprimer l'étonnement & la
» confusion de Madame de Valcy, qui avoit
» pour lors recouvré tout son bon sens. Quoi ! lui
» dit-elle, vous êtes mon pere, & vous vouliez
» être mon époux ? La Duchesse faisoit signe
» à M. de Tarol de ne point parler de la scène
» qui s'étoit passée dans la Chapelle, & qu'un
» peu plus de précipitation auroit rendue affreuse.
» Madame de Valcy ne voyant plus dans M. de
» de Tarol, que l'époux de sa mere, un hom-
» me que la loi lui donnoit pour pere, parut
» être satisfaite de ces changemens, & ne com-
» prenoit rien à la confusion de son oncle &
» au désespoir de M. de Tarol. Elle s'avançoit
» pour lui faire d'innocentes caresses, auxquel-
» les il sembloit se refuser ; non, disoit-il, je
» ne mérite pas tant de bontés : si vous sçaviez
» dans quel égarement je me suis laissé en-
» traîner, vous me fuiriez avec horreur. Plaise
» à Dieu, ajouta-t'il, que vous l'ignoriez tou-
» jours. «

Madame de Valcy étant descendue dans les jardins, apprit de l'Intendant toutes les circonstances de ce funeste secret ; & reprit peu de jours après la route de son Couvent.

Cependant le Comte de Marsevil perdit sa femme, qui mourut de la petite vérole. Son premier soin fut d'aller offrir son cœur & sa main à Madame de Valcy, qui le reçut avec une tendresse, qui ne peut se comparer qu'à celle du Comte. Mais elle n'étoit pas encore au terme de ses malheurs. Le Comte de.... frere de la Duchesse de Saint Per, concerta avec elle les moyens d'empêcher ce mariage ; il enleva Madame de Valcy, & la conduisit à sa terre. Son motif n'avoit été d'abord, que de s'opposer aux desirs du Comte ; il prit pour Madame de Valcy la plus forte passion, & la tint quelque tems cachée avec le plus grand secret.

Il est tems enfin que tout se développe. Madame de Valcy s'échappe de sa prison ; Messieurs de Prémur reviennent des Indes chargés de richesses, & donnent à leur niece deux cent mille livres, qui la mettent en état d'épouser le Comte de Marsevil.

Mémoires d'un homme de bien. Nous voici enfin au dernier Roman de Madame de Puisieux, les *Mémoires d'un homme de bien*. La scène est en Angleterre, où le Lord Lastink avoit épousé la fille d'un Ministre de Paroisse. Tel avoit été le raisonnement qui l'avoit déterminé à se marier avec elle : « si une femme m'apporte en mariage beaucoup de bien, il lui faudra des valets & des femmes à proportion ; son jeu, ses parures, sa table excederont ses revenus : mais en m'unissant à une fille pauvre, la reconnoissance l'obligera à se soumettre à ma volonté ; au lieu d'être au lit à midi, elle se levera de grand matin, aura l'œil sur les domestiques, les provisions, &c. Elle empêchera, par ses attentions, une dissipation qui n'est que trop ordinaire dans les maisons, où les femmes ne se mêlent point de l'intérieur du logis. » En conséquence de ces réflexions, il jetta les yeux sur une fille aussi pauvre que belle, & aussi douce qu'il étoit dur & fâcheux. Susanne Chomper, c'est ainsi qu'elle s'appelloit, n'eut rien à opposer à la volonté de son pere, quand il lui annonça que M. Lastink la demandoit en mariage, & qu'il falloit l'épouser. Chomper lui eut proposé l'homme le plus hideux de l'Angleterre, qu'elle l'eût accepté sans murmurer. Ainsi Susanne Chomper devint, peu de jours après, l'*épouse de l'Ecriture*, c'est-à-dire, la servante très-humble de son mari. Le mariage se fit sans frais & sans beaucoup de cérémonie. Quelques parens, des deux côtés, y furent invités; & dès le lendemain, il sembloit qu'il y eût plusieurs mois que les nôces étoient faites.

Susanne Chomper, devenue Lady Lastink, fut toujours simplement vêtue, & ne s'occupa que de son ménage; elle eut deux enfans; l'aîné est le héros de ces Mémoires. Il vit la tendresse de son pere se déclarer pour son cadet; il eut toute celle de sa mere; & voici comment il s'exprime sur l'attachement qu'il eut lui-même pour elle toute sa vie. » J'ai aimé ma mere jus-
» qu'à l'idolâtrie; & je n'ai jamais eu pour mon
» pere, qu'un attachement de devoir, qui est
» plutôt l'affaire du préjugé & de l'éducation,
» qu'une tendresse réelle. La nature seule ins-
» pire un enfant : mon pere ne m'ayant jamais
» donné de marques d'amitié, toute ma sensi-
» bilité se tourna vers ma mere, à laquelle je
» ressemblois beaucoup de caractere. Mon frere,
» qui étoit le portrait de mon pere, devint son
» objet chéri; & cet homme, si dur pour ma
» mere & pour moi, poussoit la complaisance
» pour ce fils, jusqu'à la sottise. Si je disois quel-
» que chose de sensé, je n'avois jamais raison :
» dès que mon frere parloit, tout étoit gentil-

» leſſe, juſqu'à ſes puérilités. Cette conduite ne
» pouvoit qu'autoriſer l'antipathie qui commen-
» çoit à s'établir entre nous. Ma qualité d'aîné
» me donnoit des droits que mon frere ne reſ-
» pectoit nullement : ma mere prenoit mon
» parti, & le querelloit. Il alloit s'en plaindre
» à mon pere, qui, à ſon tour, grondoit ma
» mere. Selon ſa coutume, elle ne répondoit
» rien ; mais elle n'en ſouffroit pas moins, &
» ne trouvoit de conſolation, que dans la ten-
» dreſſe que je lui marquois. «

Du caractere dont étoit M. Laſtink, vous jugez bien, Madame, que ſa femme n'étoit rien moins qu'heureuſe. Il avoit conſervé un de ſes amis de l'enfance ; & cet homme, nommé Sir Remi, ne voyoit pas, ſans attendriſſement, la deſtinée d'une femme aimable & douce. Madame Laſtink ne trouvoit de conſolation qu'avec lui ; enfin, il faut en convenir, la bonne, la vertueuſe Lady aima Sir Remi & en fut aimée ; mais elle fut toujours fidelle à ſes devoirs ; ſon cœur panchoit vainement d'un autre côté ; elle ne ſe permit que quelques lettres.

Lorſque les enfans de Sir Laſtink furent arrivés à l'âge où leur éducation devoit commencer, leur pere leur donna un Précepteur ; il ſe nommoit Wilkie ; c'étoit un Prêtre Irlandois & Catholique, qui cauſa pluſieurs déſordres dans la famille. Lady Laſtink retira quelques tems après, auprès d'elle, une fille appellée Fanni ; ſon fils aîné en devint amoureux, & lui plût : le Précepteur Wilkie ne la vit pas non plus ſans intérêt ; il tâcha d'écarter ſon rival de la maiſon ; il fit ſentir au pere, que cette paſſion ne pouvoit convenir aux vûes qu'il avoit pour la fortune de son fils aîné. Lastink fut envoyé à Oxford. A son retour, il revint plus formé & plus amoureux que jamais; il éprouva encore toutes sortes de tracasseries, que lui suscita le Précepteur, qui s'étoit rendu nécessaire dans la maison; le pere approuvoit la passion de Wilkie pour Fanni.

Sir Remi, qui mourut dans ces entrefaites, laissa un bien considérable à Lady Lastink, en le substituant à son fils aîné, réglant par une disposition expresse, qu'ils en seroient seuls en possession; le Lord Lastink vit avec douleur, sa femme maîtresse d'un bien, dont il ne pouvoit disposer. Celle-ci se retire dans la maison qui lui est léguée, & y conduit Fanni. Le fils, dont la passion augmente tous les jours, se voyant une fortune assurée, indépendante de son pere, veut épouser cette fille; on l'éloigne; on l'envoye en France avec l'Ambassadeur d'Angleterre; quelque tems après, il apprend que sa mere est morte & Fanni enlevée. Il revient à Londres; une tante lui fournit de l'argent; il se propose de faire un procès à son pere pour l'obliger à lui rendre le bien de sa mere. Cet *homme de bien* commence par donner des coups de bâton à Wilkie, en présence même de son pere. » Après quoi, dit-il, m'étant assis d'un » air tranquille, je pris une prise de tabac; & j'a- » valai un verre de vin à la santé de mon pere, » que ce sang froid déconcerta.... «

Le procès commence; son pere lui cherche mille chicanes. Un soir il couche à quelques lieues de Londres, dans une Auberge près d'une riviere qui étoit extrêmement enflée; il apperçoit un carrosse qui s'y précipite; il vole, se jette à la nage, sauve son pere, le conduit à l'Auberge, le quitte sans être connu, le recommande à un Médecin qu'il fait venir, qu'il paye & dont il tire quittance sous un nom supposé. Quelque tems après, son pere le fait arrêter sur la déposition de Wilkie & d'autres valets qui l'accusent d'avoir voulu l'empoisonner. Lastink se justifie; il prouve à son pere que loin de l'avoir voulu faire mourir, il lui a sauvé la vie; le vieillard ne peut se refuser aux certificats du Médecin & de l'Hôte de l'Auberge, qui reconnoissent son Libérateur dans son fils. Il se raccommode avec lui.

Lastink prend la route de Paris, dans l'espoir d'y retrouver Fanni; il la retrouve en effet dans un Couvent. Fanni l'informe que le scélérat Wilkie l'avoit enlevée; qu'après avoir été tirée de ses mains, au moment où il alloit employer la violence contre elle, elle en avoit craint d'aussi grandes du Lord N . . . . ; qu'elle étoit venue en France; qu'elle avoit été accablée de chagrin de ne pas l'y rencontrer, & de voir qu'il ne répondoit à aucune de ses lettres, ignorant que Wilkie les interceptoit. Le même scélérat l'avoit découverte dans sa retraite, l'avoit fait mettre dans un Couvent d'où elle s'étoit sauvée, & avoit été mise dans celui où elle étoit, par une dame qui la protégeoit. Lastink au comble de sa joie, épouse Fanni, retourne en Angleterre, où il a la satisfaction de vivre avec elle.

Je ne vous ai offert que l'esquisse de ce Roman, où il y a peu d'invention & de détails agréables. Les Ouvrages de morale, par lesquels Madame de Puisieux a signalé ses premiers pas dans la carriere littéraire, lui ont acquis une gloire qu'elle n'a pu perdre par ses Romans.

Je suis, &c.

LETTRE IX.

Pour vous dédommager, Madame, du peu d'agrément que vous a procuré la lecture des dernieres Œuvres de Madame de Puisieux, qui en effet sont foibles, vous allez lire, parmi les *Lettres du Marquis de Roselle*, quelques-unes de celles qui ont fait le succès de ce Roman.

Mad. Elie de Beaumont.

Lettres du Marquis de Roselle.

Le jeune Marquis de Roselle ne fait que d'entrer dans le monde, avec cette vivacité d'ame & de sens, qui annonce les grandes passions. La Comtesse de Saint-Sever, femme très-estimable, est sa sœur; elle aime tendrement ce frere qui lui a été recommandé par leur mere au lit de la mort. Elle voudroit que le Marquis se mariât, dans l'espérance que ce lien seroit un frein à l'impétuosité de son caractere; mais il lui fait entendre que des propositions de mariage ne peuvent que l'effrayer; qu'il doit se livrer à la société, avant que de former un engagement. Madame de Saint-Sever fait part de ses allarmes, sur le compte de son frere, à une Madame de Narton, son amie, qui la rassure. » Je crois, lui écrit-elle, que
» vous ferez bien de supprimer les conseils, à
» moins que le Marquis ne vous en demande;
» le moindre mal qu'ils puissent produire, lors-
» qu'ils ne sont pas demandés, c'est d'ennuyer;
» & lorsqu'ils ennuyent, ils deviennent inu-
» tiles. Les vôtres pourroient même devenir
» dangereux; ils éloigneroient encore le Mar-
» quis; il ne pourroit s'empêcher de les prendre
» pour des leçons; & les leçons ne plaisent ja-

» mais ; d'ailleurs rien n'est plus à craindre, que
» l'habitude d'entendre la vérité, sans attention,
» ou dans le dessein formel de ne pas la suivre ;
» ou ce qui est plus fâcheux encore, dans l'en-
» vie de l'éluder, de la retourner, de l'ajuster à
» ses intérêts & à ses penchans ; voilà, ma chere,
» ce qui ne manque pas d'arriver aux jeunes gens
» entraînés par des passions vives, & que des
» parens peu habiles accablent d'avis dans un
» tems, où souvent ils ne sont pas capables de
» les écouter, encore moins de les suivre. Il ne
» faut point prodiguer la vérité ; il faut la réser-
» ver pour les occasions, la présenter alors dans
» toute sa force ; voilà comment elle peut opé-
» rer les plus grands effets.

» Je ne vous conseille point non plus de parler
» de mariage à votre frere ; vous voyez ce qu'il
» vous dit. Sa résistance ne me surprend pas ;
» c'est une suite du goût pour l'indépendance.
» Presque tous nos jeunes gens pensent comme
» lui ; tous les parens vertueux doivent penser
» comme vous. Votre dessein est raisonnable ;
» mais ne le montrez point trop. Si votre frere
» est éloigné de votre idée, vous l'en éloigneriez
» davantage ; & vous l'éloigneriez de vous. Pour
» l'engager à un mariage, il faudroit que l'amour
» nous aidât : nous n'aurions alors qu'à laisser
» aller son cœur. Tâchez de lui faire connoître
» de jeunes personnes aimables ; j'approuve fort
» cette idée.

» Ce que je ne puis me lasser de vous recom-
» mander, ma chere, c'est de ne pas lui témoi-
» gner de la curiosité sur sa conduite. Ne le met-
» tez jamais dans le cas de dissimuler ; vous l'ac-
» coutumeriez à la fausseté ; la nécessité l'y for-

» ceroit d'abord : il lui en coûteroit de vous
» tromper ; bientôt le menfonge lui deviendroit
» familier ; il s'en feroit un jeu ; & tout feroit
» perdu ; confervez précieufement fa candeur ;
» je voudrois même, qu'il fentît par votre réferve,
» la crainte que vous auriez de l'engager à trahir
» la vérité; cela ne pourroit que lui donner plus
« d'horreur pour ce vice, dans lequel une févé-
» rité mal adroite a plongé tant de jeunes gens.
» La contrainte, encore une fois, fait naître d'a-
» bord la diffimulation, celle-ci la fauffeté qui
« entraîne néceffairement la baffeffe ; & c'eft
» alors qu'il n'y a plus d'efpérance. «

Madame Narton parle d'une fille de l'Opéra, nommée Léonor, qui a fçu enchaîner le Marquis; mais elle prétend qu'elle faura lui ouvrir les yeux fur fa paffion, en lui révélant une intrigue de cette fille avec un riche Financier. Léonor fe donne pour une femme à fentiment ; elle fe rejette fur fes parens, de l'état honteux qu'elle a embraffé ; elle en accufe l'indigence ; en un mot, elle annonce des vertus effrayées de fe trouver à l'Opéra. Le Marquis en eft enchanté. Valville, un de fes amis, reçoit l'épanchement de fon cœur; il lui déclare le projet de fa fœur de le marier ; & finit fa lettre par prier Valville, de lui faire l'emplette du carroffe qu'il deftine à Léonor. Valville trace au Marquis un plan de conduite. Cette lettre eft agréable ; on y voit un fat développer avec agrément, tous fes ridicules, toutes fes impertinences; voici d'abord fon portrait.

» Valville paffe fa vie dans le grand mon-
» de ; il en a les graces & les principes ; il fe
» croit irréprochable fur l'honneur, & n'en a
» que de fauffes idées. L'efpece de vertu qu'il

» s'est faite, tient chez lui la place de la vraie
» vertu qu'il méprise. Il traite tout de préjugés,
» & n'a que des préjugés. Il se croit honnête
» homme, & n'est qu'un homme du grand air ;
» il pense mal des femmes, paroit les respecter,
» n'en estime aucune, s'amuse avec toutes, ba-
» dine avec l'amour, se fait par décence un de-
» voir de l'amitié, haït la débauche, cherche le
» plaisir, le trouve rarement ; son goût est dé-
» licat, son ame foible, son cœur froid & gâté;
» esclave des usages les plus extravagans, il traite
» gravement les choses frivoles, légerement les
» sérieuses, & n'a nulle idée de tendresse & de
» sentiment ».

D'après ce portrait, Madame, vous ne serez pas surprise de lui voir écrire au Marquis la lettre suivante.

» Je te croyois un peu raisonnable, Marquis,
» d'honneur je le croyois. Tu avois reçu des le-
» çons d'un maître assez habile ; tu n'en as pas
» trop profité : allons, je vois bien qu'il faut te
» tenir la lisiere : ah ! fiez-vous à ces cœurs neufs;
» ils sentent un si pressant besoin d'aimer, que
» leur raison ne sauroit tenir contre quelques
» agrémens. Leur raison ! je m'énonce mal : la
» raison n'est que l'expérience du monde ; on
» ne l'a point à ton âge : c'est un aveugle mou-
» vement qui vous entraîne : je saurai demain
» au juste l'état de ton cœur. Vous autres grands
» enfans, vous êtes sujets à prendre vos premie-
» res palpitations pour de l'amour. Je prévois
» qu'il ne sera pas aisé de te corriger de la mau-
» vaise éducation que l'on t'a donnée. On n'a
» songé qu'à faire de toi un homme à grands sen-
» timens & à beaux procédés ; sottise ! On ne

» gagne rien à valoir mieux que ceux avec qui
» l'on vit ; & en bonne philosophie, le vrai mé-
» rite est d'avoir celui qui est généralement re-
» cherché. Je t'avois mis entre les mains de
» Léonor pour y prendre le ton du monde, & te
» mettre en réputation ; & voilà que tu te prends
» de belle passion pour elle ; c'est un enfantilla-
» ge ; il faut que tu saches qu'il n'est question
» aujourd'hui, que d'être aimable ; & pour l'être,
» qu'est-il besoin d'amour? Il ne nous rend tel
» tout au plus, qu'aux yeux de l'objet que l'on
» aime. On ne demande que de la galanterie ;
» La galanterie est l'amour du sexe en général.
» Elle est dans la nature ; les femmes ne se res-
» semblent-elles pas toutes assez, pour nous faire
» passer légerement de l'une à l'autre ? On est
» revenu de ces goûts exclusifs. Au lieu de s'é-
» touffer le cœur d'une grosse passion, on met en
» mille goûts divers & passagers, la monnoye
» d'un grand sentiment ; petite maison, brillans
» équipages, petits soupers, maîtresses, aven-
» tures galantes, tous ces menus plaisirs font une
» assez bonne somme de bonheur pour un hon-
» nête homme. Quant à l'article des Maîtresses,
» pour bien débuter dans le monde, on prend à
» ses gages une Laïs en réputation ; mais on ne
» se met pas à ses ordres ; on l'aime autant qu'il
» le faut pour jouir ; & l'on n'y tient pas assez
» pour ne pas s'en délivrer, quand il convient.
» Tu es bien bon, Marquis, de croire à la vertu
» des femmes. Tu serois bien sot de croire à
» celle d'une fille d'Opéra. Léonor joue, vis-à-vis
» de toi, la fille honnête ; elle fait son métier. La
» fine mouche, elle sait à quels filets se prennent
» ces bonnes gens, qui voudroient estimer ce

» qu'ils aiment ; laisse-la faire ; elle répandra
» dans toute sa maison une odeur de sainteté.
» Bon garçon ! & tu donnes tête baissée dans le
» panneau ! Comme elle te meneroit loin, si un
» homme, expert en femmes, ne venoit à ton se-
» cours. Tu as besoin d'un Directeur ; si j'en con-
» noissois de plus capable que moi, je t'aime assez,
» pour t'adresser à lui ; mais je crois être ton fait.
» Suis le plan de conduite que je te tracerai ; &
» Léonor est à toi dans peu de jours. C'est Val-
» ville qui t'en répond.

» Commence d'abord par te défaire de cet air
» nigaud de passion, qui ne sied pas du tout.
» Parle amour d'un ton léger. Laisse entrevoir à
» la Nimphe, des dispositions prochaines à la gé-
» nérosité ; des dispositions, entends-tu ? Il n'est
» pas tems encore de penser à l'équipage que tu
» demandes. Quels arrangemens avez-vous donc
» pris ensemble pour cela ? Veux-tu que Léonor
» retracte bientôt ses rigueurs ? Parois t'en con-
» soler avec une autre ; pique sa jalousie ; amorce
» sa vanité ; inquiete son avidité (car elle doit en
» avoir) en reprenant gaîment l'air d'un hom-
» me devenu libre ; & si tu veux bien revenir à
» elle, que ce soit sans empressement. Veux-tu
» voir bientôt à quoi tient sa vertu prétendue ?
» Prends le ton du monde, de ces gens que ta
» sœur appelle libertins ; ne parois estimer ni une
» femme, ni ses faveurs ; tire sur les béguelles à
» sentimens ; familiarise-toi avec elle, libre,
» hardi, entreprenant & le reste. Fais ce que je
» te dis ; la Syrene se jettera dans tes filets ; si tu
» fais autrement, tu t'empêtreras dans les liens à
» ne pas t'en tirer le cœur net. Je te le prédis ; tu
» seras la fable du Public ; & d'entrée de jeu,

» tu perdras, par cette sottise, mille bonnes for-
» tunes : penses-y bien.

» Et songe aussi à sortir une bonne fois de la
» tutelle de ta sœur. Eternellement sous la fé-
» rule ! oh ! mon ami. Eh ! comment te forme-
» roit-elle pour le monde, elle qui ne connoit
» & n'aime que des vertus de nos vieilles grand'-
» meres ? Elle feroit de toi un bon Gaulois, un
» bon Chrétien; après ? tu serois, si tu veux, le der-
» nier des Romains ; après ? En serois-tu plus
» aimé, mieux récompensé, plus fêté, plus heu-
» reux ? Mon ami, autres tems autres mœurs :
» c'est le meilleur de nos vieux proverbes. La
» vertu de nos jours, c'est l'honneur ; non pas
» l'honneur de ces preux Chevaliers qui cou-
» roient, comme des foux, les grandes aventures;
» non, mais celui du galant homme, qui ne s'avi-
» lit point par des lâchetés. La vieille vertu se-
» roit dans la bonne compagnie, comme un sau-
» vage transplanté dans une Ville civilisée : tout
» l'effrayeroit ; elle effrayeroit tout.

» Laisse-la toute à ta sœur, si elle veut (dans
» sa solitude elle est à plusieurs siécles de nous)
» & à sa sotte compagnie. Je l'ai bien reconnue
» à ces plaisirs & à ce souper que tu m'as dépeint.
» Elle a cru t'amuser, je gage ? Ces gens-là se
» persuadent bien qu'ils s'en amusent eux-mê-
» mes; j'en réponds. Pour M. de Saint-Severt,
» il est de cette espece d'hommes qui se trouvent
» bien partout, parce qu'ils n'ont pas l'esprit de
» s'ennuyer ; bon homme au demeurant, droit,
» brouillon par désœuvrement ou par un zele;
» toujours gauche, vrai personnage de Comé-
» die. J'ai vû quelque part les Demoiselles de
» Saint-Albin; jolies statues, il ne leur manque

Tome V. L

» que la parole ; c'est assez bon pour femme ; &
» je serois pour cette fois sans plus, de l'avis de
» ta sœur, si tu te croyois assez vieux pour te ma-
» rier. La femme qu'il est le moins nécessaire
» de trouver aimable, c'est la sienne. Quand on
» se marie, on épouse le bien d'une fille ; & l'on
» met en liberté sa personne ; voilà ce que j'ap-
» pelle se tirer honnêtement du Sacrement. Ma-
» demoiselle de Saint-Albin est une fille de con-
» dition, riche ; elle peut être ta femme sans in-
» convénient ; mais ce ne sera pas sitôt. Tu n'as
» pas seulement encore une maîtresse, com-
» ment penserois-tu à prendre une femme ?
» Et Léonor.... Mais quelle heure est-il ?....
» Sept heures & demie. Adieu, mon ami, je
» m'enfuis. J'avois un rendez-vous à six heures ;
» je me proposois d'y être à sept ; en voilà huit
» bientôt ; à demain.

Joignez aux personnages dont je vous ai parlé, Madame, un M. de Ferval, veritable ami de la famille du Marquis de Roselle, & qui expose sa vie, pour le tirer de l'égarement dans lequel il est, & vous connoîtrez les principaux acteurs de ce Roman.

Je vous priverois d'une des meilleures lettres de cet Ouvrage, si je ne vous envoyois celle, où la sœur veut détourner son frere d'épouser sa maîtres- se. Comme il insiste sur l'honnêteté de Léonor, la Comtesse lui répond : » comment peut-on croire
» honnête une fille qui se prostitue volontaire-
» ment à la honte ? La vertu se tient enveloppée
» dans l'honneur ; & lors même qu'une femme
» vient de le bannir de son cœur, elle tâche d'en
» conserver les apparences ; il n'y a que le vice
» qui puisse embrasser, par choix, l'infamie.

» Eh ! savez-vous, ma sœur, savez-vous comment
» elle a été réduite à cette extrémité, m'a t'il dit?
» il ne faut pas se hâter de juger les malheureux.
» Respectons-les ; leurs fautes ne sont souvent
» que de nouveaux malheurs involontaires : l'in-
» digence les traîne au premier asyle qui se pré-
» sente ; & si, quand ils s'apperçoivent de ce
» qu'ils ont perdu dans l'opinion publique, ils
» se renferment dans la vertu qui leur reste, ne
» méritent-ils pas toute notre indulgence, toute
» notre compassion? Plaignons-les, plaignons-les,
» ma sœur; pleurons sur eux, avant de les juger...
 » Je sais, mon frere, qu'envers les mal-
» heureux, l'indulgence est justice : mais ne
» vous laissez point abuser par votre sensibilité.
» Pouvez-vous croire que si votre Léonor eût été
» vertueuse, l'Opéra eût été pour elle une res-
» source, son unique ressource ? La vertu em-
» brassera la misere, pour s'affranchir de la hon-
» te : elle n'aura point recours à la honte pour se
» soustraire à la misere. Léonor pouvoit vivre
» du travail de ses mains, de ses services, des
» bienfaits des ames charitables : la servitude,
» choisie par besoin, eût offert du moins en elle
» une servitude respectable. En préférant l'O-
» péra, son cœur s'étoit livré d'avance au crime
» & à la corruption. Pourroient-elles vivre du
» produit de leurs talens, sans celui de leurs char-
» mes, ces malheureuses qui n'ont souvent pour
» elles, que leur beauté, & qui fondent leurs pro-
» jets de fortune, sur les passions déréglées qu'el-
» les allument? Mais quand leurs intentions se-
» roient pures, continuellement attirées au cri-
» me par tous les enchantemens imaginables de
» la séduction, est-il possible qu'elles se tien-

» nent attachées à la vertu qui ne leur offre que
» des privations & des peines? Celle qui sera ca-
» pable d'un attachement si courageux, sera for-
» cée, par sa vertu même, de s'éloigner d'un dan-
» ger si pressant de la perdre.....

» Eh quoi! s'écria-t-il, avec l'air d'un hom-
» me qui fait effort pour se contenir, il ne
» pourroit y avoir une fille d'Opéra vertueu-
» se? Le Public, qui est injuste & méchant,
» qui flétrit ces filles, avant que leur con-
» duite les ait déshonorées, le Public en nom-
» me....... Ne nous échauffons pas, lui dis-je;
» il n'y auroit plus moyen de raisonner; nous
» oublierions bientôt que nous sommes frere &
» sœur; & nous laisserions-là notre objet. Per-
» mettez-moi donc de vous dire qu'en général, les
» Actrices qui passent pour honnêtes, ne sont
» peut-être que les plus décentes; que s'il en est
» qui obtiennent de justes égards, ce seront des
» filles à talens, qui n'ayant fait que céder à
» l'impulsion du génie, & au desir de se distin-
» guer, pourront ne s'occuper qu'à mériter les
» suffrages du public, & la considération flatteu-
» se, attachée aux grands succès. Mais il me sem-
» ble (ne vous en offensez point mon frere) il
» me semble que Léonor n'est nommée ni parmi
» les Actrices que l'on admire, ni parmi celles
» que l'on ménage..... Que m'importe, ma
» sœur, l'opinion publique, si je me suis assuré
» qu'elle est injuste? Livreriez-vous un innocent
» à la fureur d'une populace prévenue, que la ca-
» lomnie auroit soulevée? Je conviens, mon
» frere, qu'il faut se défier des préjugés du pu-
» blic; mais il le faut bien plus encore de nos
» passions. Vous êtes jeune, droit, franc, hon-
» nête. Ces filles habiles à prendre toutes sortes

» de visages, & à jouer toutes sortes de rôles,
» savent combien l'hypocrisie peut en imposer à
» la candeur, & jusqu'où un masque de vertu
» peut mener un cœur comme le vôtre. Tant
» de gens expérimentés, & plus clairvoyans
» que vous, se sont laissés prendre à leur mané-
» ge : elles ont fait le malheur, la ruine, la
» honte.... Je le sais, m'a-t'il dit ; mais j'ai
» tant de preuves de la vertu de Léonor, je l'ai
» trouvée si franche, si noble, si désintéressée !
» Il ne lui manque qu'un état, qu'un nom plus
» respectable, pour être la femme la plus digne
» de tous les hommages : qui me blâmeroit de
» récompenser sa vertu ? Des gens qui n'en au-
» roient pas, sans doute. Je réparerai, vis à-vis
» d'elle, les torts de la fortune : je la ferai ce
» qu'elle doit être ; & le Public qui calomnie
» Léonor, aura des égards pour la Marquise de
» Roselle.....

» Ah ! plût au Ciel, mon frere, plût au Ciel
» que cette fille fût telle que vous la voyez ! Je
» me reposerois sur elle du soin de votre honneur.
» Si elle est vertueuse, elle vous ramenera à des
» sentimens délicats & honnêtes, qu'une aveu-
» gle passion peut seule vous faire trahir. Si l'hon-
» neur parloit encore à son ame, elle auroit hor-
» reur de vous avilir pour s'élever. Si elle vous
» aimoit, elle ne consentiroit jamais à vous ex-
» poser aux dégoûts, aux chagrins, aux repen-
» tirs, aux malheurs qu'entraîne une démarche
» flétrissante. Si elle étoit sage, elle fuiroit un
» état, où elle ne sentiroit son élévation que par
» des amertumes.

» Ne vous flattez pas, mon frere ; votre nom
» n'est pas assez beau, pour effacer toute l'igno-

» minie du nom de Léonor, pour n'en être pas
» lui-même terni. Vous feriez plus flétri de fon
» nom, qu'elle ne feroit honorée du vôtre, &
» quand le Public auroit quelques égards pour
» la Marquife de Rofelle, efpérez-vous qu'il
» vous ménageroit, ce Public que vous n'auriez
» pas refpecté ; ce Public qui fait que votre naif-
» fance vous infpire le devoir de vivre avec plus
» de décence & de dignité ; ce Public fi jaloux
» de venger l'honneur dont il eft le Légiflateur &
» l'Arbitre ; qui eftime que c'eft dans le cœur de
» vos parens, qu'il doit réfider dans toute fa pu-
» reté, dans toute fa majefté, & qui frappe
» d'opprobre tous ceux qui ofent en violer les
» loix facrées ?

» Vous trouverez, fans doute, des approba-
» teurs parmi ces frondeurs vains & méprifa-
» bles, qui toujours oppofés au Public, s'éle-
» vent contre les opinions les plus légitimes,
» pour être difpenfés des devoirs & des bien-
» féances qu'elles impofent ; hommes faux &
» vils, dont l'infolent fuffrage eft une tache :
» vous trouverez des partifans parmi ces amis
» lâches, ces complaifans intéreffés à vous flat-
» ter : vous en trouverez encore parmi ces hom-
» mes capricieux & bizarres, qui prennent plai-
» fir à approuver & à défendre les écarts de
» ceux, qui ne les intéreffent pas ; mais inter-
» rogez la confcience de ces gens-là ; demandez
» leur s'ils feroient de fang-froid la même dé-
» marche, s'ils l'approuveroient dans leurs en-
» fans, dans leurs freres ? Leur ame fe foulevera
» contre cette idée ; & j'oferois défier leur bou-
» che, de démentir leur fentiment intérieur.
» Tout ce que vous pourriez attendre de plus

» confolant, ce feroit la pitié des ames fenfi-
» bles & indulgentes; la compaſſion que l'on a
» pour les malheureux & les infenfés. «

Le Marquis répond qu'il n'ira point chercher fa juſtification & fon bonheur dans l'opinion
d'autrui, & qu'il aura pour lui fa bonne confcience, fon amour, fon honneur.... » Et du vrai
» honneur, ajouta-t'il vivement, en faifant un
» gefte de fierté, du vrai honneur, Madame :
» la vertu..... La vertu, m'écriai-je ! (Je fen-
» tois ma tête s'échauffer, & mon ame s'exha-
» ler.) La vertu, mon frere, votre confcience !
» Vous en attendrez votre confolation & votre
» repos ? Elles vous puniroient, tous les jours de
» votre vie, de votre indigne alliance, où vous
» les auriez pour jamais abjurées aux pieds des
» Autels. Elles vous mettroient tous les jours
» fous les yeux la bienféance, la juftice, la rai-
» fon, la nature offenfées & violées dans cet
» odieux facrifice de vos devoirs. De quel droit,
» vous, Citoyen ; vous, décoré de prérogatives
» & d'honneurs ; de quel droit interverririez-
» vous l'ordre de la fociété, qui en diftinguant les
» conditions pour le bien de l'état, s'eft promis
» à jufte titre, que ceux qu'elle plaçoit dans un
» rang honorable, ne feroient ni aſſez lâches,
» ni aſſez ingrats, pour en troubler l'harmonie
» par leur propre aviliſſement ? Elle a attaché des
» devoirs aux diſtinctions ; & vous en violerez
» audacieufement les loix, parce que ces loix,
» qui s'accordent avec la Religion & la vertu, ne
» fe font choifi pour dépofitaires, que vos cœurs ;
» pour garants, que votre délicateſſe ; pour ven-
» geurs, que la honte & le mépris public ! De
» quel droit, vous, particulierement chargé par

L iv

» votre rang, du dépôt auguste des mœurs pu-
» bliques, dégradez-vous la nation, en lui ra-
» vissant, autant qu'il est en vous, ces mœurs
» précieuses, dont vos ayeux vous avoient trans-
» mis l'exemple ? Il faut donc que vous cessiez
» d'être Citoyen, & que vous vous déclariez
» l'ennemi de l'ordre; & cet ordre, vous ne
» l'aurez pas seulement enfreint pour vous-mê-
» me ; vous l'aurez aussi troublé dans les au-
» tres : la contagion de votre exemple entraî-
» nera une foule de jeunes insensés, séduits
» par ces malheureuses, qu'un tel succès aura
» rendues plus entreprenantes. Que répondrez-
» vous à votre patrie, qui vous reprochera de
» n'avoir nourri en vous, de son plus pur sang,
» qu'un enfant indigne & dénaturé ? Que lui
» répondrez-vous, lorsqu'elle vous reprochera
» cet avilissement des ames, cette bassesse
» devenue plus commune, dont vous aurez
» été, sans le vouloir, un des principaux ins-
» trumens ? Que répondrez-vous à tant de fa-
» milles éplorées & divisées, qui vous accuse-
» ront d'avoir frayé, pour leur désolation, le
» chemin du deshonneur ? Que répondrez-vous
» à votre propre famille, qui vous demandera
» pourquoi vous avez flétri son nom ? Ce nom
» n'est point à vous, puisqu'il n'est point à vous
» seul; & la tache que vous y imprimerez, sera
» un crime contre tous ceux qui le porteront.
» Ils se verront tous les jours confondus avec
» vous & vos enfans; ils seront tous punis pour
» un seul coupable : cette famille honorée jus-
» qu'à vous; jusqu'à vous, fait pour la venger
» de quiconque oseroit la flétrir; vous n'aurez
» vécu que pour attacher à son nom une célé-
» brité d'infamie..... Et vos enfans !..... Le

» Marquis de Rofelle donneroit à fes enfans
» Léonor pour mere ! Léonor ! & quelle autre
» mere leur donneroit leur plus cruel ennemi?
» Vous leur devez un fang pur, comme vous
» l'avez reçu de vos peres ; ce fang s'éleveroit
» contre vous, fi vous le mêliez avec un fang
» vil & corrompu.... Vous frémiffez..... Jet-
» tez les yeux fur ces enfans, malheureux à ja-
» mais par leur naiffance, qui portent fur leur
» front, dans la fociété un caractere de profcrip-
» tion. Ils font là comme des coupables humi-
» liés par le fentiment de leur indignité. Ils
» voyent fuir devant eux les familles & les hon-
» neurs qui venoient au-devant de leurs ancê-
» tres : ils ont tous les jours des fujets de pleu-
» rer leur naiffance ; tous les jours ils ont à
» rougir de leur mere : le Public les appelle les
» enfans de Léonor, comme s'il difoit les en-
» fans de l'opprobre. Ils tranfmettent leur honte
» & leur malheur à leur poftérité : cette tache
» héréditaire eft encore empreinte fur le front
» de leurs petits-fils ; & vous ne prefereriez pas
» la mort à la douleur, au tourment d'être pere
» à ce prix....

» Eh bien, mon frere, votre amour, votre
» Léonor fuffiroient-ils à votre félicité ? Léo-
» nor, qui, elle-même ne pourroit jamais être
» heureufe ? Elle eft aujourd'hui tout pour vous,
» parce que vous ne la poffédez point ; & que,
» dans votre yvreffe, vous n'avez que le fenti-
» ment d'un amour qui défire ; mais fi vous la
» poffédiez, vous éprouveriez, en perdant peu-
» à-peu de cette yvreffe, qu'il manqueroit, de
» jour en jour, quelque chofe à votre bonheur ;
» vous fentiriez renaître en vous les anciens

» besoins d'une ame honnête ; vous entendriez
» insensiblement la conscience, l'honneur, la
» nature, vous redemander leurs premiers droits:
» l'amour seul ne remplit pas tous les devoirs;
» il ne peut faire seul notre bonheur. La passion est
» une illusion, un état violent de l'ame : elle ne
» sauroit ni durer, ni nous tromper toujours : les
» bouillons de l'ame se calment ; les charmes
» qui vous ont séduit, se flétrissent ; & le tems
» arrive, où l'on se juge soi-même plus sévere-
» ment, que n'ont fait les autres ; parce qu'on est
» aigri contre soi, par le repentir & les remords:
» on rougit des folles amours ; on pleure sur
» des fautes irréparables ; & l'on donneroit la
» derniere moitié de sa vie, pour racheter la
» premiere.

La Comtesse obtient du Marquis, qu'il differe son hymen ; & elle finit ainsi la lettre qu'elle
écrit à ce sujet, à son amie Madame Narton.
» Je desirerois que cette fille n'eût contr'elle,
» que la pauvreté & une naissance obscure ; j'i-
» rois la chercher, & l'amenerois par la main
» à mon frere. Je fais cas de la naissance, par-
» ce que c'est une obligation de plus d'être hon-
» nête ; mais c'est, au fond, un présent du ha-
» zard, souvent inutile au bonheur ; & je suis
» bien loin de mépriser ceux qui n'en ont pas.
» Rien n'est bas à mes yeux, que le vice : dès
» qu'une telle femme porteroit le nom de mon
» frere, respectable par sa vertu, honorable par
» le nom de son mari, elle deviendroit mon
» amie, ma compagne ; ma familiarité avec
» elle, seroit pour le public un témoignage de
» son mérite ; & quand elle seroit aimée, &
» portée par une famille d'où sa naissance sem-

» bloit l'exclure, le Public n'oseroit point ne
» la pas respecter; il cesseroit bientôt de blâ-
» mer mon frere: mais un état infâme, une vie
» scandaleuse ! Non, ma chere Comtesse ; je
» serois la derniere des femmes, si je donnois
» les mains à une pareille horreur. «

Ferval apprenant que le Marquis alloit épouser Léonor, & que le Notaire étoit déja mandé,
avoit forcé la porte chez lui, & étoit entré malgré les Domestiques. Roselle avoit marqué son
indignation; Ferval lui avoit demandé un quart
d'heure d'entretien; le Marquis lui avoit répondu en mettant l'épée à la main, & n'avoit
laissé le temps à son ami, ni de s'expliquer, ni
de lui donner un paquet de lettres, qu'il lui
présentoit : ces lettres étoient la correspondance
de Léonor & d'une de ses amies de la même
espece. C'étoit le tableau des vils ressorts que
faisoient jouer ces deux infâmes créatures. Le
Marquis, après avoir blessé Ferval, jette les yeux
sur ce paquet, l'ouvre, est éclairé dans un instant par cet affreux coup de lumiere. Une de ces
lettres vous donnera une idée du caractere de
ces sortes de femmes. Voici ce que l'amie de
Léonor lui écrivoit au sujet du Marquis de Roselle, son amant.

» C'est un homme, lui dit-elle, d'une espece
» bien étrange. Tu t'y prends fort bien; mais
» son amour est-il d'une trempe à résister à l'en-
» nui des refus. Voilà ce qui m'inquiette. Ac-
» cepte tous ses dons; mets-y toute la décence
» que tu voudras; mais crois-moi, accepte, ac-
» cepte; c'est toujours autant de pris. Je suis
» au désespoir de ne pouvoir t'envoyer ce petit
» drôle de Bizac. Il est, dans ce pays-ci, atta-

» ché au char d'une veuve vieille, riche & folle;
» elle en est éperdue. Il ne peut la quitter, sans
» risquer de perdre le fruit de ses soins; sa for-
» tune en dépend. Quel dommage! Cet adroit
» Gascon auroit joué, d'après nature, le rival
» malheureux, vertueux, respectueux, géné-
» reux, &c. Trouve-moi d'autres moyens de te
» servir. Ton aventure est unique: je n'ai ja-
» mais eu l'esprit de subjuguer ainsi des cœurs
» tout neufs. Mon vieil amant est un homme
» épouvantable, jaloux, tyrannique, ennuyeux
» & maussade; depuis trois mois que je suis
» ici, je séche sur pied; mais il me fait de gros
» présens; & je prends patience. Il faut bien
» faire des fonds pour cet hyver: j'ai grande
» envie de voir ton petit Marquis. Qu'il est plai-
» sant, avec son respect! Où a-t-il pris ce mot-
» là? Le pauvre garçon! Tiens, je l'aime à la
» folie. Il est si sot! tu lui donneras de l'esprit.
» Il est bien juste qu'il paye son apprentissage.
» Il commence par être dupe; il pourra finir par
» être fripon. «

Je suis, &c.

LETTRE XII.

Suite du Marquis de Roselle.

LE Marquis écrit à Léonor une lettre foudroyante; & comme d'un excès, souvent on tombe dans un autre, il ne voit plus rien dans le monde, qui puisse le distraire : Valville cependant y fait tous ses efforts; mais ces efforts sont inutiles : c'est à propos de cette misantropie, qu'il écrit la lettre suivante au Marquis de Roselle.

 » Quelles fausses idées tu te fais, mon cher
» ami ! Elles n'ont pas le sens commun ; per-
» sonne ne pense comme toi; cela est pitoyable:
» vis avec les vivans; sois heureux ; sois tran-
» quille; amuse-toi; voilà tout ce qu'on te de-
» mande. Sais-tu que Madame d'Osterre t'a
» distingué, malgré ton triste & ton froid main-
» tien ? Elle m'a demandé si tu ne reviendrois
» pas ce soir chez elle ? & je m'y connois; tu
» peux compter qu'il ne tient qu'à toi d'en être
» aimé. Quelles idées gauloises as-tu donc ? Eh !
» sans doute elle est vertueuse, cette femme ;
» mais cela n'empêche pas d'aimer un galant
» homme : tu ne sais pas, je le vois, ce que
» c'est que l'honneur des honnêtes gens; un
» homme qui veut passer sa vie agréablement,
» choisit parmi les femmes les plus aimables,
» celle qui lui convient le mieux : la beauté, le
» mérite, l'esprit, ne doivent pas seuls le déci-
» der; il faut encore trouver les convenances ;
» voir, par exemple, si le mari est un homme,
» sur lequel on puisse compter; si l'on peut en

» faire un ami; si sa maison n'est point ennuyeu-
» se; si une dépense brillante y appelle le plai-
» sir : toutes ces choses se trouvent-elles réu-
» nies ? on cherche à plaire à la Dame : si l'on
» ne réussit point après quelques semaines, on
» tourne ses vûes ailleurs; si l'on réussit, on
» s'arrange. Une femme doit exiger la décence,
» les égards pour son mari; la constance, autant
» qu'il est possible.... & qu'elle-même l'obser-
» ve ; mais en cas qu'on s'ennuie l'un de l'autre,
» point de rupture; ou l'on fait une rupture hon-
» nête : si par malheur il survient une rupture
» en forme, jamais d'éclat; jamais de propos;
» voilà le devoir d'un galant homme. Celui d'une
» femme est d'être fidelle à cet amant, tant
» qu'elle n'en aime pas un autre, de n'en aimer
» qu'un, de conserver les dehors, & d'avoir
» pour son mari les meilleures manieres, de
» ne le retrancher jamais, avec humeur, d'une
» partie, d'où il est impossible de le chasser. De
» ne point s'informer de ses liaisons; de tour-
» ner même à l'avancement d'un mari qui fait
» vivre, les amis qu'on s'est fait par ses agré-
» mens, &c. & c'est ce qu'on appelle une fem-
» me aimable, une femme importante, une
» femme qui peut beaucoup, une femme qu'il
» faut avoir, ou avoir eue. Ne sais-tu pas qu'au-
» jourd'hui, tout roule sur le plaisir? qu'il est le
» pivot des plus grandes affaires, & qu'il faut le
» sentir ou le feindre? Mais je rougis pour toi,
» Marquis, d'ignorer ces premiers élémens de
» la société du grand monde. Où diable as-tu
» donc vécu? En Province, apparemment; car
» je ne te soupçonne pas de t'être retréci à Pa-
» ris dans quelques cotteries bourgeoises. Je

» t'irai prendre ce soir, pour te ramener chez
» Madame d'Osterre. «

Cette Madame d'Osterre n'avoit pas eu l'art de séduire le Marquis; & son goût ne s'accordoit point du tout avec celui de Valville.

» Pardonne, ami, lui répond-il, mon départ
» précipité; mais en vérité, il n'étoit plus possi-
» ble d'y tenir. Quoi ? c'est là ce qu'on appelle
« la bonne compagnie ! Hé bien, apprends que
» Léonor, toute méprisable qu'elle est, me pa-
» roit, ainsi que ses pareilles, moins méprisable
» que ces femmes-là : ces sortes de filles font
» leur métier ; elles s'affichent pour ce qu'elles
» sont. Malheur à qui s'y trompe ; malheur à
» moi, qui m'y étois si cruellement trompé; mais
» tes femmes ! . . . . Ah ! mon ami ! ton cœur
» peut-il être gâté au point de les pouvoir esti-
» mer ? Quoi, joindre l'hypocrisie de la dignité à
» la bassesse du crime, sans en rougir, sans en
» avoir de remords ! Traiter de gentillesse l'adul-
» tere, la perfidie; n'avoir pas même l'idée de
» la vertu ! C'est le caractere le plus abomina-
» ble qui soit dans la nature. Je t'avoue que la
» curiosité, autant que tes efforts, m'a déterminé
» à te suivre chez Madame d'Osterre. J'ai voulu
» voir un peu ces gens du monde ; je les ai vus ;
» mais loin de me plaire, ils m'ont révolté. Je
» t'ai observé toi même avec ta Madame Clari-
» val : je m'y connois, mon ami ; & je t'assûre
» que tu ne l'aimes point, & qu'elle ne t'aime
» pas davantage : votre lien est un tissu formé par
» la vanité & le désœuvrement ; & l'on prend
» cela pour l'amour, pour cette passion terrible,
» qui nous ôte presque l'usage de la raison, &
» rend en quelque sorte nos fautes excusables ?

» Mais ces sortes d'*arrangemens*, comme tu les
» appelles, quand même ils ne seroient pas cri-
» minels, sont la plus sotte occupation qu'un
» galant homme puisse avoir : quelle petitesse en
» effet, de vouloir paroître amoureux, quand
» on ne l'est pas, & de traîner partout à sa
» suite une femme, dont on rougit intérieure-
» ment, mais qu'on affiche par air ! Je te le ré-
» pete, c'est le tems le plus sottement perdu :
» Madame de Clarival tire vanité de ta conquê-
» te, & de ta constance apparente sans doute. Tu
» trouves commode d'avoir cette maison : vous
» vous payez réciproquement ces avantages, par
» des soins qui vous coûtent ; je m'en suis ap-
» perçu. Ne m'as-tu pas dit que tu t'ennuirois
» beaucoup, s'il te falloit passer deux jours à la cam-
» pagne avec elle, mais que si elle l'exigeoit, tu
» lui devrois ce sacrifice? Ce sacrifice ! eh ! peut-on
» en faire à ce que l'on aime ! Ne deviendroient-
» ils pas les plus grands plaisirs ? Eh d'ailleurs
» peux-tu placer dans un même objet l'ennui
» & l'amour ? Quoi ! tu redoutes pendant deux
» jours une présence, dont un amant feroit son
» bonheur ? Si tu as jamais aimé, mais non, à
» quel prix n'aurois-tu pas acheté un tête-à-tête?
» Ah ! mon cher, je te le répete, tu n'aimes point :
» laisse donc là cette intrigue bassement crimi-
» nelle : quoi ! tu trahis de sang froid M. de Cla-
» rival, ton ami, qui t'a rendu les plus grands
» services ? Tu me l'as dit. Pour prix de son ami-
» tié, tu séduis sa femme que tu n'aimes pas ! C'est
» l'outrage le plus sanglant, que tu puisse lui fai-
» re. Pardonne, cher Valville ; mais est-ce-là le
» rôle d'un honnête homme ? Ce n'est point un
» Prédicateur qui te parle : je sais que ce ton ne

me

» me réussiroit pas avec toi : c'est en homme du
» monde, que je te dis qu'il n'est guères de cri-
» mes plus atroces que celui-là ; qu'il entraîne
» après lui l'imposture, la trahison, le malheur
» des familles, & leur déshonneur. Ne me par-
» le jamais de Madame d'Osterre ; elle m'a fait
» des avances indécentes ; & je t'avoue que ça
» été pour m'y dérober, que je suis parti ce ma-
» tin, avant que personne fût levé : elle pensera
» de moi ce qu'elle voudra ; je m'en embarrasse
» peu ; & j'aime mieux passer à ses yeux pour
» être ridicule, que d'être en effet vicieux. Je n'i-
» magine pas comment ces femmes-là peuvent
» séduire : la femme d'autrui ne m'inspire que
» du respect, quand elle en est digne, ou du mé-
» pris, quand elle ne l'est pas : en éloignant mê-
» me l'idée du vice, qu'il n'est cependant pas
» facile d'écarter, comment compter sur la fidé-
» lité d'une femme qui n'est pas fidelle à son
» mari ?

Le Marquis de Roselle conserve encore des restes de sa passion, qui le plongent dans une mélancolie dangereuse. Sa sœur allarmée employe tous les moyens, pour le retirer de cet accablement. Elle l'envoye aux eaux ; & il a occasion de voir les filles de Madame de Ferval, mere de son ami, avec lequel il s'étoit battu & réconcilié. L'aînée surtout lui a paru charmante ; & le Marquis ne lui a pas été indifférent. Dans une lettre qu'elle écrit à sa mere, vous verrez le tableau d'un amour innocent. Ces sortes de peintures plaisent toujours, quoiqu'elles n'ayent pas la fraîcheur de la nouveauté. » Vous exigez donc
» que je reste ici, ma tendre mere ; & vous m'en
» faites donner l'ordre, en m'assûrant que vous

» rendez justice à mes sentimens. Vous jugez
» si favorablement de mon cœur, que c'est à ma
» sensibilité pour vous & pour mes sœurs, que
» vous faites tout l'honneur de mon empresse-
» ment à vous rejoindre. Ah ! que je crains de ne
» plus mériter cet éloge !.... Je rougis....
» Je tremble.... Mais ma tendre confiance
» l'emportera sur la honte & sur la timidité. Je
» me reprocherois, comme un crime, de garder
» avec vous un silence dangereux........ Je
» n'aurai jamais de confidente que vous ; mais
» je vous aurai ; vous me guiderez ; vous me con-
» solerez..... Ma mere, ma tendre mere, c'est
» dans vos bras, c'est en collant mon visage sur
» votre sein, que je voudrois vous dire.... Ma
» mere.... Je tombe à vos genoux ; secourez-
» moi...... Quel secret je vais vous confier ! Je
» crains d'aimer....... Oui, ma chere ma-
» man, je crois que j'aime. Je le sens aux mou-
» vemens divers & nouveaux qui se passent dans
» mon ame. L'espérance, la crainte, le plaisir,
» l'inquiétude s'y succédent ; toutes mes idées
» ne roulent plus que sur un objet. Je n'avois ja-
» mais éprouvé une si violente agitation ; elle
» m'anime ou elle m'abat. Hélas ! ce n'est que
» depuis deux jours, que j'ai commencé à me
» soupçonner de cette dangereuse foiblesse. Que
» de combats je me suis déjà livrés ! Combien de
» pleurs j'ai déjà versés ! Est-il besoin que je vous
» nomme celui qui me les fait répandre ? Un évé-
» nement a dessillé mes yeux. Nous étions seuls
» dans la salle de compagnie. Madame de Nar-
» ton venoit de sortir. Le Marquis me témoigna
» un vif intérêt pour mes sœurs ; je lui dis que
» j'espérois que vous m'appelleriez auprès de

» vous ce jour-là même ou le lendemain. Aujour-
» d'hui ou demain, me dit-il ? Mais, Mademoi-
» selle, Madame votre mere vous a promise à
» Madame Narton pour tout le tems des eaux....
» Vos sœurs ne sont point en danger.... Pour-
» quoi..... Non, vous ne partirez pas. En di-
» sant ces mots, il me parut surpris, triste,
» agité. Eh! moi.... Oh, maman, s'il se fût
» apperçu de mon trouble! Mais Madame de
» Narton rentra. Je montai dans ma chambre.
» Je réfléchis sur l'agitation extrême que je ve-
» nois d'éprouver ; je m'en demandai la cause ;
» que de larmes suivirent mes réflexions! Voilà,
» ma tendre mere, voilà le trait de lumiere qui
» m'a fait voir le fond de mon cœur. Quoi, tant
» d'émotion & de trouble pour une marque si
» simple de politesse ou d'amitié ! N'est-il pas
» bien humiliant d'aimer, & d'aimer la pre-
» miere ?..... Si c'étoit par respect qu'il me
» cachât sa tendresse..... Peut-être me con-
» noît-il assez pour m'estimer à ce point.....
» M'estimer!.... Eh, s'il pénetre mes senti-
» mens.... Je me flatte qu'il ne s'en apperçoit
» pas. Mon desir le plus ardent est de cacher ma
» honte à tous les yeux, & surtout aux siens....
» Eh, quand il m'aimeroit, quand j'aurois pu lui
» plaire...... De quel espoir pourrois-je me
» flatter. Non, je ne concevrai point de folles es-
» pérances. La médiocrité de ma fortune....
» Que n'est-il moins riche, & que ne le suis-je
» davantage !..... Ma mere, quelles idées !
» Ah! pardonnez, pardonnez ces marques d'une
» foiblesse dont je rougis. Je n'effacerai rien de
» ce que je viens d'écrire. Je veux que vous puis-
» siez voir mon cœur tout entier ; je veux que

M ij

» vous jugiez du désordre de mon ame. Je suis
» foible ; mais j'ai une amie tendre, prudente,
» secourable, qui m'a donné le jour, qui a for-
» mé mon ame à la vertu, qui ne désire que mon
» bien, qui saura tous les secrets de mon cœur,
» qui m'est plus chere que tout ce que je pour-
» rai jamais aimer : elle me fera triompher de
» moi-même. Depuis l'aveu que je viens de lui
» faire de ma foiblesse, mon cœur s'est déja
» soulagé ; il est plus fort & plus tranquille,
» quand je pense que ma mere est pour moi, &
» que je serai bientôt avec elle. Ma digne, mon
» adorable mere, rappellez-moi, arrachez-moi
» d'ici ; je brûle de vous embrasser. Ah ! mes
» sœurs, que n'ai-je plutôt couru, comme vous,
» le risque de ma vie ! «

Je ne puis m'empêcher de citer la fin de la réponse de la mere, où respire un cœur vraiment maternel. » Evite le Marquis, dit-elle à
» sa fille, sans avoir l'air de le fuir ; il ne faut
» paroître ni le craindre, ni le souhaiter. Tâche
» de ne le voir jamais, qu'en présence de Ma-
» dame de Narton. Je compte sur la noblesse de
» tes sentimens. Suis un plan dicté par le cou-
» rage ; songe que tu ne reverras peut-être ja-
» mais l'objet de ta tendresse ; qu'il ne se sou-
» viendra pas même de toi ; songe aux jours
» heureux que tu as coulés près de moi, dans
» le repos & la liberté de ton cœur. Songe que
» nous sommes nés pour nous combattre sans
» cesse, & pour ne trouver la paix qu'après la
» victoire. Songe que l'amour nous expose à bien
» des fautes ; que le devoir t'ordonne d'oublier
» un homme qui ne doit point être ton époux ;
» que ta mere, que ta famille, que le plaisir

» de faire le bien, que la vertu, que la joie
» d'une conscience pure, suffisent à ton cœur.
» Je le déchire, hélas ! ce cœur trop tendre ! Par
» mes réflexions cruelles, j'empoisonne tes plus
» beaux jours. Ah ! c'est pour qu'ils n'empoison-
» nent pas le reste de ta vie ! « Cette lettre, Madame, est charmante, & respire l'intérêt le plus vif.

Le Marquis, au moment que l'on croyoit qu'il aimoit Mademoiselle de Ferval, rencontre une Dame à la promenade : il est saisi d'un trouble que tout le monde remarque ; enfin Mademoiselle de Ferval, désespérée, écrit à sa mere, que cette Dame est cette Léonor, dont on lui a tant parlé. Léonor écrit à son ancien amant ; elle lui apprend l'excès de l'indigence où elle est plongée. Il lui envoie ving-cinq Louis, & revoit Mademoiselle de Ferval, qui n'a plus de soupçons sur sa fidélité. Enfin, les deux amans s'épousent. Tout ce que dit Madame de Ferval à sa fille, aussi-tôt qu'elle est revenue de l'Autel, doit être répété à toutes les jeunes personnes qui viennent de se marier.

» Vous allez entrer dans un état nouveau,
» ma chere fille, dit à Mademoiselle de Fer-
» val, sa digne mere. L'attachement qu'a pour
» vous le Marquis, ses vertus, son caractere
» bannissent de mon esprit toute frayeur : vous
» serez heureuse ; mais apprenez les moyens de
» conserver son amour & votre bonheur : vous
» ne m'avez jamais quittée, ma fille ; vous êtes
» accoutumée à une vie douce & tranquille ;
» mes caresses ont fait jusqu'ici votre félicité :
» vous les méritiez ; vous avez rempli vos de-
» voirs ; mais ces devoirs étoient simples & fa-

» ciles. Votre bonheur ne dépendoit que de vous;
» & après avoir fait tout ce que vous deviez,
» vous n'aviez plus d'inquiétude ; vous n'avez
» jamais eu à combattre l'humeur, l'entêtement,
» les passions vives des personnes avec lesquel-
» les vous avez vécu; vous saviez que j'obser-
» vois tout, & que j'applaudissois à tout ce qui
» étoit bien : cet encouragement est flatteur : une
» mere tendre ne vit & ne respire que pour ses
» enfans ; elle voit avec enthousiasme leurs bon-
» nes qualités, & envisage leurs défauts avec
» indulgence. Un époux, ma fille, n'a souvent
» pas les mêmes yeux : il faut vivre pour lui. No-
» tre partage, sur-tout dans le mariage, c'est la
» douceur, la complaisance, les attentions ten-
» dres, & tout ce qui peut attirer la confiance &
» l'attachement : tu trouveras au fond de ton
» cœur tous ces moyens : mais, ma chere, en
» saurois tu faire usage dans des circonstances
» accablantes ? Comment soutiendrois-tu le dé-
» goût, la colere, les mépris de ton mari ? Une
» femme tendre, vertueuse & raisonnable, qui
» malgré tous ses efforts, se voit en butte à la
» mauvaise humeur d'un époux ; qui n'a jamais
» la douceur de s'entendre applaudir sur les
» meilleurs actions ; qui même est obligée de
» les cacher, & de paroître avoir des torts
» pour se faire supporter ; qui dérobe son mal-
» heur à tous les yeux ; qui, faisant sans cesse
» le sacrifice de sa volonté, cherche encore à
» faire tomber sur elle les fautes qu'elle n'a pu
» empêcher ; une femme qui ne prenant des loix
» que de la vertu & de la raison, ne peut par-
» venir à faire aimer cette vertu, à faire enten-
» dre cette raison, malgré ses soins & sa dou-

» ceur persuasive ; qui tâche au moins de sauver
» les dehors, & de faire paroître son mari ver-
» tueux & raisonnable ; qu'une telle femme est
» grande ! qu'elle est estimable ! Mais qu'elle est
, malheureuse ! Aurois-tu ce courage ?

» Ah ! ma mere ! dit la fille, je n'éprouverai ja-
» mais un sort si cruel. Je le sais, dit Madame
» de Ferval ; je te l'ai déjà dit : le bon esprit,
» l'attachement du Marquis de Roselle & ses
» vertus m'en répondent. Mais que la comparai-
» son que tu seras à portée de faire de ton sort
» avec celui de tant de femmes qui méritoient
» d'en avoir un aussi heureux, serve à te faire
» sentir toute la douceur du tien, & à te mettre
» en garde contre tout ce qui pourroit altérer un
» si grand bonheur : mon dessein n'est pas de
» t'effrayer, ni de t'attrister ; ce seroit une cruauté
» sans objet : mais, ma chere, les esprits chan-
» gent quelquefois ; le meilleur caractere peut,
» par des événemens qu'on ne prévoit pas, s'al-
» térer & devenir difficile ; l'amour ne dure pas
» toujours : il faut se préparer à tout : je ne con-
» nois d'autres ressources à une femme estima-
» ble, que la patience & le courage. Si tu t'ap-
» percevois que ton époux fût moins tendre que
» toi, qu'il te retirât sa confiance, qu'il la don-
» nât même à quelqu'autre, redouble alors de
» soins & d'attentions : ne prodigue pas des ca-
» resses qui pourroient être importunes : laisse-
» lui entrevoir une douleur tendre, mais surtout,
» dans quelque circonstance que ce puisse être,
» il n'en faut jamais venir aux reproches : quel-
» ques polis, quelques tendres qu'ils soient, ils
» peuvent faire dans le cœur d'un époux, des plaies
» qui ne se referment point.

« Si, par un malheur dont je ne puis sup-
» porter l'idée, & qui n'arrivera point assu-
» rément, ton mari s'attachoit à quelqu'au-
» tre femme........ Ah ! ma mere ! répon-
» dit-elle vivement, j'en mourrois peut-être
» de douleur ; mais comme je l'aimerois tou-
» jours, je n'employerois avec lui, que ma ten-
» dresse : je tâcherois de regagner toute son affec-
» tion ; & je ferois mon possible pour lui laisser
» croire que j'ignore mon malheur : ces senti-
» mens sont-très-bons, répondit la mere ; il est
» cependant des circonstances où l'on ne peut dis-
» simuler : qu'une tristesse douce, sans plainte,
» sans aigreur, sied bien alors ! Un air de dé-
» dain, de gaîté, est très-déplacé dans ces con-
» jonctures : il marque un détachement très-
» grand, ou beaucoup d'orgueil ; une épouse ver-
» tueuse & tendre est affligée & se trouve humi-
» liée d'un tel malheur : ces sentimens si naturels
» sont obligeans pour un mari. Qu'elle les lui
» laisse voir ; c'est assez ! Qu'il ne lui échappe ja-
» mais, en présence de cet époux, rien d'aigre,
» rien d'ironique, ni sur son compte, ni sur ce-
» lui de l'objet qu'il aime. Le mieux est de n'en
» point parler. La coquetterie est une ressource
» affreuse. Quelques femmes l'employent : elles
» esperent ramener leurs maris par la jalousie.
» Elles avoient perdu leur amour ; elles perdent
» leur estime ; & alors il n'y a plus d'espoir.

« Est-il rien de plus cruel encore, que le sort d'une
» personne vertueuse, unie à un homme jaloux ?
» Qu'elle se retire du monde ; qu'elle s'arme de
» douceur & de patience ; & surtout qu'elle ne se
» plaigne pas : cette situation est terrible. Tu ne
» l'éprouveras pas ; mais ma fille, quelqu'heu-

» reuse que soit une union, il n'est pas possible
» qu'il ne s'éleve quelques petits nuages, parce-
» qu'on ne peut, sur tous les points, être du même
» avis : alors, quand la vertu n'est point blessée
» par les choses qu'un mari exige, quand elles
» ne sont point directement opposées à la raison,
» il faut céder & sacrifier son opinion à la paix
» & à la soumission, pour laquelle nous sommes
» nées : il est horrible d'élever les filles dans l'i-
» dée qu'elles deviennent leurs maîtresses en se
» mariant : elles contractent, au contraire, la plus
» grande dépendance : il faut leur apprendre les
» moyens de rendre cette dépendance douce, &
» d'en former le lien de leur union. Nous n'avons
» que le droit de faire à nos maris des remon-
» trances ; mais nous l'avons ce droit : il faut sa-
» voir en user. Quand une fois on possede la con-
» fiance de son mari, & qu'on la mérite, on est
» bien puissante. Céder gaîment, dans les petites
» choses qui n'intéressent que soi, réserver le
» pouvoir qu'on a sur lui, pour les occasions im-
» portantes, dans lesquelles il prendroit un tra-
» vers nuisible, tâcher, sans avoir l'air de vouloir
» le convaincre, de l'en faire revenir par la per-
» suasion, qui naît de la raison présentée avec les
« graces de l'amour & de la douceur ; voilà le
» charme qui nous donne un empire préférable à
» tout autre empire, dont il ne faut jamais se
» prévaloir, ni au dedans, ni au dehors. Dans l'ad-
» ministration domestique, qui est de notre res-
» sort, nous pouvons user plus librement de no-
» tre autorité : dans tout ce qui doit être régi
» par le mari, comme toutes les affaires d'éclat,
» y eussions-nous la plus grande part, nous de-
» vons en laisser tout l'honneur à nos époux. Il est

» des cas particuliers, que je ne puis prévoir &
» que j'excepte.

» Le mariage, continue Madame de Ferval,
» est un état de soins & de sacrifices ; & sans le
» sentiment qui rend tout aisé, il est bien diffi-
» cile d'en remplir les devoirs, même avec de
» la vertu : les obligations sont sans doute réci-
» proques ; mais nous sommes appellées à des
» soins particuliers : la nature, en nous donnant
» plus de graces, plus d'aménité, plus de déli-
» catesse, nous apprend que c'est à nous à mettre
» les attentions, les complaisances, les égards
» dans ce commerce, d'où nous retirons, en échan-
» ge, les fruits de la protection & des travaux
» plus importans des hommes. La force est leur
» partage ; la douceur est le nôtre ; & la force ne
» résiste point à la douceur. Obéissons pour ré-
» gner ; assujétissons-nous aux petites choses,
» pour jouir des grandes : ne nous affligeons pas,
» si les hommes n'ont pas pour nous les mêmes
» attentions : ils n'en sont pas susceptibles ; s'ils
» l'étoient, nous n'aurions plus aucun avantage
» sur eux. Des soins importans les occupent :
» le soin de plaire, que l'on remplit par les atten-
» tions délicates, doit être notre premier objet :
» je ne dis point d'employer la coquetterie ; elle
» est méprisable vis-à-vis de tout le monde : elle
» est indécente à l'égard d'un mari. D'ailleurs je
» n'ai garde de blâmer un art innocent, qui n'a
» pour but, que d'entretenir son amour : au con-
» traire, j'invite les femmes à ne jamais le négli-
» ger ; il est nécessaire jusques dans le plaisir....

» Du jour où tu vas te marier, mon autorité
» cesse.... Quoi ! ma chere maman ?... Ne t'af-
» flige point, ma fille : ta mere ne sera plus que

» ton amie ; mais une amie tendre, consolante,
» utile peut-être : c'est un bonheur pour toi, que
» je connoisse les bornes de mon pouvoir : si
» j'exigeois de toi une chose contraire à la vo-
» lonté de ton mari, ne balance point ; c'est à lui
» que tu devrois obéir, à moins que l'honneur &
» la vertu ne te le défendissent. Accoutume-toi,
» ma fille, à cette idée d'obéissance : elle soutient
» l'ame dans les occasions où un mari prendroit
» le ton impérieux : quand elle t'engageroit à
» faire plus que ton devoir n'exige, il n'en ré-
» sulteroit qu'un bien : le Marquis a trop d'es-
» prit, trop de politesse, trop d'estime, trop
» d'affection pour toi, pour prendre jamais le
» ton de maître ; mais tu devras lui en tenir
» compte ; c'est un motif de plus à ta reconnois-
» sance ».

Vous avez vu, Madame, que c'étoit dans ce genre, que Mad. de Maintenon écrivoit autrefois à Mad. la Duchesse de Bourgogne ; c'est en profitant de ces sages avis, qu'elle entretenoit les tendres sentimens que son mari avoit pour elle. C'étoit aussi la route que Mad. la Marquise de Lambert avoit indiquée à sa fille : joignez à leurs maximes, celles de Madame de Ferval, & vous aurez un traité complet sur cette matiere intéressante.

Mademoiselle de Ferval, devenue Comtesse de Roselle, étend ses soins bienfaisans jusques sur Léonor : elle lui propose une retraite honnête dans un Couvent à Nancy. Mais (lui écrit-elle) si vous sentez des dégoûts insurmontables pour ce genre de vie, pour lequel il faut des graces particulieres que le Ciel n'accorde pas toujours, je ne vous forcerai point à prendre ce parti, en vous menaçant de ne rien faire pour vous. J'aurai soin de votre retour à Paris, & de vous y procurer des secours. Léonor, pénétrée des bontés de la Comtesse de Roselle, change de conduite, & accepte ses bienfaits.

Ces lettres, comme Ouvrage moral, me paroissent excellentes. On y voit le triomphe de la vertu sur le vice. L'instruction est amenée avec goût, & cachée sous les graces de la simplicité. Comme production littéraire, ce Roman ne mérite pas moins d'éloges. Il y a de l'intérêt, des situations, du sentiment, du pathétique.

Je ne sçais, Madame, si je vous ai dit que l'Auteur des *Lettres du Marquis de Roselle*, Madame Elie de Beaumont, est la femme d'un Avocat au Parlement de Paris, de ce nom, estimé dans son ordre, & connu dans le monde par plusieurs Memoires intéressans & bien écrits, & spécialement par la défense qu'il a prise, ainsi que M. de Voltaire, de la malheureuse famille des Calas.

Je suis, &c.

LETTRE XIII.

LE succès de quelques Ouvrages de Féerie, composés par Madame Marie-Antoinette Fagnan, sembloit annoncer une suite nombreuse de plusieurs autres écrits de ce genre. Son silence, depuis près de quinze ans, doit étonner ceux qui ont lû ses premieres productions : elle n'a fait, pour ainsi dire, que se montrer dans la carriere du bel-esprit; & elle s'est précisément arrêtée dans le moment, où elle paroissoit avoir le plus grand desir de s'y distinguer. Son indifférence actuelle pour cette sorte de gloire, la laisse aujourd'hui dans la classe de ces femmes ordinaires, dont l'existence n'est guères connue, que des gens de leur société.

Madame Marie Fagnan.

On m'a dit que le mari de Madame Fagnan étoit employé dans quelque bureau : c'est tout ce que j'ai pu apprendre de l'état d'une femme, qui paroît préférer une douce obscurité, à la célébrité littéraire, à laquelle elle devoit se flatter de pouvoir parvenir.

Il y a environ dix-huit ans, qu'elle publia une Brochure, sous le titre de *Kanor*, *Conte sauvage*, où elle se proposoit de donner du jour à une vérité morale, qui est, que le véritable amour fait des prodiges. Il n'est, en effet, question dans ce Roman, que d'un miracle de l'amour, opéré par la main des fées, à qui tout est possible.

Kanor.

L'Auteur place, sur les bords de la riviere des Amazones, deux nations de sauvages gouvernées, l'une par Kanor, l'autre par Alzopha. Les deux peuples, quoique voisins, vivoient en bonne intelligence. Un jour que les Princes avoient donné une fête, Kanor proposa une promenade sur mer : on tendit les filets ; on les retira de part & d'autre remplis d'huitres. La seule différence, fut, que les huitres prises par les gens d'Alzopha, étoient toutes fort petites, & celles de Kanor très-grandes. Les deux Rois & leur Cour en mangerent le soir à souper. Alzopha & la Reine Brazile, qui couchoient ensemble, furent effrayés le lendemain, à leur réveil, de se trouver réciproquement imperceptibles. Le Roi ne sçavoit que penser de l'extrême petitesse survenue, en une nuit, à la Reine, qui, de son côté, après s'être convaincue du malheur arrivé au Roi, ne pouvoit se consoler de le voir réduit à rien. Ils n'avoient tous deux, que six pouces ; pas une ligne avec. Leurs Majestés n'oserent appeller un seul de leurs Officiers, tant elles étoient confuses de leur métamorphose. Ce qui se passoit dans le cœur du Roi, occupoit toute sa Cour, qui étoit réduite au même point de petitesse. Chacun s'en désoloit, & n'osoit se montrer. Irou & Alacen étoient les seuls qui n'eussent point mangé de ces huitres fatales ; parce qu'ils ne vivoient que de lait, pour recouvrer un bon tempérament qu'ils n'avoient jamais eu.

Ces deux courtisans voyant qu'il étoit midi, & que le Roi ne paroissoit pas, prirent sur eux d'entrer dans sa chambre : Alzopha leur cria d'appeller tout son monde : son appartement fut bientôt plein d'avortons & de pigmées. Comme le maléfice étoit dans les huitres, il fut décidé, pour l'honneur du Prince, & pour le maintien de l'autorité, d'en faire avaler à tous les sujets ; ce qui fut exécuté, & ce qui mit le Royaume à l'uniffon. Irou & Alacen en mangerent de bonne grace. Une vieille coquette, qui avoit des droits fur la taille d'Alacen, fut défefpérée, qu'on l'eût fi étrangement rapetiffé. On changea les meubles, les équipages, les habits; & on les proportionna à l'état où l'on fe trouvoit.

Les fujets de Kanor, qui avoient mangé de grandes huitres, avoient des embarras tout oppofés: ils étoient prodigieufement grandis. Tel étoit entré la veille par une porte, qui ne pouvoit plus fortir, & fe trouvoit prifonnier. Les deux Souverains, intéreffés à éclaircir d'où venoit leur calamité, affemblerent les Politiques, les Docteurs & les Savans des deux Nations, qui conclurent, après beaucoup de recherches & d'explications, que c'étoit un tour de fées. On confulta une vieille forciere, qui, d'une voix caffée, prononça cet oracle :

 Quand Kanoris, pour Alzophages,
  Brûleront de feux ardens,
 Amour grandira les petits corfages ;
  Il apetiffera les grands.

Kanor & Alzopha s'imaginerent qu'il ne s'agiffoit que de mêler les deux peuples. Alzopha maria quelques-uns de fes mirmidons avec de grandes Kanoris. Quelques femmes de fix pouces eurent auffi le courage d'époufer des hommes de huit pieds. Les petites femmes furent long-tems ftériles ; s'ennuyerent de l'être ; firent de petits hommes, que les grands maris ne vouluyent point reconnoître, tant ils avoient la mine d'avoir des peres de fix pouces. Les petits Alfophages ne fe trouvoient pas mieux des grandes Kanoris; ils en difoient des chofes étonnantes : cela faifoit les plus mauvais ménages du monde. On retourna à la Sibille, qui dit : qu'il ne falloit pas s'attendre que l'hymen fît des miracles réfervés, par tout pays, à l'amour feul; que les naines euffent à fe faire aimer, & les nains à plaire; qu'ils s'uniffent enfuite, & qu'on verroit des merveilles; mais que cela devoit commencer par un Prince & par une Princeffe des deux nations. Malheureufement, pendant plufieurs fiécles, il ne naquit dans les deux familles Royales, que des garçons. Enfin, fous le regne d'un Alzopha, vingt ou trentieme du nom, la Reine Bilbaa mit au monde une fille, à qui l'on donna le nom de Babillon, c'eft-à-dire, belle par excellence. Le jour même qu'elle naquit, la Reine des Kanoris accoucha de deux Princes. Une fée infpira à l'aîné, que l'on nommoit Aazul, l'averfion la plus forte pour les petites femmes. Elle obtint du deftin, que l'efprit & les talens de Zaaf, qui étoit le cadet, ne fe développeroient pas avant l'âge de vingt ans. Ces Princes furent élevés avec un foin extrême : Aazul réuffiffoit en tout, de façon à paffer les efpérances les plus exagérées. On auroit dit d'un particulier, qu'il promettoit beaucoup; mais d'un Prince, l'expreffion eft trop foible. On crie d'abord au miracle, fauf à fe dédire dans la fuite. Pour Zaaf, il étoit, en apparence, incapable d'agir & de penfer. Les courtifans, bien perfuadés qu'il étoit d'une ftupidité incurable, fe contentoient de dire qu'il étoit un peu tardif : ils penfoient jufte, fans le favoir. Lorfque la Princeffe fut entrée dans fa quinzieme année, on la préfenta aux Princes : Aazul la regarda d'un air diftrait

trait & avantageux ; lui fit des complimens de la façon du monde la moins obligeante. Il eut beaucoup de cet esprit, qui ne plaît point. Zaaf ne dit mot ; mais il regarda toujours Babillon avec une attention & un étonnement, qu'elle prit pour de l'admiration. Son silence lui parut un respect timide : pour la premiere fois de sa vie, il réussit mieux que son frere, sans parler, & plut davantage. Il se fit en lui un premier développement. Dès le lendemain, quelque chose de plus noble & de plus décidé parut briller dans ses yeux : la Princesse le remarqua, & s'en applaudit, comme de son ouvrage : elle en devint de son côté plus belle & plus intéressante. Dans un concert, elle chanta un récit fort tendre, où elle exprima, avec passion, un *je vous aime*, en regardant tendrement le Prince Zaaf. Il en fut pénétré au point, qu'il se fit en lui un second développement. Il n'avoit pu joindre ensemble deux notes en dix ans de leçons ; il retint ce *je vous aime* admirablement bien, & le chanta juste. Enfin une fée, qui vouloit favoriser leurs amours, métamorphosée en un barbet, que montoit Babillon pour une course de bague, enleva cette Princesse, & s'enfonça dans une épaisse forêt, pleine de bêtes sauvages. Zaaf, sans consulter d'autre mouvement que celui de son cœur, s'élança comme un éclair à la suite du barbet. Il étoit à pied ; mais l'amour & de grandes jambes vont bien vîte. Il atteignit sa maîtresse ; ils resterent quelques jours ensemble dans cette forêt : ils soupirerent d'amour, & de joie de se retrouver. C'étoit précisément de la répétition de ces soupirs mêlés & confondus, que dépendoit le développement entier de l'esprit du Prince, la diminution de sa taille, & l'accroissement de celle de la Princesse. A chaque soupir, elle grandissoit à vûe d'œil; & Zaaf rapetissoit. Ils se souvinrent qu'ils pouvoient se marier: la foi fut à l'instant jurée, & le mariage consommé. Babillon grandit à un point de perfection, qui ne laissoit rien à desirer; & Zaaf perdit aussi sa taille gigantesque. Contens l'un de l'autre, ils reprirent le chemin de leurs Etats. Une vieille fée, éprise d'une belle passion pour le Prince Aazul, l'enleva; & comme il ne voulut jamais répondre aux avances de la fée, elle le métamorphosa en petit nain contrefait. Alzopha mourut de vieillesse; Kanor, de chagrin de l'enchantement de son aîné. Zaaf, sous le nom de Kanor, réunit les deux Royaumes, & ne fit qu'une seule nation des deux peuples, qui songerent à se procurer le sort de leurs Souverains, par le même moyen qu'ils avoient employé, & qui leur avoit réussi; c'est-à-dire, par un amour mutuel & sincere; ce qui mit les belles passions, la fidélité, la constance à la mode.

Il se trouve dans cet Ouvrage des détails agréables, des réflexions justes, & des critiques ingénieuses de quelques-uns de nos usages.

Miroir des Princesses Orientales. Voici donc encore de la Féerie. L'Enchanteur Mirzaf ébloui de la beauté de Narlée, fille du Roi de Perse, lui offrit son cœur, ses trésors, ses secrets & sa main. Il étoit d'une figure peu agréable; & la Princesse aimoit Caroës, Prince charmant, dont elle étoit aimée, & qui devint son époux. L'Enchanteur fut donc mal reçu; il résolut d'en tirer vengeance: il fit placer adroitement sur la toilette de Narlée, un miroir magique, qui lui faisoit lire dans le cœur, & pénétrer les sentimens les plus cachés de ceux qu'elle y appercevoit. Cette glace miraculeuse n'avoit la vertu de dévoiler l'intérieur, que pour les yeux de la Princesse. Après avoir passé d'âge en âge, & de toilette en toilette, à toutes les Princesses descendantes de Narlée, elle ne devoit se briser, que dans les mains de celle qui y verroit, pendant le cours d'une année, son amant également constant ; ou son époux également fidele. Narlée, ainsi que toute sa Cour, ignoroit l'effet de ce dangereux présent ; cependant il opéroit des merveilles chaque fois que la Princesse avoit occasion d'appercevoir quelqu'un dans son miroir. Le passé, le présent, un peu de l'avenir, & les plus secrets replis du cœur lui étoient développés. Une propriété aussi singuliere devoit produire les découvertes les plus piquantes; l'Auteur n'a pas sçu profiter de tout cet avantage, comme vous le verrez par la suite des événemens.

Le Prince Coroès aimoit toujours Narlée, & le terme d'une année, marqué par l'Enchanteur, étoit presque révolu, sans qu'il eut cessé d'être fidele; encore quelques jours, & le miroir se fût rompu. Mais Zama parut à la Cour; elle possédoit tous les charmes réunis; elle étoit de plus, parente de Narlée & son amie intime. Un jour qu'elles s'entretenoient ensemble devant la glace indiscrette, Coroès vint les surprendre; & elles l'apperçurent toutes deux en même-tems. Quel spectacle affreux pour la malheureuse Narlée ! Elle vit, en ce moment, le cœur de son époux occupé d'une passion nouvelle, & celui de son amie, qui commençoit à ressentir les mêmes feux. Un prompt évanouissement lui ôta toute connoissance; elle ne revint à elle, que pour se livrer aux plus cruelles réflexions. Ce fut dans ces circonstances, qu'elle mit au monde une Princesse qui fut nommée Théazir. La naissance de l'enfant ne consola pas la mere de la perte du cœur de son mari ; elle tomba dans une langueur qui, en peu de jours, la conduisit au tombeau. Tel fut le premier effet du miroir magique, que vous allez revoir sur la toilette de Théazir.

Cette Princesse fut élevée avec beaucoup de soin. On lui prodigua cette intempérance d'attention, qui bien souvent gâte un éleve. Heureusement Théazir n'en abusa point. Elle soutint la surcharge des leçons ; & à l'âge de quinze ans, on n'eut plus rien à lui apprendre. Elle étoit si belle, que lorsqu'elle eut atteint sa dixieme année, on n'y tenoit déjà plus ; toutes les femmes de la Cour en étoient consternées. La jeune Théazir s'arrangeoit en conséquence ; & elle avoit soin de paroître toujours plus aimable aux yeux de celles qui souhaitoient davantage qu'elle le fût moins. Cette malice causoit des révolutions terribles dans la santé de la plûpart de ces femmes ; mais quand les choses alloient trop loin, la Princesse faisoit dire aux unes, que ses yeux étoient battus, aux autres que son teint étoit terni ; & ces pauvres malades revenoient à vue d'œil.

Quand Théazir fut en âge d'être mariée, le Roi son pere se proposa d'attirer à sa Cour, ce qu'il y avoit de plus illustre & de plus brillant dans les Royaumes voisins ; & pour y réussir, il fit annoncer un Tournoi, où les vainqueurs seroient couronnés par les mains de la Princesse. Jusques-là, Théazir n'avoit pas encore vû le fameux miroir, parce qu'elle n'avoit point pris possession de l'appartement de la feue Reine. Son entrée dans cet appartement se fit en grande cérémonie ; elle s'assit sur son fauteuil de toilette, en présence de toutes les Dames de la Cour. A peine eut-elle jetté un coup d'œil sur la glace, qu'elle fit un éclat de rire, qui donna le ton à toute l'assemblée ; chacun, sans savoir pourquoi, se mit à rire à gorge déployée. Le sérieux revint par dégrés ; mais la Princesse continuant de rire, celles qui l'avoient imitée d'abord, se retirerent fort piquées, croyant que Théazir se moquoit d'elles. Ce qui faisoit rire la Princesse, étoit de voir les extravagances qui passoient par la tête des courtisans, les jalousies, les intrigues cachées, & les pensées les plus secrettes des femmes qui l'environnoient.

L'Auteur prend de-là occasion de faire quelques portraits, auxquels je pense que vous ne prendriez pas un grand intérêt, non plus qu'à la longue description de la Fête superbe, que le Roi de Perse donna à sa fille. La richesse des habits, la magnificence des équipages, l'adresse des combattans y sont exposées dans le plus grand détail. Estereza, Prince de Palmyre, fut vainqueur dans le Tournoi. Ce Prince victorieux fut couronné de la main de Théazir ; il étoit destiné à devenir son époux. Le mariage fut célébré avec de grandes cérémonies ; mais Théazir ne tarda pas à s'appercevoir qu'une autre possédoit le cœur de son époux. Il est vrai qu'Estereza aimoit une cruelle qui refusoit constamment de le rendre heureux, &, qu'aux sentimens près, il ne laissoit rien à désirer à la Princesse Théazir; on prit donc le parti de donner nombre de Princes & de Princesses à l'Etat ; sa situation n'étoit pas la plus triste. Après elle, le miroir enchanté passa successivement sur la toilette d'une suite nombreuse de Princesses de son sang ; & il ne se brisa dans les mains d'aucune. Cet honneur étoit réservé à la Princesse Amasie, dont l'histoire forme la seconde partie de ce Roman.

Amasie étoit encore dans la premiere enfance, lorsqu'elle perdit son pere & sa mere ; la régence du Royaume fut déférée à son oncle Krantor. Le moyen qui lui parut le plus propre pour donner une bonne éducation à sa niéce, fut de ne laisser auprès d'elle, que les femmes absolument nécessaires pour son service ; encore exigea-t-il qu'elles gardassent un silence rigoureux. Mais pour ne point leur imposer une condition impossible, il imagina l'expédient de les choisir muettes. La société d'Amasie n'étoit composée que de ce qu'il y avoit en Perse de plus savant & de plus vertueux.

Amasie avoit des connoissances si étendues, que la vue du miroir n'apporta aucun changement sensible dans ses idées. Il est vrai que ce Censeur impitoyable trouvoit peu d'occasions de parler à la Princesse ; » elle n'avoit aucun goût
» pour ces conversations délicieuses, qui se re-
» pétent tous les jours entre une glace & chaque
» trait du visage. En un instant tout étoit dit
» entre elle & son miroir ; & peu de personnes
» étoient exposées aux traits de ce dénonciateur
» terrible ». La premiere nouvelle qu'il lui apprit, intéressoit Nerika, l'une des plus jolies femmes de la Cour. Elle avoit perdu au jeu dix mille piéces d'or ; & ses diamans étoient en gage pour satisfaire à cette dette. Un Financier, vieux libertin, instruit de son embarras, avoit offert la même somme à des conditions que Nerika

étoit près d'accepter. On s'etoit déjà donné un rendez-vous dans un bosquet ; & la vertu de Nérika alloit succomber sous le poids de l'or, quand Amasie lui envoya la somme nécessaire pour dégager ses pierreries. Tel étoit l'usage que la Princesse faisoit des confidences de son miroir; il ne lui parloit jamais de personne, qu'il ne lui donnât lieu d'exercer quelques vertus.

Amasie étoit en âge de choisir un époux ; & Krantor désiroit secretement qu'elle pût se décider pour un des fils d'un Prince voisin, son ancien ami. L'aîné se nommoit Thaamar ; c'étoit un guerrier intrépide, & rien de plus. Le cadet, appellé Zoophir, étoit un sage & un philosophe. Thaamar parut d'abord le plus aimable aux yeux de la Princesse; mais au moment où Amasie commençoit à prendre confiance aux discours séduisans de ce Prince, elle vit dans la glace, qu'il venoit de faire les mêmes protestations de tendresse à deux des plus jolies femmes de la Cour.

Zoophir avoit d'abord été trouvé moins aimable que son frere ; mais le miroir véridique qui mit toutes ses belles qualités à découvert, & surtout son amour extrême pour Amasie, lui méritèrent le cœur, la main & la Couronne de cette Princesse.

Zoophir l'aima avec une ardeur qui ne se démentit jamais. L'année qui devoit décider du sort de la glace étant révolue, & le Prince ayant fourni glorieusement sa carriere de fidélité bien complette, le miroir se cassa, se pulvérisa, se fondit, s'anéantit. On vit alors paroître, avec beaucoup d'éclat, l'enchanteur Mirzaf qui donna de grands éloges à la constance de Zoophir, assura qu'elle étoit à l'épreuve de tous les miroirs magiques, & capable de les casser par douzaine. Tel est, Madame, le fond de ce Roman. L'idée de consulter une glace pour lire au fond des cœurs, n'est pas nouvelle. Elle rentre dans celle du Miroir magique, Opéra Comique de le Sage, que vous avez vû représenter à la Foire.

Minet bleu & Louvette. Pour ne vous rien laisser ignorer, Madame, de tout ce qu'a écrit Madame Fagnan, je dirai deux mots d'une bagatelle qu'elle publia dans le Mercure de France, il y a quelques années, sous le titre de *Minet-Bleu & Louvette*. La Fée Louvette étoit, cinq jours de chaque semaine, une petite personne fort laide; les deux autres jours, elle étoit d'une taille majestueuse, & d'une beauté ravissante: ce n'est pas tout perdre, que d'avoir deux jours par semaine, lorsqu'on peut en tirer parti: mais un inconvénient lui rendoit cet avantage inutile; c'est qu'en changeant de figure, elle changeoit d'ame, de caractere, de sentimens. Les cinq jours de laideur, elle étoit tendre, bonne, douce, passionnée, aimable autant qu'on peut l'être avec une figure qui déplait. Elle n'épargnoit rien pour trouver quelqu'un capable de s'attacher au mérite, sans faire attention aux agrémens extérieurs. Elle ne devoit recouvrer sa beauté, que lorsqu'elle se feroit aimer dans sa laideur. J'ai dit que Louvette changeoit de caractere deux jours par semaine; en devenant belle, elle devenoit sotte, fiere, dédaigneuse, insoutenable. Elle ne pouvoit faire connoître qu'elle étoit la même personne, sous deux formes si différentes; c'étoit une des conditions de sa métamorphose, & du retour à son premier état. Louvette avoit donc le chagrin de se voir, pendant cinq jours, le jouet

& le rebut des amans, qui avoient, pendant deux autres jours, une disposition à l'adorer, qu'elle rendoit inutile par son caractere.

Tel étoit son état, lorsque le destin lui offrit le Prince Minet-Bleu, aussi maltraité qu'elle, & par les mêmes raisons. Toute la différence, c'est que Minet-Bleu fut condamné pour deux jours seulement, chaque semaine, à une laideur accompagnée de tout le mérite de l'esprit & du cœur, & conserva, les cinq autres jours, sa premiere beauté, dépourvue de tout ce qui pouvoit la mettre en valeur. Ses deux jours de laideur & de sensibilité étoient précisément les mêmes, où Louvette étoit belle & indifférente ; & les cinq jours où elle étoit laide & sensible, étoient ceux où le Prince jouissoit de tous les charmes de sa figure, belle, mais froide & inanimée. C'étoit dans ce dernier état, qu'il devoit se faire aimer, pour en sortir.

» Le Prince, dans ses jours de laideur, de- » vint éperdument amoureux de Louvette, qui » étoit justement alors dans ses deux jours de » beauté : il en fut reçu avec le mépris dont » elle étoit capable ; mais aussi ces deux jours » passés, le Prince prenoit sa revanche. La pau- » vre Louvette rentroit dans son tems de lai- » deur ; & le beau Minet-bleu reprenoit ses gra- » ces & ses dédains avec sa belle figure. «

Un jour qu'il promenoit son indifférence & ses charmes dans un bois voisin, il fut assailli par une troupe de brigands, dont l'un lui perça la main d'un coup de fléche. Le fer étoit empoisonné ; & le Chirurgien, qui visita la plaie, dit qu'il n'y avoit point d'autre remede, que de trouver promptement quelqu'un, dont la bouche fit sortir le venin de la plaie, en tirant le sang. Louvette fondant en larmes, s'empara de la main de son amant; & quelqu'effort qu'il fit pour la retirer, elle ne la quitta point, qu'elle n'eût fait sortir tout le poison.

» Y eût-il jamais de la laideur, où il y a de
» l'ame, du sentiment, de la véritable tendres-
» se? Non, sans doute; aussi Louvette, en cet
» état, devoit paroitre bien belle à son amant:
» elle l'étoit en effet: quand nous faisons une
» belle action, nous n'avons pas notre figure
» ordinaire. L'estime, la pitié, la reconnoissan-
» ce entrerent en ce moment dans l'ame du
» Prince, pour n'en jamais sortir; il vit Lou-
» vette avec d'autres yeux; &, à compter de
» cet instant, elle ne fut plus la même. « Elle perdit sa difformité, & reprit ses premiers charmes; & à mesure qu'elle les reprit, il s'y attacha davantage: en peu de temps elle devint la plus belle des Fées, & lui le plus tendre des Princes. Il devint aussi le plus beau dans ses jours critiques, à proportion que Louvette devenoit plus aimable & plus tendre. Les choses furent conduites, de part & d'autre, à un tel dégré de perfection, qu'ils se reconnurent pour être les mêmes qui s'étoient causés tant de maux sous cette double forme. Chacun les reconnut aussi, en disant qu'il s'en étoit bien douté, quoique personne n'y eût pensé. Vous devinez, Madame, la suite du prodige; c'est l'union des deux amans.

Je suis, &c.

LETTRE XIV.

UN Journaliste qui a fait l'analyse du premier Ouvrage de Mademoiselle *Fauk*, ou *Fauques*, nous apprend qu'elle est née dans le Comtat d'Avignon ; qu'elle a porté dix ans le voile de Religieuse ; & qu'après avoir prouvé la nullité de ses vœux, elle est rentrée dans le monde, & est venue demeurer à Paris, où elle a publié plusieurs Romans. Je la crois actuellement en Angleterre ; & c'est, Madame, tout ce que j'ai pu apprendre de sa personne. A l'égard de ses écrits, & principalement du premier, intitulé le *Triomphe de l'amitié*, qu'elle donna au sortir de son Couvent, je dirai avec le même Journaliste, que si l'on n'y trouve ni peinture du monde, ni description de nos mœurs, ni aucun caractere, aucun portrait, où nous puissions nous reconnoître, il ne faut pas s'en étonner ; l'Auteur, Ex-Religieuse, ne faisoit que de quitter le voile ; & l'on sait que les idées qu'on a du monde sont bien imparfaites, lorsqu'on ne l'a vu qu'au travers d'une grille. Aussi ce n'est ni à Paris, ni dans aucune autre Ville de France, que Mademoiselle Fauques fait paroître ses héros. Elle transporte ses Acteurs au milieu de la Grece ; & pour s'éloigner toujours plus de nous, & de nos mœurs, qu'elle devoit moins connoître que celles des anciens, dont sans doute, elle avoit fait, dans les livres, une étude particuliere pendant sa retraite, elle remonte jusqu'aux tems les plus reculés du Paganisme.

Mlle Fauques.

La superstition des peuples idolâtres, la situation de la Gréce, la multitude d'Iles dont ce pays est composé, les naufrages qui ont rendu fameuses les mers qui les environnent, tout cela donne lieu, dans ce Roman, à des aventures extraordinaires, à des événemens compliqués, à des situations imprévues, à des reconnoissances fréquentes.

Le Triomphe de l'Amitié.

Cloé & *Ismene* sont les deux Héroïnes, en qui l'amitié triomphe du pouvoir de l'amour. » Elles
» étoient belles toutes les deux ; Cloé étoit plus
» vive, plus séduisante ; Ismene plus touchante,
» plus tendre. Les yeux de Cloé portoient le
» trouble & l'ardeur dans une ame ; ceux d'Is-
» mene inspiroient le plaisir & la volupté. Elles
» avoient cet air fin & noble, ces graces qui em-
» bélissent. Leur esprit égaloit leur beauté ; il lui
» ressembloit ; celui de Cloé étoit vif, hardi ; ce-
» lui d'Ismene, doux & timide. Mais la nature,
» en formant leurs cœurs, s'étoit surpassée elle-
» même ; elle les fit sinceres, tendres, géné-
» reux & constans. Jamais Cloé & Ismene ne
» connurent l'art trompeur qu'on appelle dissi-
» mulation; elles ne se livroient cependant point
» à l'imprudence. La franchise étoit sur leurs lé-
» vres pour tout le monde; & lorsqu'elles étoient
» seules, la confiance dictoit leurs discours. L'in-
» térêt de leurs charmes ne les divisa point ; cha-
» cune d'elles n'étoit flattée que des louanges que
» l'on donnoit à son amie ; enfin leur amitié
» triompha même de l'amour ».

Ces deux amies étoient d'Athènes ; elles avoient le même amant dans la personne d'*Agenor* ; elles l'aimoient toutes deux de l'amour le plus tendre ; mais Agenor ne brûloit que pour

Ismene. Cloé consulta l'Oracle de Vénus sur sa malheureuse passion pour l'amant ingrat qu'elle adoroit. La Déesse lui ordonna d'aller à Paphos, & d'y offrir un sacrifice à son fils. Cloé obéit ; & ce voyage la sépara de sa chere Ismene, son amie & sa rivale. Celle-ci alloit souvent sur le bord de la mer, rêver à sa chere Cloé; des Corsaires la surprirent & l'enleverent. Agenor la vit & alloit la défendre; mais au lieu de combattre ses ravisseurs, il se livra à eux, & en reçut des fers pour soulager ceux de son amante. Il persuada aux Pirates qu'il étoit son frere ; & on leur laissa la liberté de se voir seuls. Une tempête vint troubler leurs plaisirs ; & un naufrage suivit de près la tempête. Un rocher se trouva là fort à propos, & près de ce rocher une montagne très-fertile. Dieu! quel fut leur étonnement d'y voir Cloé ! Le lecteur lui-même en est surpris ; il la croit à Paphos, occupée à faire un sacrifice au fils de Vénus : par quelle aventure se trouve-t-elle sur cette montagne ? C'est ce qu'il faut dire actuellement, & exposer ce qui lui arriva à son départ d'Athènes.

Un jeune homme, nommé *Arsès*, avoit conçu pour elle l'amour le plus violent ; il avoit reconnu qu'elle brûloit pour Agenor ; le chagrin qu'il en a, le jette dans une langueur qui fait craindre pour ses jours. *Borane*, pere d'Arsès, pour conserver son fils, forme le dessein d'enlever Cloé ; & le voyage qu'elle doit faire à Paphos, lui en facilite l'exécution. Il gagne les gens du vaisseau où elle étoit, & trouve le moyen de la faire entrer dans le sien, sans qu'elle se doute presque d'aucune trahison. Arsès lui-même ignore ce qui se passe ; mais il est indigné, quand il apprend le procédé de son pere. Il préfere la mort mille fois à la main de Cloé, si elle n'est point accompagnée du don de son cœur. En amant généreux, il n'est occupé que des moyens de la remmener dans sa patrie, & de la rendre, s'il est possible, à son cher Agenor. Cependant le vaisseau de Borane arrive à *Ogyris*, Isle de Perse, où le rang & les richesses d'Arsès ne doivent rien laisser à desirer à son amante. Son séjour dans cette Isle, donne lieu à plusieurs épisodes que je supprime, pour ne pas perdre de vue plus long-tems Agenor & Ismene, que Cloé doit bientôt rejoindre.

Il falloit tromper Borane, & ne lui laisser aucun soupçon sur la fuite que l'on méditoit. On ne prend point de mesures assez justes; de nouveaux incidens font naître de nouvelles aventures, dans lesquelles le généreux Arsès donne à Cloé toutes les marques imaginables de l'amour le plus tendre, le plus délicat & le plus parfait. Cloé a pour Arsès de la reconnoissance, de l'amitié; mais elle ne sent de l'amour que pour Agenor. Cette indifférence jette son amant infortuné dans les plus grands malheurs; il est obligé de quitter sa patrie, de se sauver d'*Ogyris* avec son pere, sa mere & Cloé qu'il fait embarquer avec lui, pour la reconduire dans la Gréce. Borane & *Marthesic*, (c'est le nom de la mere d'Arsès) meurent avant que d'y arriver; & lui-même est jetté, avec son amante, sur le rocher, auprès duquel Agenor & Ismene viennent de faire naufrage.

Ce lieu peut être regardé comme le rendez-vous général, où se réunissent tous les personnages de ce Roman; c'est la scène, sur laquelle chacun joue son rôle, ou en action ou en récit. Comme

c'est un endroit que nous ne devons pas quitter
sitôt, il convient de le faire connoître. » Une
» montagne très fertile y offre une petite plai-
» ne entourée d'une palissade d'arbres épais ;
» une source d'eau vive & pure, la fraîcheur,
» le verd éclatant de l'herbe, le coloris des
» fleurs & des fruits ; tout embélit ce charmant
» séjour. Il y a une Grotte que la nature semble
» avoir formée ; elle peut être l'ouvrage de l'art
» le plus parfait. Elle est creusée dans le rocher ;
» une espece de dôme la couvre, & forme une
» ouverture qui donne un jour d'autant plus
» agréable, qu'il est moins vif : une mousse
» verte la tapisse ; un gazon parsemé de fleurs y
» sert de siége ».

Tel est le séjour enchanté, où Cloé revit sa
chere Ismene & l'ingrat Agenor ; nous avons vû
qu'elle y étoit arrivée avant eux ; qu'y fit-elle depuis le moment qu'elle y aborda avec Arsès, jusqu'à celui où elle rejoignit son amie & son amant ?

La vûe d'une Isle inconnue, & habitée peut-
être par des barbares, lui cause d'abord une inquiétude affreuse, que le tendre Arsès partage
avec elle ; mais cet embarras ne dure pas : ils
voyent venir à eux une femme d'une beauté
éblouissante, qu'ils prennent pour une Déesse.
» Je suis mortelle comme vous, leur dit-elle :
» suivez-moi ; cette maison, que vous voyez,
» m'appartient ; vous y serez en sûreté ; & vous
» apprendrez les dangers dont je vous déli-
» vre.... Les habitans de cette Isle ont la cou-
» tume barbare de sacrifier aux Dieux tous ceux
» qui sont jettés sur leurs bords, soit par la tem-
» pête, soit par quelqu'autre accident malheu-
» reux. Ils s'imaginent que ce sont des coupa-

» bles, que le Ciel pourſuit, & qu'il faut les
» rendre à ſa vengeance, & en être les miniſ-
» tres..... Mon cœur eſt ouvert à la pitié pour
» tous les malheureux; je ne cherche qu'à les
» ſecourir; c'eſt à ce deſſein, que j'ai fait bâtir
» cette maiſon au bord de la mer. J'ai acquis
» l'eſtime des habitans de l'Iſle; mais ils ne m'é-
» pargneroient point, s'ils ſçavoient que je ne
» penſe pas comme eux. «

Ainſi parla Mirril; c'eſt le nom de cette femme, qui va jouer déſormais un des premiers rôles du Roman. Elle permet à Cloé & à Arſès de reſter avec elle, juſqu'à ce qu'ils puiſſent profiter de l'occaſion favorable de s'embarquer dans quelque vaiſſeau, qui viendra aborder à cette Iſle; elle ne tarde point à ſe préſenter. On voit arriver un navire, qui s'en retourne en Grece. Arſès va dans la Ville voiſine, pour parler au Capitaine : Arſès ne revenant point, Mirril va voir ce qui peut lui être arrivé : elle eſt elle-même deux jours ſans paroître; & c'eſt pendant ſon abſence, qu'Iſmene & Agenor arrivent ſur cette montagne, & ſont reconnus par Cloé. On apprend bientôt, de la bouche de Mirril, le triſte ſort d'Arſès, qu'on croit mort; mais qui ſe retrouve vivant, dans la ſuite, par d'autres avantures, qui forment, dans cet Ouvrage, encore d'autres épiſodes.

La ſeconde partie de ce Roman, commence par l'hiſtoire de Mirril. Je n'en ferai point le précis; il ſuffit que vous ſçachiez qu'elle donne lieu à des reconnoiſſances les plus touchantes. Qui le croiroit? Cette femme vertueuſe eſt la mere d'Agenor; Agenor eſt le fils de Mirril. Cependant deux choſes les empêchent de ſe livrer à toute leur

joie;

joie; la perte d'Arsès & l'amour de Cloé pour Agenor, qu'Ismene ne veut point épouser, tant que cette passion subsistera dans le cœur de son amie. Cloé ne lui cede point en générosité; & pour finir sa peine, & rendre sa rivale heureuse, elle se dérobe aux yeux d'Ismene, & court à la Ville, où elle espere de rencontrer une mort assurée. Ismene avoit pris la même résolution; elle alloit pour l'exécuter, lorsque son frere, qui la cherchoit depuis long-tems, la trouve enfin dans cette Isle, & l'empêche de suivre son projet. Agenor avoit appris son dessein & celui de Cloé; & dans son désespoir, il vole pour leur sauver la vie, aux dépens de la sienne; mais ils sont assez heureux tous trois, pour ne point mourir.

Des évenemens fort extraordinaires conduisent enfin Mirril, Arsès, Cloé, Ismene & Agenor dans l'Isle de Cithere, où ils se trouvent tous réunis.

Cependant Cloé brûle toujours pour Agenor; il faut trouver un expédient pour éteindre cette flamme, embraser son cœur pour Arsès, & rendre ainsi tout le monde content. Voici celui que l'Auteur imagine : Mlle Fauques fait faire un miracle à l'Amour. » Ce Dieu qui vouloit ré-
» compenser la fidélité d'Arsès, opere, dans le
» cœur de Cloé, un de ces changemens extraor-
» dinaires, qui font éclater sa puissance.......
» La reconnoissance & l'amour vous livrent mon
» cœur, dit-elle à Arsès; il voudroit n'avoir
» brûlé que pour vous : que ne dois-je pas à
» votre vertu, à votre générosité & à votre cons-
» tance? En faisant votre bonheur & le mien,
» j'assure celui d'Ismene. Recevez ma main;

» je la donne à l'amant le plus fidele & le plus
» aimable. «

Le plus difficile est fait, Madame; & pour finir ce Roman, il n'y a plus qu'à unir Ismene avec Agenor : c'est ce qui ne tarde pas à s'exécuter ; & ces tendres amis se promettent mutuellement de ne jamais se séparer.

Voici quelques-unes des pensées, dont cet Ouvrage est enrichi.

» Lorsque l'on est plus près d'un bien long-
» tems attendu, les desirs se réveillent ; l'ame
» s'agite ; & son agitation ajoute à la mesure du
» tems.

» Les peines que cause l'amour, l'emportent
» sur toutes les autres ; elles en ôtent même le
» sentiment.

» On est bien raisonnable, quand on n'aime
» pas ; on sçait les moyens de rappeller la rai-
» son d'autrui.

» Il vaut mieux satisfaire à ce qu'on desi-
» re, que d'être satisfait avant que de desirer.

» La crainte change l'ame, affoiblit l'esprit ;
» elle est pourtant nécessaire : sans elle, nous
» serions tous les jours la victime des méchans.

» Auprès de ceux que les préjugés aveuglent,
» le plus grand des crimes c'est d'être éclairé.

» Nous craignons quelquefois des malheurs
» que nous n'éprouvons jamais ; & cette crainte
» en est un réel.

» Dans les combats que l'on rend contre
» l'Amour, le vainqueur paye cher sa victoire.

» Avant que les loix eussent insulté la na-
» ture, tous les cœurs étoient généreux & sen-
» sibles ; nous connoissons la cruauté & la per-
» fidie ; la nature est vengée.

» Il n'est point de divinité qui nous soit plus
» chere, que l'espérance; nos cœurs sont ses au-
» tels, & nos jours ses sacrifices.

» La voix de l'amour-propre se fait entendre
» aux foibles passions; elle les gouverne; mais
» avec les passions extrêmes, elle se tait.

» L'amour non-seulement peut tout vaincre;
» mais il peut être vainqueur de lui-même.

» Dans un péril extrême, nous nous servons
» de tout ce qui peut nous sauver. Les femmes
» employent le pouvoir de leurs attraits ; ce
» sont les armes que la nature leur a don-
» nées.

» Que nous plaçons mal le sentiment de la
» honte! La nature nous l'a donnée pour être
» vertueux; il nous rend presque toujours cri-
» minels. «

Ces pensées sont amenées d'une maniere si naturelle, qu'elles ne détournent point l'attention du Lecteur. Les épisodes ne sont point étrangers au sujet : celui de Mirril est naturellement lié avec l'histoire d'Agenor ; & les avantures d'Arsès sont nécessaires, pour donner de l'ame à tout le corps du Roman.

Quand j'ai dit, au commencement de cet article, que ce n'est point à Paris que Mademoiselle Fauques fait paroître ses héros, je parlois de cette Ville, telle qu'elle est aujourd'hui, & non pas telle qu'elle étoit lorsque Mirril vint y faire un voyage. Les mœurs alors étoient bien différentes ; & il n'y a personne qui puisse contredire l'Auteur, sur les peintures qu'il fait des Gaulois qui habitoient l'ancienne Lutece.

Il me reste à dire un mot sur le titre de l'Ouvrage, *le Triomphe de l'Amitié.* Ne pourroit-on pas l'appeller, au contraire, *le Triomphe de l'Amour ?* Tant que ce Dieu a régné dans le cœur de Cloé, son amitié pour Ismene étoit foible ; & elle n'a consenti à céder son amant à sa rivale, que lorsque l'amour a changé son cœur par un prodige, dont l'amitié n'étoit, sans doute, pas capable. Quoi qu'il en soit, ce combat continuel, qu'éprouvent ces deux femmes, fait naître une infinité de situations intéressantes.

Je suis, &c.

LETTRE XV.

MADEMOISELLE Fauques ne s'est point reposée sur les lauriers, dont le Public couronna son premier essai; elle fit paroître, quelque tems après, un autre Roman intitulé, *Abbassaï, Histoire Orientale*, en trois petits volumes. Vous avez vu, Madame, qu'elle ne manque ni d'invention, ni de feu, ni de coloris; mais il ne suffit pas, pour composer un bon Roman, d'écrire avec chaleur : le Romancier, comme le Poëte dramatique, doit se soumettre aux loix de la vraisemblance : des façons de penser singulieres, des sentimens hors de la nature, des événemens extraordinaires, imprévus, mal amenés, surprennent, & ne touchent pas ; point d'intérêt sans illusion ; & point d'illusion sans vraisemblance.

Vous avez pû lire, Madame, dans le troisieme volume de *l'Histoire des Arabes*, que le Calife *Haroun* avoit une sœur appellée *Abassah*; que cette Princesse devint amoureuse de *Giaffar*, favori de Haroun; & que le Calife consentit à les unir, à condition que lorsqu'ils seroient mariés, ils n'useroient point des droits de l'hymen, & qu'ils vivroient ensemble dans la plus austere continence. Il leur signifia même qu'il les feroit mourir l'un & l'autre, s'il s'appercevoit qu'ils eussent controvenu à ses ordres. Giaffar & Abassah firent serment d'obéir, dans l'espérance que Haroun, faisant réflexion sur une défense aussi bisarre, seroit le premier à leur permettre de la transgresser : mais il fut inflexible; & les deux époux, qui s'adoroient, furent long-temps sans oser enfreindre la loi cruelle & ridicule, qui leur étoit imposée : ils succomberent enfin; Abassah eut le malheur de devenir enceinte : elle cacha son état, & accoucha secrettement d'un fils, qu'elle envoya à la Mecque. Tout fut découvert par la suite; & le barbare Haroun fit mourir sa sœur & son beaufrere. Ce trait historique est la matiere principale des trois volumes de Mademoiselle Fauques: elle y a cousu plusieurs épisodes; & ce fonds, déja romanesque par lui-même, l'est devenu bien davantage entre ses mains.

Le Calife Haroun aimoit & respectoit la Princesse Zulima, sa mere; il écoutoit & suivoit ses conseils : plaisirs, affaires, rien ne l'empêchoit d'aller très-souvent la voir dans le vieux Sérail. Il y étoit un jour, & se promenoit dans des jardins admirables, que Mahadi avoit fait planter, & que Zulima se plaisoit d'embellir. Fatigué par une chaleur excessive, Haroun entre dans une grotte, & s'endort de ce sommeil léger qui repose l'ame, sans trop offusquer les sens. Il entend un bruit sourd au fond de la grotte, & voit un Eunuque sortir par une porte, qu'on n'appercevoit point, tant elle étoit ménagée avec art. Le Calife ne fut point vu par l'Eunuque, parce qu'il étoit dans le plus obscur de la grotte; & lui-même démentoit ses yeux; il croyoit être dans l'illusion d'un songe : l'inutile recherche qu'il fit pendant quelques momens, l'en assuroit; il parcourut plusieurs fois la grotte, sans retrouver la porte fatale; il la revoit enfin; & n'ayant pu l'ouvrir, il la fait enfoncer.

Un escalier de marbre blanc, qu'une lampe

de cryſtal éclairoit, paroît alors à ſes yeux. Surpris & curieux, Haroun deſcend; il parvient à une chambre fort ornée; il voit, à la clarté de pluſieurs flambeaux, un lit dont les rideaux étoient fermés; il s'en approche; il y trouve une femme endormie; la jeuneſſe & la beauté brilloient ſur ſon viſage; &, malgré l'effroi que lui cauſa la vûe du Calife, les graces l'animerent lorſqu'elle s'éveilla : l'étonnement fixe ſes regards; le trouble, la crainte s'emparent de ſon ame; elle s'écrie enfin : » Fatime, ma chere » Fatime, ſecourez-moi. « A ces cris, accourt une autre femme. Quoiqu'un peu moins belle & moins jeune, elle fit l'admiration du Calife; des yeux pleins d'ame, une phyſionomie ſpirituelle & intéreſſante, lui donnoient des charmes, que ſouvent la beauté n'a pas. Fatime étonnée, demeura interdite en voyant le Calife; & ce Prince, non moins interdit qu'elle, ne la raſſuroit pas. » Parlez, lui dit-il enfin; eſt-ce » un preſtige qui me fait voir ici tout ce que » la nature a formé de plus beau? Dévoilez- » moi ce myſtere; vous le pouvez ſans crainte; » je ſuis le Souverain de ces lieux : qui que » vous ſoyez, je m'intéreſſe à votre ſort; il né » peut être qu'infortuné; & les malheureux ont » des droits aſſurés ſur mon cœur. «

Haroun promit de ne punir perſonne; & Fatime lui apprit qu'ayant été achetée par le Chef des Eunuques, & jugée digne d'inſpirer de l'amour au Souverain, elle lui avoit avoué qu'une paſſion malheureuſe la rendoit incapable de goûter & de faire goûter aucun plaiſir; que l'Eunuque lui ayant demandé ſi elle conſentiroit à vivre quelque tems dans un ſouterrein, à l'abri de la compagnie des hommes, avec une jeune fille, dont elle seroit la compagne & la gouvernante, elle avoit accepté cette proposition avec joie; & que depuis quatre ans, elle vivoit avec l'aimable Zesbet, loin de la lumiere & de la société. Haroun, dont la curiosité n'étoit point satisfaite par cet éclaicissement, fit sortir de la grotte Fatime & la jeune Zesbet, sa compagne: il les présenta toutes deux à la Princesse, sa mere; & fit venir le Chef des Eunuques, pour être informé par son moyen, de leur destinée; mais craignant la colere du Calife, il s'étoit empoisonné; & il expira aux pieds d'Haroun, sans avoir pu prononcer un seul mot.

Cependant le Calife avoit conçu pour la charmante Zesbet, une passion des plus violentes. Il l'avoit laissée avec Fatime, dans le vieux Sérail. La Princesse Zulima approuvoit l'amitié de ces belles personnes; elle paroissoit aimer Zesbet, & estimer Fatime; mais lorsque le Calife, son fils, étoit dans le Sérail, elle ne quittoit plus Zesbet. Haroun, enflammé par les obstacles, avoit déclaré son amour. Zesbet, sans beaucoup de passion, alloit y répondre, lorsque Zulima lui demanda & lui fit promettre, qu'elle résisteroit pendant quinze jours seulement, aux empressemens du Calife. Elle tint parole; les quinze jours étant écoulés, » Haroun, transporté » de joie, & de l'impatience d'un amant qui » touche au bonheur, en attendoit l'instant; » mais, au lieu des plaisirs qu'il espéroit, le sort » lui préparoit des malheurs, qui ne finirent » qu'avec sa vie.

» Le jour même qu'il devoit posséder Zesbet, » Zulima lui fit demander un entretien secret.

» Haroun se rend auprès de sa mere; il la trouve
» dans un accablement extrême; les yeux noyés
» de larmes, elle ordonne qu'on fasse venir Fa-
» time & Zesbet. Le Calife interdit, affligé
» de l'état où il voyoit Zulima; incertain sur
» ses projets, agité par un pressentiment funeste,
» demeuroit dans le silence. « Lorsque Fatime
& Zesbet furent arrivées, Zulima ayant fait
retirer ses esclaves, & fermer avec soin les portes de son appartement, se jette aux pieds de son
fils; elle embrasse ses genoux avec une douleur
qui l'empêchoit de parler; le Calife veut en
vain la relever. » Non, mon fils, s'écrie-t'elle
» enfin avec une voix entrecoupée par ses san-
» glots; non, mon fils, je ne vous quitterai
» point; donnez-moi la mort dans cet instant,
» ou sauvez-moi la vie, que le désespoir m'ar-
» racheroit. Surmontez un amour qui m'est
» odieux; je vous en conjure pour la derniere
» fois. Zesbet, secondez ma priere; il y va de
» tout votre bonheur.

» Ah! que demandez-vous, Madame, inter-
» rompit le Calife, en se débarrassant des bras
» de Zulima? Et pourquoi une opiniâtreté si
» cruelle? Que vous ai-je fait, pour me ren-
» dre malheureux? J'ai toujours respecté vos
» volontés; mais l'amour l'emporte; je ne puis
» vous obéir; je vous le promettrois en vain. »

» Eh bien, s'écria Zulima, en se relevant
» avec fureur, livre-toi à ton amour criminel;
» épouse ta sœur; Zesbet est ma fille: Voilà
» le funeste secret que tu m'arraches; je vou-
» lois t'épargner le poids de ma honte; j'y suc-
» combe. O Ciel! qu'elle expie mon crime! «
A ces mots, un cri de douleur & un cri de joie

se firent entendre, & se confondirent........

Je vous laisse, Madame, à démêler les mouvemens & les intérêts divers des Acteurs d'une scène si touchante ; & je passe au récit des aventures de Zulima. C'est elle-même qui va parler.
» Je reçus une éducation digne de Mansor,
» mon pere, Gouverneur de l'Iemen, dans
» l'Arabie heureuse.... J'avois quatorze ans,
» lorsque Mahadi résolut d'aller à la Mecque;
» il voulut que Mansor fût de ce saint voyage.
» Je conjurai Mansor de me permettre de le
» suivre; il y consentit ; mais une maladie qui
» me survint, l'obligea de me laisser à Zabith,
» avec ma mere : il nous ordonna de vivre dans
» la plus sévere solitude; il nous y conduisit lui-
» même; il nous défendit expressément d'en
» sortir : une maison de campagne, que nous
» avions près de Zabith, étoit le lieu de notre
» retraite ; & jamais retraite ne fut si déli-
» cieuse.

» .... J'étois un jour ensevelie dans une rê-
» verie profonde; je ne m'appercevois pas que
» j'allois sortir des limites que Mansor m'avoit
» prescrites; je fus saisie d'effroi en pensant à la
» désobéissance où ma distraction m'alloit en-
» traîner; j'allois retourner sur mes pas, quand
» j'apperçus, au pied d'un arbre, un jeune hom-
» me endormi : sa beauté, qui étoit éblouissan-
» te, m'arrêta & pénétra mon ame. C'est un
» Ange, disois-je en moi-même; notre divin
» Prophète me l'envoie ; il a voulu me favoriser
» de cette heureuse vision. Cette réflexion fut
» interrompue par l'apparition d'un serpent qui
» s'approchoit de celui que je regardois : je fus
» effrayée du danger qui menaçoit l'objet qui

» m'enchantoit; je le crus mortel dès que j'eus
» à craindre pour ses jours. J'oublie à l'instant
» mon devoir; je cours au fatal inconnu; je l'é-
» veille; je l'avertis du péril; il l'évite, & m'ap-
» prend que j'avois sauvé la vie au Prince Seïf;
» j'en fus charmée; j'avois souvent entendu par-
» ler de lui; les éloges qu'on en faisoit, m'a-
» voient prévenue en sa faveur. Seïf étoit vail-
» lant, généreux, humain & vertueux; il étoit
» adoré des peuples d'Arabie, qui tous le ju-
» geoient digne du Trône : il descendoit des
» Rois Henciarites, qui avoient si long-temps
» régné dans l'Iemen. Seïf ne pouvoit se lasser
» de me remercier; il vouloit, disoit-il, ne me
» témoigner que sa reconnoissance, & me témoi-
» gnoit l'amour le plus vif; je n'en aurois point
» entendu le langage, si mon cœur ne me l'eût
» appris dans le même instant; mes yeux répon-
» dirent malgré moi : j'assurai cependant Seïf
» qu'il ne me reverroit plus; il m'assura qu'il se-
» roit le lendemain au même endroit à m'at-
» tendre; & mon premier soin, dès que je
» pus m'éloigner de ma mere, fut d'y revenir.
» Je passerai sous silence des momens qui ne
» donnent que des souvenirs criminels..... Le
» prétexte de la chasse conduisoit Séïf dans la
» forêt où je le voyois; mais son pere lui ayant
» ordonné de l'aller trouver dans une Ville assez
» éloignée de Zabith, il m'annonça qu'il seroit
» quelques jours sans me voir : nos adieux fu-
» rent arrosés de nos larmes; je comptois tous
» les momens de l'absence; je soupirois de leur
» longueur insupportable, quand l'arrivée de
» l'esclave favori de mon pere vint me déses-
» pérer; il m'apportoit un ordre de Mansor

» pour partir avec lui sans retardement. Mes
» prieres, mes pleurs n'obtinrent aucun délai....
» J'arrivai à Bagdad si abattue, si changée, que
» Mansor ne vouloit pas me présenter au Ca-
» life; ce Prince ne put modérer son impatien-
» ce; il vint chez mon pere; il me vit, & je lui
» plûs, malgré l'altération de ma beauté......
» Je devins l'épouse de Mahadi.

» Depuis douze ans, mon malheureux sort
» étoit uni avec celui de ce Prince, lorsque le
» fameux Hakem parut dans la Ville de Marou:
» bientôt enhardi par la crédulité des peuples,
» il quitta le Khorassan, & vint auprès de Bag-
» dad. Cet imposteur faisoit sa demeure dans
» une tour ruinée; mais elle étoit préférée par
» ses Sectateurs aux plus magnifiques Palais.....
» Mahadi y fut trompé; il alla voir Hakem; & ses
» discours séduisans & captieux le persuaderent
» de la vérité de sa mission. Hakem se disoit
» l'envoyé de Dieu; il faisoit des prodiges, qui
» n'étoient que des opérations surprenantes de
» Physique & de Chymie.... Deux autres fem-
» mes de Mahadi obtinrent, ainsi que moi, la
» permission d'aller voir Hakem. Le prétendu
» Prophète ordonna à nos esclaves de demeurer à
» la porte de la Tour; nous arrivâmes en tremblant
» dans un lieu, qu'il appelloit son Sanctuaire; il
» nous fit entendre les discours les plus éclai-
» rés, la morale la plus pure; nous l'écoutâmes
» avec respect: il nous conduisit ensuite chacune
» séparément, dans des cabinets où il nous lais-
» sa, après nous avoir exhorté à méditer sur
» tout ce qu'il nous avoit dit, & à lui écrire ce
» que nous demandions à Dieu. Il nous assura
» que lorsque nous reviendrions le voir, nos
» demandes seroient accordées.

» L'air mystérieux d'Hakem m'avoit d'abord
» inspiré de la crainte & de la défiance; je fus
» rassurée, quand je me vis seule. J'invoquai le
» Dieu Tout-Puissant; & j'allois écrire à Ha-
» kem, quand, par un mouvement involontaire,
» & ordinaire aux véritables amans, je m'écriai :
» je vais donc cesser d'aimer Seïf ?..... J'avois
» à peine prononcé ces mots, que je me vois
» seule dans les bras d'un homme ; je veux m'en
» arracher ; il me retient; il m'embrasse avec
» transport: que deviens-je ? Je reconnois Seïf....
» Agitée par la joie, interdite par la surprise,
» accablée par l'excès du sentiment, je ne pus
» supporter des sentimens si violens; je m'éva-
» nouis : je ne revins à moi, que pour consom-
» mer ma perte : j'étois en proie aux desirs de
» Seïf ; & ses transports, en me rendant la jouis-
» sance de mes sens, affoiblissoient entiérement
» ma raison. L'amour donne trop de force à la
» volupté, & la volupté à l'amour, pour résister
» à leur pouvoir réuni ; je cédai : Seïf acheva son
» attentat & mon crime.... Je faisois mille ques-
» tions à la fois à Seïf; il ne me répondoit que
» par de nouvelles caresses & de nouveaux trans-
» ports, quand un cri qui me glace encore d'ef-
» froi, se fit entendre auprès de nous. Je crus
» reconnoître, dans ce cri fatal, la voix de mon
» pere ; je forçai Seïf à me quitter ; je fis une
» vaine recherche, pour m'éclaircir de mon mal-
» heur... J'étois profondément occupée de mes
» réflexions, quand je vis entrer Mahadi dans
» mon appartement; son air étoit triste & som-
» bre : tout allarme, lorsqu'on est coupable ; la
» voix des remords, étouffée par l'impression des
» plaisirs, se ranime par la crainte, & devient
» terrible.

» Le Calife me voyant ainsi consternée, me
» dit : vous savez donc que Manfor, votre pere
» & le mien, touche peut-être à son dernier ins-
» tant ? On l'a trouvé évanoui sur le chemin de
» Bagdad ; on l'a transporté dans son Palais ; &
» l'état où il est, nous fait tout craindre pour lui ;
» il ne veut accepter aucuns secours... Mahadi
» tomba malade. Il ordonna en mourant, que
» mon fils Hadi lui succéderoit, & après Hadi,
» Haroun ; mais il déclara aussi qu'aucune de ses
» femmes ne pouvoit s'autoriser d'un commerce
» avec lui, qui lui étoit depuis long-tems devenu
» impossible. J'appris encore que Manfor s'étoit
» traîné auprès du lit de son Maître, & ne lui
» avoit survécu que deux jours.... Je repris mes
» exercices de piété. Je me renfermai dans le
» vieux Sérail. Le respect que l'on avoit pour
» moi, augmenta par la fermeté que je montrai.
» Mais qu'il me fut difficile de la soutenir, quand
» je m'apperçus des suites honteuses de mon cri-
» me ! Ce même amour propre qui m'avoit fait
» vivre, m'ordonnoit alors de mourir ; je résolus
» de prendre un poison lent, pour cacher mon
» désespoir. Peu de jours avant l'exécution de
» cette Sentence, que l'amour avoit prononcée,
» une femme Juive, qui vendoit des pierreries,
» me rendit une lettre de Seïf... Je l'informai
» de ma résolution. Il me demanda par une au-
» tre lettre, un mois de délai. Quoique je n'i-
» maginasse pas ce que Seïf pouvoit faire pour
» moi, je consentis à tout ce qu'il vouloit. Je
» cessai cependant de recevoir des nouvelles de
» Seïf ; la Juive ne parut plus dans le Sérail ; &
» le tems que j'avois promis s'écouloit.

» Mon fils qui voyoit, malgré ma tranquil-

» lité apparente, que la tristesse me consumoit,
» n'oublioit rien pour la dissiper. Hadi avoit
» ordonné que l'on cherchât tout ce qui pou-
» voit me distraire & m'amuser. Mesrour, Chef
» des Eunuques du vieux Sérail, vint un jour
» de sa part, & me dit : votre fils, Madame, vous
» envoye un Eunuque qui joue admirablement
» bien de toutes sortes d'instrumens, & qui se
» vante d'avoir des sons merveilleux, qui ren-
» dent la joie aux cœurs les plus affligés ; il vous
» conjure de l'entendre. Je ne voulus pas refu-
» ser mon fils ; j'ordonnai qu'on fît entrer l'Eu-
» nuque. Il se prosterna à mes pieds ; & m'ayant
» donné adroitement un billet, j'y lus ces mots
» écrits de la main de Seïf : *faites retirer tous ceux*
» *qui vous entourent ; l'Eunuque Assoud vous est*
» *envoyé par Seïf.* J'ordonnai à l'instant, qu'on
» nous laissât seuls.

» Assoud cependant demeuroit toujours pros-
» terné. L'Envoyé de Seïf m'étoit cher. Je lui
» tendis la main. Leve-toi, lui dis-je ; apprends-
» moi ce que Seïf t'a ordonné de me dire. As-
» soud, sans me répondre, se saisit avec avidité de
» ma main ; il y porte des levres brûlantes. Sa
» hardiesse m'étonne. Elle m'irritoit, quand des
» soupirs, qui savoient trop bien le chemin de
» mon cœur, y parvinrent & fixerent mon at-
» tention sur Assoud. Mes regards rencontrent
» les siens ; & je reconnois, dans un difforme &
» misérable Eunuque, mon cher & adorable
» Seïf. Que ce premier coup d'œil fut éloquent !
» Qu'il me dit de choses ! Mon ame ne me suf-
» fisoit pas, pour tout ce qu'il me faisoit sentir.
» Je me précipitai dans les bras de Seïf. Des gé-
» missemens causés par la douleur, par la joie,

» par la reconnoissance furent pendant long-tems
» mes seuls interprètes. Je m'écriai enfin : O
» mon cher Seïf, qu'as-tu fait ? Dans quel état
» mon funeste amour t'a-t'il réduit ? Je n'y sur-
» vivrai point ».

Voilà, Madame, ce qui amene la naissance de Zesbet. Seïd devenu Chef des Eunuques du Sérail, facilita les couches de sa maîtresse. Comme tout lui étoit soumis dans ces lieux, il fit pratiquer au fond d'une grotte, une retraite dans laquelle il déposa le fruit de ses amours ; & Fatime quelques années après, fut chargée de ce dépôt précieux. Revenons à l'Histoire de Zesbet.

Haroun promit à sa mere tout ce qu'elle exigea de lui. Mais son cœur désavouoit en secret, ce que sa bouche prononçoit. Il eut mille combats à livrer à sa passion. Il parut enfin en triompher : & ayant déclaré que Zesbet étoit sa sœur, & fait prendre à cette aimable fille le nom d'Abbassaï, le Calife résolut de la donner en mariage à Giafar son Visir & son favori. Cependant il ne put se résoudre à un pareil sacrifice, sans en exiger de Giafar un autre plus difficile, qui fut de vivre avec la Sultane, comme frere & sœur, sans s'écarter des bornes de la plus exacte continence. Giafar, né peu sensible, & nourri dans les horreurs de la guerre, ne crut pas trop s'engager en faisant au Calife, le serment qu'il exigeoit de lui. Les charmes & les caresses d'Abbassaï le firent bientôt repentir de son aveugle soumission aux caprices d'Haroun ; & la jalousie d'une Sultane nommée Zobéïde, hâta la réunion de ces amans qu'elle vouloit brouiller à jamais. Ils s'éclaircirent ; ils s'apperçurent qu'ils s'aimoient ; ils s'aimerent avec la plus vive ardeur.

Le

Le bonheur de se croire seuls dans l'Univers avec ce qu'on aime, de n'être point détrompés de cette erreur par des yeux attentifs, devint l'objet de leurs desirs; & ils n'osoient s'y livrer; mais des instans ardemment souhaités par ceux qui peuvent les amener, quoique redoutés, arrivent toujours. Giafar & Abbassaï se trouvent seuls dans un bosquet. Ils sont d'abord surpris, troublés. Ils se rapprochent en tremblant; leurs regards se rencontrent, se confondent; ils se communiquent les transports de leurs cœurs. Chacun d'eux tend, à l'objet aimé, des bras animés par tous les feux de l'amour; ils en forment de douces chaînes. Zesbet soupire; Giafar reçoit ce soupir & le renouvelle; ils s'unissent; un gazon leur sert de lit nuptial, l'Aurore de flambeau d'Himenée; Giafar a multiplié ses parjures, avant que de se rappeller son serment. Abbassaï s'en souvint la premiere. Qu'avons-nous fait, dit-elle tristement! Ah! que vous m'allez haïr! Vos desirs satisfaits pourront-ils lutter contre des remords que vous croyez justes, que la fureur d'un amour qui n'a pas joui vous faisoit oublier. Je les oublierai donc toujours, s'écria Giafar....

Un bonheur si parfait ne pouvoit durer long-tems. Abbassaï portoit dans son sein la preuve du crime de son époux; elle confia ses craintes à Fatime qui lui conseilla de demander au Calife la permission de faire le voyage de la Mecque. Haroun qui ne désiroit rien tant, que de la séparer de Giafar, consentit à ce qu'elle lui demandoit. Elle partit sous la garde d'un Eunuque que Zobéïde avoit gagné, mais qui, par l'espoir de la récompense, avoit trahi cette femme elle-même. L'Iman du Temple de la Mecque fut mis aussi facilement dans les intérêts de Giafar & de son épouse. Elle y fit ses couches, & revint au bout de quelques mois.

La perfide Zobéïde avoit soupçonné le véritable objet de ce voyage. Elle engagea le Calife à le faire avec elle, & ne fut pas plutôt arrivée à la Mecque, qu'elle fit faire des perquisitions secrettes, de tout ce qu'avoit fait Abbassaï pendant son séjour en cette Ville. Elle ne devoit tenir que du hazard, la joie que recherchoit sa méchanceté; elle étoit logée, ainsi que le Calife, dans l'enceinte du Temple. Les fenêtres de son appartement donnoient sur un jardin destiné au seul Iman.

Zobéïde, agitée par ses desseins, respiroit avant l'aurore un air que le Ciel lui auroit ravi, si le Ciel prévenoit le crime au lieu de le punir. Quelles furent sa surprise & sa joie, lorsqu'un jour elle apperçut l'Eunuque Naïr, qui tenoit dans ses bras un enfant, dont la beauté lui retraça les traits de Zesbet! » Le secret qu'elle avoit soup-
» çonné, lui paroit dévoilé; elle appelle Naïr;
» elle l'intimide, elle le menace, elle le flatte. Naïr
» déclare tout, promet tout à Zobéïde. ... Trop
» adroite pour se charger d'une accusation odieu-
» se, Zobéïde vouloit qu'Haroun decouvrît lui
» même le crime de Giafar. Elle connoissoit le
» cœur humain; elle savoit qu'un même objet
» aujourd'hui excite la colere & demain la ten-
» dresse; que la pitié succéde à la vengeance. ...
» Zobéïde entraîna Haroun & Giafar dans le
» jardin de l'Iman. Le perfide Naïr devoit s'y
» trouver avec le fils d'Abbassaï; que devint
» Giafar en le voyant ? Le Calife ne s'apperçut
» point de son trouble; il ne reconnut point

» Naïr. Les yeux attachés sur l'aimable enfant
» que l'Eunuque tenoit dans ses bras, il n'étoit
» occupé que de lui; charmé de ses graces, il
» l'accabloit de caresses; son cœur étoit ému. Zo-
» béide qui craignit les sentimens que la na-
» ture inspire, vint les détruire par ceux de la ja-
» lousie. Seigneur, dit-elle au Calife, votre ten-
» dresse pour cet enfant ne me surprend point.
» Sa beauté vous retrace des traits chéris. Ces
» paroles porterent une lumiere sombre, mais
» fatale dans l'esprit d'Haroun. Il regarde Giafar;
» la confusion, le désespoir, les allarmes qu'il
» lit dans ses yeux, acheverent de l'éclairer. A
» qui appartient cet enfant, dit-il d'une voix ter-
» rible à Naïr qu'il reconnoit enfin ? Confesse la
» vérité à ton maître; ou la mort la plus cruelle...
» Il n'en falloit pas tant, pour déterminer Naïr à
» un aveu médité.

» L'excès de la fureur du Calife ne peut être
» comparé qu'à la douleur, à l'anéantissement de
» Giafar. L'état cruel où étoit réduit l'infortuné
» Visir ne toucha point Haroun. Il ne retarda
» son supplice, que pour le faire partager à Zef-
» bet. Ces pensées occupoient Haroun, tandis
» qu'on traînoit Giafar à sa suite. Que ce retour
» étoit différent de son départ ! Il avoit vu sur
» tous les visages la joie, l'amour, le respect; &
» il n'y voyoit que la crainte & la tristesse. Il ar-
» rive enfin ; il ordonne qu'on lui amene Ab-
» baffaï : quels furent ses transports en appre-
» nant sa fuite ? Jamais la fureur, la douleur &
» le désespoir réunis n'ont produit un effet si af-
» freux. Il s'agite, il pousse des cris terribles,
» il dit enfin : il mourra le perfide ; & sa mort
» me vengera de l'ingrate qui me fuit. En ache-

» vant ces mots, il perd l'usage de ses sens : il
» ne reprend des forces fatales, que pour signer
» l'arrêt de Giafar. Il veut que ce funeste arrêt
» soit exécuté presque sous ses yeux, afin de se
» rassasier de sa vengeance, dans l'instant qu'elle
» sera remplie.

» Giafar apprend son sort sans frémir ; il ne
» murmure point de la barbarie d'Haroun ; il
» ne s'occupe que de Zesbet : il embrasse Mes-
» rour. Cher ami, lui dit-il, reçois mes adieux ;
» porte-les à la malheureuse Abbassaï ; recueille
» mes derniers soupirs ; ils sont pour elle……
» En disant ces mots, Giafar présente sa tête
» aux bourreaux ; il reçoit le coup fatal. Mes-
» rour, dans le premier instant de la colere du
» Calife, avoit envoyé dire à Abbassaï, (dont
» il avoit favorisé la fuite,) de venir faire un
» dernier effort en faveur de Giafar : il avoit
» appris le lieu de sa retraite.

» Abbassaï, la mort sur les lévres, s'étoit traî-
» née au Palais de son frere. La douleur, en
» l'affoiblissant, en retardant ses pas, décide son
» malheur : elle arrive enfin ; elle voit en entrant
» donner le coup mortel ; elle veut l'arrêter ; il
» n'étoit plus tems ; Giafar n'étoit plus : elle
» se jette sur le corps de son époux ; elle y veut
» rejoindre cette tête sanglante, objet funeste
» d'amour & de terreur : elle voudroit entendre
» encore une fois de cette bouche, à laquelle elle
» joint la sienne, un son, un soupir ; mais c'est
» en vain ; il ne reste plus à Abbassaï, que son
» désespoir ; il la délivre de ses malheurs : elle
» se saisit de l'épée teinte du sang de Giafar, la
» plonge dans son sein, tombe & expire sur le
» corps de son époux. «

Parmi les réflexions que l'Auteur a semées dans ce Roman, il y en a de justes, de fines & d'ingénieuses. Je ne vous citerai que ce petit nombre.

« Tout ce que fait l'hypocrite, est bas & infâme ; il ne court aucun risque, parce qu'il établit sa fausseté sur la foiblesse ou sur la bonne foi des autres ; qu'il abuse des sentimens qui ont le plus de crédit sur le cœur & sur l'esprit des hommes. Un hypocrite est capable de tout ; les Derviches ne m'ont que trop convaincu de la solidité de ce jugement.

« Leur séparation du monde, presque toujours forcée ou peu réfléchie, les empêche de se regarder comme membres de la société générale ; ils la haïssent ; ils cherchent sans cesse à la détruire, à la sacrifier au plus léger intérêt ; ils ne sont occupés, dans leur retraite, qu'à chercher des moyens pour troubler le bonheur ou le plaisir des hommes.

« De toutes les passions, l'amour est celle qui nous affranchit le plus promptement des remords, parce qu'elle est dépendante des sens, qui seuls ont un vrai pouvoir sur l'ame.....

« Nous ne faisons une attention exacte aux vices d'autrui, que lorsque nous avons été, ou que nous craignons d'en être les victimes ».

Je suis, &c.

LETTRE XVI.

Trois Contes, Madame, font la matiere d'un autre Ouvrage de Mademoiselle Fauques, intitulé : *Contes du Sérail, traduits du Turc*. Le premier est, *Cutchuc, ou le Géant puni*.

Contes du Sérail.

Deux freres, dont le pere étoit mort, se trouvoient abandonnés à l'avarice & aux mauvais traitemens d'un tuteur : ils résolurent d'aller chercher fortune ; l'aîné s'appelloit Meiloue, & le cadet Cutchuc ; celui-ci avoit autant de bonnes qualités, que l'autre en avoit de mauvaises ; ils partirent. La premiere chose qu'ils rencontrerent, fut une campagne couverte de la plus belle moisson. Cutchuc voyant que les bleds étoient mûrs, fut d'avis de les couper, afin de mériter, par ce service, la faveur du maître à qui ils appartenoient. » A peine avoient-ils coupé les
» bleds, que le maître parut ; c'étoit un géant
» vilain & mal fait, quoique l'on dise toujours
» le contraire des grands hommes. Il s'écria, du
» plus loin qu'il les vit : que faites-vous là, vous
» autres ? Qui diable a coupé mon bled ? C'est
» nous, dit Cutchuc ; la moisson pressoit ; nous
» avons voulu la conserver à son maître. Vous
» avez bien fait, reprit le géant ; j'approuve vo-
» tre prévoyance ; suivez-moi ; je reconnoîtrai
» vos soins.

» Le géant employoit à nuire le pouvoir que
» lui donnoit ses forces. Les méchans de cette
» espece sont bien dangereux : mais ce qui ren-
» doit celui-ci moins à craindre, est qu'il étoit

» toujours incertain dans ses projets. Ainsi le
» tems qu'il mettoit à imaginer une cruauté,
» donnoit celui de s'y soustraire.... Ils arrive-
» rent dans un bois, au milieu duquel le Châ-
» teau du géant étoit situé. On y voyoit des
» marques de ses richesses, dans la magnificence
» qui éclatoit de tous les côtés, & des preuves
» de son avarice, dans la solitude qu'on voyoit
» y régner. La femme du géant, deux de ses
» filles & une esclave, étoient la seule compa-
» gnie qu'il eût dans cette superbe habitation.

» Quand les deux freres eurent bien mangé,
» le géant leur dit : vous devez avoir besoin de
» repos; entrez dans cette chambre; il y a les
» deux lits de mes filles; couchez avec elles; &
» soyez bien sages. Les filles les conduisirent &
» s'endormirent : Meiloue en fit autant; mais
» l'inquiétude s'empara de Cutchuc; l'ordre de
» coucher avec les filles du géant, lui avoit don-
» né du soupçon : son inquiétude l'empêchant
» de dormir, il se leve bien doucement; il vient
» regarder à travers la porte; il voit le géant
» avec sa femme, qui buvoit de grandes raza-
» des de vin; il prête l'oreille; il les entend
» parler ainsi : n'ayez point d'inquiétude, disoit
» le géant à sa femme; nos filles sont bien éle-
» vées; elles nous obéiront; elles les attache-
» ront de maniere, qu'ils ne pourront se défen-
» dre; & demain matin, elles leur feront souf-
» frir les tourmens que nous avons ordonnés;
» cela nous divertira.

» Cutchuc bien instruit, prit tout d'un coup
» son parti; il coupa la tête aux deux jeu-
» nes filles; &, quand le géant fut endormi,
» & qu'il l'eut bien entendu ronfler, il éveilla

» doucement son frere, & s'éloigna avec lui du
» fatal Château. Ils trouverent une riviere qu'ils
» passerent à la nage; & lorsqu'ils furent sur
» l'autre bord, ils apprirent d'un vieillard, que
» par le pouvoir de quelques Fées, qui n'ai-
» moient point le géant, il perdoit toutes ses
» forces, du moment qu'il passoit cette riviere.
» Rassurés par ces paroles, Cutchuc & Meiloue
» se reposerent sur l'herbe. Quelques momens
» après, le géant arriva mieux monté qu'un Vi-
» sir; il écumoit de rage, quoiqu'il voulût dé-
» guiser sa fureur : mais les finesses des géans
» ne sont pas difficiles à reconnoître. Il s'écria :
» vous avez tué mes filles ; mais je vous le par-
» donne ; je ne les aimois guères : venez pren-
» dre leur place; vous serez mes héritiers; je
» vous regarderai comme mes enfans. Cutchuc
» ne répondit au géant, qu'en se moquant de
» lui. Le géant lui offrit en vain sa belle escar-
» boucle, qui éclairoit la nuit comme le soleil ;
» son beau cheval, qui avoit les crins d'or trait;
» enfin la belle Princesse de la cage d'or; tout
» fut inutile. Meiloue cependant auroit volon-
» tiers livré Cutchuc, pour quelqu'une de
» ces belles choses ; mais la présence du
» vieillard le retint. Le géant se retira furieux :
» il revint dans son Château, essuya des repro-
» ches de sa femme ; ils se consolerent en man-
» geant leurs filles, qu'ils trouverent tout aussi
» bonnes que d'autres ; car ils comptoient des
» ogres parmi leurs ancêtres; & ils aimoient la
» chair humaine de préférence à toutes les au-
» tres. «

Les deux freres rencontrerent dans leur route
un Roi, qui leur fit bon accueil, & les mena

dans fa Capitale : Meiloue, pour faire fa cour, dit au Roi, qu'il ne dépendoit que de fon frere de le rendre maître d'une efcarboucle, avec laquelle il acheteroit un Royaume plus grand que le fien. Cutchuc s'apperçut bientôt des defirs du Monarque, & réfolut de tout tenter pour les fatisfaire. Il alla trouver le vieillard du bord de la riviere; & par fon confeil, il fe rendit chez une vieille Fée, laquelle, après avoir rêvé quelques momens, lui dit enfin : » écoutez, j'ai
» trouvé un moyen; le géant boit beaucoup de vin,
» fur-tout les foirs à fon fouper : en conféquence,
» il eft altéré la nuit; il réveille ordinairement
» fon efclave, pour aller tirer de l'eau fraîche dans
» le puits, qui eft dans fon écurie; c'eft la meilleure
» leure eau qu'il y ait à mille lieues à la ronde.
» Cachez-vous auprès de cette écurie ; vous verrez
» rez arriver l'efclave, tenant l'efcarboucle ; car,
» pour épargner, on ne fe fert point d'autre
» lumiere dans le Château du géant. Trouvez
» moyen de vous défaire de cette efclave, &
» vous ferez poffeffeur de l'efcarboucle. « Cutchuc
chuc fit ce qui lui étoit confeillé ; fe cacha foigneufement
gneufement ; vit arriver l'efclave, qui pofa l'efcarboucle
carboucle fur le puits ; & venant doucement derriere
riere elle, il la prit par les jambes, & la jetta dans le puits. Alors maître de l'efcarboucle, il fe hâta de l'aller préfenter au Roi, qui le combla de careffes & de préfens.

Meiloue continuoit de flatter le Monarque, & de lui donner une grande idée de fon frere, afin de le perdre par les dangers auxquels il l'expoferoit; en effet, le Prince demanda peu de tems après à Cutchuc, d'aller lui chercher le cheval du géant, qui avoit les crins & la queue

d'or trait. Ses excuses, ses raisons furent inutiles ; on ne croyoit rien d'impossible à son courage. Il partit donc, & retourna chez la Fée, qui lui dit : » Vous connoissez l'écurie du géant ;
» vous en approcherez aisément pendant la nuit :
» elle a une fenêtre ovale du côté du levant ;
» ne vous étonnez pas de la trouver un peu hau-
» te : vous prendrez une corde ; & vous attache-
» rez un bâton à un des bouts : il faut que ce
» bâton soit assez fort pour vous porter, & qu'il
» soit plus long que la fenêtre n'est large. Vous
» le jetterez dans la fenêtre, qu'on ne ferme ja-
» mais ; & quand vous le sentirez placé en tra-
» vers, vous monterez à l'aide de la corde. Quand
» vous serez dans l'écurie, rien ne vous empê-
» ra d'en ouvrir les portes, qui se ferment en
» dedans, de prendre le cheval, & de vous en
» servir pour vous éloigner.

» Cutchuc suivit exactement le conseil de la
» Fée ; il jetta son bâton ; mais il ne sçavoit pas
» que l'écurie étoit plus profonde en dedans
» qu'en dehors. Quand il vit que sa corde n'al-
» loit pas jusqu'à terre, il crut pouvoir se laisser
» tomber sans danger : non-seulement il se fit
» beaucoup de mal, en tombant sur le coffre à
» l'avoine ; mais les chevaux se mirent à hennir.
» Le géant s'éveille, & trouve Cutchuc, qui fai-
» soit de vains efforts pour ratraper sa corde ;
» il le saisit, en s'écriant : ah ! chien de Cutchuc !
» je te tiens donc à la fin ! Je le sçavois bien,
» qu'un jour je t'attraperois. Cette fois, tu ne
» peux m'échapper ; & tu n'as point passé la ri-
» viere. Voyons à quelle sauce à présent tu seras
» mangé. Cutchuc lui dit : vous avez raison ; &
» je m'y suis bien attendu : mais je suis mai-

» gre; laissez-moi vivre dix jours; je vous pro-
» mets de manger & d'engraisser. Heureusement
» le géant avoit bien soupé, & avoit son garde-
» manger bien fourni : & comme il étoit avare,
» il trouva la proposition raisonnable, & le
» donna en garde à sa femme; elle le mit dans
» la mue avec les poulets, & l'enferma sous
» quinze clefs. Cutchuc tint parole, & mangea
» tant, qu'après les dix jours, il n'étoit pas re-
» connoissable.

» Au bout de ce tems, le Géant dit à sa fem-
» me en se couchant : il faut manger demain
» Cutchuc; il est en état. Ayez soin de le faire
» cuire au four pendant que je serai à la chasse;
» je crois qu'il y sera bon. Il partit au point du
» jour : sa femme se leva, alluma le four, &
» quand il fut bien chaud, elle prit Cutchuc par
» la main & lui dit : il faut vous mettre là-de-
» dans. Un moment, lui dit-il, Madame; don-
» nez-moi le tems de voir comment je pourrai
» m'arranger : je ne suis jamais entré dans aucun
» four; ayez la bonté de me montrer comment
» il faut faire. Mettez-vous, lui dit-elle, sur
» cette grande pelle, les jambes croisées. Cut-
» chuc feignit de ne pas concevoir : elle s'y mit
» elle-même, pour le lui faire comprendre en
» disant : vous avez l'esprit bien bouché! Com-
» ment mon mari pouvoit-il redouter votre
» adresse; Je vois bien qu'il n'est qu'un sot &
» vous aussi. Quand Cutchuc la vit bien placée
» sur la pelle, il la jetta dans le four, ferma la
» porte & courut à l'écurie, prit le beau cheval
» du Géant, magnifiquement harnaché, & se ren-
» dit à toute bride, d'abord chez la Fée qu'il re-
» mercia, ensuite chez le Roi, qui l'attendoit
» avec grande impatience.

» En quelque confidération que fût Cutchuc
» auprès du Prince, il s'apperçut bientôt qu'il
» avoit quelque chagrin qu'il ne vouloit pas lui
» confier. Il fit tous fes efforts pour lui arracher
» fon fecret. Il eut beaucoup de peine à réuffir ;
» & ce ne fut que pour apprendre qu'il avoit une
» envie extrême d'avoir la Princeffe à la cage
» d'or, dont il étoit devenu paffionnément amou-
» reux fur le portrait que lui en avoit fait Meiloue.
» Les mauvaifes intentions de ce frere ingrat ne
» furprirent point Cutchuc ; il réfolut de tout
» rifquer pour contenter le Roi. N'ofant pas re-
» courir à la Fée dont les fervices lui paroiffoient
» intéreffés, il ne voulut compter que fur lui-
» même. Il favoit que la belle Princeffe qu'il vou-
» loit enlever, étoit dans une Tour féparée du
» Château, & que le Géant en avoit la clef; il fa-
» voit encore, que cette Tour n'avoit qu'une fe-
» nêtre très-élevée. Tant d'obftacles à la fatisfac-
» tion de fon Prince, ne fervirent qu'à donner
» des forces à fon imagination ».

Il alla couper, dans un bois voifin, un grand nombre de chevilles de bois de chêne. Il en fit un fagot dont il fe chargea. Il fe rendit, un peu devant le jour, près du Château, pour en voir fortir le Géant à cheval, qui alloit faire fa tournée. Quand il l'eut perdu de vue, il plaça des chevilles dans le mur ; & s'élevant à la faveur les unes des autres, il arriva à la fenêtre. Que devint-il, en voyant la Princeffe ? La cage étoit éblouiffante par l'éclat des pierreries dont elle étoit ornée ; mais la beauté qu'elle renfermoit, étoit encore fupérieure & plus radieufe. Elle fut charmée de voir Cutchuc ; il étoit enchanté d'elle. Il lui dit enfin, qu'il étoit l'Ambaffadeur d'un grand Roi, épris vivement de

ses charmes. La Princesse, sans l'écouter, s'écria avec empressement : » seriez-vous Cutchuc ? Oui,
» lui répondit-il avec un trouble qu'il se reprocha
» comme une infidélité à son Prince ; car il sentit
» bientôt que ce trouble, étoit un commencement
» d'amour. Eh bien, reprit la Princesse, puisque
» vous êtes ce Cutchuc dont le Géant m'a si souvent
» parlé, je suis prête à vous suivre. Descendez
» promptement ; cachez-vous jusqu'à demain.
» Le Géant doit aller faire un voyage de deux
» jours ; je sais le chemin qu'il doit prendre ; je
» vous conduirai. Quand il sera sorti, continua-
» t'elle, il n'y aura personne dans le Château :
» vous avez coupé la gorge à ses filles, noyé son
» esclave, & mis sa femme au four ; vous pourrez
» donc entrer partout ».

Cutchuc délivra la Princesse, & la conduisit dans sa cage à la Cour de son Prince. Ce dernier, transporté d'amour, l'épousa bientôt après ; mais il ne put ouvrir la cage. Elle y demeura jusqu'à la mort du Roi, qui nomma Cutchuc son successeur. Celui-ci n'eut pas de peine à ouvrir la cage, & passa des jours heureux avec la Princesse, qu'il délivra enfin, & qu'il épousa.

L'autre Conte, intitulé *Durboulour ou la bonne Lionne*, est encore un récit d'expéditions & d'aventures de Féerie. Trois freres, fils de Roi, s'en vont par ordre de leur pere, à la chasse de l'oiseau merveilleux, dont les plumes sont toutes de diamans. Un seul ose s'exposer aux dangers, tandis que les deux autres se divertissent. Il s'appelloit Durboulour. Il s'avance dans un chemin, d'où il avoit appris, par une inscription, qu'on ne revenoit point. Le premier objet qu'il apperçoit, est une Lionne qui le blâme de son imprudence, & lui dit qu'il

Durboulour.

rencontrera un monstre serpent, qui dévore tout. Durboulour le cherche, le trouve, lui coupe la tête; il en renaît une autre; il continue de frapper; les têtes se multiplient; enfin un coup de sabre, dont il lui abbat la queue, laisse le monstre sans vie. La Lionne, dont il avoit dévoré plusieurs fois les petits, fait ses remercîmens à Durboulour, & lui dit de la monter. Elle le mene chez une Fée, qui l'adresse à une autre Fée; celle-ci lui indique ce qu'il cherche; il va pour se saisir de l'oiseau; mais dix-huit géans l'entourent, le saisissent; &, touchés de ses prieres, lui promettent de lui donner l'oiseau, s'il peut leur apporter le sabre du Sophi Salomon. Ce sabre est fameux chez les Orientaux. Un géant aveugle en étoit le gardien. La Lionne conduit Durboulour avec sa diligence ordinaire. » Ils arriverent à une grande ca-
» verne, taillée dans une montagne de marbre
» de toutes les couleurs. Il s'en approcha dou-
» cement, & vit le géant qui dormoit, ou plu-
» tôt qui en faisoit semblant : il vit aussi le sa-
» bre pendu à un grand clou d'or au-dessus de
» sa tête; il le prit; &, comme il sortoit de la
» caverne, le géant le saisit..... Je m'ennuye
» fort d'être aveugle, lui dit-il; mes confreres
» les géans me donnent envie de les imiter, &
» de me confier à toi : tu as du courage & de
» l'adresse; car il s'en est bien peu fallu que tu
» n'ayes emporté le sabre. Il y auroit un moyen
» de me rendre la vue; si tu pouvois y parvenir,
» je jure que je te rendrois maître du sabre.
» Le Prince & la lionne promirent de tout en-
» treprendre. Eh bien, dit l'aveugle, je te donne
» la vie; je fais plus; je te laisse aller, à con-
» dition que tu m'apporteras la chemise de Mat-

» chin-Paticha, fille d'un grand Roi, dont les
» Etats sont à trente journées d'ici. Le Prince
» s'engagea par serment à la lui apporter, & par-
» tit toujours sur le dos de la lionne. «

Ils arriverent, sans sçavoir leur chemin, au bord d'une riviere très-large. Durboulour voyant qu'il ne pouvoit passer, baisa sa bague. (C'étoit un présent qu'il tenoit d'une Fée, laquelle lui avoit dit de baiser cet anneau, toutes les fois qu'il se trouveroit embarrassé.) Aussi-tôt il parut un navire, dont tout étoit d'or, à la réserve de la tête des cloux, qui étoient de diamans brillans.

Après avoir admiré cette superbe machine, le Prince entra dedans, & n'y trouva personne. Il l'examina avec soin, & lut une inscription attachée sur le grand mât : elle apprenoit qu'en tournant à droite le ressort qui étoit au-dessous de la même inscription, le vaisseau se rendoit où l'on vouloit aller.... Le Prince étonné, continua sa lecture, & il vit : » en tournant le ressort à gauche, » en disant, que le vaisseau revienne d'où il est » parti, il y reviendra aussi-tôt. « Le Prince trouva cette voiture fort commode, & vint rendre compte à la lionne, de ce qu'il avoit vu : elle lui promit de l'attendre. Il partit, & se trouva vis-à-vis du Palais du Roi : les canons du vaisseau saluerent d'eux-même. Le pavillon, la flamme, de drap d'or & d'argent, brodés de perles & de pierreries, se déployerent. Le Roi, la Reine & la Princesse coururent aux fenêtres de leur Palais : tout le Port retentissoit de cris de joie & d'admiration. Il fut reçu parfaitement bien par le pere de Tchin-Paticha, qui voulut voir les merveilles du vaisseau. Durboulour lui dit qu'il n'y pouvoit entrer qu'une seule personne à la fois avec lui; & le Monarque se fiant à la générosité de l'étranger, entra dans le navire, & en admira la magnificence à loisir: la Reine & quelques Visirs y furent également bien reçus, mais toujours seuls. Enfin ce que le Prince avoit prévu arriva: la Princesse eut tant d'envie de voir cette merveille, que le Roi, qui l'aimoit, ne put lui refuser cette satisfaction. Elle ne fut pas plutôt dans le navire, que le Prince tourna le ressort, & partit avec la plus grande rapidité, au milieu des cris & des regrets du peuple & de la Cour.

Le Prince fut en un moment auprès de la lionne; ils furent charmés de se rencontrer: il l'embrassa, & lui présenta la Princesse: elle fut un peu allarmée de la présentation; la douceur, la politesse & les procédés de la lionne la rassurerent bientôt. Elle les fit monter tous les deux sur son dos; & elle revint à la caverne de marbre, où demeuroit le géant aveugle. Quand ils furent arrivés, le Prince pria très-poliment la Princesse de lui donner sa chemise. ″En vérité,
″ Monsieur, cette proposition ne s'est jamais
″ faite; je n'y consentirai jamais. Ne croyez
″ pas, lui dit le Prince, que je puisse m'en dispenser: je n'ai, je vous jure, été vous chercher que pour cela. Je vous donnerois ma vie;
″ vous devez me donner votre chemise. Mais
″ mon rang! mais la modestie! mais la pudeur!
″ Votre rang n'est point offensé; car personne ne peut sçavoir ce qui se passe dans
″ ce désert: à l'égard de votre pudeur, je dois
″ la ménager; je vais m'éloigner: Madame
″ vous aidera à vous déshabiller, dit-il, en lui

montrant

» montrant la lionne. « Il se retira en effet : la lionne la détermina à mettre ses habits sans chemise : elle y consentit d'autant plus volontiers, qu'il s'agissoit des intérêts du Prince, & qu'elle commençoit à l'aimer.

Quand le géant entendit quelqu'un s'approcher, il demanda : est-ce la chemise désirée ? » Oui, dit le Prince ; mais vous êtes trop fin » pour moi : mettez vos mains derriere le dos ; » laissez-moi les lier ; vous sentirez la chemise ; » & vous verrez, par son odeur, que ce ne peut » être celle d'une autre. Le géant obéit. Que ne » feroit-on pas pour recouvrer la vûe ? Ah ! la » voilà, dit-il ; je la connois à la bonne odeur » de roses & de plantin. Que je te suis obligé, » mon cher ami ! Donne-la-moi ; que je m'en » frotte les yeux. Durboulour la lui donna, en acceptant le sabre, qu'il porta sur le champ aux autres géans. En ayant reçu l'oiseau merveilleux, il retourna chez son pere avec la Princesse, & fut déclaré son successeur.

Je ne vous dirai rien, Madame, de Fazlillah, qui fait le sujet du troisieme Conte, sinon que c'étoit un jeune Arabe, riche héritier, qui fut pillé dans un voyage, & réduit à la mendicité. Le Cadi de la Ville où il étoit, le prenant pour un gueux, le fit amener dans son logis ; & l'ayant fait habiller magnifiquement, il le proposa, sous un nom supposé, à la fille d'un riche particulier, dont il étoit secrettement l'ennemi. Le mariage fut célébré. Le Cadi étoit au comble de sa joie, d'avoir fait un affront insigne à celui qu'il haïssoit ; mais il se trouva que le nouvel époux étoit Fazlillah lui-même, & que ce nom, qu'on croyoit être celui d'un malheu-

Fazlillah.

Tome V. Q

reux mendiant, appartenoit à un jeune homme d'une naissance distinguée, qui jouissoit d'une brillante fortune. Les époux vécurent heureux ; & le Cadi mourut de rage, au récit d'un bonheur dont il avoit été la cause & l'auteur.

Mémoires de Mlle d'Oran.

J'ai encore à vous parler, Madame, d'un Roman de Mademoiselle Fauques, intitulé : *Mémoires de Mademoiselle d'Oran, ou les Préjugés trop bravés & trop suivis.*

Mademoiselle d'Oran, d'une famille noble du Dauphiné, réunissoit en elle le goût & les inclinations de son sexe & du nôtre, l'amour des sciences & celui des bagatelles. Il étoit fort singulier de la voir, tantôt faire une dissertation sur Pythagore, & tantôt sur la parure d'une robe, tantôt défier un Maître d'Armes, & tantôt avoir des vapeurs, en voyant une fleur de jasmin ; mais inébranlable sur l'honneur des deux sexes, elle auroit été une Lucréce & un Amadis. Dans un voyage qu'elle fit avec sa mere à Grenoble, elle eut occasion de voir le Marquis de Nevillé & son fils le Comte de Cerneil. Ce dernier devint amoureux de Mademoiselle d'Oran, qui répondit à ce sentiment, par une égale tendresse ; elle avoit un frere Chevalier de Malthe, à peu-près de l'âge du Comte ; il vint joindre sa mere & sa sœur à Grenoble ; il y vit la Comtesse de Ménil, jeune veuve qui fixa tous les vœux du Chevalier, & qui, conçut pour lui, le même amour. Tels sont, Madame, les principaux Acteurs de ce Roman ; cependant le Chevalier & la Comtesse n'y forment qu'un épisode.

Dans le tems du Carnaval, Mademoiselle d'Oran proposa une partie de Bal à Madame de Ménil. Elle se déguisa en Cavalier, & donna la main à la Comtesse. Elle fut prise pour son fr sous le masque ; &, en cette qualité, un ami du Chevalier vint la prier de lui servir de second contre deux hommes, avec lesquels il devoit se battre. Elle suivit l'ami de son frere sans se faire connoître ; & ils arriverent ensemble à l'endroit où leurs ennemis les attendoient. La nuit étoit si obscure, que Mademoiselle d'Oran ne s'apperçut point que le Comte de Cerneil étoit son adversaire : elle lui fit une blessure dangereuse ; & elle en reçut une en même-tems, qui la mit hors d'état de continuer le combat. Mais quels furent leur étonnement & leur douleur, quand ces deux amans se reconnurent ! Heureusement leurs blessures n'étoient pas mortelles ; & dans peu de jours ils se trouverent parfaitement guéris. Dans le premier instant de la douleur, Mademoiselle d'Oran avoit dit au Comte les choses les plus tendres ; elle s'en repentit ensuite comme d'une foiblesse ; car elle s'étoit fait un point d'honneur, de ne jamais faire paroître son amour aux yeux de son amant. Son repentir & ce caprice porterent des irrésolutions & des doutes dans l'ame du Comte de Cerneil. Il ne pouvoit se flatter de régner sur le cœur d'une maîtresse qui faisoit douter, par sa façon de penser ferme & décidée, si elle étoit capable d'éprouver le sentiment. Il résolut de faire plier sa fierté sous le joug de l'amour ; & le succès de ce dessein devint nécessaire à son bonheur. Voilà, Madame, ce qui va donner lieu aux principaux événemens de cette histoire.

Au commencement de l'été, Madame & Mademoiselle d'Oran quitterent Grenoble, & emmenerent le Comte de Cerneil dans une de leurs Terres. Pendant le séjour qu'il y fit, il s'attacha, toujours de plus en plus à Mademoiselle d'Oran, qui l'aima aussi toujours davantage, sans vouloir lui faire l'aveu de son amour. Cet aveu même n'auroit pas suffi, pour engager le Comte à l'épouser; il vouloit des preuves plus convaincantes de tendresse; c'est-à-dire, en un mot, qu'il ne consentoit à devenir l'époux de Mademoiselle d'Oran, qu'après en avoir reçu les dernieres faveurs. Celle-ci avoit auprès d'elle, depuis son enfance, la fille d'un des Fermiers de son pere, nommée Léonore, pour laquelle le même âge & l'habitude de se voir lui avoient inspiré une tendre amitié, & ensuite une confiance sans bornes. Elles chercherent ensemble un moyen honnête de persuader Cerneil des sentimens dont il doutoit. Léonore fut d'avis qu'il falloit avoir un peu plus de complaisance pour le Comte, & qu'après quelques légeres faveurs, il presseroit lui-même son mariage, pour ne pas soupirer trop-long-tems après le reste.

Mlle d'Oran consentit à tout dans le premier moment; mais elle eut honte de sa foiblesse, lorsqu'elle vit son amant sur le point d'en profiter. Cerneil piqué d'une résistance à laquelle il ne s'étoit point attendu, se disposa à partir le lendemain; Léonore, pour le retenir, se servit de l'expédient le plus étrange. Elle assura le Comte que son amie alloit enfin se rendre à ses desirs; mais qu'en jouissant de la certitude flatteuse d'être aimé, on espéroit qu'il n'en abuseroit pas, & qu'il se contenteroit de la satisfaction de voir une amante pleine d'honneur, prête à lui tout accorder, plutôt que d'être séparée de lui. Elle ajouta qu'il pourroit, lorsque tout le monde seroit couché, parvenir jusqu'à sa chambre; qu'il entreroit dans son cabinet sans clarté & sans bruit ; mais que le voisinage de sa mere le forçant au silence, il ne posséderoit que très-peu de tems, les biens que l'amour lui promettoit. Vous observerez, Madame, que Mademoiselle d'Oran ne devoit pas coucher cette nuit-là dans sa chambre ; Léonore sçavoit qu'elle devoit la passer avec Madame de Ménil, qui étoit venue la voir à la campagne, & à qui elle avoit beaucoup de choses à dire. La petite Fermiere alla se mettre dans le lit de son amie ; & le Comte de Cerneil ne manqua pas au rendez vous. Il fut tendre, mais respectueux, selon les conventions ; & le lendemain Léonore fit part à Mademoiselle d'Oran, du stratagême que son zèle lui avoit suggéré, pour lui conserver le cœur & lui obtenir la main de son amant, sans lui faire rien perdre de son honneur. Mademoiselle d'Oran en fut d'abord extrêmement courroucée ; mais Léonore sçut lui alléguer de si bonnes raisons, qu'elle consentit à entretenir le Comte dans son erreur. Celui-ci ne parut pas satisfait de la premiere épreuve ; il en exigea une seconde plus convaincante & sans restriction ; & il fallut lui promettre ce qu'il désiroit. Mademoiselle d'Oran pria Léonore de tenir encore une fois sa place ; & elle apprit d'elle le lendemain, que le respect & la modération de Cerneil s'étoient démentis à la seconde épreuve. Léonore crut qu'il étoit temps d'éclairer le Comte sur sa méprise, & de faire servir à son propre avantage, des faveurs qu'elle accordoit si généreusement, & auxquelles on paroissoit se livrer avec tant de plaisir. Elle assura Cerneil que Mademoiselle d'Oran l'avoit forcée à cette complaisance, & qu'elle avoit eu d'autant moins de peine à se prêter à cette action, qu'elle n'avoit fait que suivre les mouvemens de son cœur. « Elle a voulu, dit-elle, que je prisse sa place, » pour tromper votre amour ; & l'excès du mien » m'y a fait consentir. »

Ces dernieres paroles excitérent l'indignation de Cerneil contre Mademoiselle d'Oran ; & dès ce moment il transporta à Léonore, toute la sensibilité que lui avoit inspirée sa premiere maîtresse. Celle-ci qui ignoroit la trahison de son amie, ne sçavoit à quoi attribuer ce changement. Pour s'en venger, elle proposa une troisieme épreuve, dans le dessein d'humilier le Comte en venant le surprendre au milieu de ses plaisirs. Le Comte feignit d'être toujours dans son erreur, & accepta le rendez-vous. Léonore se prêta encore à la vengeance de Mademoiselle d'Oran, sans rien dire à Cerneil du dessein de son amie : elle avoit un intérêt particulier à faire éclater cette aventure, qui ne pouvoit manquer de brouiller de plus en plus ces deux amans. La chose arriva comme elle l'avoit imaginée ; à peine Cerneil avoit été reçu par Léonore, que Mademoiselle d'Oran entra dans la chambre avec un flambeau ; mais elle eut la douleur de trouver les nouveaux amans parfaitement d'intelligence, & de n'avoir éclairé que sa propre honte.

Figurez-vous, Madame, les emportemens & la fureur d'une femme trahie par l'amitié, & trompée par l'amour ; & vous aurez une juste idée de l'état de Mademoiselle d'Oran. Le dépit succéda à la colere ; & comme le Marquis de Nevillé, pere du Comte, étoit veuf & lui avoit fait la cour, elle lui offrit sa main que le Marquis accepta. On n'attendoit plus que le moment de les unir, lorsque Mademoiselle d'Oran se promenant dans l'endroit le plus obscur du Parc, se sentit arrêtée par un homme qui embrassoit ses genoux. C'étoit le Comte de Cerneil qui venoit expier son crime aux pieds de sa maîtresse. Il alloit se percer avec son épée, si Mademoiselle d'Oran ne l'eût retenu. Les cris qu'elle fit, attirèrent le Marquis de Nevillé dans cet endroit. Croyant qu'un Assassin en vouloit à sa vie, & n'ayant point, dans l'obscurité, reconnu son fils, il le frappa d'un coup mortel. Il lui resta cependant encore assez de force, pour dire comment il avoit été trompé par la perfide Léonore. Le Marquis de Nevillé pénétré d'horreur, & déchiré par un désespoir cruel, quitta des lieux qui lui étoient devenus si funestes.

Je vous ai dit, Madame, que le Chevalier d'Oran & Madame de Ménil n'entroient, dans ce Roman, que comme personnages épisodiques. Le Chevalier aimoit la Marquise; & il en étoit aimé. Ils se disposoient à s'unir par les nœuds de l'hymen, lorsqu'un événement imprévu vint différer leur mariage. Dans une fête que le Chevalier donnoit à la campagne à sa maîtresse, la crainte d'un orage les obligea d'entrer dans une Ferme, où un enfant de quatre ans vint le reconnoître pour son pere. La Marquise en conçut de fâcheux soupçons, & résolut dès-lors de rompre toute liaison avec son amant. Elle ne savoit pas que cet enfant lui appartenoit autant qu'au Chevalier; & celui-ci ignoroit également que la Marquise en étoit la mere. Voici ce qui avoit donné lieu à ce mystere.

Le Marquis de Ménil avoit été amoureux d'une femme qu'il voyoit toutes les nuits dans une maison tierce. La Marquise gagna le maître de la maison, & s'y rendit pendant la nuit, pour y surprendre sa rivale. Elle se mit au lit en attendant l'arrivée de son époux. Le Chevalier d'Oran, qu'un intérêt presqu'égal avoit attiré dans la même maison, alla se coucher dans le même lit. Voilà, Madame, le secret de la naissance de cet enfant, dont le pere & la mere ne s'étoient jamais vûs, & qui s'étoient séparés sans se connoître.

Par quelle aventure fut-il mis dans cette ferme à l'insçû de la Marquise ? Comment le Chevalier s'est-il trouvé seul chargé de son éducation ? Par quel motif ce dernier étoit-il venu dans la maison où étoit Madame de Ménil ? Par quel hazard fut-il introduit dans son lit ? Pourquoi enfin se quitterent-ils sans se parler, & ne purent-ils pas se connoître ? C'est ce que vous apprendrez, Madame, dans l'Ouvrage même, si ces sortes de détails vous intéressent fort.

Ce Roman est écrit avec beaucoup d'esprit ; les situations en sont touchantes, les caracteres bien soutenus, & chaque aventure parfaitement bien amenée.

On attribue encore à Mlle Fauques deux autres Ouvrages, dont il n'est peut-être pas bien sûr qu'elle soit l'Auteur ; &, quand elle le seroit effectivement, ils n'offrent rien pour vous, Madame, d'assez intéressant, pour vous y arrêter. L'un est intitulé : *La derniere guerre des bêtes, pour servir à l'Histoire du dix-huitieme siécle ;* l'autre, *Frédéric le Grand au Temple de l'Immortalité.* Je ne dis rien des *Zélindiens,* pour les mêmes raisons.

Je suis, &c.

LETTRE XVII.

Mlle de Saint Phalier.

La femme Auteur qui va faire, Madame, le sujet de cette lettre, a été connue dans le monde sous plusieurs noms différens. Née à Paris, d'une naissance commune, elle se nomma d'abord, comme son pere, Aumerle; & son nom de baptême étoit Françoise Thérese. Elle se fit ensuite appeller Saint-Phalier; & c'est sous ce nom, qu'elle a été plus connue; parce que c'est celui, sous lequel elle a publié divers Ouvrages en prose & en vers, des Piéces de Théâtre & des Romans. Enfin, ayant épousé M. Dalibard, qui occupe un emploi dans la Finance, & qui nous a donné l'Histoire des Incas, & des expériences sur l'Electricité. Mademoiselle Françoise Thérese Aumerle de Saint-Phalier, a pris le nom de son mari, qu'elle n'a porté que fort peu de tems, étant morte le 3 Juin de l'année 1757, âgée d'environ trente-quatre ou trente-cinq ans. Elle joignoit une assez belle figure à un esprit cultivé. Ayant perdu son pere assez jeune, elle fut élevée sous la conduite de sa mere, qui lui permit de suivre son goût, & le talent qu'elle croyoit avoir de bien écrire.

Ses Ouvrages en prose sont *le Porte-feuille rendu & les Caprices du Sort*. Le premier est un Recueil de *Lettres historiques*, qu'une certaine Emilie est supposée avoir entre les mains, & qu'elle envoye à une de ses amies, à mesure qu'elle les copie. Ces lettres contiennent trois histoires différentes: la premiere est celle des amours de M. d'Her...

& de Mademoiselle D. M. Le pere de la Demoiselle voit cet amour avec plaisir ; mais il change d'avis, pour faire épouser à sa fille un homme fort riche. La Demoiselle n'y veut point consentir, & préfere le Couvent. L'amant toujours fidele, trouve le moyen d'écrire à sa Maitresse ; le pere s'en apperçoit, arrête les lettres, & fait croire à sa fille que M. d'Her... l'a oubliée pour en épouser un autre. La fille désespérée prend l'habit de Religieuse : son pere en meurt de chagrin ; elle apprend que son amant n'est point infidele ; elle quitte le Couvent, & l'épouse.

J'oubliois de vous dire qu'avant les violences de son pere, Mademoiselle D. M. avoit eu un moment de foiblesse. Son amant, introduit la nuit dans la chambre de sa maîtresse, par une vieille gouvernante qui étoit dans ses intérêts, rêvoit aux moyens d'empêcher le mariage que le pere vouloit terminer en peu de jours. » Il fit
» si bien, dit la Demoiselle, qu'il engagea ma
» Gouvernante de se mettre au lit ; elle céda, &
» donna bientôt des preuves du plus profond sommeil. Mon amant, qui n'étoit plus contraint,
» retomba à mes genoux, me représenta avec vivacité la cruauté de mon pere, & la peignit
» sous des couleurs que l'égarement de sa raison rendoit excusables. Il me serroit tendrement les mains, me regardoit avec des yeux
» pleins d'un feu qui m'animoit moi-même : il
» me dit, d'une voix mal assûrée, qu'il n'y avoit
» qu'un seul moyen pour déterminer mon pere à
» la conclusion d'un mariage, auquel il avoit consenti autrefois ; que ce moyen étoit infaillible,
» si j'en voulois faire usage. Il redoubloit son empressement à me serrer dans ses bras ; j'étois

» si agitée, que je ne sentois pas la force de ses
» expressions; je n'avois pas même celle de me dé-
» fendre des plus tendres caresses qu'il me prodi-
» guoit ; il s'expliqua enfin plus clairement; mais
» étois-je à moi ? Je ne pouvois ni souscrire, ni
» résister... Déjà je n'entrevoyois plus que foi-
» blement ce cher amant, &c... Il ne me con-
» sulta plus ; & il profita de ce trouble, où je
» m'ignorois moi-même.

La seconde histoire est celle d'une Religieuse, qui, avant que d'entrer au Couvent, est séduite dans la maison même de son pere, par un jeune homme auquel elle se livre, sous promesse de mariage. Il part, & laisse écouler un tems considérable sans lui donner de ses nouvelles : cependant il lui écrit, & l'engage à venir à Paris ; il va au-devant d'elle, l'amene jusqu'aux barrieres, & l'abandonne : cette malheureuse fille met au monde le fruit de ses amours, & finit par trouver une Dame charitable qui lui paye sa dot dans un Couvent, où elle fait profession. Plusieurs années de retraite ne servirent qu'à fortifier sa passion.

L'Héroïne de la troisieme histoire, est une femme de condition, trompée par un Comte dont elle est folle. Il l'emmene dans une maison de campagne, l'épouse en secret, sous prétexte qu'il a un oncle à ménager, dont il attend de gros biens, & qui lui auroit refusé son consentement pour ce mariage. Au bout de trois jours, le nouvel époux quitte sa femme, & lui enleve, en partant, sept ou huit mille francs qu'elle avoit dans son secrétaire.

Je ne vous dirai rien de plus du Porte-feuille rendu, ni ne vous exhorte à le lire, non plus que *les Caprices du Sort, ou l'Histoire d'Emilie*, dont je veux pourtant vous entretenir un moment.

M. de Valeroi épouse secrettement une jeune personne ; il en a deux enfans, Emilie & un fils. Une affaire d'honneur l'oblige à quitter le Royaume ; son épouse meurt dans son absence, avant que son mariage ait été rendu public. Ses enfans restent entre les mains de leurs Nourrices, qui les élevent comme si elles en étoient les meres.

La jeune Emilie, qui croissoit en âge & en beauté, alloit quelquefois se promener seule dans une prairie. Des Dames qui faisoient cette même promenade, l'apperçurent ; elle leur plut ; une d'entr'elles la demanda à sa Nourrice, & l'emmena à Paris. Madame Randel, c'est le nom de cette femme, voulant pourvoir à son établissement, lui propose d'épouser un jeune homme sans bien, nommé Verceuil, que le Marquis de Tresleux, ami de Madame Randel, lui présente, & à qui il avoit procuré un emploi. Mais Emilie avoit déjà disposé de son cœur, & s'étoit attachée au Chevalier d'Armille. Elle refusa d'abord le parti qu'on lui offroit ; mais enfin la reconnoissance qu'elle devoit à sa bienfaitrice, alloit la conduire à l'Autel comme une victime. Le mariage devoit se célébrer à la campagne ; déjà on s'y étoit rendu ; le Chevalier d'Armille étoit de la partie ; on n'attendoit plus que le Marquis de Tresleux. Comme on ne recevoit point de ses nouvelles, on fixa un jour pour la cérémonie. La veille de ce jour fatal, le Chevalier d'Armille désespéré, entra dans la chambre de son amante. » Il » s'offrit à moi, dit-elle, un pistolet à la main, & » me dit : allons, ma chere Emilie, fuyez vos

» persécuteurs, pour suivre un homme qui vous
» adore; si vous m'aimez, votre parti doit être
» pris; vos refus me feront périr à vos yeux. Il
» n'y a nul danger à craindre, ajouta-t-il; tout
» le monde est enseveli dans le premier sommeil;
» choisissez de donner la mort à l'amant le plus
» tendre, en épousant un homme que vous haïs-
» sez, ou de faire mon bonheur, en assurant le
» vôtre.

» Cette alternative ne rendit pas le calme à
» mon ame; je perdis tout sentiment. Le Che-
» valier me prit dans ses bras, & m'emporta. Le
» mouvement de la voiture rappella mes sens;
» je me précipitai sur mon amant. Il avoit dé-
» terminé mes irrésolutions; & j'oubliai tout,
» pour me livrer au plaisir d'être avec ce que j'ai-
» mois.

» Dès que l'on fut éveillé au Château, on
» s'apperçut de notre fuite. On dépêcha des gens
» de tous les côtés; & Monsieur de Verceuil se
» mit à la tête de la troupe qui suivoit nos traces;
» ils n'auroient cependant pu nous joindre, sans
» un accident qui nous arriva. Un de nos chevaux
» s'abbatit; il fut blessé à une jambe; on fut obli-
» gé d'aller au pas jusqu'aux premiers relais.
» Nous commençâmes à craindre; nous étions
» attentifs à examiner si nous n'appercevions
» rien.

» Le Chevalier tira son couteau de Chasse par
» précaution. Je sentis mon sang qui se glaçoit
» dans mes veines. Enfin, nous apperçûmes plu-
» sieurs cavaliers qui galoppoient derriere nous;
» ils étoient encore éloignés; mais ils ne pou-
» voient manquer de nous joindre bientôt. Nous
» pressâmes le Postillon; il n'étoit pas en son

» pouvoir d'aller plus vîte. Peu de tems après,
» nous entendîmes crier, *arrête*. J'étois pétri‑
» fiée de frayeur. Le Chevalier vouloit descen‑
» dre ; je l'en empêchai. Une Chaise qui venoit
» devant nous, ranima notre espoir ; nous ne
» doutâmes point qu'elle ne nous joignît assez‑
» tôt, pour que nous ne pussions demander du
» secours à ceux qui la conduisoient. Cependant
» nous fûmes environnés. Je reconnus Mon‑
» sieur de Verceuil ; il avoit le pas sur ceux qui
» l'accompagnoient ; il menaçoit le Postillon de
» le tuer s'il n'arrêtoit. Le Chevalier d'Armille
» fit la même menace, au cas qu'il arrêtât. M.
» de Verceuil prit un pistolet à l'arçon de la selle,
» & fit feu. La Chaise, qui alloit toujours, fut
» cause que le coup atteignit le Chevalier, & lui
» brûla la cervelle. Le Postillon effrayé descen‑
» dit de cheval, & s'éloigna. Le meurtrier s'ap‑
» procha de la Chaise ; alors ne connoissant plus
» d'autre guide que ma fureur, & emportée par
» mon désespoir, je saisis le couteau de Chasse
» de mon amant ; & je le plongeai dans le cœur
» de M. de Verceuil, lorsqu'il approcha de moi.
» Il expira dans l'instant que la chaise, qui avoit
» soutenu notre espérance, arriva. Il en sortit un
» homme que le trouble où j'étois, m'empê‑
» cha de reconnoître. Il s'écria : ah ! malheureu‑
» se ! qu'avez-vous fait ? vous avez assassiné mon
» fils ! Ces paroles ranimerent mes sens ; je le fi‑
» xai ; c'étoit le Marquis de Tresseux. Je ne com‑
» prenois pas comment Verceuil pouvoit être
» son fils ; mes yeux retomberent sur l'infortuné
» Chevalier d'Armille. Ce spectacle effrayant
» m'ôta enfin tout sentiment ; & je ne le recou‑
» vrai qu'au Château où l'on me remena.

» Je me trouvai sur un lit environnée de tous
» les domestiques, & de ma Nourrice qu'on
» avoit fait avertir. On me dit que Madame
» Randel se mouroit ; que M. de Tresleux se
» désespéroit. Je poussois des cris pitoyables ;
» j'étois dans un état à n'avoir plus rien à mé-
» nager. Le désespoir, la fureur m'animoient ;
» je demandois le Chevalier d'Armille ; je ne
» pouvois me persuader qu'il fût mort ; je croyois
» qu'il pouvoit encore recevoir des secours ; j'im-
» plorois ceux qui m'environnoient ; je voulois
» qu'on lui rendît la vie. On m'assuroit que rien
» ne pouvoit le ranimer. Ma fureur renaissoit ;
» je voulois le voir & expirer sur lui. On pou-
» voit à peine suffire, malgré le nombre, pour
» me sauver des accès de mon désespoir.

» On vint me chercher de la part de Madame
» Randel. Elle étoit dans un état aussi dé-
» plorable que le mien ; ah ! malheureuse Emi-
» lie, me dit-elle, quel prix réserviez-vous à la
» tendre compassion, avec laquelle je vous avois
» reçue chez moi ! Je serois trop heureuse, s'il
» ne m'en coûtoit que la vie. Elle n'en put dire
» davantage. Le Marquis à son tour s'écria ;
» Emilie, trop cruelle Emilie, pourquoi faut-il
» que je vous aie connue ? Ma Nourrice, qui jus-
» qu'à ce moment, avoit eu les yeux baissés, frap-
» pée du son de cette voix, les leva sur le Mar-
» quis, fit un cri, & s'évanouit.

» Ce nouvel accident, dont on ignoroit la cau-
» se, fit diversion à nos douleurs : on s'empressa
» de la secourir ; le Marquis lui-même s'appro-
» cha d'elle, & ne l'eut pas plutôt envisagée, qu'il
» dit ; ô Ciel ! veillons-nous ? ou bien un songe
» funeste abuse-t-il mon esprit ? Après cette ex-

» clamation, il tomba sur un siége, la tête ap-
» puyée sur ses mains. Ma Nourrice revint de
» son saisissement : elle me tendit la main ; &
» se tournant du côté du Marquis, elle se jetta
» à ses pieds, en lui disant : ah, Monsieur !
» Pardonnez à Emilie des malheurs, que vous ne
» devez imputer qu'aux rigoureux caprices du
» sort. Hélas ! ma fidélité à garder un secret con-
» fiée à ma foi, devoit-elle être un crime, & en
» occasionner tant d'autres ? Pourquoi ne vous
» ai-je jamais rencontré chez Madame Ran-
» del ? Si je vous avois trouvé plutôt, nous au-
» rions prévenu tant de malheurs. Approchez,
» me dit-elle, ma chere enfant ; embrassez les
» genoux de votre pere ». Oui, Monsieur,
ajouta-t'elle, en continuant de parler au Marquis, Emilie est votre fille ; je vous la rends, hélas, encore plus malheureuse qu'elle n'étoit, lorsque je la reçus des bras de sa mere expirante.

Jugez, Madame, quelle dut être la consternation du Marquis. Il venoit de découvrir la veille,
que Verceuil étoit son fils ; il arrive ; il le voit
tomber d'un coup mortel ; son meurtrier c'est sa
propre fille ! Tant de malheurs le conduisirent au
tombeau. Emilie & Madame Randel se retirent dans un Couvent.

La Rivale confidente. J'ai encore un mot à vous dire d'un autre Ouvrage de Mademoiselle de Saint Phalier : c'est
une Comédie en trois actes, en prose, qui fut
jouée au Théâtre Italien en 1752, sous le titre
de la Rivale confidente, avec peu de succès, mais
que l'Auteur a fait imprimer. Il s'agit d'un portrait que Julie envoye à son amant Valere. Ar-
lequin chargé de la commission, se laisse voler. Le
portrait est remis à Orphise, confidente de Julie, &

sa rivale. Orphise veut brouiller ensemble les deux amans, à la faveur du portrait, qu'elle feint avoir été envoyé par Julie, à un autre que Valere. L'artifice est reconnu. Orphise sacrifie sa passion au bonheur de Julie & de Valere, dont le mariage termine la Piéce.

À la premiere représentation de cette Comédie, Mademoiselle de Saint-Phalier, qui étoit dans une petite loge grillée, pour jouir, sans être vue, des succès qu'elle en espéroit, voyant que la satisfaction du Parterre ne répondoit pas à son attente, tomba évanouie, croyant que les Acteurs avoient pris sa Piéce en guignon, & s'efforçoient, en jouant mal, de la faire tomber. Revenue de son évanouissement, à force d'eau spiritueuse, elle dit, en répandant un torrent de larmes, & jettant les hauts cris : *ils déchirent ma Piéce ; ah ! ils déchirent ma Piéce !*

Le Public n'en a pas été plus satisfait à l'impression, non plus que de son Recueil de Poësies. Ce sont la plupart de ces vers de société, qui, hors de l'à-propos, n'ont plus de sel, & qui, dans l'à-propos même, en manquoient le plus souvent.

Je suis, &c.

LETTRE XVIII.

<small>Madame Belot.</small>

C'EST sous le nom de Madame Blot, ou Belot, que Madame la Présidente de Meinieres, étant veuve d'un Avocat au Parlement, a composé divers Ouvrages de Littérature, & spécialement des traductions de livres Anglois. Elle donna d'abord des *réflexions d'une Provinciale sur le Discours de M. Rousseau de Genève, touchant l'origine de l'inégalité des conditions parmi les hommes.* Pour renfermer sous deux points principaux tout le sujet de cette controverse, la Dame Auteur prétend que l'état de pure nature n'a jamais pu exister, & que, s'il étoit possible qu'il existât, il nous rendroit plus malheureux que nous ne sommes. L'état de pure nature, dans le sens qu'on lui donne ici, d'après M. Rousseau, est celui qui met l'homme à côté des animaux, en le dépouillant de sa raison. Si cet état étoit possible, il s'ensuivroit que la raison ne seroit pas une qualité essentielle à l'humanité, & que les hommes n'auroient jamais pu l'acquérir. En effet, si cette faculté nous est propre, comment peut-on supposer qu'elle puisse demeurer sans exercice? Et si elle peut s'acquérir, comment les animaux, qui sont aussi vieux que nous, n'en seroient-ils pas également pourvus? L'Auteur suit ce raisonnement, l'étend, le développe & l'expose dans tout son jour & dans toute sa force.

<small>Réflexions d'une Provinciale.</small>

Un état où l'homme n'auroit ni desir, ni crainte, ni curiosité, ni prévoyance, est, selon

M. Rousseau, non-seulement un état possible, mais qui existe même, ou du moins qui a existé parmi les Sauvages : c'est sous un aspect bien différent, que Madame Belot se représente ces hommes, que le Citoyen de Genève met si fort au-dessous des bêtes même. Elle suppose un Sauvage dépourvû de toute connoissance, mais doué de l'intelligence inséparable de l'humanité. En parcourant toutes les facultés de son être, elle lui trouve un cœur fait pour aimer, un esprit fait pour réfléchir, des yeux qui se fixent sur les objets qui l'inspirent, &c. » Dans le nombre de
» ces objets, celui qui l'affecte davantage, est,
» sans doute, celui qui lui ressemble le plus, c'est-
» à-dire, sa naïve compagne. Il me semble en-
» core qu'avant de deviner de quel prix ces in-
» nocens époux sont l'un à l'autre, avant que de
» mettre à profit l'ingénieuse différence que la
» nature laisse entr'eux, ils doivent employer
» quelque tems à la rechercher & à la saisir. Ce
» tems est précieux ; il développe dans leur cœur
» & dans leur esprit, des sentimens & des idées
» agréables. Même espece, même penchant,
» même curiosité, mêmes transports, même
» yvresse ; que de motifs pour se devenir réci-
» proquement un objet de comparaison ! Que
» de liens déjà tissus ! Je crois les surprendre à
» se considérer ; ils se plaisent ; ils se communi-
» quent, par des sons ou par des signes, leur émo-
» tion naturelle. Après s'être examinés, ils ré-
» fléchissent ; ils se regardent & se parlent en-
» core ; ils desirent, ils s'unissent, ils s'aiment ;
» enfin ils sont heureux ».

A la suite d'une situation si douce, quelle raison auroient-ils de se fuir, comme le prétend

M. Rousseau ? Le soin de leur conservation ne doit-il pas plutôt leur devenir commun ? Ne trouvant, dans tout ce qui les environne, rien qui pense ou qui s'exprime comme eux, n'est-il pas plus naturel de croire, qu'ils craindront de se séparer ; qu'ils se tiendront sous le même arbre ; & qu'à chaque instant leur société se resserrera par l'attrait d'un nouveau plaisir ? En suivant ces deux époux & les enfans qui en naîtront, vous leur verrez former une société douce & aimable, au lieu de cette farouche indépendance, qu'on nous donne comme l'attribut le plus essentiel de l'humanité.

L'Auteur ne pense pas non plus, que l'invention des Langues ait dû coûter des peines inconcevables & des tems infinis. De la façon dont M. Rousseau parle de leurs origines, on diroit qu'elles sont l'ouvrage d'un seul homme, ou du moins, que depuis la création du monde, il n'y a jamais eu qu'un homme à la fois, qui ait fait des découvertes, & qu'on s'est fixé docilement au point où il les avoit laissées, en attendant que son Successeur les conduisît quelques pas plus loin. Un seul exemple vous fera voir combien cette supposition est chimérique. » Que vingt » Sauvages soient assis au pied d'un arbre, dit » la Dame Provinciale ; que par hasard le tonnerre tombant sur des feuilles sèches, les allume : après la premiere surprise, l'un d'eux dira » dans son Idiome : *j'appelle ceci du feu.* Voilà » le nom du phénomène trouvé. L'autre, en » éprouvant une sensation douloureuse lorsqu'il » y touche, dira : *ce feu est chaud.* Un troisieme » voyant qu'il s'éteint où les feuilles sont consumées, s'avisera d'y en jetter de nouvelles.

» Un quatrieme s'appercevra qu'il est *lumineux*.
» Enfin chacun, en particulier, profitant de la dé-
» couverte déjà faite de quelque propriété de cet
» élément, lui en cherchera encore; & tous les
» Sauvages, en se communiquant leurs obser-
» vations, auront très-promptement un grand
» nombre d'idées & de mots sur la nature & les
» effets du feu ».

En parlant de la nature de l'homme, de ses facultés, & de l'usage qu'il a dû en faire, vous voyez, Madame, que loin d'être un animal féroce, il a toujours eu le goût d'établir & de conserver une étroite correspondance avec ses semblables. Ce goût entraîne nécessairement celui de la société; & comme il ne peut y avoir de société, qu'il n'y ait en même-tems une inégalité morale & politique, fondée sur l'inégalité naturelle, l'inégalité des conditions est une suite nécessaire de ces mêmes facultés; elle n'est donc pas contraire à l'humanité, comme le prétend M. Rousseau : c'est le précis du raisonnement de notre Provinciale.

Le second objet qu'elle se propose, est de prouver que la vie civile est préférable à la vie sauvage, & que dans l'état de pure nature, s'il étoit possible qu'il existât, nous serions beaucoup plus malheureux que nous ne sommes. Avant que de parcourir les avantages & les inconvéniens de l'une & de l'autre, l'Auteur demande à M. Rousseau en quoi il fait consister le bonheur ? Est-ce dans la soustraction des peines ? Est-ce dans la multiplication des plaisirs ? Dans le premier cas, il faudra conclure que le néant est préférable à l'existence; & qu'est-ce qu'une hypothèse dont on peut déduire de semblables conséquences ? Si, au contraire, c'est dans la multiplication des plaisirs, qu'il faut chercher le bonheur, il est certain que l'homme civilisé a des avantages infinis sur l'homme sauvage L'image terrible que nous a tracée M. Rousseau, des malheurs de la société, est ici contrastée par le tableau charmant de tous les biens que cette même société nous procure.

Ce qui choque principalement M. Rousseau dans la vie civile, c'est l'inégalité des conditions qu'il envisage toujours sous l'aspect d'obéissance & de servitude. Mais, répond l'Auteur, ou cette inégalité est fondée sur le mérite, & alors elle est juste ; ou elle résulte de quelques abus, & dans ce cas, elle est nulle aux yeux de la fierté philosophique. » Que m'importe le rang, le faste &
» l'opulence d'Araminte? si ce sont les seuls
» avantages qu'elle ait sur moi, ces avantages
» nous sont étrangers à l'un & à l'autre ; son cor-
» tége éclipse le mien, d'accord ; mais elle-mê-
» me ne m'éclipse pas. Il en est autant de l'obéis-
» sance politique. Si celui qui commande une
» armée, est de toute l'armée le plus capable
» de commander, tant mieux ; je le vois à sa
» place ; & tout lui doit obéir sans répugnance.
» Si, au contraire, son incapacité est reconnue,
» que fait encore à l'orgueil de chaque Subal-
» terne, la nécessité d'exécuter ses ordres ? Ce
» n'est point l'homme qui commande à l'hom-
» me ; c'est le grade qui commande au grade. «

En vain M. Rousseau parcourt avec véhémence les désordres que l'abus du pouvoir traîne après soi ; les mêmes vices, qui font abuser de l'autorité, feroient abuser de l'indépendance. On en sera persuadé, si on fait attention à ce qui se passe chez les sauvages ; c'est un autre tableau, que l'on oppose à celui de Monsieur Rousseau. Il est vrai, dit l'Auteur, que tant que l'on mettra en parallele les mœurs innocentes d'un sauvage né vertueux, avec les crimes de Neron; l'abondance & la liberté de ce sauvage, dans un paradis terrestre, où l'imagination le place, avec l'esclavage & la misere d'un Chrétien, dans les fers des forbans, l'état de l'homme sauvage l'emportera sur celui de l'homme civilisé. C'est l'ensemble de l'un & l'autre état, qu'il faut comparer; &, malgré les abus introduits dans la société, on verra que les hommes y sont moins à plaindre qu'ils ne le seroient, en vivant sans frein, sans loix & sans maîtres. C'est la conclusion de cette seconde partie. De tous les écrits qui ont paru contre l'hypothèse de M. Rousseau, un de plus sensés, à mon avis, des mieux raisonnés & des plus méthodiques, sont ces *Réflexions d'une Provinciale*, dont je n'ai fait qu'effleurer les raisonnemens. L'Auteur y combat son Adversaire avec autant de force, que de politesse; & ses raisons, toujours accompagnées de quelqu'étaye, n'en sont que plus persuasives dans la bouche d'une femme.

Dans des *Observations sur la Noblesse & le Tiers-Etat*, Madame Belot n'a en vûe, que de fortifier, par de nouvelles raisons, le système de la noblesse militaire, & d'exposer les anciennes dans un nouveau jour. On n'y parle du tiers-état, que pour prouver qu'en appellant la noblesse au commerce, cette association est plus capable de blesser l'amour-propre des commerçans roturiers, que de le flatter. Si les métaux auxquels l'or s'allie, sçavoient raisonner, ils se trouveroient bien humiliés à la coupelle, au moment où l'or s'épure: ils voudroient alors n'avoir point fait

Observations sur la Noblesse.

corps avec lui, plutôt que de s'être exposés à la comparaison.

Quoique cet écrit ne soit ni de la même force, ni de la même clarté, que celui de M. le Chevalier d'Arcq, dont il est comme le supplément, il n'en est pas moins digne de figurer avec honneur dans cette foule de brochures qui ont été faites sur cette matiere.

Les autres Ouvrages de Madame Belot ne sont plus que des Traductions de livres Anglois. Si ce que vous venez de voir jusqu'à présent, ne vous a pas fait assez connoître son style, je vais, Madame, vous faire part des diverses productions qu'elle a transmises dans notre langue, & vous en citer quelques morceaux. Elle en a réuni plusieurs sous le titre de *Mélanges de Littérature Angloise*, où elle ne montre pas moins de discernement & de goût dans le choix, que de correction, de fidélité & d'élégance dans l'exécution.

<small>Mélanges de Littérature.</small>

Parmi les vingt-six ou vingt-sept pieces de divers genres, qui forment les deux parties de ce Recueil, une des plus remarquables, est la Préface, qu'un Auteur Anglois, homme de qualité, a mise à la tête d'un écrit de sa façon, intitulé : *Maximes & caracteres*. Ce livre étoit déja connu par plusieurs fragmens insérés dans nos journaux, avant que Madame Belot eût entrepris d'en donner la traduction. Ces maximes sont suivies de portraits ou caracteres, & de différentes pieces de Poësies.

<small>Nouradin & Almamoulin.</small>

Le Conte de *Nouradin & Almamoulin*, extrait Anglois, intitulé le *Rambler*, est un ouvrage d'un écrit périodique moral, dont le but est de prouver qu'on doit faire peu de fonds sur les richesses. Almamoulin avoit hérité des trésors immenses de son pere Nouradin, le plus riche Négociant de l'Inde. Le jeune homme, élevé séverement, se crut heureux en se voyant maître de tant de richesses, & ne mit point de frein à ses fantaisies. Assis dans un char superbe, il répandoit l'argent dans les rues pour acheter les acclamations du peuple; mais ses largesses lui firent des ennemis puissans, qu'il n'appaisa qu'à force d'or, de pierreries & de bassesses. Il voulut s'étayer de quelque alliance illustre avec les Princes Tartares, & leur offrit le prix de leurs Royaumes, pour obtenir la main d'une Princesse de leur sang. Colcanda, Souveraine d'Astracan, daigna permettre qu'il parût en sa présence; elle le reçut placée sur son trône, & éblouissante par sa beauté. Almamoulin ne peut soutenir tant d'éclat; il approche en tremblant, bégaye, se prosterne. La Princesse indignée de son air déconcerté, le congédie avec mépris. » Fuis, » homme aussi foible que vain, lui dit-elle; tu » es né pour l'opulence, & non pour la gran- » deur. « Almamoulin honteux, se retira, & ne songea plus qu'à se réduire aux amusemens domestiques; il fit construire des palais, traça des jardins, transplanta des forêts, applanit des montagnes, &c. Ces travaux l'occuperent quelque tems; mais il s'en dégoûta; & tout ce qu'il avoit fait lui devint ennuyeux. Il prit le parti de se livrer aux plaisirs; sa table étoit chargée des mets les plus exquis; les vins les plus rares pétilloient dans ses coupes d'or; ses lampes répandoient les parfums les plus délicieux; tous les habitans de la Ville étoient ses amis, parce que sa maison étoit ouverte à tout le monde. Il se livroit à ces riantes idées, lorsqu'un Officier de la Justice le fomma de comparoître devant l'Empereur. Un de ceux qu'il recevoit le plus familierement chez lui, l'avoit accufé de haute trahifon, dans l'efpoir d'avoir part à la confifcation de fes biens. Il fut juftifié avec éclat; & fon accufateur périt en prifon.

Almamoulin fe laffa de tant de recherches inutiles fur les moyens de vivre heureux; & un jour qu'il s'entretenoit de ce fujet avec un fage vieillard, celui-ci lui dit : » Vous attendiez
» de la poffeffion des richeffes, ce que l'expé-
» rience vous a montré n'en pas dépendre. El-
» les ne donnent pas la fageffe, puifqu'elles
» vous fuggererent d'acheter, au plus haut prix,
» le vain fon des acclamations populaires. Elles
» ne difpofent pas de la magnanimité, puifque
» vous tremblâtes à Aftracan, en préfence d'une
» Princeffe, dont l'être confidéré philofophique-
» ment, n'eft pas au-deffus du vôtre. Elles ne
» reffufcitent pas les tentations éteintes du plai-
» fir ; vos palais abandonnés, vos jardins négli-
» gés, en font la preuve. Elles acquerent rare-
» ment de vrais amis, puifque les vôtres vous
» ont trahi. Cependant ne concluez pas que les
» richeffes foient inutiles : le fage fçait en ren-
» dre l'ufage délicieux ; c'eft lorfque la bienféan-
» ce éclairée le dirige. «

Madame Belot a tiré du *Magafin*, autre Ouvrage Périodique de Londres, des *Obfervations fur la Sculpture*. Le même *Magafin* a encore fourni *Buhamar*, Hiftoire Orientale. Un Architecte & un Serrurier furent accufés & convaincus de crimes fi fubtilement commis, qu'il fembloit incroyable, que deux hommes feuls euffent pu les exécuter. Le Prince Buhamar, qui avoit été fort attentif à l'inftruction de cette af-

Buhamar.

faire, apprit que les serrures, les verroux & les portes ne résistoient point à l'adresse des deux coupables. Il songea à en tirer parti pour un projet de vengeance qu'il méditoit contre *Ackmet-Daulet*, son ennemi déclaré, le confident, l'ami & le premier Ministre du Sophi de Perse. Il les fit transférer dans son Palais; leur promit de leur accorder leur grace, & de les combler de biens, s'ils vouloient s'engager à glisser un paquet décacheté dans le cabinet, où le Roi de Perse & son Ministre se retiroient pour conférer ensemble des affaires les plus secrettes. L'Architecte promit tout, avec le secours de son camarade; car ils ne pouvoient rien faire séparément: ils reçurent une somme considérable, & le paquet en question. C'étoit une lettre écrite, de la main même de Buhamar, au Ministre Persan, qui contenoit des remercimens pour les bons offices que Daulet paroissoit lui avoir rendus, entr'autres celui d'avoir détourné son Maître d'envoyer cette année des troupes dans ses états. A cet écrit, étoit jointe une lettre-de-change de quarante mille séquins d'or, comme un gage de sa reconnoissance. Les deux scélérats arrivés à Ispahan, exécuterent avec leur adresse ordinaire, cette détestable commission. Peu de momens après qu'ils eurent achevé, le Sophi de Perse fit dire au principal Eunuque, d'avertir Ackmet-Daulet de se rendre au lieu accoutumé de leurs entretiens. L'Eunuque commença par aller préparer dans ce cabinet les choses nécessaires à son Maître; &, appercevant le paquet à ses pieds, comme s'il fût tombé de la poche de quelqu'un; soit fidélité pour son Souverain, soit envie de perdre Achmet, il porta sa découverte au Sophi,

qui ne douta point de la trahison de son Ministre, lorsque, pour s'en assurer, il eût fait présenter la lettre-de-change, qu'on offrit de payer sur le champ. Daulet fut condamné à la mort; sa femme & ses enfans la reçurent de même; & sa maison fut rasée & réduite en poussiere. Buhamar ayant appris cette sanglante tragédie, fit venir les criminels agens, dont il s'étoit servi pour la préparer. » L'action que vous venez de
» faire, leur dit-il ironiquement, est si glorieu-
» se, que si vous viviez plus longtems, je crain-
» drois que vous n'en ternissiez l'éclat par quel-
» que autre. Qu'on les étrangle, ajouta-t'il, en
» les quittant; & il fut obéi. «

Rustan & Mirza.

Rustan & Mirza, autre *Histoire Orientale du Magasin*, fournit des traits d'une amitié plus qu'héroïque. Rustan & Mirza, tous deux nés à Ispahan, à peu près du même âge, jouissant d'une égale fortune, étoient Marchands, & connus dans la Ville sous le nom des deux amis. Ils resserrerent encore les nœuds de leur attachement réciproque, en épousant les deux sœurs, & vécurent dans cet heureux état, jusqu'au jour où Rustan perdit son épouse. Mirza partagea sa douleur, & l'adoucit; & pour achever d'en triompher, les deux amis résolurent de faire un voyage à Méaco. Ils y furent bientôt liés avec les Négocians Européens, qui abondent dans cette Ville fameuse; mais Mirza ayant pris querelle avec un d'entr'eux, celui-ci lui dit à l'oreille, qu'il falloit se rencontrer le lendemain hors des murs, & lui faire raison, selon l'usage de son pays. Mirza accepta le cartel; &, comme il sortoit de chez lui pour se trouver au rendez-vous, il se laissa tomber, & se démit le bras. Rustan se crut obligé de tenir la parole de Mirza, & d'aller se battre à sa place. Du premier coup d'épée, il se défit de son adversaire; mais une troupe d'Européens, cachés derriere une haie, entourerent Rustan, se saisirent de lui, & le conduisirent devant le Juge, qui le condamna à perdre la vie. Mirza apprenant cette affreuse nouvelle, se leva malgré sa blessure, & alla intéresser les Citoyens les plus considérables de la Ville auprès du Juge, pour solliciter la grace de Rustan: il offrit une somme de vingt mille écus payables en quarante jours, & demanda que la Sentence, sursise pendant ce délai, fut annullée après le payement, ou exécutée, faute d'exactitude au terme prescrit. Sa proposition fut acceptée; & Mirza partit pour aller vendre les effets qu'il avoit à Ispahan. Mais quelle fut sa douleur, lorsqu'il apprit qu'un Commis lui avoit volé la plus grande partie de ses marchandises, & s'étoit enfui. En vendant tout le reste, il ne peut réaliser que quarante mille livres; & personne ne voulut lui prêter ce qui lui manquoit, pour completter les vingt mille écus. Il ne lui restoit plus que quelques meubles, sa femme & ses enfans. Il vendit ses meubles sans balancer; mais cette femme qu'il adoroit, ces enfans qui lui étoient si chers, comment se résoudre à sacrifier leur liberté? Cependant les gémissemens de l'amitié firent taire le cri de l'amour & de la nature: Mirza va trouver un Marchand d'esclaves; & pénétré, déchiré, accablé d'horreur & de tendresse, il conclut le marché fatal, qui lui arrache ses derniers trésors.

Ayant enfin la somme convenue, pour sauver la vie à son ami, il part pour Méaco. Le destin lui réservoit une nouvelle épreuve. Il n'étoit plus qu'à quelques lieues de la Ville, lorqu'il fut attaqué par une troupe de voleurs, qui ne lui laissèrent que ses habits. La seule ressource qui lui reste dans son désespoir, c'est de se mettre dans la place de Rustan, & de donner sa vie pour conserver celle de son ami. Il va trouver le Juge, & lui dit qu'il a fait des efforts inutiles pour trouver de l'argent à Ispahan; qu'il faut que Rustan y aille lui-même; qu'il le peut encore, avant que le délai expire; & il s'offre de rester en prison, & de mourir à sa place, si son retour ne les dégage pas à propos l'un & l'autre. Le Juge, touché d'une amitié si généreuse, consent à ce dernier arrangement. Rustan fait à son tour le voyage d'Ispahan, & apprend, en arrivant dans cette Ville, tout ce que son ami lui avoit caché; il voit le péril pressant de cet ami, & se propose de partir sur le champ pour l'aller délivrer; mais quelques personnes mal intentionnées le défèrent à la Justice, comme un débiteur qui cherche à s'enfuir; &, sans autre examen, il est arrêté & mis en prison. Cependant le dernier jour du terme approche; & Mirza raconte au Juge l'innocent artifice dont il s'est servi pour conserver les jours de Rustan, & les évenemens imprévus qui l'ont réduit à cette affreuse extrémité. Toute la Ville retentit de ses éloges; mais la Sentence de mort étoit prononcée; & les Marchands Européens en demandoient l'exécution. Jugez, Madame, du désespoir de Rustan, par les circonstances où il se trouvoit. Sa détention & ses aventures devinrent publiques; & son histoire parvint à la connoissance du chef des voleurs, qui avoient enlevé l'argent de Mirza. Ce malheureux, touché de compassion & de remords, fit passer à Rustan les vingt mille écus qu'il avoit volés, y ajouta même une somme considérable, dont il lui fit présent, & le mit en état de reprendre la route de Méaco, où il trembloit d'arriver trop tard. Il se présenta à la porte de la prison; & là, on lui dit que Mirza avoit été exécuté le jour précédent. Il veut d'abord s'arracher la vie; mais on le dérobe à sa propre fureur; & tandis qu'il se livre au désespoir, le Juge fait voir un ordre du Vice-Roi, qui accorde la grace à Mirza & à Rustan. Mirza paroît, au grand étonnement des spectateurs, qui le croyoient mort. Les deux amis s'en retournent dans leur patrie, où Mirza rachette sa femme & ses enfans.

A la suite de cette histoire, sont des *Réflexions sur la diversité des opinions*, traduites de l'*Adventurer*. Suivent des *Essais & Traités sur différens sujets*, par *David Hume*; un autre *Essai sur la licence de la presse*; la *Brunette*, qui a fait tant d'honneur à Prior, & tant de plaisir à ses Compatriotes; la *Retraite & le caractere d'Aristipe*; deux Epitres; le Poëme de la Pasmélie, divisé en six chants, est une satyre contre les Médecins.

Un *Essai sur l'impudence & la modestie*, par M. *Hume*; des *Recherches Philosophiques de l'origine de nos idées, du sublime & du beau*, terminent le second volume. Une chose qui manque à ce Recueil, est une courte notice, qui fasse connoître les Auteurs de la plûpart des Pieces qui le composent.

Ces Mélanges ont été suivis de la Traduction du Roman Anglois intitulé *Rasselas*, dont je vais, Madame, vous donner une idée. Il parut

Rasselas.

à-peu-près dans le même tems que *Candide* se distribuoit à Paris. Ces deux Ouvrages ont le même but; & il regne entr'eux un fonds de ressemblance, qui pourroit n'être pas le fruit du hasard; mais comme Rasselas est un peu postérieur à Candide, ce seroit à l'Auteur Anglois qu'il faudroit imputer le plagiat.

Rasselas étoit le quatrieme fils de l'Empereur d'Abissinie. C'est, dit-on, l'usage dans cette contrée, d'enfermer dans un palais particulier, le Prince qui doit régner sur elle un jour. Il ne devient libre, que lorsque le Trône devient vacant; & les autres fils & filles du Sang Royal, partagent sa retraite. Le lieu de la résidence de ces Princes est une vallée spacieuse, entourée de montagnes inaccessibles. Le seul passage qui y conduit, est une caverne creusée sous le roc, & fermée avec des portes de fer. Cette retraite offre d'ailleurs tout ce qui peut la rendre délicieuse. Les diverses productions de la nature, qui se dispersent & se succedent dans l'univers, se trouvent réunies dans cette vallée; la nature y prodigue tous les biens, exempte de tous les maux. Rasselas, introduit dans ces beaux lieux, parvient à sa vingt-sixieme année; alors tout ce qui l'environne le fatigue & l'ennuie: il se leve des tables les plus somptueuses, sans avoir touché à aucuns mets; il fuit les chansons bachiques, pour aller rêver au bord des ruisseaux, ou à l'ombre des arbres: il forme enfin le projet de quitter sa retraite; il tente plusieurs moyens, qui ne réussissent pas, & se lie avec un Artiste, qui lui promet de le faire voler par-dessus les plus hautes montagnes. L'Artiste travaille à des aîles, se les applique à lui-même, pour en faire l'essai, l'essai, & tombe dans un lac, où ces mêmes aîles, qui l'avoient si mal servi dans l'air, le soutiennent sur l'eau, & l'empêchent de se noyer. Le Prince avoit admis à sa familiarité le Poëte Imlac, qui ayant parcouru une partie de la terre, & vu les différentes sociétés, demeuroit persuadé que le malheur est attaché à toutes les conditions, & qu'il n'est point d'homme véritablement heureux. Rasselas l'engage à l'accompagner dans ses voyages, & à travailler avec lui aux moyens de s'échapper de sa prison. Ils parviennent à percer une montagne. Instruite de leur dessein, la Princesse Nekayat, sœur du Prince, désire de partager leur fuite ; & Rasselas y consent. Ils s'étoient pourvus de pierreries suffisantes ; & la premiere Ville où ils arrivent, est le Caire. Ils sont d'abord étourdis par le bruit, & heurtés par la foule ; ce qui choque beaucoup le Prince, & sur-tout la Princesse.

Rasselas veut commencer ses expériences sur le meilleur emploi de la vie ; il se lie avec des jeunes gens dissipés, & s'en dégoûte. Un homme qui, au milieu d'une école publique d'éloquence, discouroit à ravir sur les dangers des passions, & la félicité de ceux qui en triomphoient, parut aux yeux de Rasselas, l'homme heureux qu'il cherchoit. Le Prince, à qui le présent d'une bourse d'or avoit mérité la permission de visiter le harangueur, se rend chez lui le lendemain, & le trouve plongé dans la plus affreuse tristesse. Il venoit de perdre sa fille unique. « Avez-
» vous donc oublié, lui dit Rasselas, les précep-
» tes que vous nous donnates avec tant de force ?
« Ah ! la sagesse, s'écria le pere affligé, est im-
» puissante contre la douleur ! «

Raſſelas pourſuit ſes recherches, & voit des Bergers qui envient le ſort de leurs maîtres; un homme riche, que ſes tréſors expoſent à l'injuſtice des grands; un hermite, que ſa ſolitude ennuie, & qui la quitte, &c. Toutefois Raſſelas ne ſe rebute point: il ſe propoſe d'examiner le bonheur attaché aux grandes places; & la Princeſſe, de parcourir la vie obſcure de l'état mitoyen. Ils s'acquittent l'un & l'autre de leur tâche avec plus de diligence, que de ſuccès. Leur curioſité change d'objet pour quelques inſtans; ils viſitent les Pyramides d'Egypte. Pekuah, une des femmes de la Princeſſe, & ſa favorite, eſt enlevée par les Arabes. Les regrets de la Princeſſe ſur cette perte, occupent ici pluſieurs Chapitres. On apprend enfin que Pekuah eſt au pouvoir du Chef des Arabes, qui la reſtitue, au moyen d'une forte rançon. Suit l'hiſtoire peu intéreſſante de ce qui eſt arrivé à Pekuah chez l'Arabe. Le Prince & ſa ſœur viſitent un célébre Aſtronome. Celui-ci ſe figure avoir la direction des aſtres, des tems & des ſaiſons; emploi qu'il veut léguer à Imlac. Le Prince admet chez lui cet inſenſé, qui recouvre la raiſon, en devenant amoureux de Pekuah. Tous enſemble viſitent les catacombes Egyptiennes, ce qui amene une diſſertation ſur l'ancien uſage d'embaumer les corps, & des réflexions ſur la nature de l'ame. De retour au Caire, les voyageurs comparent les différentes manieres de vivre qu'ils avoient obſervées, les différens ſyſtêmes de bonheur, que chacun d'eux s'étoit formés. Pekuah voudroit pouvoir fonder un Couvent de filles pieuſes, & en être la ſupérieure. La Princeſſe déſireroit d'apprendre toutes les ſciences, & de préſider ſur un College de femmes fçavantes. Le Prince fouhaiteroit un petit Royaume, dans lequel il pût adminiftrer lui-même la juftice, & voir de fes propres yeux, toutes les parties du gouvernement ; mais il ne peut fixer les limites de fes états ; & toujours il ajoute au nombre de fes fujets. L'Aftronome & Imlac ne defirent rien. Enfin après avoir longtems délibéré fur ce qu'ils doivent faire, ils prennent tous le parti de retourner en Abiffinie.

Vous remarquerez, Madame, beaucoup de rapport entre Imlac & Martin, entre Pekuah & Cunégonde, entre le but des deux Auteurs ; mais fort peu quant au ftyle & à la maniere de préfenter les chofes. Si c'eft quelquefois le même deffein, ce n'eft jamais le même coloris.

Je fuis, &c.

LETTRE XIX.

Avant que de se livrer à des occupations plus sérieuses, telles que la traduction des Ouvrages historiques de M. Hume, dont je parlerai ci-après, Mad. Belot a voulu nous faire connoître encore un autre Roman Anglois, qui a pour titre, *Ophélie*.

Ophélie.

Le Nox, Gentilhomme Ecossois, pere de cette Héroïne de Roman, meurt dans la fleur de son âge; sa femme le suit de près au tombeau, trois semaines après avoir donné le jour à une fille, qui est cette même Ophélie. Comme elle étoit médiocrement partagée du côté de la fortune, ses parens l'oublierent. Une tante seule eut l'humanité de se charger du soin de son enfance : cette tante avoit alors vingt-deux ans; elle se marie à un Lord, qui reçoit ordre de partir avec son Régiment, pour une des Isles de l'Amérique. Il faut observer que c'étoit un mariage clandestin. L'époux, la femme & Ophélie vivent heureux & tranquilles l'espace de dix-huit mois. Le mari change d'humeur : une lettre qu'il reçoit de Londres le rend sombre & contraint ; il la cache à sa femme. Celle-ci a des soupçons; elle s'empare adroitement de la lettre, & y lit ces mots adressés à son époux.

» N'imaginez pas que je m'exhale en
» reproches contre un perfide, à qui je ne
» dois que des mépris. Je laisse à vos remords
» le soin de vous tourmenter, si vous n'êtes
» pas encore assez corrompu, pour n'en être plus
» susceptible ; on paroît capable de les braver,

» quand on ose fouler aux pieds les loix divi-
» nes & humaines. Mais quels que soient vos
» procédés indignes, je ne m'abaisserai point à
» m'en plaindre, lorsque je puis m'en venger.
» Je ne suspens ma résolution, que le tems qu'il
» faut, pour vous l'apprendre, & pour que vous
» puissiez m'en faire changer par votre répon-
» se. Si vous ne prenez pas le parti de déclarer
» notre mariage à votre pere, aussi-tôt ma let-
» tre reçue, j'irai l'en instruire, & lui deman-
» der justice de vos sermens trahis, & de votre
» conduite actuelle. J'ai attendu patiemment
» jusqu'à ce jour, que vous tinsiez votre paro-
» le; mais votre négligence pour moi & votre
» commerce indécent avec la femme qui par-
» tage maintenant votre lit, ont changé mon
» amour en fureur. Ne croyez pas m'intimider
» par les effets qui peuvent résulter contre moi,
» de l'indignation de votre pere : je n'ai rien
» à en redouter d'aussi cruel, que votre ingra-
» titude. D'ailleurs, je dois cet éclat au soin de
» ma réputation; & je m'en applaudirai davan-
» tage, s'il peut servir à ma vengeance. Ce sont
» les vœux les plus ardens de votre épouse ou-
» tragée. «

La tante d'Ophélie est frappée d'horreur à la lecture de cette lettre : elle dissimule, intercepte avec la même adresse la réponse de son mari, y découvre que le perfide doit partir bientôt pour l'Angleterre, & révéler à son pere le mariage qu'il a contracté avec la femme qui lui a écrit. Il lui fait de nouveaux sermens, & ter- mine ainsi sa lettre : » Il est vrai que je vis ici
» avec une femme ; mais pouvez-vous soup-
» çonner que mon cœur soit complice de cette

„ espece d'infidélité ? Plaignez-moi plutôt d'y
„ être réduit. Comptez sur la foi d'un homme
„ qui désormais ne vivra que pour vous, & sera
„ toujours votre tendre époux. „

La tante d'Ophélie porte les deux lettres au Gouverneur, & se met sous sa protection. Le mari veut encore tromper cette infortunée ; mais il tente inutilement de se justifier. Sa seconde femme, avec les débris de son bien, dont l'autorité du Gouverneur força ce misérable de se dessaisir, se retire avec sa niece dans la partie occidentale du pays de Galles : elle y fait l'acquisition d'une retraite champêtre. Livrée à la solitude, son désespoir dégénere en une douce tristesse ; sa principale étude est l'éducation d'Ophélie : elle se forme un plan singulier à cet égard ; c'est d'enseigner le bien à sa niéce, & de lui laisser absolument ignorer le mal.

Ophélie étoit entourée de bons livres d'histoire & de piété. Elles revenoient un soir de la promenade ; elles entendent la voix d'un homme : bientôt il se fait voir avec des habits, dont la richesse sembloit annoncer son rang, & qui fixent les yeux d'Ophélie ; elle veut fuir ; la crainte avoit comme enchaîné ses pas. Le jeune homme se jette à ses genoux ; le clair de lune le laisse voir à Ophélie ; & sa figure acheve l'espece d'enchantement qu'avoit produit la magnificence des habits. Il raconte à la tante & à la niece, l'aventure qui l'avoit conduit en ces lieux. Il, s'étoit égaré dans ce pays, entraîné par le plaisir d'admirer les beautés simples de la nature ; surpris par la nuit, il avoit cherché quelqu'asyle où il pût se réfugier : il espere que ces Dames lui donneront l'hospitalité. Il seme son discours de louanges & de complimens pour Ophélie. La tante en témoigne son mécontentement : enfin, après bien des refus, elle consent à recevoir l'étranger dans sa maison. L'inconnu, qui depuis se fait connoître pour le Lord d'Orchester, est enchanté de cette retraite, & plus encore des charmes d'Ophélie.

En parcourant la bibliotheque, il tombe sur des extraits de livres faits par la jeune personne. Nouveaux motifs pour prodiguer des éloges à Ophélie, & pour flatter sa vanité. Il veut engager la Dame Philosophe à revenir à Londres avec sa pupille. Désespéré de n'avoir pu la vaincre, il s'en retourne en laissant dans le cœur de la niece, tous les traits de l'amour; elle perd son repos, sa tranquillité, le goût & l'innocence de ces plaisirs purs, qui l'attachoient à la société de sa tante. D'Orchester même, au moment de son départ, avoit parlé de sa tendresse à Ophélie avec cette flamme qui peint une véritable passion, & qui bientôt gagne & dévore un jeune cœur. La tante, avec douleur, s'apperçoit du changement arrivé dans les sentimens de sa niece; elle semble pressentir ses malheurs : en effet, quelques jours après, Ophélie est enlevée le soir par des ravisseurs. La tante jette des cris inutiles : la jeune personne éperdue, reconnoît enfin au son de la voix Milord d'Orchester, qui marchoit à ses côtés. Ophélie furieuse & indignée, l'accable de reproches; elle ne peut imaginer pour quelle raison il l'arrache des bras de sa tante. C'est-là sur-tout, le crime qu'elle ne sçauroit lui pardonner. D'Orchester verse quelques larmes; & ces pleurs coulent jusqu'au fond du cœur d'Ophélie : elle le croit sensible;

elle employe tous les moyens pour qu'il la rende à sa retraite, à sa tante; il lui répond de lui demander plutôt sa vie. Je vous passe, Madame, toutes les protestations, les sermens, les métaphores, dont est composé le langage des amans.

Ophélie ne se laisse point éblouir par les promesses du Lord; elle persiste dans la résolution de retourner auprès de sa tante. Cependant Milord la conduit jusqu'à un chemin où l'attendoit un carrosse. Je ne m'arrêterai qu'une seule fois à l'étonnement d'Ophélie, qui trouve à chaque moment, de nouveaux objets qui frappent sa curiosité; elle prend un carrosse pour une maison, autour de laquelle étoient des hommes & des chevaux. C'est une espece de sauvage, qui ne sçauroit faire un pas dans le monde, qu'elle n'y trouve des prodiges. Vous avez lu tant de livres de ce genre, que je vous épargnerai désormais toutes les réfléxions d'Ophélie à ce sujet.

Ils descendent chez un paysan où ils s'arrêtent. Ophélie y tombe malade. Le Lord est inconsolable de sa situation: il ne sort presque pas de sa chambre; il lui promet enfin de la ramener à sa tante, après un an de séjour en Angleterre, si la solitude conserve encore des charmes pour elle.

Ophélie prête à descendre dans le tombeau, revient à la vie: elle surprend dans son cœur quelques sentimens de pitié pour le Lord. Ils arrivent à une superbe maison qui, sans contredit, devoit exciter la surprise & l'admiration d'Ophélie, ainsi qu'une toilette & tous les attributs de la coquetterie, art inconnu à cette jeune personne. Milord la presse de recevoir de lui une somme d'argent, pour l'employer à ce qui lui plairoit : elle en fait des libéralités, qui ont le fort ordinaire des bienfaits : la plûpart de ces dons font mal employés ; il n'y a qu'une famille seule qu'elle oblige, qui mérite des secours. Ophélie rentre au Château sans argent ; elle instruit Milord de la distribution ; elle lui raconte tout ce qu'elle a fait, en justifiant ses erreurs par l'ignorance où elle étoit, de la perversité des Vassaux de d'Orchester.

Milord, qui cachoit adroitement ses vûes, met auprès d'elle une femme d'un âge mûr, femme sensée, & qui avoit reçu une éducation meilleure qu'il ne convenoit, pour seconder des intentions si perverses. D'Orchester veut faire d'Ophélie une Philosophe. » Tout ce qui étonne » une ame encore neuve ; (c'est Ophélie qui » parle) est fait pour lui plaire. J'étois enchan- » tée de la multitude des merveilles que Mi- » lord me développoit : je me croyois presque » transportée dans un nouveau monde. La na- » ture changeoit de face à mes regards : ce ne » fut que par complaisance, que je consentis à » partager mon attention entre cette étude & » celle de la langue Françoise ; mais Milord » d'Orchester le désira ; &, dès ce moment, je » m'y appliquai avec autant d'ardeur, que si c'eût » été pour moi l'occupation la plus agréable. «

Enfin Ophélie eût été vraiment heureuse, sans l'absence de sa tante : ils se mettent en chemin pour Londres : d'Orchester conseille à Ophélie de garder le secret sur sa naissance, sur son premier genre de vie, & sur la maniere dont elle avoit été élevée. Il lui fait craindre d'être exposée aux plaisanteries. Il est inutile de vous faire observer qu'Ophélie n'avoit presque plus d'autres sentimens, que ceux mêmes du Lord; c'étoit un jeune cœur qu'il avoit façonné & rempli de son esprit. Ils s'arrêtent dans la route à l'heure du déjeuner : d'Orchester laisse Ophélie à l'auberge, pour aller visiter un de ses amis dans le voisinage, où elle devoit le reprendre, après s'être rafraîchie. On vient lui annoncer que la voiture est prête : elle descend : un domestique de la maison lui ouvre la portiere; & ne voyant point les gens du Lord, elle dit à ce domestique de les avertir. » Comme je » ne doutois pas, dit-elle, qu'ils ne sçussent » indiquer mieux que moi, où il falloit aller » chercher leur maître, je ne donnai point d'or- » dre au Postillon. « On s'arrête à la porte d'une maison. Une vieille femme boiteuse sort au-devant d'Ophélie, & lui ouvre la portiere. » Ophé- » lie s'écrie en la repoussant, qui êtes-vous ? » Où est Milord? Qu'est-ce que cette maison- » ci ? Ne vous effrayez pas, ma chere Dame, » répond la vieille; vous êtes avec vos amis, » mon enfant; Monseigneur sera ici dans peu. » Vous devez sçavoir qu'il n'y peut arriver de » jour; mais rassurez-vous; si-tôt qu'il sera nuit, » il volera dans vos bras. »

Ophélie, toujours plus inquiette, ne comprend rien à cet événement. Quelqu'un entre dans la cour. Ophélie vole au-devant de lui, croyant se précipiter au-devant des pas de d'Orchester. On s'élance dans les bras de la jeune personne. Elle ignoroit qu'il y eût de l'indécence dans cette expression d'amitié : elle n'avoit pas eu encore le tems de dire un seul mot; elle voit entrer la femme de charge toute effrayée, suivie

d'un homme qui s'écrioit, en avançant l'épée à la main : » Où est-elle, cette honte de ma fa-
» mille ? Rendez-la-moi ; ou cette épée me la
» fera rendre. Jamais, répondit avec une voix
» très-différente de celle du Lord d'Orchester,
» le Lord qui étoit avec Ophélie, jamais on ne
» l'arrachera de mes bras. «

Un gentilhomme d'un âge avancé paroît à son tour, la fureur peinte dans son air & dans ses discours : Ophélie se sauve dans un cabinet contigu à la chambre où ils étoient : elle observe le reste de la scène à travers une porte vitrée. Les clameurs augmentent. Le vieux gentilhomme traitoit le jeune Lord avec furie ; & le jeune Lord lui répondoit avec mépris. Le plus âgé vient à la porte du cabinet, menaçant de l'enfoncer, si on ne la lui ouvre promptement. Ophélie crie qu'ils se trompent ; en effet, ils reconnoissent la méprise à la vûe d'Ophélie. L'un faisoit des exclamations après son Henriette, l'autre après sa fille : on comprend que cette confusion avoit été occasionnée par le domestique de l'auberge, qui avoit dit à Ophélie que la voiture étoit prête, au lieu d'en informer la Demoiselle qui devoit s'en servir.

Ophélie est enfin ramenée à l'auberge, d'où elle étoit sortie si étourdiment. En descendant à l'hôtellerie, elle est reçue dans les bras de d'Orchester lui-même : il lui dit qu'en revenant à l'auberge, il avoit trouvé dans la cour une jolie personne qui se désespéroit. Le sujet de la méprise est éclairci : d'Orchester & Ophélie arrivent à Londres. Milord, de jour en jour, observe avec plaisir les progrès qu'il fait sur le cœur d'Ophélie. Ils vivent toujours dans l'innocence ;

ce qui n'est pas le trait le moins romanesque de l'Ouvrage. Elle est présentée à Milady Palestine, une des parentes de d'Orchester, qui passoit lui-même pour le tuteur de la jeune personne.

Un Sir Charles paroît s'enflammer pour Ophélie. D'Orchester devient jaloux. Ophélie ignoroit ce que c'étoit que la jalousie : Sir Charles ne lui déplaisoit pas ; elle aimoit assez sa conversation : enfin cette jalousie, qui dévoroit d'Orchester, éclatte ; il écrit une lettre pleine de reproches à Ophélie, où il lui déclare qu'il lui fera toucher, tous les ans, quatre cens livres sterling, & en même tems qu'il ne la reverra plus. Il ajouta qu'il lui disoit un éternel adieu. Désespoir d'Ophélie : elle apprend que Milord d'Orchester est parti pour la campagne : elle tombe dangereusement malade. Revenue en santé, Sir Charles veut l'épouser. Ophélie annonce à Milady Palestine, qui s'étoit chargée de cette négociation, qu'elle n'a plus d'autre projet, que de hâter son départ, pour aller s'ensevelir dans sa retraite : elle écrit à d'Orchester ; ils se raccommodent : ils vont au bal ; elle est à peine dans sa chaise, que plusieurs hommes l'en arrachent, & la forcent d'en prendre une autre ; elle est portée dans une chambre obscure ; on l'abandonne à ses cruelles réflexions ; elle y tombe évanouie ; elle rouvre les yeux, persuadée qu'on va l'assassiner ; elle ne pouvoit concevoir une autre cause de ses malheurs. Une belle femme vient, par sa visite, la retirer de cet accablement de douleur. Ophélie reconnoît la Marquise de Trante, qu'elle avoit vue dans plusieurs maisons. Cette femme lui apprend qu'elle est sa rivale ; qu'elle aime Milord d'Orchester. Elle offre à Ophélie un revenu plus confidérable, que celui que le Lord lui donnoit, » à condition, ajoute-t-elle, que vous » promettiez, dès ce moment, de ne jamais le » voir, ni de lui écrire, ni de lui faire parler par » qui que ce soit. «.

Vous vous attendez, Madame, à la réponse d'Ophélie. Plutôt mourir, que de renoncer à ne pas voir Milord d'Orchester. La Marquise persiste ; elle reproche à Ophélie sa mauvaise conduite ; ce qui est une énigme pour elle : elle en vient aux menaces de l'envoyer si loin, qu'elle ne pourroit jamais voir Milord d'Orchester. La malheureuse Ophélie est confiée à la garde d'une femme nommée Herner : un peu de feu, de pain & d'eau, sont les uniques secours qu'elle en reçoit ; elle avoit une autre géoliere, une fille de dix à onze ans, qui ne jettoit les yeux sur Ophélie qu'avec épouvante, comme si elle eût été un monstre.

Mistrifs Herner vient annoncer à Ophélie, qu'elles partiront pour la campagne, & que la Marquise ne sera pas de la partie. Cette Mistrifs Herner témoigne quelque sentiment de compassion à Ophélie ; elle donne un livre à sa prisonniere. Nouvelles tentatives de la part de la Marquise ; la même fermeté du côté d'Ophélie : elles se mettent en route. Mistrifs Herner étoit parente de la Marquise ; l'infortune l'avoit forcée à rechercher les bienfaits de cette femme, dont les passions extrêmement violentes, éclatoient souvent contre cette parente, qui traînoit chez elle, le joug du malheur & de la servitude.

Le soir du troisieme jour de leur voyage, Ophélie se déshabillant pour se coucher, entend une voix qui crie au feu, à l'aſſaſſin ; cette voix partoit de la chambre de Miſtriſs Herner. Il ſe trouve qu'un Juge de paix, ennemi de la ſobriété, c'eſt-à-dire, fort yvrogne, étoit entré dans la chambre de Miſtriſs Herner, croyant aller coucher dans la ſienne : il avoit pris cette femme pour quelque créature qui s'offroit à l'amuſer ; il prétendoit jouir de ſa bonne fortune.

On arrive au Château de la Marquiſe, qui étoit un ſéjour affreux : ſociété conforme à cette ennuyeuſe retraite, excepté un jeune Eccléſiaſtique, nommé M. South, dont on nous donne une idée avantageuſe. Ophélie s'ennuyoit de ſa priſon ; les horreurs en ſont augmentées par une lettre de la Marquiſe de Trante, que Miſtriſs Hérner communique à ſa captive : elle aprenoit à ſa parente, que Milord d'Orcheſter, revenu enfin de la mélancholie que lui avoit cauſée l'abſence d'Ophélie, l'avoit entierement oubliée ; elle ajoutoit qu'il étoit prêt à lui donner la main, & que par bonté, elle faiſoit encore les mêmes offres à ſa rivale, d'une penſion honnête, pourvu qu'elle s'engageât, par un contrat, à perdre ſes bienfaits, ſi elle approchoit de quarante lieues, ou de la terre que la Marquiſe habitoit, ou de la ville de Londres même. Elle finiſſoit ſa lettre dans ces termes : » Je ne ſuis plus jalouſe ; ce-
» pendant je ne veux pas que le bonheur de
» Milord d'Orcheſter ſoit troublé par les plain-
» tes & les reproches d'une femme, qui diroit
» avoir été ſéduite par des artifices, tandis que
» dans le vrai, elle ne devroit accuſer que ſa pro-
» pre fragilité. «

Cette lettre eſt un coup de foudre pour Ophélie : d'abord elle cede à la douleur ; cependant elle réfléchit, & vient à concevoir que la lettre pouvoit être un stratagême de la Marquise. Ophélie ne sçavoit trop, ce que c'étoit que le mariage ; mais malgré son ignorance sur ce point, elle ne s'accoutumoit pas à l'idée de voir d'Orchester marié : elle forme le projet de s'affranchir de l'esclavage où la retenoit Mistriss Herner. M. South devient amoureux d'Ophélie. Mistriss Herner s'étoit imaginé qu'il venoit pour elle-même ; sa vanité est déconcertée, lorsqu'elle apprend que c'est Ophélie qui est l'objet des vœux de M. South. Mistriss Herner, devenue jalouse, fait retomber sa mauvaise humeur sur sa prisonniere. South lui écrit qu'il brisera ses fers ; que sa main étoit le seul bien qu'il désirât ; mais que ses refus ne le rendroient pas moins empressé à la servir.

Ophélie affligée de ne pouvoir récompenser le zele du Ministre, s'adresse à un Jardinier, à qui elle offre une somme ; il lui procure enfin les moyens de se sauver ; elle prend la fuite. Après un sommeil de quelques heures dans une hôtellerie, elle s'éveille très-rafraîchie, & déterminée à poursuivre son voyage : elle reçoit une lettre de M. South, qui avoit sçu tout ce que le Jardinier avoit fait, & qui avoit présidé lui-même au projet, en exigeant qu'on cachât qu'il en étoit instruit. Ophélie est pénétrée de reconnoissance pour les procédés généreux du Ministre ; elle lui répond par une lettre obligeante, qu'elle seroit toujours fort aise de le voir, si jamais ses affaires lui permettoient de venir à Londres : mais elle avoit oublié de lui donner une indication qui pût l'aider à le trouver. Ses premiers pas sont pour voler à Milord d'Orchester ; il refuse de la voir ;

il croit qu'elle l'avoit abandonné volontairement : enfin ils se voyent ; elle se justifie ; ils se racontent réciproquement leurs aventures.

Les chagrins d'Ophélie avoient altéré sa santé. On lui conseille de prendre les eaux de Tunbridge. Milord, qui l'y avoit conduite, éprouve un nouvel accès de jalousie. Milord Larborough, ami de Milord d'Orchester, devient amoureux d'Ophélie ; il profite de l'absence de son ami, pour déclarer ses sentimens à la jeune personne. Enfin ayant essayé inutilement toutes les tentatives, il se sert de la perfidie, pour mériter la confiance & la tendresse d'Ophélie ; il lui révele le projet de Milord d'Orchester. » Il faut d'abord vous ap-
» prendre, qu'il est très-fort d'usage que les
» gens de considération vivent avec des femmes,
» comme s'ils étoient mariés, sans qu'en effet
» ils le soient. Il en résulte, qu'ils peuvent les
» quitter quand ils en sont ennuyés, ou quand
» d'autres leur plaisent davantage. On a pris
» grand soin de vous cacher cette dépravation
» de mœurs : Milord d'Orchester a craint qu'une
» telle connoissance parvenue jusqu'à vous, ne
» renversât ses projets, en vous les faisant soup-
» çonner. Tout son espoir se fonde sur la force
» de votre affection pour lui, & sur l'extrême
» sécurité où vous plonge votre innocence : il
» attend impatiemment quelques momens fa-
» vorables, où votre vertu vous abandonne. Vous
» apprendrez alors trop tard, quels sont en ef-
» fet ses desseins ; & son audace peut réelle-
» ment amener ces momens dangereux, tandis
» que vous êtes sans défiance. Tout a été si bien
» disposé, continue Larborough, que personne
» ne doute que vous ne soyez une riche héri
» tiere.

» tiere : sans cette opinion, toute votre inno-
» cence ne vous auroit pas garantie d'une tache
» flétrissante. On vous croiroit corrompue com-
» me mille autres, si l'on sçavoit que Milord
» d'Orchester défraye votre dépense. Mais il faut
» vous attendre à ces odieux soupçons, si le ha-
» sard développe jamais ce secret ; & il le dé-
» veloppera tôt ou tard. «

Milord Larborough finit le tissu de ses horreurs, par offrir à Ophélie sa maison & son appui : elle rejette toutes ses propositions avec indignation, & ne sçauroit croire que Milord
d'Orchester soit aussi criminel, que l'a dépeint
Larborough. Celui-ci, pour achever de la convaincre, lui propose de juger, par elle-même, de
la vérité de son discours : il lui offre de la faire
cacher dans un endroit, d'où elle puisse entendre
une conversation qu'il aura avec Milord d'Orchester. Ophélie entend ce fatal entretien, qui
l'éclaire sur le caractere séducteur de Milord
d'Orchester : il n'y a point d'expression qui puisse
rendre la douleur & le désespoir d'Ophélie ; elle
ne peut y résister. Une fievre violente la saisit ;
elle voit Milord d'Orchester, s'efforce de
dissimuler ; enfin elle ne peut s'empêcher de lui
envoyer une lettre, où elle exhale son cœur &
ses larmes ; elle fait plus ; elle s'échappe pour
fuir le perfide Lord.

Milord Larborough avoit aposté des espions,
pour observer Ophélie. Instruit de la nouvelle
demeure qu'elle habitoit, il y court ; il applaudit à la résolution qu'elle a prise, de quitter
Milord d'Orchester. Elle reconnoît dans Larborough un consolateur dangereux, qu'elle doit
abhorrer autant qu'elle eût voulu haïr Milord

d'Orchester. M. South se présente aux yeux d'Ophélie : la vûe de cet honnête homme la rappelle, en quelque sorte, à la vie ; il lui parle avec tendresse & modestie de ses anciennes vûes ; il essuye de nouveaux refus de la part d'Ophélie, sans qu'il lui fasse voir la moindre froideur dans son amitié : ils conviennent de prendre un carrosse de louage, & qu'Ophélie retourneroit chez cette tante, dont on a peu parlé dans toute l'histoire.

Je vous passe des détails qui ne font que retarder la conclusion du Roman. Ophélie, sur le point de partir, revoit Milord d'Orchester, qui la surprend dans cette demeure, où elle se croyoit ignorée ; il est repentant, plus amoureux que jamais ; il est devenu vertueux : il se résout enfin à épouser Ophélie. Ils vont chez cette tante oubliée, lui demandent son consentement, lui font du bien, ainsi qu'à M. South : ils sont époux, heureux, contens. Milord Larborough, n'ayant pu résister à la tendresse malheureuse qui le dévoroit, succombe au bout de deux ans à son chagrin. Ophélie alors raconte à d'Orchester, que c'étoit par lui, qu'elle avoit été éclairée sur ses projets, qu'elle lui a pardonnés.

Traductions d'Histoires. Le grand ouvrage qui a terminé les travaux littéraires de Madame Belot, est sa traduction des Histoires Angloises de la Maison de Tudor & de celle des Plantagenet, sur le Trône d'Angleterre, par M. David Hume. M. l'Abbé Prévot avoit déja transmis dans notre langue celle de la Maison de Stuard, écrite en Anglois par le même Historien. Quoique Madame Belot ait senti toute la force & l'énergie de son original ; quoique le nom de M. l'Abbé Prévot air une très-grande célébrité dans ce même genre de travail, elle ne paroît cependant pas avoir redouté la comparaison, en s'engageant dans la même carriere; & il semble que cette comparaison ne lui a pas été désavantageuse. Vous n'attendez de moi, Madame, aucun détail sur cette Traduction; le fond des événemens appartient à l'Histoire; l'ordre & l'arrangement, sont l'ouvrage de l'Auteur Anglois; à l'égard du style, ce que j'ai cité jusqu'à présent des autres écrits de Madame Belot, doivent vous en avoir donné une idée suffisante.

Je suis, &c.

LETTRE XX.

Madame Kéralio.

C'est ici le lieu de parler de quelques femmes vivantes, qui, comme Madame Belot, se sont fait connoître par des traductions de livres Anglois. La premiere est Madame Kéralio, qui nous a donné, dans notre langue, les Fables de Gay & son Poëme sur l'éventail. Ces Fables sont divisées en deux parties; les premieres sont plus conformes à ce genre d'écrire, quoique fort éloignées de la belle simplicité d'Ésope, de Phédre & de l'inimitable Lafontaine. Les secondes sont plus pathétiques, plus graves, & n'ont rien de ce naturel qui caractérise ce genre : mais ce n'est point la faute de Madame Kéralio, si son Auteur a des défauts; elle ne mérite pas moins nos éloges, par la fidélité & l'élégance, avec laquelle elle a rendu son original.

Fables de Gay.

Monsieur Gay adresse plusieurs de ses Fables à l'Angleterre, à un Auteur, à un Grand, à un Ministre, &c. & leur distribue des éloges ou des critiques. Madame Kéralio a imité cet exemple dans la Fable huitiéme de la seconde partie, qu'elle adresse à la France : ce morceau mérite d'être rapporté, par les sentimens patriotiques qu'elle y étale. » Heureux pays, dont les
» champs fertiles sont défendus par Mars &
» Neptune ; la bienfaisante nature a fait de toi
» le siége des arts, du commerce & de l'indus-
» trie. Ô France ! puissent tes enfans ne pas deve-
» nir esclaves du luxe, & qu'aucun sujet avide
» & rapace n'altere ton bonheur ! Si quelqu'en-
» nemi jaloux ose interrompre ton commerce,

» tes vaisseaux ne peuvent-ils pas réprimer ce
» brigandage ? Tu peux régner sur les mers. Si
» quelques différends s'élevent entre les Puissan-
» ces maritimes, tu dois en être l'arbitre ; tu
» dois régler le sort des autres Etats. Qu'une
» marine puissante assure ta gloire, en proté-
» geant ton commerce. C'est lui qui te rend
» communs tous les trésors de la terre ; qui aug-
» mente ta fertilité ; qui t'éleve, te rend écla-
» tante ; qui fait enfin toute ta richesse, & dé-
» sespere tes voisins jaloux. Regne sur les mers ;
» la terre est à toi. « Le principal mérite de cet
endroit, que je n'ai pas cité tout entier, c'est qu'il
est entierement dans le goût de ceux qui prece-
dent, & tellement dans la maniere de M. Gay,
qu'on diroit que c'est lui-même qui l'a composé.

Je passe au Poëme de l'*Eventail*, jolie baga- L'Even-
telle, qu'on pourroit comparer à la *Boucle de* tail.
cheveux enlevée.

Stréphon aimoit Corinne ; il lui avoit fait l'a-
veu de sa passion : Corinne, toujours insensible,
insultoit à son captif, & dédaignoit son amour :
le malheureux Stréphon voyant ses soins inutiles, crut pouvoir se guérir dans la solitude ; mais
elle ne servit qu'à redoubler son mal. Enfin il
adressa ses plaintes à Vénus. La Déesse est touchée de ses maux, & entreprend de les soulager : elle vole à Cithère, où les jeunes amours
fabriquent, par ses ordres, tous les ornemens qui
servent aux belles. » N'avez-vous point vu, leur
» dit-elle, l'oiseau magnifique qui conduit le
» char de Junon, & les couleurs variées de sa
» queue ? Ne l'avez-vous point vu déployer au
» soleil ses plumes brillantes, & soudain les
» fermer ? Il faut que votre art imite cette beauté.

» de la nature ; que de petites côtes minces &
» polies, toutes réunies dans un point, par une
» de leurs extrémités, soient couvertes à moi-
» tié par un papier blanc, qui ait la forme d'un
» quart de cercle ; que le pinceau l'embellisse de
» ses graces les plus touchantes ; & que ce pa-
» pier plié plusieurs fois, puisse alternativement
» se fermer & se déployer. «

Les amours exécutent ses ordres, forment un éventail, & le présentent à Venus, qui remonte sur son char, & quitte Cythere : elle s'éleve vers l'Olympe, où les Dieux étoient assemblés; elle leur montre le nouveau bijou, qu'elle vient d'inventer, & qui doit être désormais l'attribut qui la distinguera des autres Déesses. Elle raconte tous les avantages de ce petit instrument, & demande qu'une main divine y trace des tableaux agréables, des amans heureux, des traits de feu, qui puissent amollir le cœur des Vierges séveres. Diane s'oppose à ce projet, & veut qu'on représente, sur l'éventail, quelque trait d'Histoire, qui retrace le bonheur des ames pures & chastes, & les malheurs de l'amour. » Qu'on y voye
» la malheureuse Ariane abandonnée par Thé-
» sée, sur un rivage désert ; que la tête éche-
» velée & le visage baigné de pleurs, elle sui-
» ve, d'un œil mourant, les voiles qui emportent
» son amant parjure. Arrêtez, vents, crioit-elle ;
» arrête, Thésée : mais l'infidele étoit insensi-
» ble & sourd ainsi que les vents..... Qu'on y
» peigne Didon expirante, le visage pâle, les
» yeux incertains, le poignard encore plongé
» dans le sein, & son sang coulant de sa bles-
» sure ; que les yeux & les mains levés vers le
» Ciel, sa sœur Anne supplie les Dieux d'é-

» puiser leurs foudres sur le traître Enée. Voyez,
» jeunes Vierges, voyez cette malheureuse Rei-
» ne..... Qu'on y représente Œnone dans ce
» bosquet sombre, où Pâris lui avoit juré mille
» fois, qu'il ne cesseroit de l'aimer : qu'on y
» voye suspendu à tous les arbres, des guirlan-
» des flétries, les mêmes que ce berger avoit
» tissues, pour parer Œnone. Ces fleurs ont
» perdu leur odeur ; leur éclat s'est évanoui, &
» avec lui les sermens du berger volage ; qu'Œ-
» none, soutenant de son beau bras sa tête lan-
» guissante, comme une fleur à qui des nua-
» ges épais ont dérobé long-tems le soleil, ait
» les regards fixés sur Xanthe. Hélas ! ce fleuve
» entendit les sermens qui fléchirent Œnone,
» trop tendre ! Plutôt que je t'oublie, lui disoit
» Pâris, ces flots remonteront à leur source.
» Remontez, flots, remontez ; Pâris est infi-
» dele : Œnone est mourante. Ah ! bergere in-
» fortunée, pense à l'heureuse paix dont jouis-
» soit ton ame, lorsqu'ignorant ces troubles
» mortels, tu parcourois avec plaisir, sans ton
« Pâris, les bois & les plaines.

Momus veut que les mortels soient instruits
par les exemples même des Dieux, & qu'on
peigne sur l'éventail, toutes les histoires scanda-
leuses des Déesses. Minerve s'offre elle-même
d'orner ce beau bijou, & y trace les plus céle-
bres folies des mortelles. Vénus satisfaite vole
vers Stréphon, & lui présente ce nouvel instrument, qu'il porte à son amante. Corinne empressée, déploye l'éventail ; & elle est touchée
des histoires qui y sont dépeintes. Elle voit
Niobé expirante, & se défait de son orgueil ;
elle voit le trait funeste, plongé dans le sein de

Procris ; elle blâme ses propres frayeurs, n'impute ses malheurs qu'à ses vaines craintes, & reconnoît la constance & la sincérité de Stréphon. » En considérant Narcisse, elle apprend
» que la beauté n'est qu'une fleur qui passe com-
» me la jeunesse, à qui elle est accordée. Ai-
» mez, aimez, jeunes Nymphes, avant que le
» tems, qui fuit toujours, vous enleve l'une &
» l'autre. Corinne, instruite ainsi par Minerve,
» se livra à Stréphon ; & le flambeau de l'hy-
» men brilla pour eux de la flamme la plus pure. «

Madame Bontems.

Vous connoissez, depuis long-tems, Madame, du moins de réputation, le *Poëme des Saisons*, du célebre Poëte Anglois, M. Thompson, qui, dit-on, ne composoit, que lorsqu'il étoit ivre. Nous avons l'obligation à Madame Bontems, de l'avoir traduit en notre langue ; & c'est le seul Ouvrage que cette Dame a donné au Public.

Les Saisons.

Le Poëte débute par la plus riante saison, par le Printems ; il répand toutes ses richesses, toutes ses fleurs sur ce premier Chant. Ce que vous aimerez dans Thompson, c'est qu'il sçait marier agréablement la Poësie & la Physique ; il commence par une peinture détaillée & graduée des effets du printems ; l'utile est toujours à côté de l'agréable ; & le Poëte ne perd jamais de vûe, que le printems n'est qu'une préparation aux deux autres saisons, dont la terre recueille, pour ainsi dire, sa substance & sa vie.

Voulez-vous jetter les yeux sur un tableau de vieille invention, que notre Poëte a sçu rajeunir, & qui a conservé toutes ses graces dans la

traduction. Thompson peint l'âge d'or. » Le cré-
» puscule alors éveilloit la race heureuse de ces
» hommes purs ; il ne rougissoit pas, comme au-
» jourd'hui, de répandre ses rayons sacrés sur
» ces êtres livrés à l'empire du sommeil : leur
» assoupissement, léger comme leurs peines,
» s'évanouissoit doucement. Renaissans entiers
» comme le soleil, ils se levoient pour cultiver
» la terre, qui se prêtoit à leurs soins, ou pour
» mener gaiement leurs troupeaux. Occupés de
» chants, de danses & de doux plaisirs, leurs
» heures s'écouloient rapidement dans des en-
» tretiens pleins de douceur & de sagesse, tan-
» dis que, dans le vallon semé de roses, l'A-
» mour faisoit entendre ses soupirs enfantins.
» Heureux & libres de toute inquiétude, ils ne
» connoissoient que la douce peine qui pénetre
» intérieurement, & qui rend le bonheur plus
» grand. Ces fortunés enfans du Ciel, igno-
» roient le tort & l'injustice ; la raison & l'équi-
» té étoient leurs loix : aussi la nature bienfai-
» sante les traitoit-elle en mere tendre & satis-
» faite ; aucuns voiles n'obscurcissoient le firma-
» ment ; un vent frais & constant parfumoit l'air
» qu'ils respiroient ; le soleil pur, n'avoit que
» des rayons favorables ; les influences du Ciel,
» répandues en douce rosée, devenoient la graisse
» de la terre ; les troupeaux mêlés ensemble,
» bondissoient en sûreté dans les gras paturages ;
» le lion étincelant, du bord des sombres bois,
» vit le concert de la nature ; son terrible cœur
» en fut adouci, & se vit forcé d'y joindre le
» tribut de sa triste joie ; car l'harmonie tenoit
» tout dans une paix parfaite. La flûte soupi-
» roit doucement ; la mélodie des voix suspen-

» doit toute agitation ; l'écho des bois répétoit
» ces sons harmonieux ; le murmure des vents
» & celui des eaux, s'unissoient à tant d'accords.
» Tels furent les premiers jours du monde en
» son enfance. «

Ce morceau, Madame, ne vous paroît-il pas rempli de la plus riche Poësie, & d'images rendues sous des traits neufs ? Le Traducteur marche à côté de son original ; ce n'est donc pas le premier que vous devez accuser de la longueur qui gâte un tableau si brillant.

Le Poëte ne sçait ni finir, ni s'arrêter ; c'est un coursier fougueux, qui est emporté dans les bois, dans les vallées, sur les montagnes ; ce défaut, qui en est un assurément, qui fait beaucoup de tort aux beautés réelles d'un Ouvrage, & les étouffe ; ce défaut, dis-je, si considérable dans Thompson, notre Poëte le partage avec tous les écrivains de sa nation.

Voici un endroit où la Divinité est peinte sous des traits touchans & majestueux à la fois.
» Source de l'être, ame universelle du Ciel
» & de la terre, essence premiere ; salut : je
» t'adore, prosterné sans cesse ; mes pensées s'é-
» levent vers toi, dont la main toucha le grand
» tout, & lui imprima la perfection. C'est par
» toi, que l'espece variée de la végétation, en-
» veloppée dans ses membranes, & garnie de
» feuilles, est vivifiée & imbibée de rosée. Par
» toi chaque plante attractive s'éleve dans le
» sol qui lui est propre, & attire, par cent
» tuyaux, principes & effets de sa croissance,
» les sucs de la terre ; à ta voix, le soleil du
» printems réveille la séve engourdie & resser-
» rée par les vents d'hyver ; elle répand un mou-

» vement fluide & une vive fermentation ; elle
» monte, & colore cette scène brillante & va-
» riée à l'infini. «

La Poësie embellit ici les secrets de la haute Physique : les procédés de la végétation sont exprimés & développés dans ses diverses opérations ; par-tout vous trouverez le Traducteur pénétré de l'esprit de son Poëte ; il partage son enthousiasme ; il a même porté le scrupule & la fidélité, jusqu'au point de ne pas seulement adoucir les endroits où Thompson, à l'exemple de ses Compatriotes, nous dit des injures.

Avant que de quitter le Chant du Printems, je ne puis me refuser au plaisir de vous présenter la peinture de l'amour honnête & vertueux. Ce morceau est dans le goût de ce beau chant du *Paradis perdu*, où l'innocence & la tendresse d'Eve & d'Adam sont décrites avec tant de charmes.

» Heureux, & les plus heureux des mortels,
» ceux dont une étoile bienfaisante a formé l'u-
» nion indissoluble, & qui mêlent & confon-
» dent, dans un seul & même destin, leurs cœurs,
» leur fortune & leur être ! Ce n'est pas le lien
» grossier des loix humaines, souvent fait pour
» révolter le cœur & l'esprit, qui les enchante;
» c'est l'harmonie elle-même, qui forme l'ac-
» cord de toutes les passions dans leur unique
» centre : c'est l'amour enfin, ce ravissement de
» l'ame, où l'amitié pleine & entiere exerce
» son pouvoir le plus doux, & s'unit à la par-
» faite estime, au desir ineffable & à la simpa-
» thie de l'ame. Là la pensée se confond avec
» la pensée ; la volonté prévient la volonté ; &
» tout s'unit dans une confiance sans bornes....

» Qu'est-ce que le monde pour les époux, ses
» pompes, ses plaisirs & toutes ses folies? Ils
» jouissent, dans leurs embrassemens mutuels,
» de tout ce que l'imagination la plus vive,
» veut se figurer de bonheur.... Une postérité
» riante s'éleve autour d'eux, & se pare de leurs
» graces mutuelles : la fleur humaine croît par
» dégrés, & s'épanouissant doucement, décou-
» vre chaque jour quelques nouveaux char-
» mes, où se retrouvent la noblesse & les agré-
» mens de la mere...... Telles sont les joies
» inexprimables de l'amour vertueux ; ainsi cou-
» lent les momens de ses élus. Les saisons,
» qui roulent sans cesse autour d'un monde tu-
» multueux, les laissent & les retrouvent tou-
» jours heureux ; le Printems orne leurs têtes
» de guirlandes de roses, jusqu'à ce que le dé-
» clin de leurs jours arrive serein & doux.
» Après une longue suite de jours heureux,
» toujours plus tendres, & plus remplis du sou-
» venir de tant de preuves d'un amour récipro-
» que, ils résigent, dans un doux sommeil, le
» songe gracieux de la vie. Dégagés ensemble
» de leurs liens, leurs esprits purs s'envolent,
» & vont se rejoindre aux Cieux, où regnent
» à jamais le bonheur & l'amour. «

Nous quittons les charmes du Printems, & avec cette saison, les efforts du génie de Thompson. Depuis ce Chant, il décline toujours, & se répand dans des excursions vagabondes, où le Lecteur aime peu à le suivre. Vous sentez, Madame, que l'éloge du soleil doit entrer dans des vers, dont l'Eté est le sujet. Thompson fait de cet astre le portrait le plus noble & le plus majestueux.

» Le puissant Roi du jour paroît radieux dans
» l'Orient; les nuages se dissipent; l'azur des
» Cieux enflammé, & les torrens dorés, qui
» éclairent les montagnes, marquent la joie de
» son approche : tout reprend l'être & sa forme
» naturelle sur la terre brillante de rosée, &
» dans l'air coloré. L'astre puissant regne sur
» toute la nature avec une majesté sans bornes,
» & verse le jour brillant, qui joue avec éclat
» sur les rochers, les collines, les tours & les
» ruisseaux errans, qui étincellent dans le loin-
» tain. O lumiere, source de joie, le premier
» & le plus précieux des êtres matériels ; émana-
» nation divine ; robe éclatante de la nature ;
» sans le vêtement de ta beauté, tout seroit en-
» seveli dans une obscurité languissante !... Ame
» des mondes..... Autour de ton char brillant,
» les saisons menent à leur suite, dans une har-
» monie fixe & changeante, les heures aux doigts
» de roses, les zéphirs flottans nonchalammment,
» les pluies favorables, la rosée éclatante &
» passagere, & les fiers orages adoucis & bien-
» faisans. Toute cette Cour verse & prodigue,
» tour-à-tour, toutes les beautés, odeurs, her-
» bes, fleurs, fruits, &c. «

Voilà certainement une des plus belles hym-
nes qu'on puisse faire en l'honneur du soleil. Le
Poëte suit cet astre jusques dans les mines, où ses
rayons produisent l'or & les pierres précieuses.
Thompson fait entrer dans ce Chant l'épisode
d'un amant, qui voit baigner sa maîtresse, & qui
n'ose se déceler.

» Musidore dépouilla ses jambes d'albâtre &
» ses pieds délicats, de leurs vêtemens de soie :
» elle délia sa ceinture de vierge ; & à travers

» sa robe ouverte, son sein, alternativement
» palpitant avec la vigueur de la jeunesse, se
» découvrit...... Cette toile fine, qui tombe en
» plis flottans, quitte ses membres nuds, d'une
» blancheur éblouissante, & proportionnés par
» la main de la nature.... Allarmée du moin-
» dre souffle, & sautant comme un faon crain-
» tif, Musidore s'élance dans le fleuve ; le fleuve
» s'ouvre, reçoit & embrasse, dans ses vagues,
» l'aimable Nymphe, dont chaque beauté s'ac-
» croît ; chaque grace brille d'un lustre nou-
» veau, & répand un doux éclat, qui, sembla-
» ble au lys & à la rose, rafraîchie par la main
» de l'aurore, fleurit à travers le cristal des eaux
» liquides. «

Je vous dirai peu de chose de l'automne de notre Poëte : il a peint la nature de son pays & non celle du nôtre ; ainsi, tous les charmes qui accompagnent la vendange, & qui devoient faire le principal morceau de ce Chant, ne s'y trouvent point, la vigne ne pouvant être cultivée en Angleterre.

L'épisode de Lavinie & de Palémon, offre des traits extrêmement touchans. Lavinie est la fille d'un ancien ami de Palémon, nommé Acaste, & qui a contribué à la fortune de Palémon. Il meurt ; sa fille tombe dans la plus affreuse misere ; elle est forcée d'aller glaner dans les champs de Palémon, qui est surpris de sa beauté, & est touché de son indigence. Il apprend qu'elle est la fille d'Acaste, son bienfaiteur ; il l'épouse. Vous reconnoissez là, Madame, le sujet de la Piece des *Moissonneurs*, par M. Favart, jouée à la Comédie Italienne avec un succès si suivi & si mérité.

Le Poëte conclut ce Chant par un tableau intéressant des agrémens qui accompagnent la vie philosophique que l'on passe à la campagne. On y retrouve des traits de Virgile, de Rapin & de Vanieres.

L'hyver vient terminer le cercle varié des saisons; il arrive triste, sombre, accompagné de sa suite lugubre, les vapeurs, les nuages & les tempêtes. « Soyez l'objet de mes chants, vous » qui élevez l'ame aux vastes pensées & aux mé- » ditations célestes. Salut, ténebres amicales, » horreurs agréables, salut; pendant les beaux » jours de ma vie, nourri dans une solitude » négligée, plein d'ardeur & de joie, je me » plaisois à chanter la nature; je parcourois fré- » quemment vos âpres & sauvages domaines; » j'errois sur les neiges pures comme les vier- » ges; & j'étois moi-même aussi pur; j'écoutois » le rugissement des vents & la chûte des tor- » rens : ainsi passoient mes jours, jusqu'au tems » où le gai printems commençoit à sourire à » travers les portiques brillans du midi. «

C'est ainsi que le Poëte ouvre le Chant de l'hyver; il décrit la pluie, le vent, la neige, les diverses sortes de tempêtes. Il nous représente, sous des traits attendrissans, un homme de la campagne, périssant de froid, enseveli dans les neiges. « Il s'arrête enfin, & se couche près » d'un monceau sans forme, pensant à toute » l'amertume de la mort, & le cœur serré de » cette tendre angoisse, que la nature darde dans » le sein d'un homme mourant, éloigné de sa » femme, de ses enfans & de ses amis; en vain » son épouse soigneuse prépare, en l'attendant, » un feu brillant & un vêtement chaud; en vain

» ses jeunes enfans attentifs à regarder l'orage,
» demandent leur pere avec une vive impatien-
» ce & d'innocentes larmes. Hélas ! il ne reverra
» plus ni femme, ni enfans, ni amis, ni sa de-
» meure sacrée; l'impitoyable hyver s'empare de
» ses nerfs, opprime & engourdit ses sens; le
» froid se glisse dans ses entrailles, le laisse
» étendu au long des neiges, glacé, sans vie, &
» semblable à une masse insensible qui blan-
» chit au souffle du nord. «

Le Traducteur auroit dû chercher à exprimer autrement ce passage-ci : *gelée, qui es-tu ?* Cette interrogation brusque à la gelée, excite le rire du François; & c'est pour eux que le Traducteur écrit.

La conclusion du Poëme me paroît touchante & philosophique. » L'horreur domine en Sou-
» veraine sur l'Univers désolé. « (Le Poëte a dit que l'hyver répandoit sa derniere obscurité.)
» Arrête-toi, mortel, livré aux erreurs & aux
» passions; contemple ici le tableau de ta vie
» passagere, ton printems fleuri, la force arden-
» te de ton été, ton automne sombre, âge où tout
» commence à se faner; & le pâle hyver, qui
» vient enfin terminer & fermer la scène; où
» se perdent maintenant ces rêves de grandeur,
» ces espérances frivoles de bonheur, ces im-
» patiences pour la renommée, ces soins in-
» quiets, ces jours d'occupations bruyantes, ces
» nuits passées dans la joie & dans les festins,
» ces pensées flottantes entre le bien & le mal,
» qui partageoient la vie. Tout est maintenant
» évanoui. La vertu seule survit, amie immor-
» telle de l'homme, & son guide fidele vers le
» bonheur d'en haut. «

Ce Poëme est rempli de Poësie, d'imagination,

tion, revêtu d'un coloris brillant; les morceaux de sentiment sont supérieurs à tous les autres; mais cet Ouvrage péche par une abondance stérile. Lorsque le Poëte tient entre ses mains une image, il ne la quitte point, qu'il ne l'ait épuisée.

Le Traducteur a conservé toute la force de l'original; il lui a même quelquefois sacrifié l'élégance Françoise; & je trouve qu'il a eu raison. Un Traducteur n'est que l'interprète d'un original; & la fidélité est la premiere qualité qu'il doit posséder: celui-ci me paroît réunir l'énergie & le brillant; il est presque toujours à côté de son Auteur, & s'Anglicise avec lui : passez-moi cette expression. On ne peut que l'engager à continuer d'enrichir notre Littérature de semblables productions.

Ne trouvant rien, Madame, qui puisse vous intéresser, dans les Ouvrages de plusieurs femmes qui suivent Madame Bontems, vous voudrez bien vous contenter d'en connoître les titres : tout autre détail ne pourroit, ni vous amuser, ni vous instruire.

Il y a quelques années qu'il parut à Orléans, sous le nom de Mademoiselle Alès du Corbet, un *Abrégé de la vie de M. le Pelletier, mort dans la même Ville, en odeur de sainteté*. Mademoiselle du Corbet du Lude est sœur de M. le Vicomte d'Alès, Auteur de plusieurs Ouvrages, & en particulier, d'un excellent Traité contre quelques opinions de Bayle. — Mlle du Corbet.

Madame Chardon, Parisienne, a donné ses Mémoires intitulés, *Mémoires de Madame C...*, — Madame Chardon.

née & élevée dans la Religion Protestante.

Madame Julien. Marie-Louise-Angélique Lemire Julien, est Auteur du *Quadricide, ou Paralogisme prouvé dans la Quadrature de M. de Caufans*.

Madame Lepaute. Nicole-Reine Labriere Lepaute, femme de l'excellent Horloger de ce nom, de l'Académie de Beziers, née à Paris, a publié la *Carte de l'Eclypse annulaire du premier Avril* 1764, avec l'explication. Elle est aussi l'Auteur de divers *Mémoires d'Astronomie*, lus à l'Académie de Beziers, & dont les extraits ont paru dans les Mercures. Enfin elle a donné la *Table des Longueurs des Pendules*, dans le Traité d'Horlogerie de M. Lepaute, son mari.

Madame Hecquet. On avoit attribué autrefois à M. de la Condamine l'*Histoire d'une jeune fille sauvage*; cette Histoire n'est point de M. de la Condamine, mais de Madame Hecquet.

Mlle Archambaut. Mademoiselle Archambaut de Laval, dans le Bas Maine, a publié une *Dissertation* sur la question, lequel de l'homme ou de la femme est plus capable de constance?

Madame de Prémonval. Madame de Prémonval, épouse d'un homme de Lettres de ce nom, & appellée, étant fille, Marie-Anne-Victoire Pigeon d'Osangis, née à Paris en 1724, & aujourd'hui Lectrice de la Princesse de Prusse, épouse du Prince Henri, frere du Roi, a composé le *Méchaniste philosophe, Mémoires concernant la Vie de Jean Pigeon*.

La Ville de Cherbourg est redevable de son Histoire à Madame Retau du Frêne.

Mademoiselle Plisson, née à Chartres, en 1727, a fait une Ode sur la Naissance de feu Monseigneur le Duc de Bourgogne, des Stances sur la Naissance de Monseigneur le Duc d'Aquitaine, & des Réflexions critiques sur les écrits qu'a produits la question de la légitimité des naissances tardives.

On trouve, dans quelques Journaux, des Piéces de vers de Mademoiselle Menon, & en particulier, une Fable intitulée *la Rose*. Elle a traduit l'Assemblée de Cythère, petit Ouvrage Italien.

Il y a des *Epitres à M. Jéliote & à Mademoiselle Duménil*, imprimées dans quelques Recueils périodiques, qui ont paru sous le nom de Madame Alissant de la Tour, femme d'un Payeur des rentes de l'Hôtel-de-Ville de Paris.

Madame Dolieme a consigné dans le Journal des Dames, une Chanson dans laquelle une jeune Bergere raconte ses premieres amours.

Mademoiselle de Louverni s'est fait connoître par la même voie, & avec le même succès.

Charlotte Catherine Cosson de la Cressonniere, née à Mezieres-sur-Meuse, a fait imprimer des vers sur la naissance du Fils de M. Lefranc de Pompignan, sur le Mariage de M. le

Vicomte de Montmorency Laval, & sur la Mort de Monseigneur le Dauphin.

Mlle du Hamel. En 1763, Mademoiselle du Hamel, l'aînée, a donné un Divertissement en un Acte, mêlé d'Ariettes, intitulé *Agnès*.

Madame de Laire. Madame de Laire, ci-devant Mademoiselle Loiseau, née à Paris, a donné au Public des Cantatilles intitulées *la Rose*, *Sapho*, & une *Epitre à Eglé*. Elle est la femme de M. de Laire, Auteur de l'Analyse de Bacon; du Génie de Montesquieu, & de quelques articles de l'Encyclopédie.

Madame Lezé. Nous avons des *Lettres de Julie à Ovide* de Madame Lezé.

Madame de Floncel. Dans un Recueil intitulé : *Génie de la Littérature Italienne*, Madame de Floncel a permis que l'on insérât sa Traduction Françoise du premier Acte de l'*Avocat Vénitien*, Comédie Italienne de M. Goldoni. Cette Dame, morte en 1760, étoit l'épouse de M. Floncel, ci-devant premier Commis des Affaires étrangeres, & qui a fait toute sa vie une étude particuliere de la langue Italienne. Il s'est formé un cabinet de plus de dix mille volumes Italiens. Il n'y a point de bibliothéque en France, qui en réunisse un si grand nombre.

Je suis, &c.

LETTRE XXI.

Françoise-Albine Puzin de la Martiniere, née à Lyon, & établie à Paris depuis plusieurs années, ne doit ses talens qu'à la nature ; elle ne les a acquis, ni par de longues études, ni, comme bien d'autres femmes, par la société des beaux esprits : ses ouvrages ont toujours été puisés dans son cœur. Le premier qu'elle publia, après avoir épousé le sieur Benoît, Dessinateur, son compatriote, fut un Recueil de lettres adressées à une amie, en forme de Journal, mêlé de critiques & d'anecdotes.

Madame Benoît.

L'Ouvrage eut un succès qu'il méritoit, & indépendant de quelques circonstances qui le rendirent célebre. L'Auteur commence par y reclamer contre ceux qui semblent vouloir exclure le sexe de la carriere littéraire. » Pourvu, dit Mad.
» Benoît, en parlant des femmes lettrées, que
» l'Etat ni leurs maris n'en souffrent point,
» qu'elles donnent des Citoyens à la patrie ; je
» crois qu'elles peuvent aussi se livrer à la gloire
» de donner des enfans à la République des
» Lettres : puisque leur triste condition est d'en-
» fanter avec douleur, on doit, au moins par
» pitié, leur permettre d'enfanter quelquefois
» avec délices. «

Journal en forme de Lettres.

Cet aimable Auteur, joignant l'exemple au précepte, n'étoit point distraite de ses devoirs par ses amusemens, si l'on en juge par ce fragment d'une autre lettre. » J'entends le cher époux qui gratte
» à la porte : eh, mon Dieu ! que me veut-il à
» une heure après minuit ? Cela est bien indif-

« cret, de venir m'interrompre, quand je suis
» toute occupée de vous…. Le voilà qui prie,
» qui presse pour se faire ouvrir. Que ferai-je ?
» Conseillez-moi, ma belle : le renverrai-je ?....
» Oui….. Je ne sçais….. Ah ! non…. non.
» Je sens qu'il y auroit de la cruauté….. Le
» voilà, ce fripon. Maintenant qu'il est satis-
» fait, il abuse de ma complaisance ; il veut ar-
» rêter ma plume. A demain.

» Vous serez surprise de me voir entrer sitôt
» dans mon cabinet, pour m'entretenir avec
» vous. O Ciel ! oserois-je vous avouer, que pour
» ce moment l'envie de vous écrire n'est qu'un
» spécieux prétexte, que j'ai fait servir à ma
» fuite. J'ai échappé au séducteur : c'est une bonne
» politique en ménage, de sçavoir s'éclipser à
» propos. Mon système est qu'une femme doit
» toujours commencer par se défendre avec une
» apparence de sincérité, & puis se rendre de bon-
» ne grace. Alors le mari se fait illusion ; il croit
» jouir de tout le bonheur que fait goûter une
» amante délicate & sensible ; & dans l'examen,
» il reconnoît qu'il a une épouse tendre & in-
» génieuse. Ah ! ma chere, que tous ces rafine-
» mens font adorer les entraves de l'hymen !
» mais qu'ils font aussi éclore de sujets à l'Etat ! «

Vous voyez, Madame, que l'étude n'alteroit
point l'amour conjugal ; les lettres dont je vous
parle, n'étoient que des réflexions sur les événemens de la société, qui se passoient sous les
yeux de Madame Benoît ; ce qui l'engagea nécessairement dans des portraits naturels des différens caracteres qu'elle y rencontroit.

Il n'y a pas moins en Province qu'à Paris,
des gens désœuvrés ; & par-tout ces gens-là cher-

chent à causer des brouilleries pour s'en amuser; ceux de Lyon trouverent des allusions malignes, où Madame Benoît n'avoit mis que des observations morales.

Les prétendus originaux s'y reconnurent eux-mêmes, parce qu'on aime mieux être ridicule, qu'indifférent. C'étoit à qui s'appliqueroit chaque trait ; & l'on trouva vingt originaux pour un portrait.

Ces tracasseries Provinciales dégouterent Madame Benoît de sa patrie, & l'engagerent à venir à Paris, où elle publia bientôt un second Ouvrage en deux parties, intitulé, *mes Principes, ou la Vertu raisonnée.* Comme on cherche toujours des vérités personnelles aux inventions agréables, on crut, cette fois, reconnoître Madame Benoît elle-même dans le portrait de l'Héroïne de son nouveau Roman. Quoi qu'il en soit, ceux qui la connoissent, y retrouverent, avec plaisir, le naturel de son esprit, la bonté de son cœur & la douceur de son caractère.

Julie, née dans un état médiocre, élevée sous les yeux d'une mere dévote, sembloit destinée à une vie obscure, uniforme & peu sujette aux évenemens ; cependant divers avantages, & sur-tout celui d'une taille élégante, la firent remarquer sous l'étamine. Le Marquis de Barville la vit un jour à la promenade; & ce moment fut un coup de sympathie, qui fixa leurs cœurs pour jamais. La sévérité de la mere de Julie, obligea les amans de prendre une confidente ; & le choix tomba sur une Madame de Mirmin, amie de la mere de Julie. Jamais femme ne fut plus propre à ce ministere; sans préjugés, & même sans principes, elle eut bientôt entraîné

Mes Principes.

l'innocente Julie dans le plus affreux danger, que puisse courir une jeune personne moins inébranlable dans le chemin de la vertu. Séduite par un piége adroit, & conduite chez cette coupable amie, Julie est livrée au pouvoir de son amant, & à la force de son amour, plus redoutable encore. Tout concourt à sa défaite; nulle espérance de secours, nul moyen de fuite. Comment échapper au péril qui la menace? Sa vertu n'a d'autre ressource, que de se sauver par la fenêtre; elle s'y précipite, & revient chez sa mere, dans l'agitation qu'il est facile d'imaginer. Nouveau besoin d'une nouvelle confidente; car l'infortune a besoin d'épanchement, plus encore que le plaisir. Dans un état si perplex, Julie ne peut se résoudre à tout avouer à sa mere, & se voit obligée de déposer dans le sein de sa cousine, le secret qui surcharge son cœur. Le caractere de cette parente est bien opposé à celui de la Mirmin; mais s'il est plus honnête, il n'est pas d'un grand secours à l'affligée Julie.

» Cécile, chargée du nouvel emploi de con-
» fidente, étoit extrêmement douce: elle accor-
» doit tout, parce qu'elle n'avoit pas la force
» de refuser; ou plutôt elle cédoit, parce qu'il
» en auroit coûté un effort à son ame, pour
» s'opposer à ce qu'on exigeoit d'elle. Indolente
» par goût, elle se plaisoit dans sa létargie;
» elle ne vouloit pas même qu'on cherchât à
» l'en tirer: indulgente par intérêt, & jamais
» par bonté, elle gardoit le silence sur les dé-
» fauts d'autrui, pour clorre la bouche sur les
» siens, & pour ôter à ses amis le droit de lui
» donner des conseils. Elle ne louoit que pour
» être approuvée: sa complaisance alloit jusqu'à

» la foiblesse, pour ceux qui la flattoient ; &
» son amitié se tournoit en aversion pour qui-
» conque osoit lui faire connoître ses ridicules ;
» je dis ridicules, car on ne pouvoit lui repro-
» cher que cela : elle étoit très-sage, & n'avoit
» aucun vice ; mais ce qu'il y avoit de singulier
» dans son caractere, c'est que les vertus chez
» elle avoient presque l'effet du vice ; elle ab-
» horroit le mensonge au point de trahir ses
» plus intimes amis, plutôt que d'employer un
» innocent artifice pour assurer leur salut : si leur
» honneur, leur vie même, n'eussent dépendu
» que d'un mensonge fait par elle, elle n'auroit
» pas eu le courage de le dire, pour les sauver
» de la mort ou de l'opprobre. Ce n'étoit point
» scrupule ; c'étoit habitude, défaut de princi-
» pes & nonchalance. Cependant elle se piquoit
» de sentiment ; en effet, elle en avoit ; mais
» de ceux qu'on ne connoît, & qui ne sont bons
» qu'en métaphysique ; qu'on alambique si joli-
» ment en spéculation ; & de ceux qui enflam-
» ment le cœur, qui le dévorent, qui le con-
» sument, & qui laissent le corps dans une totale
» inaction. Jamais personne n'a mieux connu &
» pratiqué tous les détails de l'amour & de l'a-
» mitié ; petits soins, petites attentions, sou-
» venirs continuels, crainte de perdre l'objet
» aimé, vœux ardens pour ses prospérités, dé-
» sirs de le revoir ; tendre, compatissante, fai-
» sant voler son ame sur ses levres, pour vous
» témoigner l'envie qu'elle avoit de vous se-
» courir, & néanmoins ne se donnant aucun
» mouvement pour adoucir vos infortunes ; en-
» fin Cécile étoit une fille adorable, pourvu
» qu'on ne la mît pas à l'épreuve des grandes

» occasions. Il falloit la laisser tranquille-
» ment de sa paresse ; ne lui rien demander;
» alors elle vous aimoit de tout son cœur, &
» gémissoit volontiers sur vos malheurs. Son hu-
» meur étoit aussi étrange que son caractere;
» elle étoit gaie par accès jusqu'à la folie, &
» mélancholique par tempérament : sa joie étoit
» toujours immodérée, & ses chagrins sans bor-
» nes ; incapable de faire le moindre effort de
» raison pour se surmonter, elle se livroit sans
» réserve à l'affection du moment. «

Cependant la nonchalante Cécile, mise au fait de toute l'intrigue, par l'indiscrétion d'un valet, se prête à favoriser la correspondance de Barville & de Julie ; les lettres volent de part & d'autre ; justification complette du Marquis; indulgence pléniere & pardon absolu de Julie: tout se concilie ; & les amans raccommodés, chargent, comme de raison, leur confidente congédiée, de tous les torts qu'ils ont eu l'un & l'autre. Barville, en effet, avoit été si effrayé de la résolution hardie, que Julie avoit prise pour s'échapper de ses bras, & avoit été si véritablement désespéré de l'avoir outragée, que croyant l'avoir perdue pour jamais, il s'étoit frappé de son épée ; mais heureusement la blessure n'avoit pas été plus dangereuse, que le saut de Julie n'avoit été périlleux. Elle avoit même eu des suites favorables, parce que le pere de Barville, croyant son fils dans un plus grand danger, lui avoit promis de l'unir à Julie, pour l'engager à recevoir les secours nécessaires à sa guérison. Les deux amans se livroient donc à toutes les idées flatteuses, que pouvoit leur présenter leur prochain bonheur, lorsque Julie rencontra, dans une fête publique, un vieux libertin, qui, après lui avoir donné des éloges cavaliers, & des conseils déshonnêtes, lui fit faire le lendemain des propositions encore plus indécentes. Elles furent reçues comme elles le méritoient; & Julie se livroit à des réflexions sur les humiliations auxquelles sont exposées les filles, dont la beauté fait naître plus de désirs, que leur fortune n'inspire de respect, lorsqu'elle reçut une lettre, par laquelle le Marquis lui apprenoit que son pere exigeoit qu'il voyageât avant que de les unir. Les assurances d'une constance à toute épreuve, accompagnoient cette triste nouvelle; & la lettre finissoit par la demande d'un rendez-vous, que l'on sollicitoit avec la plus vive instance.

Dans une circonstance si pressante, comment le refuser? comment se résoudre à laisser partir un amant chéri, sans le voir, sans recevoir de lui des sermens d'une fidélité inviolable? Julie y consentit, & s'y fut à peine rendue, qu'elle se sentit enlever & transporter, malgré elle, dans une chaise de poste, qui, dans très-peu de temps, la conduisit dans un Château éloigné, où son amant délicat, mais prudent, la faisoit conduire pour plus grande sûreté. Le Curé du lieu prévenu & disposé d'avance, les maria l'un à l'autre, sans autre formalité. Barville n'ayant pas laissé le tems à sa maîtresse de lui faire les reproches que méritoit son offence, recevoit les remercîmens dûs à la réparation, lorsque des gens armés vinrent les surprendre, & troubler ce tête à tête, qui n'auroit pas tardé à devenir intéressant. On suppose bien que celui qui les conduisoit, n'étoit autre que ce libertin qui, la veille, avoit fait faire des propositions à Julie; mais on n'avoit peut-être pas prévu que ce vieux débauché étoit l'oncle de Barville qui, voulant défendre sa maîtresse, tombe à ses pieds d'un coup de pistolet. Ainsi finit tragiquement la premiere partie de l'Histoire de Julie, qui pourroit dire comme Monime :

Et veuve maintenant, sans avoir eu d'epoux,
Seigneur, de mes malheurs ce sont-là les plus doux.

Julie restée au pouvoir du vieux Baron de Sorbec, son nouveau ravisseur, est par lui conduite dans un antique Château, dont le seul aspect redouble l'horreur de sa situation. Son amant sanglant, étendu à ses pieds, sa mere livrée au plus cruel désespoir, les violences dont elle est menacée ; tout conspire à rendre son état plus infortuné. Elle ne se nourrit que de ses larmes ; mais la réflexion l'engage à recevoir quelques alimens moins amers, & plus solides. D'ailleurs, notre Héroïne avertit qu'elle n'a jamais accordé plus d'un jour à la plus vive douleur ; ainsi toutes les afflictions que lui ont causé ses diverses avantures, ont toujours été dans la regle des vingt-quatre heures. Peu de Philosophes sçavent ainsi enfermer leurs chagrins dans les préceptes d'Aristote.

Quoi qu'il en soit, Julie tire son mouchoir à la minute, essuye ses larmes, & prend courage. Parmi ses diverses réflexions, elle ne trouve pas de meilleur moyen, que de chercher à séduire une femme que le Baron avoit chargée de sa garde; chose difficile sans argent; cependant son éloquence lui tint lieu d'especes, & convertit sa géoliere, qu'elle détermina à fuir avec elle, après l'avoir fait rougir du métier honteux, qu'elle faisoit depuis vingt ans. L'une & l'autre échappent enfin à Sorbec. Après une route de deux jours, elles se rendent heureusement, & sans accident, chez la mere de Julie; elles la trouvent mourante; mais la vûe de sa fille, lui rend bientôt la santé. Par son crédit, la compagne de Julie, qui avoit accompagné sa fuite, est placée auprès d'une femme de qualité.

Des jours tranquilles succèdent aux agitations qu'avoit éprouvées Julie. Son cœur tendre tourna, faute de mieux, toutes ses affections vers sa mere : une vie si douce, un état si charmant, ne pouvoit longtems subsister, suivant le cours des vicissitudes humaines. Un maudit procès les réduit à la derniere extrémité; & sa perte conduit au tombeau la mere infortunée de Julie. Nulle espérance, nulle ressource; l'héroïne est assaillie par les besoins les plus urgens, lorsqu'une personne, charitable & inconnue, se chargea de payer sa pension dans un Couvent.

Une de ses parentes, & bien digne de son sang par la beauté de son caractere, reçoit Julie chez elle, & la comble de biens; mais cette fille infortunée, avant de jouir de la félicité qui lui est réservée, étoit encore destinée à de nouveaux malheurs. Le plus sensible de tous, fut de devenir, sans le sçavoir, la rivale de sa bienfaitrice; mais cette femme généreuse, après quelques combats, bien pardonnables dans une situation aussi pénible, mit le comble à ses bontés, en lui cédant une partie de ses biens, & son amant tout entier. Un tel sacrifice rendit la peine de Julie plus sensible, en augmentant sa reconnoissance ; mais il fallut céder à la générosité de cette incomparable amie, & se résoudre à épouser le Chevalier de Clunel, qui étoit l'objet de cette dispute, assez rare entre deux rivales d'un état & d'une fortune aussi disproportionnés. Soit par inclination, soit par obéissance, Julie s'y étoit résignée : le jour étoit fixé pour le mariage, lorsque le Marquis de Barville, amené par le Chevalier de Clunel même, entre aussi brusquement, que le coup de pistolet, qui l'avoit, selon l'apparence, envoyé chez les morts. Julie, dans cette idée, le prit d'abord pour une ombre ; mais elle l'épousa bientôt comme un corps, à sa grande satisfaction ; & vraisemblablement à celle de son amie, à qui son amant dût rentrer par ce moyen.

Ce Roman, fécond en situations inopinées, est variée par des réflexions & des portraits.

Les négligences que l'on peut remarquer dans le style, sont rachetées par le ton naturel que l'on y retrouve par-tout avec plaisir.

Je finirai cette Lettre par quelques pensées détachées, que Madame Benoît a insérées dans quelques Journaux, & qui méritent d'être rapprochées de ses autres Ouvrages.

<small>Pensées détachées.</small> » La science est aux têtes mal organisées, ce » qu'est la lumiere aux vûes foibles ; il y au-
» roit plus de sûreté, pour les unes & pour les
» autres, de suivre l'instinct.

» L'amour n'est agréable, que pour un cœur
» médiocrement tendre.

» L'amitié exige plus de soin, plus d'égards, plus
» de ménagemens, que l'amour ; parce qu'elle
» n'a pas les mêmes moyens pour réparer l'of-
» fense.

» Une femme fiere préfere la mort de son
» amant à son infidélité ; une femme tendre
» craint plus sa mort que son infidélité ; une
» femme coquette est également sensible à l'une
» & à l'autre.

» Un présomptueux n'a vu, à coup sûr, que
» la surface de son cœur.

» Il n'y a qu'une circonstance où les femmes
» ne regrettent pas de vieillir, c'est lorsqu'elles
» ont un amant absent.

Je suis, &c.

LETTRE XXII.

Elizabeth. LE troisieme Ouvrage de Madame Benoît, fut un Roman en quatre parties, en forme de Lettres, qui parut sous le titre d'*Elizabeth*. Ces Lettres sont, pour la plûpart, adressées à une Madame d'Alby, amie sensible & éclairée, dont la vertu, plus douce qu'austere, se fait plus aimer que craindre; & dont les remontrances sont moins des leçons, que des conseils. La raison peut éclairer; mais c'est le sentiment qui persuade; & lorsque c'est le cœur qui parle, il est toujours sûr de toucher le cœur qui l'écoute. Il n'est permis qu'à l'amitié d'être le Précepteur de l'amour.

Elizabeth inquiette des mouvemens inconnus qu'elle éprouve depuis quelques jours, confie la situation de son cœur à son amie. » Ma tendresse
» pour toi, lui dit-elle, a toujours été si vive
» depuis que je t'ai connue, depuis cet instant
» heureux où l'amitié donna la vie à mon cœur,
» que je n'ai respiré que pour t'aimer. Un sen-
» timent si vif n'auroit-il pas dû captiver tou-
» tes les puissances de mon ame, & devois-je
» attendre si tard pour te donner un rival? «

Cependant elle n'est pas certaine de l'état de son cœur; ou plutôt, elle cherche à se le cacher: mais son amie l'éclaire sur la véritable situation de son ame. » Plut au Ciel, lui répond-
» elle, que je puisse encore douter de ton mal-
» heur! C'en est fait, Elizabeth; tu aimes; &
» qui? Un homme, que mille obstacles auroient
dû

» dû éloigner de ton cœur. Songes-tu que des
» vœux sacrés, & la fortune, mettent une éter-
» nelle barriere entre vous? Quelle félicité te
» promets-tu d'un attachement, que les Loix
» condamnent. Crois-moi, un amour vertueux
» & sans but, est un être de raison. Je frémis
» d'une passion conçue sous de si malheureux
» auspices. «

Celui qui l'a fait naître, est le Chevalier de Luzan, qui est dans l'Ordre de Malte; il n'a point, à la vérité, prononcé de vœux; mais son grand pere, homme impérieux & absolu, jaloux de perpétuer son nom, exige qu'il se marie à un parti très-avantageux, qu'il lui propose. D'un autre côté, la mere du Chevalier, femme dévote & foible, qui se persuade qu'on ne peut faire son salut dans le mariage, presse son fils d'entrer en Religion. Situation intéressante pour Luzan, qui craint son ayeul, respecte sa mere; mais, plus que tout cela, adore Elizabeth. Il s'exprime ainsi dans sa perplexité : » Pardonnez,
» chere Elizabeth, pardonnez l'irrésolution de
» votre malheureux amant; c'est entre la na-
» ture & l'amour qu'il balance; une mere ten-
» dre & infortunée est la seule rivale qui fut
» digne de vous. «

Elizabeth jalouse de l'estime de son amant, l'engage aux plus généreux sacrifices : l'estime de celui qu'elle aime, en sera la récompense. Elle a besoin, dit-elle, de l'indulgence de son amie; mais elle veut mériter l'admiration de son amant : en lui faisant l'aveu de sa tendresse, elle le porte à sacrifier son amour aux desirs de sa mere. » Ah! sans doute, l'union de nos cœurs
» sera éternelle; j'en ai la confiance : oui, je

» sens que la fortune, le préjugé, le sort mê-
» me, rien n'est capable de rompre une chaî-
» ne, dont la vertu est le plus fort lien. Mais
» que cette douce certitude est mêlée d'allar-
» mes! Je frémis; & j'admire tout à-la-fois vos
» héroïques sentimens. Hélas! ils font mon dé-
» sespoir & mon ravissement! Ah, Lusan! ido-
» le de mon cœur; charme de ma vie, cher
» Luzan; votre amour fait mon bonheur, &
» votre vertu ma gloire. Vous implorez mon
» indulgence : ah! comment pourrois-je ne pas
» excuser votre irrésolution ? Elle me prouve
» également, & l'excès de votre tendresse, &
» votre respectable piété. «

La situation des deux amans change. Il est décidé que Luzan rentre dans le monde; mais la Marquise, sa mere, qui est pauvre, & tient tout de la bonté du Comte, son beau-pere, est obligée de céder; & le mariage du Chevalier doit se conclure. Il instruit Elisabeth du nouvel obstacle, qui s'oppose à leur bonheur, & lui déclare qu'il est déterminé à résister à son ayeul. Elizabeth fait briller de nouveau sa vertu, sa générosité; effrayée des disgraces qui retomberont sur la mere de son amant, s'il encourt l'indignation de son grand pere, elle le presse de nouveau de céder à ses volontés. Mais, après un tel effort, c'est bien le moins qu'elle se repose un instant dans le sein de son amie; elle y épanche l'amertume de sa cruelle situation. « Hélas! lui dit-elle, en lui envoyant la copie de la lettre fatale, qu'elle vient d'écrire au Chevalier;
» quand j'aurois épuisé, goutte à goutte, tout
» le sang qui m'anime, pour tracer cet écrit,
» je n'aurois pas plus souffert. «

Luzan prend le parti de fuir, pour se soustraire à la persécution de ses parens; le Comte pénétre son dessein, le fait arrêter, & enfermer dans une tour de son Château. Le Chevalier, furieux de ce qu'on ose attenter à sa liberté, outré de cette violence, & désespéré par la crainte de perdre Elizabeth, se perce le sein de son épée. Vives allarmes de cette tendre amante; elle se reproche les ordres trop rigoureux qu'elle a donnés à son amant, & s'impute le désespoir où il est réduit. C'est dans ce moment intéressant, que les consolations touchantes de la bonne Madame d'Alby sont nécessaires à la malheureuse Elisabeth: elles adoucissent sa douleur. Le Chevalier guérit; & son mariage est rompu. Les espérances des amans renaissent: Luzan presse Elizabeth de consentir à un mariage secret; elle craint & souhaite cette union; mais elle ne veut rien promettre, sans consulter son amie: elle lui écrit. Madame d'Alby, effrayée d'une démarche si imprudente, lui fait une vive peinture des malheurs qu'entraîne une résolution si téméraire.

» Le mariage secret que le Chevalier se pro-
» pose, feroit ton bonheur actuel; je le sçais:
» mais as-tu donc oublié quels maux il entraî-
» neroit à sa suite, & combien tu les aurois
» mérités, en empruntant le secours de la Re-
» ligion & des Loix, pour braver celles de la
» nature?.... Les voies frauduleuses qu'on est
» obligé d'employer, pour cacher des nœuds
» clandestins, ne sont-elles pas souvent des
» moyens trop sûrs, qui autorisent les familles
» à faire casser un mariage contracté sous les
» auspices du mystere & d'une passion incon-

» sidérée ? N'aurois-tu pas à craindre d'être ex-
» posée à rougir un jour, d'avoir pris un titre
» qui, devant faire ta gloire, ne feroit plus que
» ton opprobre, lorsqu'il seroit désavoué au-
» thentiquement par une famille irritée ? «

Ces considérations, & d'autres de cette espece, qui peuvent vous rappeller, Madame, la conversation du Marquis de Roselle & de sa sœur, sur une matiere à-peu-près semblable, font impression sur le cœur de la timide Elizabeth : mais Luzan craignant toujours quelque nouveau malheur, la sollicite vivement, la supplie, la conjure & la détermine par la menace de se percer le sein à ses yeux. Elizabeth effrayée, attendrie, promet tout ; & le jour est arrêté. La nuit qui le précede, offre à l'imagination troublée de cette amante éperdue, un songe effrayant, qui lui présage son malheur : le jour paroît ; ses transes redoublent, & ne font qu'augmenter de moment en moment. Luzan, cet amant attendu avec tant d'amour & de crainte, d'impatience & d'effroi ; cet amant adoré, qui cause tant d'allarmes, à qui l'on fait tant de sacrifices, ne vient point au rendez-vous ; & cependant Elizabeth, la tendre & malheureuse Elisabeth, n'ose le soupçonner de perfidie. Il justifie sa conduite dans une lettre, qu'il écrit à Saintré, leur ami commun.

» Que j'ai dû te causer d'inquiétude, cher
» Saintré, ou te paroître coupable ! A combien
» d'injustes soupçons n'aurai-je pas donné lieu,
» à toi, à la trop chere Elisabeth, par mon cruel
» silence ? Mais hélas ! je ne pouvois le rompre
» avant que d'avoir consommé le malheur de
» mes tristes jours. Enfin, c'en est fait ; après

» avoir déchiré mon cœur par mille combats,
» mille tourmens divers, je viens de lui donner
» la mort, pour satisfaire à ce qu'exigeoit de
» moi l'affreuse position d'une mere infortunée.
» Que tu me trouveras malheureux, quand tu
» sçauras par quel barbare artifice on est par-
» venu à me faire trahir mes premiers fer-
» mens ! «

Au moment où la plus vive impatience le faisoit partir pour voler au rendez-vous pris avec Elizabeth, la voiture de son grand pere arrête à sa porte. La foudre, tombée à ses pieds, l'au-roit moins frappée, que cette vûe : le Comte l'oblige à y monter avec lui, & le mene chez sa mere. » Peins-toi, dit-il à son ami, les tour-
» mens de mon ame incertaine : ignorer &
» craindre le dessein de mon grand pere, voir
» évanouïr le bonheur où tendoient tous mes
» vœux, au moment même où j'allois en jouir;
» &, ce qu'il y avoit de plus accablant pour
» moi, laisser Elizabeth livrée au doute le plus
» affreux. «

Sa situation devient doublement intéressante : sa mere le presse de prononcer ses vœux ; son ayeul, de consentir à un mariage auquel il ne peut se résoudre, & le menace, s'il ne souscrit au moment même, de chasser sa mere de la maison où ils se trouvent, & de lui refuser jus-qu'aux moindres secours.

Le Chevalier passe la nuit dans la plus affreuse irrésolution, ayant commencé dix lettres pour Elizabeth, & n'ayant pû en achever aucune. Egalement irrésolu sur la réponse qu'il doit porter à son grand pere, il a passé cette nuit de dou-leur à se résoudre, à combattre, à écrire, à effacer; & il est comme enseveli dans un état de stupidité, lorsque sa mere entre, & se trouve près de lui, sans qu'il l'ait entendue.

« Eh bien, mon fils!..... Je levai les yeux sur elle. (Nous fûmes frappés tous deux de la vive impression que la douleur avoit faite sur nos visages.) Qu'avez-vous résolu, me dit-elle? Pour moi, je ne dissimule pas que les dernieres paroles du Comte m'ont accablée. Il m'a paru si déterminé à exécuter ses cruelles menaces, que j'ai tout à redouter si vous lui désobéissez. Je l'avoue, que je ne puis envisager sans effroi le triste sort qui m'attend?

« Rassurez-vous, lui dis-je avec une espece de transport & d'égarement : ne craignez rien, ô ma mere! Non, votre malheureux fils brisera son cœur, le déchirera par les plus affreux tourmens, plutôt que de vous exposer à gémir de sa foiblesse. Venez, ma respectable mere, venez m'encourager par votre présence au plus douloureux sacrifice.

Ma mere, qui n'avoit pas compris le sens de ce que je venois de lui dire, & surprise de ma véhémence, me retint au lieu de me suivre chez mon grand pere, comme je l'y invitai par mes gestes. Mon cher Chevalier, me dit-elle avec bonté, ton état me fait frémir : si tu as une si grande répugnance pour le mariage, fais tes vœux; je t'en conjure au nom du Ciel; ne consideres plus quelles en seront les suites; je serois inconsolable d'être un obstacle à ton salut.

« Cette tendre condescendance & son erreur me percerent l'ame; mes pleurs qui, jusques-

» là n'avoient pu se faire passage, sortirent avec
» tant d'effusion, qu'elles exciterent les siennes :
» elle me prit dans ses bras, me pressa sur son
» cœur, me dit des choses si tendres, que je ne
» sentis, dans ce moment, quoiqu'il m'ait fait
» souffrir depuis, que le desir de faire son bon-
» heur.

» Entraîné par un mouvement inexplicable,
» j'allai, avec une espece de joie, chez le Com-
» te, lui déclarer, que j'étois prêt à faire tout
» ce qu'il exigeoit de moi ; que ma résolution
» seroit inébranlable. Il fit éclater sa satisfaction,
» par les plus affectueuses caresses ; & remettant
» tout de suite à ma mere les titres des deux
» maisons, qu'il avoit achetées à son nom ; il
» lui dit qu'avant huit jours, il lui donneroit
» un contrat de deux mille écus de rente. Pénétré
» d'un procédé qui marquoit tant de confiance
» en ma parole, je fus doublement lié ; & dès
» cet instant, je me promis intérieurement de
» ne pas faire la moindre démarche qui pût
» m'exposer à me démentir. «

Luzan jouit, dans le premier moment, de la douceur d'avoir contribué au bonheur de sa mere ;
mais, quelque consolant que soit le sentiment
d'une bonne action, il ne peut remplacer les
charmes de l'amour, ni le bannir d'un cœur fortement épris. L'image séduisante d'Elizabeth
vient se représenter à son imagination. La douleur la plus vive succede à la satisfaction du devoir. Accablé de tant de souffrances, il tombe
si dangereusement malade, que dès la nuit suivante, on craint tout pour sa vie : cependant il
se rétablit, par les soins de sa mere ; & on le
presse d'exécuter la parole qu'il a donnée. C'est

alors qu'il éprouve que les entraves de l'honneur sont mille fois plus puissantes, que les chaînes de l'autorité.

Sa prétendue tombe malade à son tour; & tous ces délais ne font que prolonger sa peine, par l'impossibilité de rien changer à son sort. Ses agitations sont peintes de la maniere la plus intéressante : trois fois il prend la résolution de voir Elizabeth, pour se justifier; mais jamais il n'ose entrer jusques dans la Cour : un sentiment inconcevable le fait toujours retourner sur ses pas, avec plus de rapidité qu'il n'est venu. Un jour cependant, il parvient jusqu'au pied de l'escalier : Elizabeth étoit à la fenêtre; elle jette les yeux sur lui : il exprime ainsi le trouble que cette vûe jette dans son ame.

» Quelle me parut belle! je mis un genouil
» en terre pour l'adorer; je crus voir la Divinité
» même. Il me sembla qu'elle me présentoit la
» main. Ce tendre mouvement & ses regards,
» firent une si vive impression sur mon cœur,
» que je fus prêt à lui sacrifier ce qu'il y a de
» plus sacré, la parole d'honneur que j'avois
» donnée à mon grand pere. J'allois monter
» pour lui en faire le serment; mais songeant
» tout-à-coup au juste blâme & à tous les maux
» que j'attirerois sur moi, par une si téméraire
» démarche, je pris la fuite, comme si j'eusse
» voulu me sauver du plus affreux péril. «

Il se confine pour quelques jours à la campagne; mais après y avoir longtems combattu son amour par son devoir, il est obligé de le remplir; le sacrifice se consomme.

» O Saintré, Saintré, que ton ami est digne
» de pitié! & d'autant plus malheureux, que

» j'ai immolé mon amour, fans pouvoir étein-
» dre la flamme qui me confume. Oui, je brûle
» d'un feu plus ardent, depuis qu'il ne m'eſt
» plus permis de m'y livrer. Ne crois pas ce-
» pendant que j'en fois plus coupable : non, j'y
» réſiſte de toute ma force ; & il n'eſt pas de
» moyen que je ne tente pour étouffer des
» defirs qui offenfent Elizabeth....... Ado-
» rable & trop chere amante, il faut donc te
» bannir de mon cœur, pour être digne de
» ton eſtime ? Sacrifice également cruel & né-
» ceſſaire ! «

La foible fanté de la Marquife de Merain-
ville, nom que lui a donné le Chevalier de Luzan, en l'époufant, laiſſe à la trifte Elizabeth une
lueur d'efpérance, qui flatte d'abord fa paffion
conſtante ; mais la réflexion allarme bientôt fa
vertu : après bien des remontrances honnêtes de
la part de Madame d'Alby fur cet efpoir criminel, elle fe réfout à donner fa main à M. d'Ar-
broc, qu'elle eſtime fans l'aimer. Elle compte,
par cet hymen, qui lui interdit toute efpérance,
rendre à fon ame la pureté qu'elle a perdue. Elle
fe traîne à l'Autel : mais, ô Ciel ! quelle apparition fubite & inattendue ! C'eſt Luzan qui
s'offre à fes yeux : quelle terrible fituation ! fes
forces l'abandonnent ; elle s'évanouit ; & la cérémonie eſt différée.

Elizabeth, revenue à elle, apprend que Luzan
eſt veuf ; qu'il eſt maître de fon fort ; & M. d'Ar-
broc, digne de l'époufe qu'il alloit obtenir, loin
de s'oppofer à la tendreſſe des amans, follicite
le confentement de la famille, qu'il obtient, &
fe confole de la perte de fon bonheur, en affu-
rant celui d'Elizabeth & de fon amant.

Ce Roman surprend moins par une marche rapide d'aventures merveilleuses, qu'il n'attache par une suite naturelle de situations vraies & intéressantes. L'amour y est peint avec énergie, la vertu avec dignité, l'amitié avec sensibilité.

Encouragée par le succès d'Elisabeth, Madame Benoît publia Célianne.

Célianne.

Esprit, beauté, fortune, Célianne avoit tous ces avantages. Des lectures romanesques avoient enflâmé son imagination. Elle vouloit être aimée par un esprit pur : tout ce qui tenoit aux sens la révoltoit. On la marie à un homme qui ne lui inspire que de l'estime. Après quelques années de mariage & de tranquillité, son époux lui présente un de ses amis nommé Mozime. Ce jeune homme cherchoit aussi depuis long-tems une femme capable d'une vraie amitié, sans alliage des sens. Une sublime sympathie l'attache à Célianne. La peinture, la lecture, la musique remplissoient l'intervalle de leurs entretiens. Un jour que toutes ces occupations commençoient à leur paroître insipides, Célianne imagine de demander à Mozime, qu'il lui fasse sa confession. Mozime avoit aimé deux femmes mariées : mais l'amour pur n'étoit point de leur goût; & il avoit eu bientôt son congé. Il finit par avouer à Célianne, qu'elle est la troisieme personne qu'il aime. Alors ils font une espece de pacte d'unir leurs ames, non pour aimer leurs personnes, mais pour adorer ensemble la vertu. Ce prestige dura six mois dans toute sa force. Mozime fait remarquer un si grand prodige à Célianne; & dans le moment même où il jure qu'il ne violera jamais le respect qu'il a pour elle, il commence à s'en écarter. Enfin diverses circonstances développent l'illusion qu'ils s'étoient faite. Leur témérité alloit être punie par la perte de leur vertu, lorsqu'une réflexion subite arrête Célianne au bord du précipice. Elle s'arrache des bras de son amant : son mari entre ; elle lui découvre tout, & prescrit à Mozime de prendre, avec une autre, des engagemens plus légitimes. Un an après, il épousa la jeune Sophie, dont les attraits avoient fait autrefois quelqu'impression sur lui. Cependant il ne put revoir Célianne sans une émotion qu'elle partagea : mais tous deux se bornerent enfin aux sentimens de l'amitié la plus parfaite.

L'objet de cette brochure mérite des éloges ; l'Auteur a voulu prouver, qu'il est certains dangers, auxquels il est bien difficile qu'une femme s'expose impunément. Il y a de la facilité, & quelquefois de la chaleur dans son Ouvrage ; cependant on y remarque des tours & des expressions recherchés. Il me semble aussi que le fonds du Roman s'éloigne trop de la nature. On n'a jamais fait sérieusement des conventions pareilles à celles de Mozime & de Célianne.

Je suis, &c.

LETTRE XXIV.

Lettres de Talbert.

LES *Lettres du Colonel Talbert*, composent sans doute la meilleure production qui soit sortie de la plume de Madame Benoît. Sujet simple, stile naturel, caracteres vrais, situations intéressantes, réflexions philosophiques, tout concourt à rendre également utile & agréable la lecture de ce Roman.

Talbert est un jeune Colonel, plein d'honneur & de probité, sentimens dignes de sa naissance; mais il est entierement livré au goût des plaisirs, penchant naturel à son âge; les avantages qu'il a reçus de la nature & de la fortune en les lui rendant faciles, l'ont mis dans l'habitude de n'y trouver jamais la moindre résistance. Il n'en sera pas de même de ceux qu'il espere dans la possession d'Hélene, jeune personne de qualité, dont il est amoureux. Sa vertu égale sa beauté; mais sa fortune est très-inférieure à sa naissance. Ce n'est cependant pas cet obstacle qui empêche Talbert de la rechercher pour épouse. Les femmes qu'il a connues jusqu'alors, lui ont inspiré un mépris injuste pour tout le sexe; & les ruses qu'il employe pour séduire Hélene, sont le sujet de la correspondance qu'il entretient avec un de ses amis.

Ce Confident, nommé Mosinge, est d'un caractere absolument opposé à celui de Talbert. C'est un assemblage admirable de toutes les vertus réunies. Jouissant d'une fortune honnête, il pourroit figurer agréablement dans la Capitale; mais retiré dans sa Province, il aime mieux répandre ses biens dans le sein d'une famille indigente, dont il est l'appui. Il plaint les égaremens de son ami, se flatte qu'ils passeront avec la fougue de la jeunesse, & le félicite sur le goût qu'il vient de prendre pour une personne honnête, qui ne pourra manquer de le ramener à la vertu. Mais il juge trop favorablement son ami ; il n'est détours, intrigues atroces, que celui-ci n'employe, pour venir à ses fins criminelles. Il se fait présenter à la Vicomtesse de Mérigone, Tante & Protectrice d'Hélene. Il flatte son enjouement pour les arts, qu'elle protége sans les connoître. Il lui fait établir chez elle une espece d'Académie, où les Artistes & les Amateurs sont également admis. On y tient des séances ridicules, dans l'une desquelles la préférence que l'indiscret Talbert donne aux talens de sa Maîtresse sur ceux de sa tante, le brouille avec cette derniere, qui, malgré son goût déterminé pour les antiques, ne laisse pas que d'aimer un jeune cousin de vingt ans, qui a fomenté cette querelle.

Talbert furieux, menace de l'immoler à sa vengeance ; & c'est pour arrêter sa violence, qu'Hélene se permet d'écrire à son amant ; démarche excusable par ce motif, mais imprudente par ses suites. Talbert fait demander la main d'Hélene à sa famille, non dans le dessein de lui donner effectivement la sienne, mais afin de pouvoir gagner le tems nécessaire à l'exécution de ses détestables artifices.

On s'assemble chez la Vicomtesse de Mérigone, qui commence préalablement par montrer son cabinet. On y trouve de tout, peinture, histoire naturelle, instrumens de Physique, meubles de Chymie, antiques, pantins, squelettes

& papillons; rien n'y manque; mais il n'est que médiocrement goûté par les parens de Talbert; ce qui commence à indisposer la Vicomtesse contre cette famille peu connoisseuse.

Cependant on prend jour pour la signature du contrat, & c'est ce que Talbert veut éviter. Il s'imagine de faire indiquer à la Vicomtesse une collection curieuse des plus rares productions des arts & de la nature, dans un cabinet à quatre lieues de Paris, & qu'on ne verra plus, passé ce jour. Un ami de Talbert offre une voiture très-légere, des chevaux très-vîtes, un Postillon très-leste, & promet de ramener la Vicomtesse à Paris une heure avant celle du rendez-vous; mais dans un chemin de traverse, éloigné de tout secours, la voiture se détraque par des ressorts secrettement pratiqués; & la tante & la niéce ne sont rendues qu'à plus de neuf heures du soir, chez elles, où elles ont été attendues par tous les parens de Talbert. La Vicomtesse est d'abord désespérée d'avoir manqué à une famille si illustre & si respectable; mais lorsqu'elle apprend quelques propos outrageants, que l'impatience a fait échapper, elle entre dans une colere affreuse; & Talbert dût-il offrir une Couronne à sa niéce, il n'en sera jamais l'époux. Ce n'est pas qu'elle ne lui rende justice; mais elle ne veut point d'alliance avec une famille qui lui a manqué essentiellement. Ainsi l'insidieux Talbert conserve l'estime de la tante, & redouble l'attachement de la niéce, en méditant leur déshonneur: un mariage clandestin qu'il saura bien faire accepter par ses artifices, sera désormais l'objet de toutes les intrigues qu'il médite.

Mais, ô malheur imprévû! Hélene a disparu;

elle est enlevée ; elle est perdue pour lui. Après s'être livré aux accès de sa fureur, il parvient à découvrir le Couvent où la Vicomtesse a confiné sa niéce. Il se déguise en Colporteur, la demande, lui parle, & voit que son visage trahit l'émotion de son cœur. Il fait plus ; il engage une parente infortunée d'Hélene & de la Vicomtesse, qui la garde chez elle par charité, mais qui la traite d'une maniere peu charitable, il engage, dis-je, par de fausses apparences de dévotion, cette personne pieuse & crédule, nommée la Sacy, à le suivre au Couvent, où elle passe pour sa femme, & sollicite Hélene de la suivre dans une des Terres de Talbert, où, adoptée par toute sa famille, elle sera à l'abri des tourmens, que l'humeur altiere & capricieuse de la Vicomtesse leur fait éprouver depuis si long-tems. Les nouvelles persécutions dont la Vicomtesse accable Hélene pour la forcer à épouser un Financier, aussi riche que Crésus, & aussi avare qu'Arpagon, la sollicitent vivement ; & toutes les apparences d'honnêteté & même de religion que Talbert met dans ses projets, la déterminent enfin. Des lettres supposées de personnes les plus respectables, sont utilement employées ; une femme dévouée à Talbert, & travestie en Baronne, amie de la Vicomtesse, tire Hélene de son Couvent, & la conduit avec la bonne Sacy dans le Château que Talbert a choisi pour le Théâtre de ses criminels exploits. Mille événemens sont adroitement controuvées, pour excuser l'absence de ses parens qui devoient s'y rendre, & pour motiver le retard du pere Brifaud, Confesseur de la bonne Saci, qui devoit leur donner la bénédiction nuptiale. Tout est conduit, pendant quelques jours, avec la plus simple vraisemblance ; & pendant tous ces délais, Talbert parvient à brouiller Hélene avec sa parente, au point qu'elles ne veulent plus se voir ni sortir de leur appartement. C'étoit le but de toutes ses démarches : resté seul avec Hélene, il employe tout, excepté la violence, pour venir à bout de ses coupables desseins : l'attaque & la défense durent toute la nuit.

« Nous occupions, dit Talbert, en rendant
» compte de cette scène à son ami, chacun un
» des coins de la cheminée au commencement
» de la conversation ; mais je m'étois insensi-
» blement approché de ma charmante, qui ne
» pouvant éloigner le mur ni quitter le feu, a été
» obligée de me souffrir à ses côtés. Je me suis
» emparé d'une de ses mains, que j'ai pressée
» doucement en la regardant d'un air tendre &
» pénétré de douleur. J'ai baisé cette main avec
» une ardeur inexprimable ; elle s'est un peu
» émue ; j'ai jugé qu'il étoit tems d'obtenir le
» pardon de plus d'une offense : j'ai exhalé un
» soupir de feu sur ses levres ; elle a pâli ; elle
» étoit toute tremblante ; mais cette sensation
» a disparu comme un éclair ; & sa fierté l'a
» bientôt vengée du trouble de ses sens ; ses
» yeux se sont chargés d'un nuage de courroux
» si imposant, qu'il auroit intimidé tout autre
» qu'un Talbert, je veux dire qu'un amant pas-
» sionné. J'ai couvert ses mains, sa robe, son
» fichu, son col de mille baisers, en la conju-
» rant de m'accorder mon pardon. Elle s'est
» dérobée avec effroi à mes transports, & jet-
» tant un coup d'œil égaré sur la pendule, elle
» a changé de couleur ; elle s'est précipitée du
côté

» côté de la porte, l'a ouverte : je me suis mis
» au-devant d'elle ; & me saisissant de la clef,
» je la lui ai présentée après avoir fermé à dou-
» ble tour. Vous êtes libre, Madame, de me
» fuir : mais souffrez au moins que je sollicite
» ma grace : ah ! si je ne l'obtiens, j'expire à vos
» pieds. J'ai plié un genou en achevant ces
» mots. . . . .

» Elle s'est hâtée de r'ouvrir sans daigner me
» répondre. . . . . . Ah ! c'en est trop, cruelle,
» me suis-je écrié, en l'arrachant de force de
» la porte qu'elle tenoit ; non contente de m'ac-
» cabler de votre haine, vous me faites voir
» que je ne suis plus pour vous, qu'un objet de
» mépris. — Est-ce en usant de violence, que vous
» vous flattez de m'inspirer de l'estime ? Non
» Monsieur ; d'ailleurs si vous en étiez jaloux,
» votre conduite seroit plus mesurée. — Qu'ai-je
» donc fait à ce moment, que de me soumettre
» aveuglément à vos féveres loix ? Ai-je jamais
» éclaté en murmures contre votre rigueur ? Ne
» l'ai-je pas supportée avec un respect impossible
» à quiconque, comme moi, auroit le pouvoir
» de contempler vos divins attraits ! Suis-je
» coupable de chercher à pénétrer vos sentimens,
» à la veille de contracter un engagement que
» j'ai abhorré, jusqu'au jour où l'amour vous ren-
» dit maîtresse de mon ame ? Ne dois-je pas
» craindre que les circonstances, & non le pen-
» chant, déterminent le don de votre main ! Ah !
» Hélene, ma flâme est trop vive & trop sincere,
» pour me laisser dans ce doute affreux ; daignez
» me rassurer, où je suis le plus malheureux des
» hommes ? — De quel poids peuvent être mes
» discours, lorsque mes actions ne suffisent pas ?

Tome V.   Y

» Si vous me jugez maîtrisée par les circonstan-
» ces, mes paroles ne sauroient vous persuader.
» Gardez-donc vos doutes ; faites-vous-en un
» appui, puisque rien n'est capable de les dé-
» truire. — Que dites-vous, belle Hélene? Un seul
» mot de votre bouche adorable, peut effacer la
» triste impression de ces séveres regards, qui ont
» jetté l'allarme dans mon cœur. Oui, ma chere
» vie, il est en votre puissance de rendre le
» calme à ce cœur qui vous adore, qui est unique-
» ment à vous, sur qui vous régnez en Souve-
» raine ; ne détournez-donc pas ces beaux yeux.
» Quoi ! il ne m'est pas permis de presser cette
» main, qui dans peu d'heures me sera accordée
» à la face des Autels, comme un garant de votre
» foi. Hélas ! oserois-je y croire, après tant de
» marques d'indifférence ? Vous me haïssez ; je
» n'en saurois douter. O Dieu ! mon malheur
» est à son comble ! . . . . . .

» Je me suis éloigné de quelques pas ; je
» paroissois plongé dans la consternation la plus
» profonde ; & je l'étois réellement. Son cœur
» l'a senti : elle a laissé tomber sur moi un ten-
» dre regard, en poussant un soupir à demi étouf-
» fé. Alors je me suis rapproché, & me suis mis
» presqu'à genoux : ah ! ma chere Hélene ! ai-je
» dit, avec un ton de voix entrecoupé par les lar-
» mes ; ne serez-vous point touchée du déses-
» poir d'un amant malheureux par vos rigueurs.
» Laissez-moi lire dans ces beaux yeux qui font
» mon destin ; laissez-moi voir mon pardon &
» l'assurance de votre tendresse.

» Un tremblement universel lui a lié la lan-
» gue ; son silence étoit au-dessus de l'aveu le
» plus passionné ; les roses de ses joues ont écla-

» té jusques sur son front, présage assuré d'un
» trouble charmant, & signe non équivoque d'une
» pudeur qui gémit & céde. Grand-Dieu !
» qu'elle étoit belle dans cet instant d'attendris-
» sement ! Quel mortel auroit pû la voir & ré-
» sister au desir de posséder tous ses charmes !
» Un Mozinge, un homme angélique eût
» succombé à la brûlante ardeur qui enflâmoit
» tout mon être ; je l'ai enlevée dans mes bras,
» & l'ai posée doucement sur une duchesse. Elle
» s'est dégagée de mes vives atteintes ; & m'a
» repoussé avec une force, que je puis appeller
» vraiment divine, puisque malgré le délire
» de mes sens, & la supériorité de mes avantages,
» elle m'a forcé au respect, & s'est relevée avec
» une indignation si profonde & si sublime,
» qu'elle m'a couvert de confusion.

« Oui, mon cher, je dois l'avouer ; c'est le
» pouvoir de la vraie vertu, de faire rougir les
» coupables, lors même qu'ils pensent n'avoir
» rien à se reprocher. Le courroux d'Hélene m'a
» paru si sincere, la source de son désespoir si
» pure & si noble, que j'ai été odieux à moi-mê-
» me pendant quelques momens. Je me suis
» jetté à ses pieds, pénétré d'un vif repentir....
» Ah si elle m'eut pardonné alors..... Mais
» loin de s'appaiser par mon humble posture, elle
» s'en est irritée ; & ses yeux, où je venois de voir
» briller l'amour & toutes ses douceurs, ne ma-
» nifestoient plus que la haine : elle m'a lancé
» un regard foudroyant, & s'est éloignée de moi
» avec un mouvement d'horreur, qui m'a fait
» frémir. J'ai senti mes cheveux se hérisser ; &
» je crois bien, que pour la premiere fois, j'ai
» tremblé de tout mon corps. Il n'est point de

» passion, que cette fille incomparable ne me fasse
» éprouver : un sentiment de crainte m'a tenu
» presqu'immobile dans l'humiliante attitude
» de suppliant ; je me suis panché sur une table
» en cachant mon visage dans mes mains : mes
» gémissemens ont d'abord exprimé mes regrets;
» j'ai descendu jusqu'à la prierre, pour fléchir
» celle que je n'avois pû offenser à mon gré.
» Mes instances ont été vaines ; elle marchoit
» à grands pas, sans proférer un mot.

» Indigné contre moi-même, de ce que l'épouvan-
» té de mon lâche cœur m'avoit fait manquer une
» victoire, qu'un peu de violence m'eut assurée, je
» me suis relevé avec un transport de fureur, &
» me suis approché d'elle tout hors de moi : vous
» voulez ma mort, Madame, ai-je dit avec vé-
» hémence ; hé bien vous serez satisfaite. J'ai
» tiré mon épée; elle a pâli ; elle l'a couverte de
» ses mains.—O Ciel ! que prétendez-vous donc?
» —Expirer à vos yeux, exhaler mon dernier sou-
» pir en ce moment, combler votre haine, si je
» ne puis exciter votre pitié. Barbare ! pourriez-
» vous, sans une haine implacable, regarder com-
» me un crime les plus tendres marques de
» mon amour ? N'imputez son excès qui vous
» offense, qu'au puissant effet de vos charmes;
» c'est leur triomphe le plus beau. Daignez jetter
» les yeux sur cette glace. Je la pressois contre
» mon cœur dans ce bienheureux moment ; j'ai
» senti le sien palpiter; une tendre émotion ré-
» gnoit sur son visage, & en avoit banni cette
» majestueuse fierté, que son indignation avoit
» rendue si redoutable. Elle me repoussoit dou-
» cement; elle ne faisoit que de foibles efforts
» pour m'échapper ; la vertu & l'amour combat-
» toient pour la seconde fois dans son cœur. …

» La pudeur, ce sentiment bizarre & charmant
» tout ensemble, qui sauve tant de femmes,
» pouvoit seule arrêter ma charmante. Nous
» étions très-près de la lumiere; mais elle a été
» éteinte par le mouvement de mon bras, ex-
» cité par un vif élan de mon cœur enivré du
» plus ravissant espoir. Nulle clarté ne fatiguoit
» plus les yeux de la chaste Hélene; nous avions
» abandonné le soin du feu depuis plus de deux
» heures; les différentes choses qui nous avoient
» agités, ne nous avoient pas permis de nous en
» occuper; il restoit à peine quelques étincelles,
» qui ne servoient qu'à nous convaincre des téne-
» bres qui nous environnoient.

» Pouvois-je désirer un concours de circons-
» tances plus heureux? Non, les Dieux n'en
» disposerent jamais un plus favorable au plus
» cher de leurs favoris. Néanmoins mon res-
» pect s'est soutenu, la premiere minutte, pour
» prévenir l'inquiétude de mon adorable sur le
» défaut de lumiere: en profiter brusquement,
» c'eut été l'avertir du danger; & il étoit impor-
» tant, qu'elle ne le reconnût, que lorsqu'elle
» ne pourroit plus l'éviter. J'ai gardé le silence;
» je soupirois doucement, & le plus près de sa
» bouche que j'ai pû; elle s'est levée précipitam-
» ment, & m'a dit d'un son de voix troublé,
» que je la laissasse passer pour rallumer la bou-
» gie. J'ai formé une enceinte autour de son
» corps avec mes bras: je la serrois tendrement
» sur ma poitrine; quel souci importun vous oc-
» cupe, ma chere vie? Laissez-moi jouir du bon-
» heur inexprimable, de croire que vous m'avez
» rendu votre confiance. Qu'avez-vous à craindre
» d'un amant qui vous jure une flâme éternelle,

» d'un époux qui est déjà un autre vous-même ?
» Oui, vous possédez mon ame ; elle n'est plus à
» moi...... Je l'ai effectivement laissé échap-
» per toute entiere sur ses levres, en lui ravissant
» un baiser : j'ai osé davantage...... Ah Mo-
» singe ! quel monstre m'a trahi, ou plutôt quel
» Dieu l'a secourue ! Elle a triomphé de mes brû-
» lans transports, de mon égarement, & même
» de ma violence ; car je confesse que j'avois ou-
» blié mon serment. Elle s'est dérobée à mes pour-
» suites, & s'est élancée d'un bout de la chambre
» à l'autre, en s'écriant : ô Ciel, où suis-je ?
» Céleste Puissance, protége-moi ?.... Sans
» doute que le trouble de ses sens & l'effroi de
» sa raison ne lui ont pas permis d'en dire da-
» vantage. Je n'ai point entrepris de me justi-
» fier d'abord ; mais persuadé qu'en me montrant
» repentant & respectueux, je pourrois faire ma
» paix une seconde fois, je me suis empressé
» d'avoir de la lumiere ; c'étoit un moyen sûr de
» la tranquilliser. D'ailleurs le secours de l'obscu-
» rité m'ayant été inutile, il ne me restoit d'au-
» tre ressource, que celle d'épuiser ses forces par
» un long combat, & de lasser sa vertu, seule ma-
» niere de la vaincre, qui pût me flatter ».

Tous les efforts de Talbert sont inutiles, comme tous ses discours : alors il a recours à sa derniere ruse, & menace de se brûler la cervelle. Il
tire en effet un pistolet qu'il appuye sur son front.
Hélene d'abord paroît se troubler ; mais sa raison, plus habile que son instinct, lui persuade
que ce n'est qu'une nouvelle feinte ; le mépris
qu'elle lui montre, l'oblige à lâcher la détente ; &
le coup part sans l'effrayer. Le scélérat Talbert
voyant qu'il a vainement usé de sa derniere ressource, l'enleve dans ses bras ; mais elle se saisit

de son épée ; & plus sérieusement déterminée à se percer le sein, elle l'oblige à la quitter. Il se jette à ses pieds pour implorer de nouveau sa grace ; il verse, pour la première fois de sa vie, des larmes de douleur & d'attendrissement ; son humiliation est complette ; & le seul gage qu'il peut obtenir de cette paix ignominieuse, est la permission de baiser sa robe.

Hélene enfin demeure victorieuse. La crainte d'éprouver de nouvelles attaques, la détermine à fuir. Les portes du Parc sont fermées; elle rencontre une vieille échelle qu'elle appuye contre le mur; elle y monte ; mais, ô comble de malheur ! les derniers échelons se brisent sous ses pieds ; elle tombe mortellement blessée ; ses cris éveillent le Concierge qui accourt, & la trouve sans connoissance. Talbert désolé, appelle envain le secours des Médecins ; une fièvre, accompagnée de délire, annonce le danger qui menace les jours d'Hélene. Déchiré de remords, ce scélérat la détermine à l'épouser, pour tâcher de la rappeller à la vie. « Mon ami, écrit-il, tout est dit ; je
» l'ai fait ce serment détestable ; la gloire d'Hé-
» lene est la honte du foible Talbert. Oui, si je
» jouis jamais de ses charmes adorés, ce ne sera
» plus que sous l'odieux titre d'époux. Es-tu sa-
» tisfait ; suis-je assez malheureux, assez avili
» par l'insigne lâcheté de mon parjure, après
» avoir dit & redit mille fois, que jamais je ne
» formerois un engagement que j'avois en exé-
» cration ?..... O trop redoutable amour, à quel
» excès de foiblesse m'as-tu réduit ! Puis-je assez
» maudire le jour où tu me soumis à ta loi ».

Malgré ces exclamations, il adore Hélene. Il aime encore mieux la posséder à titre d'époux, que de réprimer sa passion; mais ses vœux ne sont pas exaucés; Hélene meurt. En horreur à lui-même, bourreau de son amante, ne pouvant soutenir l'atrocité de son forfait, il se tue de désespoir.

Le vertueux Mosinge, dont les sages conseils auroient dû préserver le malheureux Talbert, jouit avec une épouse vertueuse, d'un bonheur pur & tranquille, qui fait le contraste de l'horrible catastrophe dont je viens de vous rendre compte. Cet épisode se lie adroitement à l'action principale, sans la retarder dans sa marche. Le vice est le ressort de l'une; la vertu est l'ame de l'autre. Ainsi l'Auteur a sçû placer à propos, le préservatif à côté du mal.

Ce Roman, Madame, ressemble trop à Clarisse. Le caractere de Talbert est tracé sur celui de Lovelace; leur projet est le même; c'est la ruse & l'artifice qu'ils employent l'un & l'autre pour réussir. Tous deux commencent par se servir d'une querelle qui peut avoir des suites pour engager une fille honnête à entretenir une correspondance avec eux. Tous deux finissent par l'enlever. On est fâché surtout, que Madame Benoît fasse périr ses héros d'une maniere aussi tragique; elle auroit dû sentir l'art avec lequel l'Auteur Anglois a préparé son dénoûment. Clarisse déshonorée ne pouvoit plus vivre: Lovelace reçoit la punition de ses forfaits de la main d'un des Tuteurs de Clarisse. Ici Hélene a triomphé de tout. Un accident cause sa mort; & c'est le désespoir qui met fin à la vie de Talbert. Il y a cependant de l'imagination & de l'intérêt dans cet Ouvrage. On applaudit à quelques intrigues de Talbert, & sur-tout à la scène de séduction, qui est pleine d'action, de feu & de chaleur.

Je suis, &c.

LETTRE XXIII.

LEs loix injustes que nous avons imposées à Sophronie
tout votre sexe, Madame, ne pouvant anéantir l'a-
mour dans vos cœurs sensibles, n'ont servi qu'à vous
porter à le dissimuler. Je crois que dans l'ordre de
la nature, nous sommes nés pour l'attaque, &
vous pour la défense : je n'examine point ce
qu'une égale franchise de part & d'autre procu-
reroit de plaisirs ou entraîneroit d'inconvéniens.
Je ne décide point ; & je rapporte simplement
l'expédient singulier, dont s'avisa l'industrieuse
Sophronie, pour connoître & encourager les sentimens de Valsan, pour lequel elle en a pris de
très-vifs. Son âge, qui passe trente ans, sa conduite jusqu'alors irréprochable, la présence d'une
fille, élevée par elle-même avec le plus grand
soin, la retiennent dans les bornes de la plus
étroite circonspection. Valsan attentif, empressé,
passe des jours entiers auprès d'elle ; ses attentions, ses prévenances ne peuvent être que l'effet
de l'amour ; & sa fille est trop jeune encore, pour
en être l'objet. Raisonnement d'une femme
éprise, & qui croit tout ce qu'elle désire ; mais
plus on souhaite ardemment une chose, & plus
on a d'impatience d'en être éclaircie. Le respect,
la crainte, sont, dit-elle, les seules barrieres qui
retiennent Valsan ; il ne les franchiroit jamais ;
il faut bien les lever. Mais si au contraire elle
s'est livrée à une espérance trop flatteuse, quelle
chûte pour son amour propre, quelle affliction
pour son cœur ! N'importe : l'incertitude est trop

affreuſe; il faut en ſortir; il n'eſt queſtion que de mettre ſa gloire en ſûreté.

Valſan, que Sophronie traite avec la plus grande confiance, eſt inſtruit de toutes ſes affaires, ſur leſquelles elle a accoutumé de le conſulter. Elle l'engage, après le dîner, à reſter avec elle pour examiner enſemble ſes papiers; mais à peine eſt-elle enfermée avec lui, qu'un tremblement univerſel la ſaiſit. Les premiers pas vers la licence effrayent la pudeur; Sophronie rougit, treſſaille, & ne peut parler. Valſan s'apperçoit de ſon trouble, & veut l'entretenir de ſes affaires; mais Sophronie l'interrompt, & lui apprend qu'Adèle, ſa fille, eſt l'objet qui l'intéreſſe en ce moment. Valſan attend, avec la plus vive impatience, la fin de ce début, & le redoute comme l'arrêt de ſa mort. Sophronie continue : » ma fille eſt cu-
» rieuſe; & elle l'eſt ſur un objet qui commence
» à devenir de la plus grande importance pour
» ſa vertu. Nous ne paſſons jamais ici quelques
» heures pour traiter de mes affaires, qu'elle ne
» ſe mette en ſentinelle à cette porte que vous
» voyez dans le fond, d'où il eſt impoſſible
» qu'elle entende ce que nous diſons; mais d'où
» elle peut voir, par un petit jour, nos moindres
» mouvemens : c'eſt une découverte que j'ai
» faite depuis peu; je n'ai eu garde de lui en
» parler; je ne lui en ferai jamais de reproches;
» ce ſeroit aller contre mon but, & nuire à l'ef-
» ficacité de mon projet. De plus ce ſeroit répan-
» dre un jour dangereux ſur le cahos de ſes idées,
» qui ne peuvent être que confuſes ſur certaines
» matieres; mais comme je me ſuis rappellée
» que ſouvent la néceſſité de lire enſemble des
» mémoires ſur la même feuille nous a mis dans
» le cas. . . . . . .

Un soupir, qui ne semble échappé que malgré elle, redouble l'étonnement & l'embarras de Valsan : cependant il lui représente qu'elle s'allarme trop facilement ; que les sentimens vertueux qu'elle a inspirés à sa fille, ne lui permettront jamais de soupçonner une mere, à qui elle doit la plus grande vénération, & à la vertu de laquelle le monde entier rendroit hommage, si elle en étoit connue. Ce court éloge, si mal mérité dans ce moment, fait rougir Sophronie. Une visite qu'on annonce, dérange le tête à tête, qui se renoue pour le lendemain, sous le même prétexte.

Valsan meurt d'inquiétude sur la fin de cette aventure. Qui peut causer la curiosité de sa chere Adelle ? Une tendre sollicitude peut seule y donner lieu ; mais il n'ose se flatter d'en être l'objet. Sophronie, de son côté, n'est pas moins inquiette du succès de la ruse que lui a dictée son amour. Ils se rejoignent après un long préambule, où elle fait valoir la confiance qu'elle a dans l'honnêteté de Valsan. Elle lui confie le projet qu'elle a, de donner une leçon à sa fille : » Oui,
» dit-elle, je veux lui donner une leçon qui se
» grave, en traits ineffaçables, dans sa mé-
» moire. On retient mieux ce que l'on voit, que
» ce que l'on entend. Conduisez de jeunes per-
» sonnes au spectacle ; que dans la Piéce il y ait
» un amant téméraire, qui baise la main de sa
» maîtresse ; un héros passionné qui se jette aux
» pieds de la sienne : au sortir de la salle, ques-
» tionnez l'adolescente & la femme formée ;
» l'une & l'autre se souviendront des transports
» amoureux qui ont éclaté à leurs yeux, & auront
» oublié, à coup-sûr, les paroles dont ils ont
» été accompagnés.

» Transplantez cette scène publique dans un
» lieu solitaire, où deux amans libres se croyent
» sans témoins : l'un tente d'obtenir ; l'autre
» s'efforce de refuser, & fait triompher la vertu.
» Ajoutez à cette scène, pour perfectionner mon
» exemple, une jeune fille, conduite par la cu-
» riosité, cachée derriere une porte, examinant
» d'un œil avide, par la serrure, ce qui se passe
» entre les Acteurs dont elle croit être specta-
» trice à leur insçu. . . . . Ne concevez-vous
» pas, Monsieur, le bon effet que cela produi-
» roit sur l'esprit d'une jeune personne sans ex-
» périence ? Il me semble, Madame, qu'il y au-
» roit du danger : sans doute, Monsieur, inter-
» rompt Sophronie, il y en auroit, si nous sup-
» posons un homme sans mœurs & une femme
» sans pudeur ; mais si nous établissons dans une
» solitude, dans un cabinet, comme celui-ci par
» exemple, un homme délicat, une femme hon-
» nête, attachée à ses devoirs, une femme sur-
» tout, dont la jeune personne ait la plus haute
» opinion, de qui elle estime la vertu supérieure
» à toute autre ; un amant enflâmé de désirs,
» mais retenu par le respect, qui tente, avec
» timidité, à dérober un baiser à une main qu'on
» lui refuse, que l'on retire à regret ; il s'enhar-
» dit à un larcin sur la joue. Alors une femme
» sensible, mais sage, va se placer à l'extrêmité
» de la chambre, ordonne au téméraire de se te-
» nir dans l'éloignement : elle détourne la tête,
» après lui avoir défendu, par un geste animé,
» de ne pas l'approcher ; il paroît se soumettre ;
» le silence de la douleur succéde ; il ne fait plus
» entendre que ses soupirs ; on le regarde ; il
» croit le moment favorable pour obtenir sa gra-

» ce; il fléchit le genou devant sa Souveraine ;
» elle pardonne en faveur de son repentir ; il
» redevient coupable ; elle s'arme d'une noble
» fierté ; elle a le courage de le bannir de sa pré-
» sence, jusqu'à ce qu'il ait expié son crime. ....

» Adele, témoin secret de cette fermeté,
» ne se diroit-elle pas, voilà donc comment il
» faut se conduire avec les hommes, pour en
» être respectée, comme ma mere pour mériter
» l'estime & le titre de femme vertueuse ? Que
» je me félicite de ma curiosité ! Ah ! qu'aucun
» mortel ose jamais s'émanciper à la moindre
» liberté avec moi, je saurai punir son audace,
» & le forcer au respect dû à mon sexe. Telles
» seroient les réflexions de ma fille ; j'en suis
» sûre ».

Valsan frissonne, persuadé qu'Adele le voit. La crainte qu'elle ne le croye amoureux de sa mere, glace son sang dans ses veines : comment se tirer d'un pas si délicat ? Quelque parti qu'il prenne, il se perd dans l'esprit de la fille ou de la mere. Sophronie rompt enfin ce silence qui l'outrage ; prend la retenue de Valsan pour un effet de la délicatesse de ses sentimens ; & voyant son trouble excessif, remet encore au lendemain cette prétendue scène de Comédie, afin de lui donner le tems de se familiariser avec cette idée singuliere.

Elle profite de cet interval, pour lui écrire une lettre, dont les termes, quoique mesurés, ne peuvent laisser aucun doute à Valsan, qui sentant toute l'importance de la ménager, lui fait une réponse qui n'est pas moins captieuse ; mais c'est en vain qu'il cherche à déguiser ses véritables sentimens ; le moment fatal approche ; il faut se rendre au lieu qu'il redoute plus que celui de son supplice. Sophronie le reçoit comme une personne, avec laquelle tout est convenu; mais les discours les plus tendres, les agaceries les plus voluptueuses révoltent le cœur de Valsan, sans pouvoir toucher ses sens. Son embarras est trop grand, son trouble est trop évident, pour que Sophronie puisse s'y méprendre plus long-tems. Elle détourne tristement le visage ; elle se couvre de son mouchoir ; sa respiration s'embarrasse ; ses larmes la suffoquent, & coulent sur son sein avec abondance. Le tendre Valsan, insensible à l'attrait du plaisir, ne l'est point au sentiment de la pitié. L'état de Sophronie le touche jusqu'au fond de l'ame. Il se jette à ses pieds ; Adèle paroit : quelle situation ! Son cœur ébranlé par les mouvemens dont il est depuis long-tems agité, ne peut plus contenir son secret ; il lui échappe, & conjure également celle qu'il adore & celle qu'il outrage, d'avoir pitié de son sort. La position de Sophronie n'est pas moins cruelle. La douleur, le dépit, la tendresse déchirent son cœur tour-à-tour ; mais enfin, rendue à la raison par le sentiment le plus doux de la nature, par l'amour maternel, elle se livre à celui de l'équité ; & sacrifiant son penchant à celui de sa fille & de son amant, leur bonheur assure le sien ; & sa propre satisfaction devient la premiere récompense de sa vertu.

Les situations intéressantes qui font le mérite de cet Ouvrage, sont très-ingénieuses ; & quoique l'artifice de Sophronie ne soit rien moins qu'innocent, il est conduit avec tant d'adresse, que loin de révolter les lecteurs les plus délicats, ils ne peuvent se refuser à la pitié qu'elle inspire.

D'ailleurs son repentir est si touchant, & son retour si louable, qu'il doit faire oublier tout ce que sa conduite peut avoir de répréhensible.

Il semble que Madame Benoît se soit attachée à mettre dans le Roman d'*Agathe & Isidore*, plus d'événemens que dans ses autres Ouvrages de ce genre. Celui-ci en est rempli ; mais ils ne sont point aux dépens de la vraisemblance. On peut dire que ce sont d'utiles & d'agréables mensonges, présentés sous les traits de la vérité. La morale y est toujours en action ; il y regne principalement un fond de Philosophie pratique, propre à inspirer des sentimens essentiels au bonheur. En choisissant ses héros dans une condition abjecte, mais en leur donnant des qualités estimables, l'Auteur a cru pouvoir intéresser. Ce sont les vertus que l'on admire ; les titres n'obtiennent que des égards.

Agathe & Isidore.

Le bon & honnête Godin, Cordonnier pour femmes, étoit estimé de ses Pratiques, pour son talent, & aimé de ses voisins, pour son caractere. Il étoit flatté de sa réputation ; & la gloire de conquérir une Province ne lui paroissoit rien, en comparaison de celle de former un soulier avec grace. Mais à quoi sert un nom fameux, si on ne peut le faire revivre ? Godin n'avoit pu obtenir de Denise, son épouse, un successeur à sa gloire. Content dans son état, c'étoit le seul desir qui rendoit sa satisfaction imparfaite. Si Denise avoit été une grande Dame, elle seroit allée aux eaux avec un Aumônier & de grands laquais ; &, à son retour, les vœux de son époux auroient été accomplis : ceux de Godin ne le furent pas moins, quoique Denise ne fût pas sortie de sa boutique.

Les joies de ce bon homme ne sont pas de durée : une longue maladie lui fait perdre ses Pratiques ; mais Constance, la marreine de son fils qui a été nommé Isidore, engage le Cordonnier & sa femme à venir auprès d'elle, & leur prépare un sort qu'ils ne pouvoient espérer. Godin a peine à quitter sa profession & son quartier ; sa femme l'y détermine : ils vont chercher le jeune Isidore, dont la beauté fait plaisamment jaser toutes les comeres du voisinage. Elles se souvenoient toutes, que le fils de Godin, en naissant, leur avoit paru extrêmement laid ; & rien n'étoit plus charmant que cette petite créature, lorsque le pere & la mere le ramenerent de nourrice.

« La commere Baubine ne pouvoit se lasser de
» l'admirer ; le compere la Croche le faisoit sau-
» ter dans ses bras ; & la cousine Basane disoit en-
» tre ses dents, que ce n'étoit pas le même enfant ;
» qu'elle en mettroit sa main au feu ; qu'il n'ap-
» partenoit pas à Denise, ni à son mari, d'avoir
» fait un si beau garçon : elle le demanda pour
» le faire voir à sa tante ; mais c'étoit pour le
» promener dans tout le quartier, & dire à son
» aise ce qu'elle en pensoit. Godin s'en douta ;
» il ne vouloit pas le laisser emporter, sous le
» prétexte qu'il étoit fatigué. Denise, qui avoit
» de la vanité, flattée de ce qu'on admiroit un
» enfant, dont elle étoit la mere, dit à la cou-
» sine Basane, qu'elle le lui confioit, pourvu
» qu'elle le ramenât bientôt. Le compere la
» Croche & la comere Baubine la suivirent. Ou-
» tre sa beauté, il avoit de petites manieres si
» gentilles, un babil si agréable, qu'il suffisoit

» de

» de le voir, pour s'y attacher, par le seul intérêt
» du plaisir qu'il causoit.

» Dès que la cousine Basane fut libre de s'ex-
» pliquer, elle dit, en se croisant les bras sur
» les flancs : eh bien, ma comere, donnez-vous
» dans le godan ? & vous, compere la Croche,
» j'ai vu le signe que vous m'avez fait : n'est-il
» pas vrai que cet enfant n'est pas celui que
» nous vîmes le jour du Baptême ? Il étoit noir
» comme un pruneau mal lavé, & celui-ci est
» blanc comme la neige, & beau comme un
» ange.

» La comere Baubine prit son parti. Cousine,
» tiens, dit-elle, ce n'est pas pour te fâcher ;
» mais tu as toujours eu la langue venimeuse :
» il faut bien que cet enfant soit à quelqu'un ;
» Godin est trop brave homme, pour prendre
» celui-là d'un autre. N'est-il pas juste, com-
» pere la Croche ? Foi de Chrétien, comere, il
» y a du margouilli à tout ça ; mais il ne faut
» pas faire tort à son prochain. Eh bien, je ne
» soufflerai pas le mot, reprit la cousine. Là-
» dessus elle les entraîna avec elle, & fit entrer
» le petit Isidore dans toutes les boutiques de
» la rue. Elle eut tout lieu d'être satisfaite de
» son épreuve ; il n'y eut personne qui ne se
» recriât sur le prodigieux changement de l'en-
» fant, qu'ils avoient vu partir avec la nourrice.
» Tous les défauts de la figure de Denise & de
» celle de son mari furent passés en revûe ; on
» les mit en comparaison avec la délicatesse &
» la perfection des traits d'Isidore ; on prononça
» d'une voix unanime, que cet enfant avoit été
» changé : on tint beaucoup de propos injurieux
» sur la mauvaise foi de Godin, qui n'alloit

» jouir, disoit-on, d'une grande fortune, que
» par une supercherie. La comere Baubine,
» semblable à ces vrais amis, qui redoublent de
» zèle lorsqu'il y a un plus grand nombre de ca-
» lomniateurs déclarés contre celui dont ils con-
» noissent la probité, Baubine fut dix fois prête
» à se prendre aux cheveux avec les femmes qui
» oserent dire que Godin étoit un faussaire, s'il
» faisoit passer un enfant inconnu pour le sien :
» le compere la Croche, qui étoit d'humeur
» pacifique, appaisa la querelle, en disant que
» chacun pouvoit avoir raison ; mais que n'y
» ayant que Dieu qui le sçut, que tôt ou tard
» tout se découvriroit ; que pour lui, il gageroit
» bien sa tasse d'argent, que Godin étoit hon-
» nête homme. Baubine répéta cent fois que
» oui, & que ceux qui disoient autrement, ce
» n'étoit que par jalousie du bonheur qui lui
» arrivoit «.

Cependant le Cordonnier, sa femme & Isidore partent ensemble, & arrivent chez Constance, leur bienfaitrice, qui les reçoit & les
traite au-delà de leurs espérances : mais Godin
ne peut trouver le bonheur dans l'oisiveté : il
faut absolument qu'il travaille; & il fait des sou-
liers pour les pauvres de la Ville : cette résolution fait l'admiration de Constance, & le secret
dépit de Denise, qui ayant une vanité toute
opposée à celle de son mari, auroit bien voulu
ne pas passer pour la femme d'un Cordonnier.

Isidore croît en âge, en science & en vertu. Il
est l'objet des affections de tous ceux qui le connoissent, & particulierement de sa marreine,
qui le chérit comme un fils : elle lui en donne
une preuve non équivoque, en le laissant, par

indivis avec Godin, unique héritier de tous ses biens. Cette fortune immense, pour leur état, ne les console point de la perte de celle à laquelle ils en sont redevables. Leur reconnoissance ne fait qu'accroître leur douleur.

Le tems n'avoit encore pu y apporter qu'un léger adoucissement, lorsqu'un parent de Constance vient leur disputer sa succession. Godin aimant mieux suivre les sentimens de justice qui se font entendre au fond de son cœur, que de s'en rapporter aux décisions de la Justice, dont il ignore les rubriques, consent, malgré les remontrances de Denise, d'abandonner une terre de deux cent mille livres, qu'on lui redemande. Le Cordonnier Philosophe se console facilement par l'espoir de reprendre son ancien état ; mais le sort d'Isidore & les reproches de sa femme le touchent sensiblement : tandis que Denise s'épuise en imprécations, le fils se résoud à exercer la profession de son pere, ce qui comble de joie ce bonhomme, & lui fait oublier toutes ses infortunes.

Tous trois partent pour revenir à Paris. La jeunesse & la beauté d'Isidore gagnent le cœur de Madame Jaquinet, veuve d'un Fripier, brune, jeune & vive, qui, en considération du fils, donne un logement gratuit au pere & à la mere. Elle prépare un déjeuné, qu'elle doit faire tête-à-tête avec Isidore, pour lui déclarer les sentimens que sa beauté lui a inspirés. La servante avertit quelques femmes du quartier de ce déjeuné clandestin, & entr'autres Madame Séchard, cousine de Madame Jaquinet, & surnommée la Toquesin, dont on redoutoit la curiosité, & les malignes interprétations qu'elle donnoit aux

choses les plus innocentes. Piquée de ce qu'on ne l'a pas invitée, elle croit sa conscience intéressée à rompre cette partie mystérieuse : elle instruit le bonhomme Godin des vûes de la veuve sur son fils, & va se mettre dans un cabinet à porte vitrée, qui donnoit sur l'endroit où devoit se faire le déjeuner. » Le bon Godin, rassuré par
» cet Argus, envoya Isidore à l'impatiente veuve,
» qui le gronda amicalement de venir si tard.
» Elle le fit asseoir vis-à-vis d'elle : la table
» étoit si étroite, que les genoux se touchoient.
» Isidore s'éloignoit par égard ; Madame Jaqui-
» net le faisoit rapprocher par politesse. Les
» premiers momens furent consacrés à un com-
» bat de soins & d'attentions qui ne laissoient
» pas de fatiguer Isidore. On couvroit son assiette ;
» on lui choisissoit les morceaux les plus déli-
» cats ; on le pressoit de boire ; on l'invitoit à
» se livrer à la joie ; on le sollicitoit à parler
» avec confiance ; sur-tout l'on mangeoit, & on
» le regardoit avec un appétit dévorant. Cepen-
» dant, comme tout cela ne passoit pas, jusqu'à
» un certain point, les bornes que la vieille
» Toquesin avoit prescrites dans son idée, elle
» commençoit à craindre de ne recueillir au-
» cun fruit de sa curiosité. Quoiqu'elle eût plié
» plus d'une fois les épaules, des noms mignards
» que sa cousine donnoit au jeune homme, le
» cas ne lui paroissoit pas assez grave, pour faire
» un éclat : elle attendoit que les choses vins-
» sent au pire, afin de la couvrir de honte avec
» plus de succès ; mais le cœur de Madame Ja-
» quinet, enflammé par la sensuelle fermenta-
» tion du déjeuner, & par la présence de son
» amant, fit éclater son ardeur. Elle prit l'air

» contraint d'Isidore pour de la timidité ; &,
» croyant le mettre à son aise par de petites
» familiarités, elle se leva, passa derriere sa
» chaise, lui couvrit les yeux de l'une de ses
» mains, lui donna à deviner si c'étoit la droite
» ou la gauche ; le menaça d'une pénitence, s'il
» ne rencontroit pas juste. Il devina mal ; elle
» lui ordonna de baiser le parquet de la chemi-
» née, ou telle autre chose qu'il lui plairoit.
» Madame Séchard frémit d'indignation ; elle
» trembla pour le choix que le jeune homme
» alloit faire. Il la tira de son souci, en accom-
» plissant ponctuellement la peine imposée,
» sans user de l'insidieuse liberté qu'on lui avoit
» donné. La veuve se mit à rire aux éclats,
» sans en être plus contente intérieurement.
» Quelle niauderie, dit-elle, de baiser du bois !
» il valoit mieux baiser mon oreiller ; il auroit
» été plus tendre. Je n'aurois pas osé prendre
» cette liberté, répondit Isidore, un peu dé-
» concerté par les ris immodérés de Madame
» Jaquinet, qu'elle continua en se rasseyant. Elle
» approcha sa chaise, enlaça ses jambes entre
» les siennes avec tant de vivacité, qu'il se leva
» avec précipitation, & s'éloigna, comme s'il
» eût été question d'éviter un précipice. Son si-
» lence, sa rougeur & son air embarrassé, loin
» d'exciter la confusion de la veuve, furent in-
» terprêtés conformément à ses dispositions. Où
» allez-vous donc, lui dit-elle ? Est-ce que vous
» avez peur de me gêner ? — Assurément, Ma-
» dame : & le respect qui est dû à votre sexe.
» — Oh ! lesque n'y fait rien. Tenez, Monsieur
» Isidore, vous êtes bien poli ; mais vous êtes
» trop façonnier ; allons, mettez-vous là……

« Eh bien, faut-il vous y apporter ? — Je vais m'y
» placer, Madame, puisque vous le voulez. — Là
» donc, voilà qui est bien ; ça trinquons ; cela
» vous mettra en gaieté.... A votre santé, à la
» santé de tout ce qui vous fait plaisir. — Je vous
» suis très-obligé. — De rien, Monsieur Isidore :
» vous me remercierez l'an prochain, à Pâques ;
» je bois à vos plaisirs ; qu'est-ce qui vous en
» fait le plus ? Pour moi, je n'en ai jamais tant
» que quand je vous vois. — Vous êtes bien hon-
» nête. — Dame ! si je suis honnête ! on ne peut
» me reprocher gros comme un grain de millet
» sur mon honneur ; &, si je songe à vous, ce
» n'est que pour le bon sujet. — Vous me faites
» beaucoup de graces ; mais. — Mais ! Je sais bien
» ce que vous voulez dire : on peut se fréquenter
» en attendant, se voir, s'amuser, rire ; ça est
» permis, quand on a envie de faire une bonne
» fin : il faut se divertir quand on est jeune ; ça
» ne fait tort à personne..... Pas vrai, mon
» petit chat, ajouta-t-elle, en le mignardant par
» de petits soufflets.... Cette caresse, toute in-
» nocente qu'elle paroissoit à la veuve, boule-
» versa le sang à Madame Séchard : elle crai-
» gnit & espéra l'issue que son esprit de charité
» lui avoit fait présumer.

» J'ai beau vous parler, reprit Madame Ja-
» quinet, en lançant des regards intelligibles
» pour tout autre que le modeste & indifférent
» Isidore ; vous êtes sérieux comme un enterre-
» ment. Je ne suis pas comme ça, moi ; je suis
» tout cœur, quand j'aime les gens. — Je le sais,
» Madame ; & toutes les preuves d'amitié que
» vous avez données à ma mere.... — Votre mere !
» c'est une brave femme, mais je ne l'aime que

» parce qu'elle vous a fait. Quelle est heureuse
» d'avoir un beau garçon comme vous, si sage !
» vous ferez un bon mari : tenez, je crois qu'une
» femme seroit en paradis avec vous.... Vous
» êtes si doux, si bon ! — Vous êtes trop obligean-
» te ; & je ne mérite pas.... — Oh ! je ne dis pas
» le quart de ce que j'en pense.... Mais, à pro-
» pos de ça, nous ne faisons rien.... Un petit
» verre de ce ratafiat à la fleur d'Orange : c'est
» moi qui l'ai fait. — Dès qu'il est ainsi, je ne vous
» refuserai pas. — Bon ; voilà comme j'aime qu'on
» aille à la franquette. Ah ça, puisque nous
» sommes en train, je veux d'abord vous dire
» quelque chose qui vous touche : ensuite, pour
» ce qui est à l'égard de mon endroit, nous en
» dirons un petit mot. — Auriez-vous quelqu'af-
» faire où je pusse vous être utile ? — Dame ! j'ai
» de bons desseins pour vous ; mais il faut sça-
» voir, avant tout, si vous ferez ce que je veux.
» — De quoi s'agit-il ? — D'un bel emploi à la bar-
» riere de la Courtille : vous l'aurez de hier en
» huit ; & la personne qui vous le fait avoir,
» m'a promis de vous avancer : c'est le protec-
» teur de ma famille ; il a marié ma mere ; il m'a
» mariée avec le pauvre défunt ; &, si Dieu lui
» prête vie & santé, il pourroit faire ma se-
» conde nôce ; & puis si nous avions une fille ;
» que sait-on ; il pourroit bien encore lui cher-
» cher un bon parti. Voyez-vous, Monsieur Isi-
» dore, il fait bon être protégé par des hom-
» mes riches ; ça fait que toutes les filles d'une
» pauvre famille ne restent jamais à marier : par
» ainsi, je veux me conserver l'amitié de Mon-
» sieur Fonclout ; n'ai-je pas raison ? — Madame,
» c'est suivant vos vûes ; quant à moi, je vous

» rends mille graces de l'intérêt que vous pre-
» nez à ma fortune ; mais je ne puis profiter
» de vos offres ; j'affligerois mon pere de pren-
» dre un autre état que le sien — Votre pere ra-
» dote, avec son vilain métier ; est-ce que vous
» êtes fait pour ça. Votre mere ne s'en est
» pas cachée avec moi : elle ne demande pas
» mieux que vous fassiez votre chemin : il faut
» songer pour soi ; vous êtes pour plus longtems
» dans ce monde, que Monsieur Godin ; & si vous
» voulez faire un mariage un peu comme il faut...
» — Je suis trop jeune pour y penser. — Qu'appel-
» lez-vous, trop jeune ? Je vous dis que vous êtes
» dans le bon âge ; Monsieur Jaquinet, Dieu
» veuille avoir son ame ! il n'avoit que dix-sept
» ans quand je l'ai épousé, & vous avez bien-
» tôt quatorze mois de plus : vous êtes grand,
» bienfait ; vous vous portez comme le Pont-
» neuf ; vous avez l'air fort : essayez voir de me
» porter ; je verrai bien si vous êtes aussi robuste
» que le pauvre défunt.

» L'impudente, l'effrontée, se disoit tout bas
» la dévote : à quel dessein veut-elle se faire
» porter. Ah Dieu ! à quelle tentation elle ex-
» pose son aimable innocence ! Il fera plus que
» Joseph, s'il lui résiste : c'est un Saint.

» Isidore embarrassé & confus de l'extrava-
» gante idée de Madame Jaquinet, demeuroit
» immobile à sa place, ne pouvant se résoudre
» à se charger d'un fardeau qui ne lui sem-
» bloit rien moins que précieux : il n'osoit le-
» ver les yeux sur elle. Ah ! vous ne voulez pas,
» dit-elle, en riant à gorge déployée ; vous avez
» peur de me laisser tomber ? Eh bien, buvons
» du parfait amour, cela vous donnera des for-

» ces ; & puis n'en parlons plus, si vous ne vous
» en souciez pas. — Je crains les liqueurs ; je ne
» puis en boire. — Tant-pis, c'est comme une
» jeune fille. Mais, puisque vous me refusez
» tout, il faut que vous me promettiez d'exer-
» cer l'emploi que je vous ai obtenu. — Je ne puis
» m'engager sans le consentement de mon pere.
» Voulez-vous que je lui en parle ? — Comme il
» vous plaira. — Voilà qui est bien ; j'ai votre pa-
» role, ça suffit.... Allons, une pêche à l'eau-
» de-vie dans ma cuillere. Vous ne me crai-
» gnez pas : j'en prendrai dans la vôtre.... Oh !
» que c'est drôle d'être comme ça, mon petit
» mimi.

» Isidore alloit jetter de l'eau sur sa cuillere.
» Que faites vous donc ? Laissez ça ? N'ai-je
» pas raison de dire que vous êtes un révéren-
» cieux ? Je boirai après vous ; ne nous connois-
» sons-nous pas ? & puis quand on est pour vivre
» ensemble..... Allons, avallez-moi cela. — Il
» m'est impossible ; j'ai beaucoup mangé ; je
» vous remercie. — Je veux que vous en preniez
» la moitié, & moi l'autre ; mordez ; vous me
» donnerez le reste. — Vous n'auriez pas bonne
» opinion de ma politesse, si vous pensiez que
» je fisse une chose comme celle-là. — Toujours
» des complimens ? Vous ne faites argent de
» rien.... Mais, à propos, je ne vous ai pas vu
» toucher à ces pastilles : c'est un présent de
» M. Fonclou : elles sont ambrées ; ça vous
» laisse un goût à la bouche, ah dame ! ça vous
» embaume.... & pour convaincre Isidore, elle
» approcha son visage du sien fort près, afin de
» ne lui laisser aucun doute sur l'excellence du
» parfum qu'elle vantoit. Sentez, sentez, dit-

» elle, en exhalant presque sur ses levres, un
» tourbillon d'haleine enflammée. Isidore pa-
» roissoit ému, & cependant détournoit la tête;
» mais la veuve le poursuivoit en riant, & de
» si près, que Madame Séchard frissonna de
» tout son corps; ses levres pâlirent & tremble-
» rent avec des mouvemens convulsifs; toutes
» ses arteres battoient; les muscles de son cou
» étoient dans une tention effrayante; elle n'é-
» toit soutenue en ce moment que sur l'extrê-
» mité du pied; tout son corps étoit penché &
» allongé du côté où se passoit la scène, que
» ses yeux dévoroient.... Sainte Vierge, mere
» de mon Dieu, vase de pudeur & de chasteté,
» souffrirez-vous, s'écria-t-elle, que cette im-
» pudique séduise & corrompe l'innocence mê-
» me ? Inspirez-moi; dois-je me montrer ? dois-
» je briser, par ma présence, les chaînes que
» le Démon de l'impureté va former ? Ven-
» geance céleste, feu du Ciel, tonnez, tombez
» sur cette femme concupiscente, plutôt que de
» permettre.....

» Comme elle achevoit cette charitable im-
» précation, Isidore se leva; il marcha d'un pas
» languissant & incertain du côté de la porte.
» Où allez-vous ? je me trouve mal, dit d'un
» ton de voix foible Madame Jaquinet, sans
» cependant changer de couleur. Tenez, voilà
» ma clef; cherchez dans cette petite armoire
» de l'eau de vie; il n'y a que ça qui me sou-
» lage. Isidore lui donna ce qu'elle demandoit;
» il lui proposa d'aller appeller sa mere; elle
» prétendit qu'il falloit bien s'en garder; qu'elle
» pourroit se trouver plus mal pendant qu'elle
» seroit seule. Il se rassit fort éloigné d'elle. L'im-

» patience la gagna : elle fit plusieurs tours dans
» la chambre; &, chemin faisant, elle dénoua
» les rubans de son corset...... Je me meurs,
» dit-elle, en passant sa main machinalement
» autour du cou d'Isidore ; &, laissant tomber
» sa tête sur son épaule, son manteau se déta-
» cha de lui-même ; il laissa voir des choses qui
» firent rougir & troublerent l'indifférent jeune
» homme. Il détournoit la vûe ; il la reportoit
» malgré lui sur des objets que ses sens seuls
» l'entraînoient à admirer. Il voulut parler ; il
» ne put articuler deux mots de suite ; ce qui
» communiqua une commotion si brûlante à
» Madame Séchard, l'indigna tellement contre
» tout ce qu'elle voyoit, qu'elle abandonna son
» poste : elle parut aux amans comme une furie
» menaçante, envoyée par le Ciel en courroux
» pour les couvrir d'opprobre, & les punir du
» délire où ils alloient peut-être tomber.

» Vous devriez expirer de honte des damna-
» bles artifices que vous employez, dit-elle à sa
» cousine; & se couvrant les yeux d'une main,
» cachez, cachez, femme sans pudeur, cachez
» donc ces objets odieux pour qui a de l'hon-
» nêteté. Madame Jaquinet se leva; &, rajus-
» tant son manteler à la hâte, eh bien, quoi,
» qu'est-ce ? Ne peut-on pas être incommodé,
» sans que vous le tourniez à mal ?.... Isidore
» interdit, confus, sortit sans prendre part à la
» querelle. «

L'insensible jeune homme n'est pas moins indifférent aux avances de plusieurs femmes de
qualité, chez lesquelles son pere le mene pour
obtenir leur pratique : mais s'il échappe aux piè-
ges qu'on tend à son innocence, il ne sçauroit

éviter long-tems ceux de l'Amour, qui l'attend aux pieds d'Agathe, pour lui rendre les armes, en lui prenant mesure d'une paire de pantoufles.

L'honnête Isidore, jusqu'alors l'objet de l'admiration, devient celui du plus vif attachement. Chaque Lecteur a pour lui les yeux d'Agathe, fille de condition, devenue Marquise, veuve & amoureuse d'Isidore. La jalousie, l'imposture, la perfidie, les persécutions, la cruelle absence & l'affreuse incertitude des sentimens de son amante, tous les malheurs qui suivent l'Amour, il les éprouve sans les mériter. Enfin l'injustice se lasse de persécuter l'innocence : Isidore reconnu pour être d'une naissance distinguée, mais poursuivi par le sort, & acheté par Godin & sa femme, est heureux & digne de celle qu'il aime, par sa noblesse comme par ses vertus. Il obtient la main d'Agathe, du consentement même de la famille de la Marquise, qui tient à honneur une telle alliance.

La facilité du style de ce Roman, & sur-tout la vérité des caractères, en rendent la lecture extrêmement agréable. Celui de Godin & de Denise, toujours soutenu, ne seroit point déplacé dans un Ouvrage de Fielding.

Je suis, &c.

LETTRE XXV.

APRÈS s'être assurée de ses talens pour les Romans, Madame Benoît voulut les essayer pour le Théâtre, & prit pour guide le célebre Goldoni, dont elle tira sa Piece intitulée : *le Triomphe de la Probité*, Comédie en deux Actes, en prose.

Triomphe de la Probité.

On ne peut trouver une situation plus théatrale, qu'un homme plein d'honneur & de probité, obligé par son devoir de causer lui-même la ruine de l'objet qu'il adore. Jersan, Avocat, également intégre & éclairé, se trouve réduit à cette cruelle nécessité. Lucile, jeune personne aimable, vertueuse & qu'il aime, ne possede d'autre fortune, que celle qu'elle tient d'un testament qui est sur le point d'être cassé ; & les biens qui lui étoient destinés, vont rentrer à l'héritier légitime dont Jersan est l'Avocat. Pour comble de malheur, son client est d'un caractere défiant, soupçonneux, qu'un rien effraye, & qui, par plusieurs circonstances très-adroitement ménagées par l'Auteur, n'a que trop souvent raison d'être justement allarmé. Ainsi l'honnête Jersan se trouve continuellement pressé entre son amour & son devoir, l'intérêt de celle qu'il aime, & l'injustice de celui qu'il défend. Cependant assailli sans cesse par le choc continuel de ces sentimens opposés, il est toujours inébranlable, & ce n'est pas des incertitudes de cœur, mais au contraire de son malheur & de la fermeté de son ame, & de la nécessité de son infortune, que naît l'intérêt preſſant qui captive juſqu'à la fin de la Piéce.

Lorſque Jerſan s'eſt chargé de cette affaire, il ignoroit que Lucille, qu'il ne connoiſſoit que ſous le nom de *Miſipe*, fût ſa partie adverſe : mais l'ayant entrepris, ſon honneur ne lui permet pas de l'abandonner au moment où elle doit ſe juger. Sainval, ſon client, accourt chez lui tout éperdu, parce que ſon Juge a un Sécretaire, que ce Sécretaire a une parente, & que cette parente eſt Coëffeuſe de Miſipe. Jerſan le tranquiliſe, & lui parle convenablement ſur l'intégrité des Magiſtrats. Comme il commence à le raſſurer, il trouve, ſur le bureau de ſon Avocat, le portrait de Lucile qui n'eſt autre que Miſipe ; ce qu'il n'ignore pas, & que Jerſan ne devoit pas plus ignorer que lui, parce qu'un Avocat doit être inſtruit de tous les noms & qualités de ſa partie adverſe : mais un moyen de Comédie ne doit pas être jugé ſelon les loix de la Juriſprudence. Comme les caractères extrêmes ſont toujours inconſéquens, Sainval ſe contente de l'aſſurance que Jerſan lui donne, que cette circonſtance ne ſauroit nuire à ſes intérêts ; il s'appaiſe ; mais une lettre qu'on apporte, réveille ſes inquiétudes. Il la lit ; elle eſt d'une Comteſſe dont le nom ne peut avoir rien de commun avec l'affaire ; & il reprend ſa tranquillité. Il exige cependant, que ſon Avocat aille ſolliciter ſes Juges ; ce qui ne s'eſt jamais fait ; mais il ne l'eſt pas lui, pour vouloir des choſes ordinaires ; & pendant l'abſence de Jerſan, il commet une bien plus grande inconſéquence, en ſe confiant à un fripon, qu'il a trouvé dans ſon cabinet, & en le chargeant de toute la probité de ſon Avocat, ſacrifiant deux cent louis pour ce projet ridicule. Comme Bribe, cet intriguant, doit en gagner 50 à ce marché, il n'oublie rien pour en assurer le succès. Mais c'est inutilement qu'il employe toutes ses ruses, pour déterminer Jersan à abandonner le Procès de Sainval qui doit se plaider le jour même. C'est envain qu'il lui fait la peinture la plus touchante de la situation de Lucile. Il ne peut même l'effrayer par sa haine, qu'il lui fait craindre; il ne fait que le désoler. Ce fourbe est plus heureux avec le laquais qui a déjà apporté la lettre, dont nous avons parlé, & qui confond les noms de Comtesse & de Marquise; ce qui lui fait soupçonner quelque *tricherie*. En effet il apprend de ce valet imbécille, que c'est là la Marquise de Clugny, amie & Protectrice de Lucille, qui sous ce nom & dans la demeure de la Comtesse d'Erneville, fait venir Jersan pour l'engager à être favorable aux intérêts de cette jeune personne, ou du moins à abandonner ceux de Sainval. Cette découverte de la part de Bribe, termine le premier acte d'une maniere intéressante, puisqu'elle laisse le spectateur incertain du parti que Jersan prendra, dans l'extrêmité où il se trouve réduit.

Mais il ne dément point au second, la conduite qu'il a tenu dans le premier. Lucile, digne de lui, ne veut pas non plus se prêter aux séductions que lui conseille d'employer la Marquise de Clugny, dont le langage merveilleux, & la morale facile annoncent une femme du monde. Elle laisse les deux amans ensemble, sous le prétexte d'aller écrire une lettre; & la situation où elle se trouve, est très-intéressante. L'arrivée de Sainval, averti par Bribe, n'en produit pas une moins théatrale; & c'est alors, qu'il ne doit plus douter que Jerfan ne le trahiffe: pofition cruelle pour un honnête homme, contre qui tout dépofe; mais Lucile n'héfite pas à le juftifier, en avouant, même à fa honte, que c'eft par un détour honteux, qu'elles l'ont attiré dans ce lieu; & que leurs prieres n'ont pû prévaloir fur fa probité? Elle affure Sainval qu'elle eft déterminée à la perte de fon procès; & elle ajoute qu'elle en eft fi certaine, qu'elle ne paroîtra pas même à l'Audience. Ce difcours rend un peu de calme à Sainval, qui part avec Jerfan pour s'y rendre: mais il revient bientôt, en criant que fon procès eft perdu; qu'il eft ruiné, parce qu'il a vu fa perte écrite fur tous les vifages, dès que fon Avocat a commencé à parler. Il ne voit plus d'autre reffource, que d'époufer Lucile; & il la preffe brufquement d'accepter fa main, avant que Jerfan revienne. La Marquife, qui n'a pas fi bonne opinion de la caufe de fa jeune amie, la force de faifir cette propofition avantageufe, qu'il ne fera plus tems d'accepter dans une heure. Nouvelle perplexité pour Lucile, dont la moindre difgrace eft de perdre fa fortune; qui, d'un côté, craint d'avoir caufé le déshonneur de celui qu'elle aime, & de l'autre, fe voit contrainte d'époufer celui qu'elle détefte. L'arrivée de Jerfan vient enfin la tirer de cette étrange perplexité, & fatisfaire Sainval, à qui il apprend que fon procès eft gagné avec dépens; &, pour dédommager Lucile du tort qu'il vient d'être obligé de lui faire, il la prie de partager fa fortune, en recevant fa main. Cette offre, qu'elle accepte avec reconnoiffance, la dédommage amplement de tous les biens qu'elle a perdus; & cet heureux dénouement fatisfait également, & les amans, & les Lecteurs.

La

La conduite de cette Comédie, ménagée avec beaucoup d'art, les caractères bien contrastés & bien soutenus, le style naturel & facile, les scènes bien enchâssées, & marchant avec tant de rapidité, qu'il est impossible d'en extraire le moindre détail ; tout auroit concouru, sans doute, à son succès ; mais la modestie n'a pas permis à Madame Benoît de la livrer aux Comédiens.

La *Supercherie réciproque*, Comédie en un Acte, en prose, est le second Ouvrage dramatique publié sous le nom de Madame Benoît, & non représenté. Rosalie, fille d'un Fermier, ayant perdu ses parens dès l'enfance, fut élevée par la générosité de la mere du Comte de***. Son éducation, trop au-dessus de sa naissance, fut un malheur pour elle, plutôt qu'un bien ; elle ne lui inspira que des idées vaines. Elle fut envoyée dans un couvent, où on lui donna des Maîtres ; parmi ceux-ci, elle distingua celui qui lui apprenoit à chanter : il avoit une figure intéressante & un air noble ; son cœur conçut pour lui quelque tendresse ; &, pour n'en plus rougir, sa vanité lui inspira l'idée de le regarder comme un homme de qualité, qui avoit pris ce déguisement pour la voir avec plus de liberté : elle en fit part à M. Diapason, c'est le nom du Maître à chanter, qui n'osa pas la désabuser d'une erreur qui flattoit les sentimens qu'elle lui avoit inspirés ; il passa pour le Marquis de Fléville dans l'esprit de Rosalie, qui se fit passer à son tour dans le sien, pour la niece du Comte. Sa bienfaitrice étant morte, le Comte, son oncle prétendu, la tire du Couvent ; il se propose de la marier à M. Paperar, Procureur-Fiscal. Ro-

La Supercherie réciproque.

salie rejette cet hymen avec dédain ; il n'est point assorti avec les idées de grandeur qu'elle s'est formées, & dans lesquelles elle est encore entretenue par l'amour du Maître à chanter, & par l'opinion qu'elle a de sa naissance. Celui-ci vient au Château dans son déguisement ; un valet qu'il a pris, le porte à pousser l'aventure jusqu'à la fin. Il voit en perspective un établissement avantageux ; il veut conduire Rosalie à un hymen secret, que le Comte sera forcé d'approuver ensuite. Séduit par son amour, excité par son valet, Diapason se prête à l'imposture. Rosalie, de son côté, persécutée par le Comte, qui presse son hymen avec Paperar, humiliée à chaque instant, se détermine à fuir avec le Marquis. Dans ce moment, le Comte & le Procureur Fiscal arrivent ; ce dernier reconnoit son neveu dans le prétendu Marquis ; il s'excuse auprès du Comte sur l'ardent amour qu'il éprouve pour sa nièce ; celui-ci surpris, dévoile la naissance de Rosalie. Les deux amans sont égaux ; ils s'étoient trompés tous les deux ; on les unit.

On n'a pas tiré assez de parti de ce sujet ; la rivalité de l'oncle & du neveu auroit pu produire de plus grands effets : on n'a pas profité du comique que présentoit la Supercherie réciproque de Rosalie & de Diapason ; & l'action n'a point assez d'intérêt, qui doit être l'ame de tout Ouvrage, sur-tout des Ouvrages dramatiques : au reste, le style de cette Pièce est simple, facile & naturel ; dans quelques endroits, le dialogue est assez bien coupé : l'Auteur mérite des encouragemens ; & ses essais annoncent un talent qui se forme & qui promet.

Portrait. Une lettre de Madame Benoît, insérée dans

le Journal des Dames, semble tracer son portrait & peindre son caractere. L'Auteur, qui est Madame Benoît elle-même, avoue à une amie qui lui reproche son excessive envie de plaire, que depuis l'âge de quinze ans, jusqu'à celui de vingt-cinq, son but étoit de captiver le cœur de tous les hommes, & d'exciter la jalousie de toutes les femmes. Mais ce désir se réglant avec l'âge, il est devenu la source de mille bonnes qualités. » Une
» femme sensée, dit-elle, abandonne ses pré-
» tentions, & tâche de conserver ses droits. Je
» ne borne donc plus mon ambition à l'impres-
» sion des sens, & à l'envie de mes rivales : main-
» tenant j'en veux à l'estime des hommes, & à
» la bienveillance des femmes. Croyez-vous,
» Madame, qu'il soit aisé d'obtenir l'un & l'au-
» tre, sans un vif désir de plaire ; pour moi, je
» suis convaincue que c'est à ce seul sentiment,
» que je dois tout ce qu'on me trouve d'estimable.
» Avant que la raison eût écarté le voile qui me
» cachoit la véritable route, je pensois qu'un
» peu de figure, beaucoup de parure, des ajuste-
» mens coquets suffisoient pour plaire ; mais
» l'expérience m'a appris, que ces agrémens tous
» seuls plaisoient à quelques-uns, étoient in-
» différens ou nuisibles aux yeux des autres.
» Cette certitude m'a fait balancer plusieurs fois,
» s'il ne vaudroit pas mieux céder à ma paresse,
» que de la vaincre perpétuellement, pour me
» donner des soins dont je recueillois si peu de
» fruit. Mais le moyen d'étouffer un desir inné !
» Sa vivacité m'a tirée d'une stérile inertie, où
» une stupide indolence plonge tant de personnes
» qui se croyent Stoïciennes, parce qu'elles dé-
» daignent les moyens de plaire. J'ai senti tout

» ce qui m'en coûteroit, pour parvenir à mon
» but : j'ai compris que pour plaire générale-
» ment, il faudroit me sacrifier sans cesse aux
» autres & à moi-même. Il m'a donc fallu com-
» battre mes penchans, résister à mes goûts, sur-
» monter mes foiblesses, condamner mes défauts,
» abjurer mes vices, & les changer en vertus,
» si je voulois plaire au plus grand nombre.

» Une fierté mal entendue m'avoit persuadée,
» qu'on devoit me prévenir dans toutes les cir-
» constances : l'hommage de quelques hommes
» m'avoit confirmée dans cette ridicule présomp-
» tion; l'indifférence des uns, le dédain des au-
» tres m'a fait sentir tout ce que je perdois par
» ma faute : l'envie de plaire m'a rendue si pré-
» venante, qu'on ne se douteroit plus que je suis
» née fiere, si ma phisionomie ne l'annonçoit.

» Un orgueil outré me rendoit d'un commer-
» ce difficile, épineux ; je m'offençois de tout ;
» le plus léger badinage me blessoit ; je croyois
» toujours qu'on avoit dessein de m'outrager.
» Je me suis apperçue qu'on évitoit ma société,
» sans cesser de m'aimer. J'ai cherché à péné-
» trer la cause de ce contraste; je l'ai trouvée en
» moi ; j'ai vû qu'on me fuyoit, parce qu'on étoit
» obligé de s'interdire les choses les plus inno-
» centes, si on ne vouloit m'effaroucher. Le dé-
» sir d'être recherchée, a vaincu mon orgueil, &
» l'a tellement asservi, qu'on prétend que je suis
» la personne la plus aisée à vivre.

» Un amour propre invincible me rendoit
» l'ennemie de quiconque me faisoit connoître
» mes torts. Je ne pouvois supporter qu'on l'hu-
» miliât ; cependant quoiqu'il ait encore beau-
» coup d'empire sur moi, l'extrême envie d'être

» estimée & estimable, m'a habituée à entendre
» mes vérités. Je souffre lorsqu'on me les dit ;
» mais je ne murmure point. Je prends en bonne
» part, celles qu'on me dit par amitié ; & je sçai
» bon gré, loin de haïr comme autrefois.

» Un penchant à la médisance, une humeur
» caustique, une manie de faire de l'esprit aux
» frais d'autrui, & de flatter mon amour propre,
» en mortifiant celui des autres, m'avoit fait
» regarder comme un heureux don du Ciel, la
» facilité que j'avois à faire des Epigrammes,
» envisagée par les sages comme le fléau d'une
» compagnie. Je m'en croyois l'aigle ; néan-
» moins accoutumée à porter un œil observateur
» sur moi-même, je ne tardai pas à découvrir que
» les gens estimables me méprisoient ; que ceux
» qui étoient équivoques, me craignoient ; &
» qu'enfin je ne plaisois qu'à quelques méchans.
» Dès-lors je me déterminai à renoncer à la sa-
» tyre, & à donner tous les éloges que je pour-
» rois, sans blesser la vérité : en sorte que le de-
» sir de plaire m'a fait encore triompher d'une
» inclination vicieuse, & l'a métamorphosée,
» pour ainsi-dire, en vertu ; puisque ne pouvant
» m'abstenir de parler de mon prochain, j'en dis
» du bien, ou je me tais.

» Une humeur altiere, un caractere impé-
» rieux, un sang vif & bouillant me livroient quel-
» quefois à des coleres, dont les excès me dé-
» gradoient à mes propres yeux ; parce qu'ils me
» rendoient injuste, lâche & foible. J'abusois
» d'un secret confié ; je reprochois des vices ca-
» chés ; je divulguois des malheurs ignorés ;
» j'empoisonnois tout ; je voulois être la seule
» qui eût raison. On n'avoit ni vengeance, ni

» indiscrétion à craindre de ma part ; mais on
» avoit ma colere à redouter. De-là, plus de
» confiance, plus de liaison avec moi. Je rou-
» gissois souvent de mes emportemens, lorsqu'ils
» étoient passés ; mais ce n'étoit point assez ;
» l'envie d'être aimée, *le desir de plaire*, mon
» unique mobile, m'a fait surmonter mon tem-
» pérament, modérer ma vivacité. Maintenant
» je me possede assez dans tous les instans de la
» vie, pour n'avoir rien à me reprocher à cet
» égard ».

L'Auteur de cette lettre observe jusques dans sa coëffure & dans ses habillemens, ce qui peut plaire dans la maison où elle doit passer la journée ; & son ajustement est modeste ou galant, brillant ou simple, selon les personnes qu'elle visite.

» Il est des sociétés où l'on ne fait cas, où
» l'on n'aime qu'un esprit orné ; quoique le mien
» ne soit pas fort cultivé, je n'y suis point dé-
» placée, parce que mon vif *desir de plaire* me
» donne de l'aptitude à tout. J'avoue que, sans
» ce desir, je souffrirois souvent d'écouter ou de
» parler peu savamment des choses audessus de
» mes connoissances ; mais outre le sentiment in-
» time, que nous avons en nous-mêmes, de
» l'agréable & du beau, j'ai éprouvé qu'avec
» certaines personnes, lorsqu'on a de l'intelli-
» gence, on leur plaisoit plus en se montrant
» dociles, & aimables ignorans, que si on étoit
» maussade & savant, ou spirituel & récalci-
» trant. Ainsi je laisse volontiers triompher l'a-
» mour propre d'autrui, quand le cœur me
» dédommage des sacrifices que je fais, en im-
» molant ma vanité à la gloire de ceux avec qui

» je vis. Je suis sûre de leur plaire ; & cela me
» suffit.

» Il est d'autres sociétés où l'on veut un main-
» tien austere, un esprit sentencieux, une mé-
» moire amplement meublée : j'avoue de bonne
» foi, que non-seulement je ne possede aucune
» de ces qualités ; mais que si je n'étois retenue
» par ce grand moteur de mes actions & de mes
» discours, je dirois hautement que ces main-
» tiens austeres cachent souvent de l'hypocrisie ;
» les esprits sentencieux sont assommans ; que
» ces mémoires heureuses sont perfides à for-
» ce d'être fidelles. Cependant, malgré ces
» dispositions, le *desir de plaire* m'a fait ac-
» quérir une nuance de cette sorte de mérite ;
» &, lorsque je dois me trouver avec ces per-
» sonnes, qui en sont supérieurement douées,
» j'ai soin de citer des passages de l'Ecriture
» & des traits d'Histoire, d'en faire d'obligean-
» tes applications. Je prends, quand il le faut,
» le ton des oracles : du reste, j'écoute bien ; je
» parle peu, parce que c'est le moyen le plus sûr,
» pour ne pas déceler mon peu de science. Avec
» ces précautions, je réussis ; on dit que je suis
» une femme instruite ; que j'ai un génie d'un
» *certain ordre* ; qu'il convient de me recher-
» cher. Il est vrai que je paye cher ces louanges ;
» je mets mon imagination à la gêne, mon es-
» prit au supplice ; mais je satisfais mon *desir*
» *de plaire*. En me conformant au goût des au-
» tres, je parviens au but que je me suis pro-
» posé ; & c'est tout ce que je souhaite.

» Il est encore des sociétés où l'on admet &
» on aime une gaieté décente, une joie natu-

» relle & soutenue, une raison aimable ; toutes
» choses qui ont trait au caractère : quoiqu'il
» soit plus difficile de le plier que l'esprit, ce-
» pendant j'ai vaincu le mien. J'étois née iné-
» gale, rêveuse, passant tour à tour aux deux
» extrémités de la joie & de la tristesse ; par
» conséquent, peu faite pour réussir dans la so-
» ciété dont je viens de parler : mais le *desir de*
» *plaire* à tout le monde, m'a rendue capable
» de régler mon humeur ; &, lorsque je dois
» aller dans ces assemblées, caractérisées par les
» ris & les jeux, je me dis à la porte : ferme
» ton œil observateur ; mets un voile sur ton
» avide curiosité ; ne cherche point à pénétrer
» le fond des cœurs ; garde-toi sur-tout de jouer
» le rôle de spectatrice : ne vas pas, par ta con-
» tenance grave, & ton air refléchisseur, dé-
» concerter la douce gaieté qui regne dans ces
» lieux : ton maintien philosophe sembleroit
» faire l'épigramme de l'honnête liberté dont
» on y jouit ; & dès-lors tu déplairois. Vivement
» frappée de cette crainte, j'écarte les nuages
» qui pourroient me nuire, bien résolue de me
» montrer telle qu'il faut être pour plaire. Je
» parois ; la sérénité de mon visage annonce
» la paix de mon ame ; mon abord riant con-
» firme ma satisfaction ; de-là on présume que
» je suis disposée à partager le plaisir, & non
» à le troubler. En effet, je jouis sans examiner ;
» je parle sans disserter ; je ris sans effort ; j'é-
» coute sans me fatiguer ; je me tais, sans ob-
» server ; de maniere qu'à l'exacte attention
» près, que je suis obligée d'avoir sur moi-mê-
» me, je m'amuse, & je plais. On dit que je

» suis d'un commerce doux, agréable & fa-
» cile; que je ne suis jamais de trop; qu'on est
» heureux de m'avoir. Je m'estime encore plus
» heureuse, de plaire à si peu de frais; mais il
» est des circonstances où il en coûte davan-
» tage.

» Il est, par exemple des maisons où l'on n'ai-
» me que le jeu, & où on l'aime passionné-
» ment; où les conversations, qui ne servent
» que d'intermedes pendant qu'on arrange les
» parties, ne roulent que sur les heureux ou
» malheureux coups de la veille, ou sur la bonne
» ou mauvaise humeur des joueurs. Eh bien,
» quoique j'abhorre les cartes, l'envie d'être fê-
» tée par-tout, m'a fait vaincre mon aversion
» au point, que quand je vais dans ces sociétés
» où l'on est absolument possédé du démon du
» jeu, on m'y reçoit avec transport. Ah! que
» vous venez à propos! Nous vous désirions sans
» espérer vous voir; votre arrivée arrange nos
» parties. Je réponds que je suis enchantée; &
» je dis vrai, parce qu'au fond, je suis sûre que
» ma complaisance me rendra agréable; & plai-
» re est pour moi le charme de l'existence. Aussi
» je ne joue point machinalement, ni avec
» cette indolence qui manifeste le dégoût, &
» laisse voir tout le sacrifice qu'on fait : au con-
» traire, j'y apporte une rigoureuse atten-
» tion, qui plaît aux joueurs, & leur persuade
» que j'y prends le plus vif intérêt. J'augmente
» leur plaisir, en paroissant passionnée comme
» eux.

» Enfin il est des sociétés fort opposées à
» celles-ci, où l'on est tout ame, tout sentiment;

« où l'on ne respire que tendresse ; où enfin on
« porte la sensibilité jusqu'à l'enthousiasme :
« quoique je sois intimement persuadée qu'elle
« n'est naturelle qu'entre deux vrais amis, &
« non avec dix ou vingt personnes, néanmoins,
« lorsque je me trouve avec celles qui en sont
« engouées, je n'ai garde de blesser leur déli-
« catesse, par une stoïque indifférence : au con-
« traire, le *désir de plaire* me fait paroître sen-
« sible jusqu'au fanatisme. Je m'affecte de la
« plus petite infortune, du moindre malheur,
« de la plus légere indisposition. La disgrace
« d'un parent, qu'on ne recherchoit que par
« rapport à son emploi, la prospérité d'une
« connoissance, à qui on ne tient que par va-
« nité, le triomphe de telle autre qui ne flatte
« que l'amour-propre, la mort d'un protecteur
« de qui on étoit négligé, le procès perdu
« d'un ami, qui n'intéresse que médiocrement,
« l'agonie d'un proche qu'on aime peu, les
« dégoûts de la vie, la perte d'un serin, d'un
« angola, la funeste catastrophe d'un beau che-
« val & d'un joli chien, les chagrins qui en
« résultent, rien n'est oublié ; je m'informe
« de tout avec l'air du plus grand intérêt ; &
« je compose si bien ma physionomie, que cha-
« que trait de mon visage exprime les diffé-
« rens sentimens dont on me croit pénétrée.
« On dit que j'ai un cœur excellent ; que je
« suis une femme essentielle ; qu'une ame com-
« me la mienne fait honneur à l'humanité :
« d'après ces suffrages, j'ai lieu de présumer
« que je plais. Que m'en coûte-t'il ? un peu de
« jargon & quelques grimaces : de gémir quand

» on pleure, de frémir quand on paroît allar-
» mé, d'éclater de joie quand on sourit, d'al-
» longer mon visage, quand on paroît triste.
» Avec un vif *desir de plaire*, toutes ces choses
» sont faciles à pratiquer. «

Une chose doit faire douter que Madame Benoît ait voulu se peindre dans cette lettre, c'est que cette complaisance, cette douceur, cette aménité, qu'elle prétend n'avoir acquise que par la reflexion, lui sont trop familieres, pour n'être pas des vertus naturelles.

Je suis, &c.

LETTRE XXVI.

Mlle Guichard.

JE joindrai, Madame, dans la même Lettre, deux Demoiselles qui seroient à peu près de même âge, & qui, environ dans le même tems, ont composé chacune un Roman. L'une est Mademoiselle Guichard, morte jeune à Paris d'une maladie de poitrine en 1756; & l'autre, Mademoiselle Susanne Bodin de Bois-Mortier, fille d'un Musicien de ce nom, née à Perpignan. La premiere nous a laissé un Roman en quatre parties, intitulé, *Mémoires de Cécile*. Ils ont été imprimés peu de tems avant sa mort, après avoir été revus par M. de la Place, Auteur du Théâtre Anglois, de la Traduction de Tom-Jônes, & de plusieurs autres Ouvrages de ce genre. Mademoiselle Guichard étoit une fille d'esprit, & avoit mérité l'attention de quelques personnes en place, qui s'intéresserent à la publication de son Roman.

Mémoires de Cécile.

La jeune Cécile, dont il va être question dans ces Mémoires, fut déposée auprès de Vaugirard. Un Commandeur de Malte trouva cette aimable enfant, l'emporta chez lui, & la fit élever avec beaucoup de soin. Cécile, pendant tout le tems qu'elle fut dans cette maison, se crut fille d'un valet-de-chambre du Commandeur. Ce ne fut que quand ce dernier se vit sur le point de mourir, qu'elle apprit le secret qu'on lui avoit toujours caché. Son bienfaiteur mourut, & laissa à la jeune orpheline une pension fort honnête, & des instructions très-sages sur la maniere dont elle devoit se conduire. La Marquise de Beaubourg, niece du Commandeur, s'attacha à Cécile, & voulut lui tenir lieu de mere. Comme cette charitable Dame avoit un mari très-libertin, elle ne jugea pas à propos de garder auprès d'elle une jeune fille de quinze ans, à cause des suites que cela pouvoit avoir. Cécile fut donc mise au Couvent; le Marquis, qui en eut connoissance, ne tarda pas à lui rendre visite, & lui proposa de quitter ce saint asyle, pour embrasser un état, dans lequel elle tireroit bon parti de sa beauté, c'est-à-dire, qu'il voulut la faire entrer à l'Opéra. La vertueuse Cécile rejetta bien loin cette indigne proposition; le Marquis revint plusieurs fois à la charge, & lui fit des offres, qu'une personne moins sage auroit acceptées. Sur ces entrefaites, un jeune Chevalier de Malte, frere du Marquis de Beaubourg, arrive à Paris, & voit Cécile au Couvent: aussitôt il en devient amoureux, & rend plusieurs visites à son aimable maîtresse. Dans ces entrevues secrettes, les deux jeunes cœurs s'embrâserent mutuellement. L'intelligence fut découverte; on fit promptement partir le Chevalier pour Malte, & la Demoiselle fut envoyée dans un autre Couvent hors de la Capitale.

Pendant ce tems-là, ce Marquis de Beaubourg ne perdoit pas de vûe les projets de séduction qu'il avoit formés contre la pauvre Cécile; il trouva le moyen de l'attirer à Paris & de la conduire dans une petite maison, où elle courut risque de ne pas sortir comme elle y étoit entrée; mais elle échappa au piége qu'on lui avoit tendu, avec le secours d'une certaine Marquise de Neuville, qui auroit bien voulu jouer le rôle, dont la jeune orpheline refusoit de se charger. Cécile retourna à son couvent, & le Marquis, après avoir fait bien des sotises, mourut en bon Chrétien.

La Demoiselle de Vaugirard, délivrée de son persécuteur, passoit des jours assez tranquilles dans le lieu de sa retraite, où elle avoit pour amie une certaine sœur Agathe, qui étoit, disoit-on, une personne de grande qualité. Cette Religieuse, pour des raisons importantes, ne vouloit point contracter d'engagemens éternels. L'envie qu'elle témoignoit de posséder un brasselet, que Cécile portoit au bras, & le récit d'une partie de son Histoire, font pressentir au Lecteur la plûpart des choses qui doivent arriver. A la fin, tout se débrouille ; Agathe est la fille d'un Milord Anglois ; elle avoit épousé à Londres un François, homme de condition, qu'une affaire d'honneur avoit obligé de quitter sa patrie. Ils viennent tous deux en France, où il leur arrive des aventures très-fâcheuses ; ils sont trahis par un coquin de Peintre : le mari est mis à la bastille, & y demeure longtems, sans qu'on sçache ce qu'il est devenu. La pauvre Angloise se voit enlever, & son bien, & une jeune fille, qu'elle venoit de mettre au monde. Après bien des malheurs, les choses changent de face ; la sœur Agathe est la fille du Milord Carington. Son époux, qu'on avoit cru quelque tems un avanturier, devient Marquis de Lombreüil ; Cécile, exposée autrefois à Vaugirard, se trouve être la fille du Marquis & d'Agathe.

Tandis que tout le monde est dans la joie, le Chevalier de Beaubourg arrive. Que dis-je, Chevalier ? Il ne l'est plus : la mort de son pere & de son frere aîné l'ont mis en possession d'une fortune confidérable, & du titre de Marquis. Il est toujours paſſionnément amoureux de la belle Cécile; &, s'il vouloit en faire ſa femme, lorſqu'il la croyoit un enfant-trouvé, on s'imagine bien qu'il l'épouſera encore plus volontiers, étant fille de condition. Le jeune Milord Carington, frere d'Agathe, eſt un Chevalier fort aimable, qui paroît auſſi ſur la ſcène. Il devient, le plus à propos du monde, amoureux de la Marquiſe de Neuville, qui, depuis l'aventure de la petite maiſon, avoit contracté une amitié très-étroite avec Cécile. Tout s'arrange à la ſatisfaction des parties intéreſſées; les mariages ſe font, & le Roman finit.

Il ſemble que la Cénie de Madame de Graphigny, dont je vous ai rendu compte autrefois, ait fourni le plan de cet Ouvrage. Le Commandeur & Dorimon, le jeune Chevalier de Malthe & Clerval, le Marquis de Beaubourg & Méricourt, Agathe & Orphiſe, enfin Cécile & Cénie, ſont des perſonnages qui ont beaucoup de reſſemblance. Voici en quoi ils different les uns des autres: Dorimon, dans Cénie, eſt un vieillard honnête homme, mais dont l'eſprit paroît borné; le Commandeur joint une probité exacte à beaucoup de lumieres; Méricourt eſt un mauvais cœur, une ame intéreſſée; le Marquis de Beaubourg n'a point ces vices bas & honteux; mais c'eſt en récompenſe un franc libertin, ou pour mieux dire, un débauché du premier ordre; Cénie eſt d'un caractère extrêmement doux, & Cécile a quelquefois de l'humeur: dans le Roman, il y a un plus grand nombre de perſonnages que dans la piece de Théâtre. Malgré toutes ces différences, il y a beaucoup de rapport entre ces deux Ouvrages ; mais pour le fonds seulement. Ce n'est pas que je regarde Cécile comme un Roman dont le plan soit mal exécuté ; ce livre, en général, est bien écrit & offre des situations assez intéressantes. L'Auteur s'est un peu trop appesanti sur certains détails : il y a, par exemple, près de trente pages employées à décrire ce qui regarde la maladie & la mort du Commandeur ; on auroit pu resserrer davantage cet article. Le Lecteur devine trop aisément qu'Agathe est la mere de Cécile ; cela empêche de sentir si vivement l'effet qu'ont coutume de produire les reconnoissances.

Je vais copier quelques-unes des instructions que le Commandeur de Beaubourg donna à Cécile avant que de mourir. Voici d'abord une sage maxime qui ne devroit jamais sortir de la mémoire de tous les enfans-trouvés.

» L'incertitude de votre naissance est une es-
» pece de honte, que vous ne pouvez réparer que
» par de solides vertus, & un mérite qui vous
» distingue. «

Ce qui suit regarde particulierement Cécile, & servira à faire connoître quelques-uns de ses défauts ; car elle en avoit contre la coutume des héros & des héroïnes de Roman, en qui, pour l'ordinaire, on ne remarque pas la moindre imperfection.

» Vous avez naturellement de la fierté & de
» la hauteur : vous pouvez en tirer parti pour
» vous former une noblesse de sentimens qui
» convient à tout le monde, & sur-tout à celles
» de votre sexe ; mais il est dangereux que ces
» qualités ne se décident du côté d'une sotte
» vanité ou d'un insupportable orgueil, vices
» condamnables,

» condamnables, détestés même dans les per-
» sonnes du premier rang; vous devez sentir de
» combien de ridicules ils seroient la source
» dans la triste condition où le sort vous a
» mise.

» Il est rare que les femmes s'élevent au-des-
» sus de la foiblesse de leur sexe par l'étendue
» de leurs connoissances : si quelqu'une, plus
» courageuse, se distingue, il n'est que trop or-
» dinaire aux autres femmes de lui en faire un
» ridicule, & d'éviter le commerce de celles
» qui passent pour sçavantes, avec presqu'autant
» de précaution, que celui des femmes galantes.
» C'est une injustice, mais elle est reçue. «

Cette injustice n'est plus reçue présentement:
une femme Auteur a pourtant des précautions à
prendre, & voici les travers qu'elle doit sur-tout
éviter. C'est toujours le Commandeur qui parle.

» Gardez-vous de décider trop souvent &
» trop affirmativement sur les choses de l'es-
» prit.... Ne vous bornez pas sur-tout à n'ad-
» mettre dans votre société & ne regarder de
» bon œil, que les gens de lettres, & les véri-
» tablement beaux esprits. «

C'est en paroissant moins occupée de la science, que des ouvrages convenables au sexe, & en
ne négligeant rien des petits soins où l'état de
femme engage, que les Dames Auteurs peuvent éviter le reproche odieux de *précieuses ri-*
dicules, de *femmes sçavantes*; & faire les délices de la société, autant par leurs charmes, que
par leur esprit.

Comme Cécile avoit une figure charmante
& une voix gracieuse, le Marquis de Beaubourg avoit formé le projet de la faire entrer à

l'Opéra ; mais quand M. Francine, qui étoit pour lors Directeur de ce Spectacle, se fut apperçu de la sagesse de cette belle Chanteuse, il dit aussi-tôt, cette Demoiselle n'est pas faite pour nous ; elle gâteroit toute notre Académie.

J'avois oublié de dire, qu'on avoit voulu donner Cécile pour épouse à un certain M. de la Fosse : c'étoit un de ces Financiers subalternes, qui cherchent à s'avancer par le crédit des femmes ; & qui, pour parvenir aux postes supérieurs de la finance, sont ravis d'épouser une jolie personne, que quelque Seigneur puissant honore de ses bontés.

Voici un trait de galanterie de ce M. de la Fosse, la premiere fois qu'il vit sa maîtresse. Cécile, qui ne se soucioit guères d'un pareil amant, n'avoit pas pris la peine de s'ajuster pour recevoir sa visite. Comme on lui faisoit quelques reproches à ce sujet : » Bon, reprit brusque-
» ment notre Financier, Mademoiselle est fort
» bien ; pour moi j'aime mieux l'air négligé,
» que la grande parure ; elle ne sert souvent
» qu'à couvrir bien des défauts ; & c'est avec
» cela qu'on nous attrappe. «

Après ce compliment flatteur, M. de la Fosse découvrit toute la noblesse de ses sentimens ; il fit sentir combien il étoit au-dessus de certains préjugés ; & il fit l'éloge d'un de ses parens, qui avoit épousé une fille entretenue par un homme de la premiere condition ; &, pour achever de se bien mettre dans l'esprit de sa maîtresse, il fit des plaisanteries sur la vertu des femmes en général, assurant que tout ce qu'on devoit exiger d'elles, étoit de se conduire avec assez de discrétion dans leurs galanteries, pour que leurs maris, exempts des brocards du Public, se crussent autorisés à fermer les yeux sur leur conduite.

C'étoit le Marquis de Beaubourg qui avoit dessein de faire ce beau mariage, pour des raisons qui n'échapperont point à des Lecteurs intelligens ; mais son projet ne réussit pas ; & Cécile se seroit plutôt déterminée à se faire Religieuse, quoiqu'elle sentît pour cet état une répugnance invincible.

Vous avez vu qu'elle a eu mille chagrins à essuyer avant son mariage ; l'hymen ne fut pas pour elle la source d'un plus grand bonheur ; car elle nous avertit dans la derniere page de ses Mémoires, qu'elle a encore été sujette à bien des traverses. Elle promet de nous apprendre dans la suite ce qui lui est arrivé de fâcheux. » Je pourrai, dit-elle, laisser à ma fille, unique » gage que le Ciel ait accordé à notre amour, » & pour qui je me suis principalement déter- » miné à écrire ces détails de ma jeunesse ; je » pourrai, dis-je, lui laisser, dans le simple récit » des différentes épreuves par lesquelles le Ciel » m'a fait passer jusqu'à ce jour, dans la con- » fession naïve de mes fautes mêmes, d'excel- » lentes leçons de conduite pour un âge plus » avancé. « On s'apperçoit que l'Auteur s'est ménagé un moyen de continuer son Roman : mais la mort de Mademoiselle Guichard, arrivée peu de tems après la publication de cet Ouvrage, ne lui a pas permis d'en donner la suite. Elle a fini sa carriere dans un âge, où elle sembloit promettre encore de longs jours. Mademoiselle Guichard étoit d'une figure qui paroissoit lui annoncer une longue suite de plaisirs.

La Comtesse de Mariemberg.

Le pere de la *Comtesse de Mariemberg*, Roman de Mlle de Bois-Mortier, déja nommée au commencement de cette Lettre, étoit de Venise, & s'appelloit le Marquis de Moradini; & sa mere née à Tolede, Constance des Ruyas. L'envie de voyager conduisit Moradini en Espagne; il y épousa Constance, dont il étoit devenu amoureux, & qu'il n'aima plus après son mariage, comme c'est l'usage. Une Angloise prit, dans son cœur, la place de son épouse : celle-ci ne peut survivre à sa douleur. Elle étoit Espagnole; on sçait ce qu'auroit fait une Françoise en pareil cas. Le chagrin de voir leur mere au tombeau, y fait descendre trois de ses enfans. Notre Comtesse tient bon contre des exemples si contagieux; elle se croit cependant obligée de se justifier de ce qu'elle ne meurt pas comme les autres. » Quoique j'eusse paru
» avoir le plus d'indifférence pour la mort de
» la Marquise, puisque de tous ses enfans, je
» suis la seule qui lui ait survécu, je puis assu-
» rer que ce funeste incident est toujours pré-
» sent à ma mémoire, & qu'il n'y a pas de
» jours, que je ne la regrette. «

Le Marquis, son pere, oui, Moradini lui-même, suit l'exemple de ses enfans, & meurt de douleur : il est vrai que ce n'est que plusieurs années après, & lorsqu'il ne se sent plus de goût pour son Angloise. Il se rappelle les charmes de sa chere Constance; & ce souvenir le plonge dans une langueur qui ne finit qu'avec sa vie. Don Pedre del Ruyas, pere de la Marquise, expire aussi de son côté; une Dame d'Orville, sa tante, meurt du sien; la petite vérole & la rougeole enlevent les enfans de la Comtesse; jamais on ne vit tant de deuil dans une famille.

La Comtesse de Mariemberg a deux amies, Zaïde & Rozalie, deux Provençales avec lesquelles elle fait un voyage à Constantinople. Ce que je trouve de plus singulier, c'est que ces deux femmes commencent leur récit en Turquie, & que l'une vient le finir long-tems après au jardin du Luxembourg, & l'autre, dans une Ville de Provence, où le hazard leur fait rencontrer la Comtesse leur amie.

Mais voici proprement ce qui fait le fond du Roman. On veut marier la jeune Constance, (c'est aussi le nom de notre Comtesse;) » mais, dit-elle, la répugnance que j'avois pour » le mariage, alloit jusqu'à l'aversion; & en ce » cas, j'étois bien fille de ma mere.

Ne pouvant s'accorder avec l'Angloise que son pere avoit épousée, on prend le parti de l'envoyer à Venise, pour y vivre chez son grand-pere; mais elle est enlevée par un Officier du Grand-Seigneur, qui l'emmene à Constantinople. Un jeune Turc, nommé Osman, en devient amoureux. Constance ne se montre pas tout-à-fait insensible; mais elle profite d'un vaisseau qui part pour la France, & elle arrive à Paris : là elle se bat en duel, tue son homme; on la met à la Bastille; puis on lui accorde sa grace. Cette aventure l'oblige de quitter la France; elle va en Angleterre, où le jeune Osman, après s'être fait baptiser à Rome, vient la trouver sous le nom du Comte de Mariemberg, & lui propose de l'épouser. Constance ne sent plus une si grande aversion pour le mariage; elle accepte la main du Comte; elle en a plusieurs enfans; ils meurent tous les uns après les autres; les pere & mere vivent encore; &, selon toutes les apparences, ils survivront à leur Histoire.

Extrait de Jacques Feru.

Je ne sçais, Madame, s'il vous est jamais tombé entre les mains une *Histoire amoureuse de Pierre le Long & de sa très-honorée Dame Blanche Bazu, par M. de Sauvigni*. On y retrouve cette simplicité des mœurs de l'ancien tems, si piquante par le contraste de celles du nôtre. C'est à l'imitation de cette production, dictée par la nature même, que Mademoiselle de Bois-Mortier a imaginé de composer, dans le même genre, mais d'un stile moins agréable, moins naturel, l'*Histoire de Jacques Feru, & de Valeureuse Demoiselle Agathe Mignard, écrite par un ami d'iceux*.

Je ne vous ferai point une analyse détaillée de cet Ouvrage; il suffira de vous en donner une légere idée. » Je touchois, dit Jacques à ma dix-
» neuvieme année, sans que Dame ni Damoi-
» selle quelconque eussent troublé ma fantaisie.
» Toutefois courtois j'étois avec toutes, & me
» plaisois grandement à leur entour; les han-
» tois de préférence à mes plus chers cama-
» rades ».

Jacques Feru prend querelle avec plusieurs jeunes gens; & comme il alloit être opprimé par le nombre, il est puissamment défendu par une Demoiselle que le hazard avoit amenée dans l'endroit, où il se battoit seul contre deux ou trois. Elle oblige ces lâches aggresseurs à prendre la fuite; & Jacques tombant à ses pieds, lui dit:
» ô Dame incomparable, ces jours dont je suis
» redevable à votre courtoisie, souffrez que vous
» les consacre, & que sois votre serf jusqu'au
» dernier soupir ».

Cette valeureuse Demoiselle se nomme Agathe

Mignard. Elle étoit fille d'un ancien Militaire, qui consent à la donner en mariage à Jacques Feru, lorsqu'elle sera un peu moins jeune. Comme on étoit en guerre, Jacques suivit les Drapeaux du Sire de la Trémoille, en attendant cet hymen.

» Arrivés en Bretagne, voilà, dit-il, que nous
» séjournons à Saint Brieu, gentille Ville, où
» se trouvent plus gentilles Demoiselles encore.
» Mes camarades possédés, que je crois, du
» malin esprit, me firent comparoître devant les
» gentilles Bretonnes, qui douces au possible,
» eurent politesse bien grande pour moi ; & moi
» qui ne voulois paroître incivil, répondis
» courtoisement à la courtoisie d'icelles : puis
» lesdits camarades les prévinrent que jovial
» j'étois ; & comme sçais qu'en tout faut com-
» plaire aux Dames, de mon mieux je fis pour
» les éjouir : mais las ! bientôt ce fut sans fein-
» tise ; car il advint qu'elles m'éjouirent aussi ;
» ce peut-il autrement ? Comment ne s'amuser
» près de ce sexe tant benin ? S'il est secret pour
» ce, voudrois bien l'apprendre : vous dirai donc
» que ne lui trouve défaut aucun ; tout me plaît
» dans icelui ; ses devis, ses propos, ses cla-
» meurs, ses dépitemens, son habit, son silen-
» ce, sa simplesse, sa joie, voir même ses détres-
» ses que ressent mêmement ; tout me paroît
» plaisant dans le gentil sexe féminin, si ce n'est
» toutefois les cruautés de m'amie. Oh ! qu'il est
» donc difficile avec de tels pensers, de n'être
» enamouré que d'une en tout ! Or sus, pour
» continuer ma déloyale histoire, faut que sça-
» chiez que de toutes les Demoiselles de S. Brieu,
» une entr'autres, nommée Jeanne, dite Bon-
» Port, eut plus de gracieuseté pour moi, que

» pas une ; & pour cetuite raifon, en eus plus
» auffi pour icelle.

» Vous dirai donc, pour l'acquit de ma conf-
» cience, que ladite Jeanne étoit bien advenan-
» te; fa taille étoit haute, fon poil noir ; mal-
» gré ce, n'avoit rudeffe quelconque ; aucun ne
» s'en plaignoit, tant grande étoit fa complai-
» fance ; toutefois fes mignardifes n'ôterent pas
» entierement de mon penfer ma chere Agathe;
» me remémorois par fois, que devois la vie à
» cette honnête Demoifelle : las ! quand près
» d'icelle j'étois, onc ne fongeois à d'autres : feu-
» lement aurois voulu que plus accorte elle fût
» pour mon amour; quoi que foit ne lui auroit
» manqué que je crois, fans ce mal encontreux
» voyage de Bretagne; maintes fois écrivis à ma
» mie ; mais du depuis qu'ai failli, ne fuis plus
» affez ofé pour le faire : me flattois que le bruit
» de mes méfaits n'iroit jufqu'à ma mie ; que
» revenu de mon enivrement, rien ne m'empê-
» cheroit d'être fien. Me trompois lourdement,
» comme puifque du tout elle eft inftruite, &
» que Meffire fon pere va la bailler pour femme
» à autre ami. Non ne le fouffrirai onc, quand
» fçaurois m'attirer l'ire d'un chacun, voire mê-
» me celle d'Agathe. Oh ! que fens bien main-
» tenant qu'elle feule eft ma mie ! Ne puis tant
» feulement fupporter le penfer, qu'autre que
» Jacques dira qu'elle eft fienne ».

Il fut réfolu qu'il écriroit au pere & à la fille,
pour leur témoigner fon repentir. Vous conce-
vez, Madame, qu'ils firent d'abord l'un & l'autre beaucoup de difficultés d'écouter fa juftifica-
tion. Agathe céda la premiere; le pere fut plus
lent à s'appaifer. Il fe rend enfin; & le mariage fe

conclut. Le fond, comme vous voyez, n'a rien de neuf ni d'intéressant ; quant à la singularité du langage ; je ne crois pas que cette histoire, ni même celle de Pierre le Long qui y a donné lieu, & qui est infiniment supérieur par l'esprit, le goût & l'invention, trouve beaucoup d'imitateurs & de partisans.

Je terminerai cette Lettre par une Elégie de Madame Campion, femme d'un Chirurgien, dont le nom & les vers ont paru dans quelques Ouvrages périodiques. La Piece suivante est celle qui m'a semblé plus digne de vous être présentée.

Madame Campion.

ÉLÉGIE.

L'aurore, à son retour, éclipsoit les étoiles,
Et contraignoit la nuit de replier ses voiles ;
Les roseaux agités, s'inclinoient sur les eaux ;
Déja l'on entendoit le concert des oiseaux.
Au pied d'une coline, un valon solitaire
Etoit le rendez-vous d'une jeune Bergere :
Là, dans le doux espoir de son prochain bonheur,
Au plaisir de l'Amour abandonnant son cœur,
Exempte de soucis, à l'abri des allarmes,
De cette solitude elle admiroit les charmes.
Soleil, s'écrioit-elle, embellis nos forêts ;
Viens dorer nos côteaux & blanchir nos guérets.
Le parfum renfermé sous le duvet des plantes
Va bientôt s'exhaler en vapeurs odorantes ;
J'entends avec plaisir murmurer ce ruisseau ;
Tout est divinisé sur ce charmant côteau.

Amour, tendre artisan de mes premieres chaînes,
Ramene mon amant dans ces riantes plaines ;
J'ai perdu le repos depuis que dans mon cœur

Tu nourris le poison d'une agréable erreur.
Ne devoit-il donc pas prévenir mon attente ?
Devancer en ces lieux les pas de son amante ?
Peut-être est-il encore aux pieds de nos Autels,
A brûler un encens digne des immortels.
Hélas ! si dans son cœur je tiens le rang suprême,
Les Dieux ne doivent point l'emporter sur moi-même :
Qu'il vienne ; sa présence embellira ces lieux......
Mon cœur à s'allarmer est-il ingénieux ?
Il juroit par l'Amour, par sa vive puissance,
Qu'il souffroit plus que moi des rigueurs de l'absence :
Si jamais son tourment peut égaler le mien,
Je redoute à la fois mon amour & le sien.
Hâtes donc ton retour ; viens essuyer mes larmes,
Cher objet de desirs, de tendresse & d'allarmes.
Fleurs, ouvrez votre sein, exhalez vos vapeurs ;
Emaillez ce valon de vos vives couleurs ;
Et vous, arbres touffus, resserrez vos feuillages ;
Abaissez vos rameaux ; découvrez ces rivages ;
J'y verrai mon amant précipiter ses pas,
Me chercher, me trouver, & voler dans mes bras....
Chantez, tendres oiseaux, prenez part à ma joie ;
Des rigueurs de l'Amour je ne suis plus la proie.
Flore, étale à mes yeux tes trésors renaissans ;
J'entens de mon Berger les champêtres accens :
C'est dans ce lieu charmant, que sa flamme constante
Va couronner les vœux de sa fidelle amante......
Mais je me flatte en vain, & ma brûlante ardeur
Fait succéder la crainte au repos dans mon cœur.
Du plaisir au chagrin que la pente est rapide !
Je ne vois plus ici qu'une campagne aride ;
Zéphire disparoît ; & les froids aquilons
Gémissent avec moi dans ces tristes valons.

Je sens de la douleur les mortelles atteintes ;
J'entens déja l'écho multiplier mes plaintes....
Cruel, tu ne viens point ; mon cœur séduit mes yeux ;
En vain, pour te revoir, j'invoque ici les Dieux.
Il est tems de rougir de ma fatale yvresse ;
De mes illusions le souvenir me blesse ;
Il ne me reste plus qu'à plaindre mes malheurs,
Gémir de ma foiblesse, & pleurer mes erreurs.
J'ai servi tes desirs au dépens de mes charmes ;
J'ai perdu l'innocence en répandant des larmes ;
Pour mon cœur un refus étoit un crime affreux ;
Je trouvois mon bonheur à combler tous tes vœux ;
Perfide ! tes sermens m'ordonnoient de me rendre ;
J'ai suivi le plaisir avant de le comprendre :
Mais, hélas ! tu m'aimois ; je passois d'heureux jours :
Qui peut donc de tes feux interrompre le cours ?
Quel charme te présente une flamme étrangere ?
Est-ce pour ajouter à ma douleur amere ?
La droiture en mon ame & la simplicité
Ont-elles donc perdu leur lustre & leur beauté ?
De mes charmes sans art tu vantois la puissance ;
Tu goûtois le plaisir au sein de la constance ;
L'incarnat de mon teint te prouvoit ma pudeur ;
Et toujours sur mon front tu voyois la candeur.
Sous les loix d'un amant séducteur & volage,
J'ai donc fait de l'amour le doux apprentissage !
Et ses yeux devenus vils esclaves de l'art,
Se laissent éblouir par les attraits du fard !....
Je veux fuir à jamais son criminel hommage....
Oui, je veux m'affranchir d'un indigne esclavage.
Infidele, pourquoi braves-tu mes douleurs ?
Pourras-tu, sans pitié, faire couler mes pleurs ?
Te plains-tu de mes feux ? te suis-je moins fidele ?

Dis-moi si ton amante à tes yeux est moins belle ?
Dis-moi si de l'amour tu ne sens plus les traits :
Mais non ; le changement est pour toi sans attraits....
De ma crédulité cependant s'il abuse ;
S'il peut trahir ma foi, lorsque mon cœur l'excuse ;
Que toute la nature ardente à me venger,
S'arme contre un ingrat, qui ne sçait qu'outrager :
Qu'il périsse..... Ah ! que dis-je ! une amante égarée
A d'injustes fureurs est sans cesse livrée.
Sa mort ne peut calmer l'excès de mon courroux ;
Pour les maux qu'il me fait, ce supplice est trop doux.
Que son ame plutôt, de regrets agitée,
Soit, par d'affreux remords, toujours persécutée.
Qu'il vive, le cruel ;.... mais que son cœur pervers
Eprouve désormais les plus fâcheux revers.
Amour, venge mes feux, daigne m'être propice ;
Mon cœur plein d'amertume, implore ta justice.
O toi, qui sçais punir les perfides amans,
Change ses jours sereins en des jours de tourmens ;
Qu'à son forfait enfin la peine soit égale.....
Soupirant sans espoir au pied de ma rivale ;
Au char de l'inhumaine humblement entraîné,
Qu'à d'éternels mépris son cœur soit condamné.

   Madame Campion n'avoit que vingt-un ans, quand elle composa cette Elégie. Je ne sçache pas qu'elle ait rien donné au Public depuis ce tems-là.

   Je suis, &c.

LETTRE XXVII.

CHARLOTTE RENYER, fille d'un Limonadier, avoit épousé, en premieres nôces, un autre Limonadier nommé Curé, qui tenoit le Caffé Allemand, rue Croix des petits-champs. Ce nom, que les premiers vers de Madame Curé avoient déjà commencé à rendre célebre, a été changé pour elle en celui de Bourette, par un second mariage encore avec un Limonadier. Il occupe le même Caffé, auquel préside, depuis près de trente ans, Madame Bourette, dite pour cette raison, ainsi que pour ses vers, *la Muse Limonadiere*. C'est principalement sous cette derniere qualité, qu'elle veut être connue dans le monde littéraire; puisque c'est ainsi qu'elle signe tous les Ouvrages qu'elle donne au Public depuis qu'elle est remariée.

<small>Madame Bourette.</small>

Ces Ouvrages ont d'abord paru séparément ; l'Auteur les a ensuite rassemblés en deux volumes, sous les auspices du Roi Stanislas, auquel ils sont dédiés, & sous le titre de *Recueil en vers & en prose*, avec les différentes Piéces que plusieurs personnes se faisoient un plaisir de lui addresser. Vous y verrez, Madame, ainsi que dans d'autres vers qui ont suivi cette collection, que cette Muse, également honnête & citoyenne, a consacré sa plume à louer les belles actions, & à célébrer les événemens qui intéressent la France.

<small>Recueil en vers & en prose.</small>

Son *Ode au Roi de Prusse*, en prose, est une de ses premieres productions, & celle, sans contredit, qui lui a fait le plus d'honneur. Elle a valu à son Auteur un étui d'or de la part du Ministre de ce Monarque, & les deux vers suivans de M. de Fontenelle qui, ne valent pas de l'or.

Si les Dames ont droit d'introduire des modes,

En prose désormais on doit faire des Odes.

Parmi les différentes Strophes qui composent l'Ode au Roi de Prusse, voici, Madame, celles qu'on a le plus louées dans le tems. Elle fut faite avant la guerre de 1755.

Ode au Roi de Prusse.

» Roi des Savans & des Sages, je suis née sur les rives de la seine, & loin des bords fortunés de la Sprée, que tu embellis par ta présence. Tu regnes sur les esprits ; les bornes de ton empire ne sont ni les fleuves ni les rivieres; daigne recevoir aujourd'hui le tribut de mon zèle & de mon admiration.

» Mais qui suis-je, pour sacrifier sur tes Autels ? Je ne compte parmi mes ancêtres que des hommes sans nom ; les Dieux m'ont refusé les honneurs, les titres, les dignités. Une voix foible peut-elle chanter un Roi ! Oui, s'écrie la Sagesse, tu peux chanter un Roi philosophe, qui foule aux pieds la chimere de la naissance, & qui pense avec moi, qu'il n'est point d'autre noblesse que la vertu.

» Le favori d'Uranie, l'ami de Calliope, l'un & l'autre nés, comme moi, dans l'empire des Lys, ont volé dans les Régions hyperborées, pour s'aller prosterner aux pieds de ton Trône,

» & admirer en toi un Roi, ami de la sagesse,
» qui, d'un œil savant, révere tout à la fois
» dans Apollon, & le Dieu des Saisons & le
» Dieu des Poëtes.

» Toute la Terre te fait hommage des savans
» qu'elle produit. La superbe Venise se vante
» moins des faveurs de Neptune, que de la naiſ-
» sance d'un philosophe aimable qui t'a sçu
» plaire, parce qu'il a sçu lui-même marier les
» graces d'Ausonie avec la profondeur d'Albion.

» Inspire-moi, Dieu de l'Hélicon ; livre mon
» ame à ces heureux transports que ressentit au-
» trefois la Muse de Lesbos ; elle chanta les at-
» traits d'un amant dangereux, qui troubla sa
» raison ; je chante aujourd'hui les vertus d'un
» Sage couronné, qui perfectionne la nôtre.

» Oui, grand Prince, tes écrits immortels,
» rivaux de tes exemples, apprendront, dans
» tous les tems, aux Dieux de la Terre, l'art de
» gouverner les hommes. Tu as démasqué la
» fourberie & la trahison, que l'ame perfide con-
» fondoit malignement avec la politique.

» Royal Favori des neuf sœurs, les accens de
» ta lyre ont pénétré jusqu'à moi ; & le Chantre
» immortel de Henri s'est applaudi mille fois,
» de ceux qu'il t'a plû d'enfanter à sa gloire.
» Souvent il ferma l'oreille à ceux d'Apollon,
» pour t'entendre. Le Dieu ne lui en sçut pas
» mauvais gré ; il étoit dans toi ; on ne lui pré-
» féroit que lui-même.

» Que de sons & d'accords différens tu nous

» fais entendre! Pan, interdit & confus, s'en-
» fuit dans les plus sombres forêts, & n'ose dis-
» puter avec toi. Il se souvient d'avoir jadis été
» vaincu dans la Phrygie par un rival redoutable,
» qui ne lui parut d'abord qu'un Pasteur; il craint
» que ce Pasteur n'ait changé en sceptre sa hou-
» lette, & que le Roi ne lui cache le Berger. Si
» le Dieu champêtre étoit assez téméraire, pour
» entrer en lice avec toi, l'on ne trouveroit plus
» de Midas assez insensé, pour lui accorder la
» victoire.

» Je viens de te nommer, Déesse volage, qui
» couronnes les guerriers; tu me retraces les ex-
» ploits du vainqueur de Charles & d'Auguste.
» Je vois en lui un autre Jule; d'une main, dans
» les champs de Minerve, il moissonne des
» lauriers immortels.

» O Ciel! qu'entens-je! un monstre affreux fait
» retentir les airs de ses douleurs & de ses gé-
» missemens; l'ennemie de Thémis, que le Sa-
» lomon du Nord enchaîne, le teint brûlant &
» enflâmé, tourne ses mains homicides contre
» elle-même; sa fureur & son désespoir lui ont
» dicté son arrêt; la Déesse de la Justice applau-
» dit en souriant au premier trait d'équité qui
» échappe à cette cruelle ennemie; elle céde
» sa balance & son épée au Législateur de la
» Sprée.

» La superstition, l'ignorance, le fanatisme,
» mêlent leurs cris aux hurlemens de la Corrup-
» trice des loix; je prête une oreille attentive;
» je me tais, leurs imprécations & leurs blas-
» phêmes

» phêmes te louent mieux, grand Roi, que mes
» applaudissemens ni mes louanges ».

L'Auteur ayant reçu en présent un étui d'or pour cette belle Ode, fit en forme de remerciment, les Vers suivans.

Un étui destiné pour en faire un cachet
    Qui sert à sceller un secret,
    N'étoit pas de ma compétence;
    Car mon cœur est si satisfait
    D'un présent de cette importance,
    Qu'il ne sçauroit être muet,
Ni cacher les transports de sa reconnoissance.

Sans m'assujétir à aucun ordre particulier, je placerai de suite les vers de Madame Bourette, à mesure que j'en trouverai qui paroitront mériter votre approbation. De ce nombre seront, sans doute, les réflexions que notre Muse Limonadiere adressoit à une de ses amies, qui, sans être une Muse, étoit Limonadiere comme elle.

Des gens de notre état le seul & vrai mérite
    Est d'être exact à son comptoir;
    D'examiner, matin & soir,
    La recette qu'il a produite;
    De faire accueil aux bons chalans;
    De laisser causer les savans;
    Et, comme mon goût est d'écrire,
    J'écris avec soin les crédits,
    Et m'occupe souvent à lire
    Le livre auquel ils sont inscrits.

Lorsque les débiteurs de Madame Bourette ne

font point exacts à la payer, & cela arrive très-souvent, elle a une méthode qui lui réussit pour l'ordinaire; c'est de leur envoyer, non une assignation, mais une piece de vers qui, non-seulement fait rentrer les vieilles dettes, mais lui procure encore quelquefois des réponses agréables, telles que celle-ci :

Réponse d'un Débiteur.

En vérité, c'est trop me faire fête :
Vos assignations sont de vrais complimens ;
  Mais ne gâtez-vous point les gens
  Par un procédé trop honnête ?
  L'argent que je vous dois n'est rien ;
Non que de le payer mon honneur me dispense ;
  Mais quand vous obligez si bien,
On vous doit moins d'argent que de reconnoissance.
  Esprit de mille attraits doté,
  Cœur plein de générosité,
  A ces titres on vous adore :
Même après s'être avec vous acquitté,
  Curé, que l'on vous doit encore !

Parmi le grand nombre de vers & de lettres adressés à Madame Curé, & insérés dans son Recueil, la plupart lui viennent de gens de lettres connus, dont les éloges flatteurs & leur liaison avec elle lui font honneur. Le tout est entremêlé d'Epîtres familieres de ménage, qu'elle a composées pour sa Laitiere, sa Blanchisseuse, son Boulanger, son Porteur d'eau, son Commissionnaire ; & cela à l'exemple de Boileau, qui chanta son Jardinier. Mais voici quelque chose d'un autre genre : notre Muse reçut, en présent, de feu M.

le Duc de Gesvres, Gouverneur de Paris, une écuelle d'argent; & elle lui fit son remerciment, qui finit ainsi :

Quand on parle des grands, des hommes généreux,
Je vois qu'on a raison de dire que chez eux
  Bien souvent tout va par écuelle.

Un Anonyme envoya, au sujet de cette même écuelle, une Epigramme à Madame Curé, qui y répondit par une autre, qui est la seule qu'elle ait faite. Vous les verrez l'une & l'autre avec plaisir.

Epigramme anonyme au sujet de l'Ecuelle.

 Curé, veux-tu que je t'explique
 Quel est le but énigmatique
 D'un don qui te tient dans l'erreur?
 Gesvres, dont l'œil vaut une loupe,
 Vit bien qu'il n'est rien de meilleur
 Pour une folle, que la soupe;
 Et d'une écuelle il te fit don;
 Curé, le tour est assez bon.

Réponse à l'Auteur de l'Epigramme.

 Ce meuble m'étoit nécessaire,
 Le seul même qui pût me plaire;
Car de la charité les transports obligeans
M'engageront bientôt d'y donner de la soupe
  A des Poëtes indigens,
 Dont vous augmenterez la troupe.

A Son Altesse Sérénissime Monseigneur le Duc de Peinthievre, pour lui demander une place de Médecin dans un Hôpital, que ce Prince a accordée à M. de ***.

 Grand Prince, exauce ma priere ;
Daigne envers moi te montrer libéral ;
 Ma demande n'est pas bien fiere :
 C'est une place à l'Hôpital.

Lorsque le Ciel accorda à la France Monseigneur le Duc de Berry, aujourd'hui M. le Dauphin, Madame Bourette étoit sur le point de devenir mere du premier enfant de son second mari. C'est par allusion à cette circonstance, qu'en s'adressant à Madame la Dauphine dans des vers faits sur la naissance du jeune Prince, elle lui disoit :

 Par nous le Souverain des êtres
 Remplit ses différens objets ;
 Au monde vous donnez des Maîtres,
 Et je leur donne des Sujets.

  Vénus, dans l'Isle qui l'honore,
 Fit naître moins d'Amours jadis,
 Que vous de Successeurs chéris,
 Dans un Etat qui vous adore.
 Pour distinguer les rejettons
 De l'auguste sang des Bourbons,
 Les divers noms de nos Provinces
 Quelque jour ne suffiront plus ;
 Et vous serez toujours en Princes
 Aussi féconde qu'en vertus.

La verſification de Madame Bourette n'eſt peut-être pas fort exacte, parce qu'elle n'a jamais appris cet art par principes; mais chaque petite piece eſt toujours terminée par une penſée ingénieuſe; ce qui eſt aſſez rare aujourd'hui. Ceux qui ne jugent des vers que par une certaine élégance, feront étonnés qu'on place la Muſe Limonadiere dans le nombre de nos Poëtes; mais ſi l'on ne fait attention qu'aux penſées, on ne ſera plus ſurpris du rang qu'on lui aſſigne.

Lorſque le Roi de Pologne fit ériger une ſtatue à Louis XV, dans la Place de Nancy, Madame Curé célébra cet événement, & finit ainſi ſa Piece de vers, adreſſée au Roi de Pologne.

Sans craindre qu'un Monarque auſſi bon que le nôtre
 Puiſſe jamais être jaloux
 Des ſentimens qu'on a pour vous,
Auprès de ſa Statue on voudroit voir la vôtre.

A ſon retour de Minorque, le Vainqueur de Mahon, M. le Maréchal de Richelieu, ſouvent célébré par la Muſe Limonadiere, alla lui rendre une viſite dans ſon Caffé, & en reçut cet impromptu, dont on admira la juſteſſe.

Des mortels diſtingués qui chez moi ſont venus,
Le Vainqueur de Minorque efface la viſite;
Quel éclat répandu ſur mon peu de mérite!
J'ai reçu le Dieu Mars, & ne ſuis point Vénus.

M. le Maréchal de Richelieu ayant été prié de tenir l'enfant de Madame Bourette ſur les fonds de Baptême, chargea M. le Duc de Fronſac, ſon fils, de le nommer en ſon nom. Voici de quelle maniere s'exprime la reconnoissance de notre Muse.

Imitateur & fils digne de Richelieu,
Le Baptême par vous vient d'assurer à Dieu
 L'ame d'une pucelle aimable ;
Et, dès ce même instant, il doit vous pardonner,
 Si vous en avez fait donner,
Par vos charmes vainqueurs, quelques autres au diable.

Vous aimerez, Madame, ces quatre vers qui terminent les Complaintes Poëtiques que Madame Bourette a composées à la mort de M. le Duc de Gesvres, son bienfaiteur, & celui de tous ceux qui ont eu besoin de lui.

Grand Dieu, vous qui formez pour les plus hautes places
 Les hommes bienfaisans & doux,
Celui qui dans sa vie accorda tant de graces,
 Doit trouver grace devant vous.

Epitaphe de M. de Fontenelle, par la Muse Limonadiere.

 Ci gît l'illustre Fontenelle,
Dont chacun a connu les ouvrages brillans :
Il passa dans ce monde un si grand nombre d'ans,
Qu'il sembloit y jouir de la vie éternelle :
 Parmi les Auteurs différens,
On ignore le rang qu'il faut qu'on lui décerne ;
 Car il a vécu si long-tems,
Que l'on doute s'il est ancien ou moderne.

Epitaphe du Pape Benoît XIV.

Sage sous la Thyare, il regna tour à tour

Par les vertus, les arts & la paix bienfaisante :
De Rome sainte il fut l'amour,
Et ressuscita la savante.

Clément XIII est Vénitien ; & l'Auteur faisant allusion à cette circonstance, composa ces Vers sur son Exaltation :

A sa suprême dignité
Il donnera du lustre, en gouvernant l'Eglise,
Avec la même habileté,
Qu'il a vu gouverner les Etats de Venise.

Lorsque Madame la Dauphine accoucha d'une Princesse, après nous avoir donné déja plusieurs Princes, Madame Bourette fit ces vers :

De l'aigle l'aiglon suit les traces ;
Tels seront tous les rejettons
Dont vous affermissez la race des Bourbons :
Nous avions des Césars, il nous falloit des Graces.

C'est ainsi, Madame, que notre Muse est toujours la premiere, & quelquefois la seule à chanter tout ce qui nous arrive d'heureux ou de glorieux ; elle semble guetter de loin les évenemens; &, sitôt qu'ils arrivent, elle a sa piece de vers toute prête pour les célébrer. Quelquefois même elle les voit dans l'avenir : feu M. le Duc de Bourgogne n'étoit pas né, qu'elle lui avoit déja rendu son hommage. Elle a depuis chanté la naissance auguste de tous nos Princes.

Sa réputation ayant pénétré dans les pays du Nord, cet Auteur reçut de M. le Marquis de Caraccioli, Colonel au service du Roi de Pologne, la Lettre suivante, qui justifiera mes éloges.

» La lecture de vos Ouvrages, Madame,
» vient de charmer une Princesse qui connoît
» tout le prix de l'esprit & du cœur. Voici com-
» me elle s'exprime dans une de ses lettres, que
» je viens de recevoir. «

La Muse Limonadiere m'a infiniment amusée ; je voudrois de tout mon cœur être à Paris, pour connoître cette Muse, comme une personne qui honore infiniment notre sexe ; mais j'admire la vivacité d'esprit de Madame Bourette, & encore plus son caractere liant, susceptible d'amitié & de reconnoissance, qui se peint dans ses Ouvrages.

Une lettre si flatteuse ne pouvoit manquer d'être suivie d'une réponse de la part de celle à qui elle étoit adressée. Voici, entr'autres choses, ce que dit Madame Bourette à la Princesse Radzivil, qui étoit si fortement éprise des talens poëtiques de notre Muse.

Déchaînez-vous sur moi, noirs serpens de l'envie ;
La gloire a couronné mes travaux & ma vie ;
Une illustre Princesse est mon heureux appui :
Auprès de son beau nom mes vers vivront sans cesse ;
Ils vivront sur le Pinde ; & je trouve aujourd'hui,
Dans la faveur des Dieux, mes titres de noblesse.

Vous ne serez peut-être pas fâchée d'apprendre, Madame, que notre Muse moderne change quelquefois son Caffé, tantôt en Académie, où l'on fait des dissertations sur la Littérature, & tantôt en Salle de spectacle, où l'on joue la Comédie. Madame Bourette y en a fait représenter une de sa façon devant une illustre assemblée : mais je reviens aux Héros qu'elle a célébrés.

Madame Bourette.

A M. le Maréchal Duc de Broglio.

Le nombre dans Berghen plia fous ton courage ;
Ta triomphante main cueille un nouveau laurier ;
Le Dieu de la Victoire, en formant ton jeune âge,
Te donna l'œil du chef, & le bras du guerrier.

M. de Voltaire avoit fait à Madame Bourette un préfent d'une taffe de porcelaine ; voici quel en fut le remerciment.

Légiflateur du goût, Dieu de la Poëfie,
 Je tiens de vous une coupe choifie,
Digne de recevoir le breuvage des Cieux ;
 Je voudrois, pour vous louer mieux,
 Y puifer les eaux d'Hypocrêne ;
Mais vous feul les buvez comme moi l'eau de Seine.

Lorfque le Roi entra dans la cinquantieme année de fon regne, Madame Bourette célébra cet événement par une piece de vers qui finit ainfi :

J'ofe, en ces foibles vers, m'élever jufqu'à toi ;
Je ne fuis rien au monde, & rien fur le Parnaffe ;
Mais regarde mon zèle, & non pas mon audace :
 Je fuis Françoife, & Louis eft mon Roi.

Vers de M. Dorat à Madame Bourette, fur les vers precédens.

 Vous chantez depuis quatorze ans
Le bonheur de la France, & le Roi qu'elle adore ;

C'est par un noble emploi consacrer ses talens ;
De lustre en lustre ainsi renouvellez vos chants ;
Le regne de Louis est toujours à l'aurore.
    Sans craindre d'inspirer l'ennui,
    Puissiez-vous dans cent ans encore
Faire de jolis vers, & les faire pour lui.

M. le Comte de Saint Florentin, Ministre & Secrétaire d'Etat, ayant été blessé à la chasse, en a perdu la main. Ce triste événement est le sujet d'une autre Piece de vers composée par notre Auteur, dont voici la fin.

    Dans cette aventure funeste,
Ton visage & ton cœur sont demeurés sereins ;
    Et tu t'es dit à toi-même : il me reste
De quoi signer encor le bonheur des humains.

Madame Bourette disoit au Prince Héréditaire :

Chacun, avec grand'soin, vous cherche & vous invite :
    Quand vous serez dans vos Etats,
    Sans doute vous n'oublierez pas
De publier qu'en France on connoît le mérite.

Je n'ai fait, Madame, qu'effleurer les différens sujets traités par Madame Bourette, qui, sous le titre modeste de Muse Limonadiere, s'est acquis assez de célébrité, pour attirer chez elle les héros & les beaux esprits.

Mad. de Trécigny.   Une autre Muse, qui n'est pas Limonadiere, mais Chanoinesse, a composée quelques Pieces fugitives, adressées à M. de la Louptiere, sous le nom de la Bergere Annette. Ce dernier les a insérées dans un Recueil en deux volumes, qui porte son nom, & où l'on apprend que Madame de Trécigny, longtems cachée sous le voile d'une Bergere, a célébré M. de la Louptiere, & en a été célébrée à son tour. Vous vous souciez peu, Madame, de ce petit trafic de louanges réciproques.

On trouve dans le même Recueil de M. de la Louptiere, des vers de Mademoiselle Esnault de Carouge, en Normandie. Ce sont encore des complimens à l'Auteur du Recueil. Vous me sçaurez gré de vous en épargner la lecture.

Je suis, &c.

LETTRE XXVIII.

Madame de Saint Aubin.

Madame de Mézieres Ducrêt de Champféri de Saint-Aubin, font les noms qu'avoit portés l'Auteur du *Danger des liaisons*, qui est aujourd'hui Madame la Baronne d'Andlau, lorsqu'elle fit paroître ses Romans. Elle épousa d'abord M. de Saint-Aubin, Gentilhomme de Bourgogne ou du Nivernois; & ensuite M. le Baron d'Andlau, Gentilhomme Alsacien.

Le Danger des liaisons.

Elle a commencé tard à se faire connoître dans la littérature; *le Danger des Liaisons, ou Mémoires de la Baronne de Blemon* sont le premier de ses Ouvrages. Mademoiselle d'Oville, c'est le nom que portoit la Baronne avant son mariage, épousa M. de Blemon, homme veuf & déjà d'un certain âge, plutôt par estime, que par inclination; & le perdit bientôt après. Elle alla passer le tems de son deuil dans un Couvent; & c'est là qu'elle fait la connoissance d'une Religieuse nommée Lucie, qui lui raconte ses avantures. C'est à l'Histoire de cette Religieuse que je m'attache principalement, parce qu'elle offre un tableau qui se renouvelle souvent dans le monde.

Lucie étoit d'une de ces familles Angloises, que leur attachement pour leur Roi avoit forcées de s'établir en France. Ayant perdu de bonne heure son pere & sa mere, elle fut confiée à une parente, nommée Madame Habert, femme très-dévote, & surtout très-attachée à son Confesseur, à qui elle laissa son bien en mourant, pour être employé en bonnes œuvres. L'infortunée Lucie demeura à la merci d'une femme-de chambre, nommée la Fleury, qui avoit eu dans le monde la plus mauvaise réputation. Cette femme adroite & insinuante, comme le sont toutes celles de son espece, avoit sçu gagner l'amitié & la confiance de Madame Habert, qui lui avoit donné, par son testament, un présent considérable, avec une somme modique, pour mettre au Couvent la jeune Lucie.

 » Me voilà donc, dit cette derniere, livrée
» à la Fleury. Cette femme, que je ne pouvois
» connoître que pour ce qu'elle avoit l'air d'être,
» étoit la seule personne dans le monde de qui
» j'eusse reçu des soins & des marques de ten-
» dresse. Etoit-il surprenant que j'eusse pour elle
» tous les sentimens dont je pouvois être capa-
» ble ? Son attention à prévenir mes moindres
» desirs, sa complaisance à les satisfaire, aug-
» mentant, à mesure que j'avançois en âge, for-
» tifioit aussi mon attachement pour elle.

» Nous ne fûmes pas sorties de chez Mada-
» me Habert, que la Fleury s'occupa du soin
» de nous chercher un logement. En ayant trou-
» vé un qui nous convenoit, après l'avoir fait
» proprement & commodément meubler, nous
» allâmes nous y établir.

» Je me souviens encore du discours qu'elle
» me tint le premier jour que nous l'habitâmes.

» Vous n'êtes plus un enfant, ma chere Lucie,
» me dit-elle ; vous touchez au moment heu-
» reux, où doivent se développer tous vos char-
» mes : il est intéressant pour votre bonheur &
» votre fortune, que vous profitiez, avec avanta-
» ge, du tems brillant de votre premiere jeu-
» nesse : je connois trop vos goûts & vos pen-

» chants, pour croire que votre projet soit de
» remplir les intentions de Madame Habert,
» en vous ensevelissant dans un Cloître. Qu'y
» feriez-vous de ce cœur si tendre que vous a
» donné la nature, don précieux, qu'elle ne vous
» a accordé, que pour le faire valoir ? Il faut
» donc songer à des arrangemens qui puissent
» mieux vous convenir ; & c'est dequoi je me
» charge ; mais il faut réparer auparavant, ce
» qu'il y a eu de négligé dans votre éducation.
» Vous n'avez tout juste que de la beauté ; c'est
» beaucoup sans doute ; mais ce n'est pas assez;
» il faut encore des graces ; & pour cela, il vous
» faut quelques maîtres que la froide indiffé-
» rence de votre parente vous a fait refuser, &
» que je suis résolue de vous donner. Pour vous
» délasser des petites fatigues que pourra vous
» occasionner l'étude, je vous ménerai souvent
» aux spectacles ; mais comme il n'est pas en-
» core tems que vous paroissiez dans le monde,
» nous éviterons avec soin l'éclat & tout ce qui
» pourroit vous faire remarquer. Vous serez
» par la suite amplement dédommagée de cette
» contrainte : j'ai imaginé pour vous un plan de
» conduite qui, faite comme vous êtes, ne peut
» manquer de réussir. Je veux vous rendre un
» jour la plus heureuse femme de Paris; je ne
» vous demande, pour y parvenir, que de vous
» laisser conduire. Il faut une docilité extrême
» pour tous mes conseils, & une confiance sans
» bornes en mes lumieres : ce sont là les seuls
» moyens de vous arracher à l'infortune.

» Au reste, ajouta-t'elle, comme je veux pré-
» venir l'ennui que pourroit vous causer, avec
» le tems, l'unique société d'une femme de mon

» âge, je fais venir de ma Province deux de mes
» nièces qui sont plus près du vôtre ; elles vous
» aideront à supporter la solitude, à laquelle ma
» tendresse pour vous me force de vous con-
» damner.

» Effectivement, quelques jours après, la
» Fleury me présenta ses deux prétendues nièces,
» qu'elle me dit être arrivées dans l'instant.
» C'étoit deux jeunes filles de dix-huit ans, à qui
» la fraîcheur de l'âge tenoit lieu de beauté. Je
» ne sais quoi d'indécemment libre dans leur
» physionomie, dans leur maintien, même dans
» leur ajustement, quoiqu'il eut l'air d'être sim-
» ple, & qu'il semblât fait pour être modeste,
» me frappa & me déplut au premier coup d'œil.
» Quelques efforts qu'elles fissent dans la suite
» pour me plaire, elles ne purent me faire reve-
» nir de l'éloignement que j'avois conçu pour
» elles dès le premier abord. Leur tante qui s'en
» apperçut, & qui avoit une attention extrême
» pour tout ce qui pouvoit me faire peine ou
» plaisir, ne leur permit plus que rarement de
» me voir : ce qui étoit d'autant plus facile, que
» mon appartement, qui tenoit à celui de la
» Fleury, étoit entièrement séparé des leurs, &
» n'y avoit aucune espece de communication.

» Il faut remarquer que, si la Fleury, dans le
» tems que nous étions chez Madame Habert,
» ne m'avoit point donné, dans mon éduca-
» tion, des principes de vertu, elle n'avoit osé
» au moins m'en inspirer de contraires : elle
» ignoroit ce que je deviendrois un jour ; &,
» sans intérêt alors sur ce qui pouvoit me regar-
» der, elle m'avoit, avec indifférence, aban-
» donnée au soin de la nature ; l'expérience de

» cette femme, lorsque je lui fus remise, &
» qu'elle put former des desseins sur moi, lui fit
» connoître que, née pour le bien, elle trouve-
» roit quelques difficultés à me déterminer au
» mal : ma situation seule lui donna l'espérance
» de m'y conduire : elle avoit démêlé mon goût
» pour le plaisir, mon horreur pour le Cloître;
» elle ne connoissoit qu'un moyen de m'y sous-
» traire; & elle comptoit sur la nécessité où je
» serois de m'en servir.

» Il étoit simple, qu'avec de telles idées,
» elle prit quelques précautions pour me cacher
» l'abîme où elle vouloit me précipiter : elle se
» flattoit que je ne l'appercevrois, que lorsqu'il
» me seroit impossible de m'en retirer. La crain-
» te même que ces filles, qu'elle disoit ses niè-
» ces, ne me donnassent à la fin quelque soup-
» çon, la détermina à s'en défaire, & sous pré-
» texte qu'elles étoient redemandées par leurs
» familles qui les vouloient, disoit-on, établir
» dans leur Province, elle les renvoya trois mois
» après leur arrivée. Immédiatement après leur
» départ, nous quittâmes le logement que nous
» occupions au Fauxbourg S. Germain; & nous
» vînmes nous établir au Marais, où la vie sim-
» ple & retirée que nous menions, nous fit faire
» connoissance avec plusieurs femmes dans la
» Bourgeoisie, dans le nombre desquelles je fis
» choix, pour mon amie, de la veuve d'un No-
» taire, âgée de vingt-cinq ans, assez jolie, &
» de l'esprit le plus adroit & le plus insinuant:
» c'est cette liaison qui a causé ma perte.

» Six mois s'étoient écoulés depuis la mort
de Madame Habert : la Fleury jugea qu'il étoit
» tems de mettre fin à l'ennui de ma retraite;

» & elle résolut de me faire entrer dans le
» monde.

» Vous voilà comme je vous désirois, me dit-
» elle un jour ; il est tems de faire paroître vos
» charmes : souvenez-vous que vous êtes sans
» fortune ; qu'il faut absolument en faire une ;
» je vous la promets, je vous l'assure même
» brillante, si vous voulez m'en croire. Je n'ai
» rien négligé de ce qui pouvoit vous y faire
» parvenir : c'est à vous à présent à répondre à
» mes soins, & à ne les pas rendre inutiles.
» J'ai bien à ce sujet des conseils à vous donner ;
» mais ce n'en est pas encore le moment : vous
» n'en avez pas besoin pour plaire ; c'est quand
» vous aurez plu, qu'ils vous seront nécessaires.

» Ma première sortie d'éclat fut destinée à
» la promenade. De toutes celles de Paris, je ne
» connoissois que le Luxembourg. On arrêta
» donc que je paroîtrois aux Tuileries, un de
» ces jours marqués, où tout ce que Paris ren-
» ferme, semble être convenu de se rendre.
» Rien ne fut négligé de tout ce qui pouvoit
» contribuer à faire valoir ces tristes attraits,
» dont la nature ne semble m'avoir douée, que
» pour mon infortune. Mon ajustement cepen-
» dant, malgré les plus galantes recherches,
» avoit un air de simplicité & de modestie, qui
» ne le rendoit que plus piquant & plus agréa-
» ble.

» La Fleury, après m'avoir accablé des éloges
» les plus outrés sur ma figure, me confia à cette
» veuve de Notaire dont je vous ai parlé, &
» dont, de mon consentement, elle avoit fait
» choix pour me mener dans le monde, où elle
» avoit ses raisons pour ne point paroître avec

» moi, qu'elle voila du prétexte de son âge, &
» de quelques infirmités qui en étoient une
» suite. Je montai donc en carrosse avec Ma-
» dame Deville (c'est le nom de mon amie)
» & nous partîmes ».

La rencontre que Lucie fit d'un jeune Financier fort aimable, nommé Monsieur de Mercour, développa l'extrême sensibilité qu'elle avoit reçue de la nature. Le soir, elle fut rêveuse. Elle fut agitée toute la nuit. Le lendemain, autre partie pour dissiper l'humeur. La Fleury prie Madame Deville de mener Lucie au Palais Royal. Le premier objet qu'on y rencontre, est Monsieur de Mercour. On est surprise agréablement; on est saisie; on se trouve mal; une foule de jeunes gens se rassemble : pour se dérober aux regards, on quitte le Jardin. Madame Deville fait prendre au cocher le chemin du bois de Boulogne. Monsieur de Mercour devance le carrosse, arrête en même-tems que les Dames, s'informe de la santé de Lucie, & la quitte fort poliment. De retour chez la Fleury, mille questions de la part de cette femme sur la promenade, sur le mal de tête de la veille.

» Un après-souper assez long, & qui me le
» parut encore davantage, par l'ennui que j'y
» éprouvai, me fit voir avec plaisir arriver le
» moment de nous retirer. Les tendres idées qui
» m'occupoient, & qui me suivirent dans ma
» chambre, ne m'empêcherent point, pour cette
» nuit, de me livrer au plus doux repos. Hé-
» las! je le goûtai avec autant de tranquillité,
» que s'il n'avoit pas dû être suivi le lende-
» main du plus affreux des événemens.

» Je sortois à peine du lit, qu'un domestique

» entra dans ma chambre, & m'annonça M. de
» Mercour. Comme ce nom m'étoit inconnu,
» je fis réponse, qu'on eût à le conduire chez
» Madame Fleury : on me dit qu'elle étoit sor-
» tie dès le matin pour quelques emplettes.
» (Elle m'avoit effectivement prévenue la veille,
» qu'elle en avoit à faire,) & qu'elle avoit re-
» commandé, en sortant, que si quelqu'un,
» qu'elle avoit désigné, venoit la demander avant
» son retour, on me lui fît parler. Sans ima-
» giner qui ce pouvoit être, je donnai ordre
» qu'on fît entrer.

» Figurez-vous quelle fut mon agitation,
» lorsqu'ayant jetté les yeux du côté de la por-
» te, je vis paroître mon inconnu : malgré l'ex-
» cès de mon trouble, celui de M. de Mer-
» cour ne m'échappa point : il prononça avec
» peine, & en bégayant, quelques excuses sur
» le tems & l'heure qu'il avoit choisie pour me
» voir ; mais, ajouta-t'il, a-t'il pu dépendre de
» moi d'en différer l'instant ? Si quelque chose
» peut troubler le plaisir que je goûte, c'est que
» ce n'est point votre aveu qui m'en fait jouir.
» Dites donc au moins, continua-t'il, que vous
» permettez que je me livre à tous les trans-
» ports qu'il m'inspire.

» Je ne lui répondis rien ; mais sans doute
» que mes yeux lui accorderent la permission
» qu'il demandoit ; car il me remercia avec vi-
» vacité de l'avoir obtenue.

» Il me seroit difficile de vous rendre compte
» de cette conversation ; nous y sentîmes beau-
» coup plus que nous n'y parlâmes. Je ne sçais
» point comment tout cela s'arrangea ; mais
» sans m'en douter, sans m'en appercevoir, il

» s'établit entre nous une confiance aussi en-
» tiere, que si le tems & une connoissance par-
» faite l'eussent formée. J'écoutois avec la plus
» extrême avidité, tout ce que me disoit M.
» de Mercour ; je lui répondois avec cette in-
» génuité touchante, charme de l'âge que j'a-
» vois alors, & que donne toujours l'innocence.
» Je ne voyois dans mon amour rien au-delà
» du sentiment qu'il m'inspiroit ; & si je repri-
» mai quelques transports trop vifs de mon
» amant, ce fut plutôt par cette sorte d'instinct
» que m'avoit donné la nature, que par l'idée
» d'aucune espece de danger qu'ils pussent me
» faire courir.

» M. de Mercour m'a avoué plusieurs fois de-
» puis, que quoiqu'il n'eût pas alors de moi
» l'opinion qu'il devoit en avoir, ma grande
» jeunesse, ma candeur, & ce caractere impo-
» sant que porte la vertu, l'avoient forcé au
» respect, malgré le plus violent desir d'en
» manquer.

» Il m'apprit alors que le jour qu'il m'avoit vue
» aux Tuileries, il avoit posté un de ses gens à
» la porte, pour suivre notre carrosse quand
» nous sortirions, le cocher n'ayant pas sçu lui
» dire qui j'étois ; que c'étoit par ce moyen,
» qu'il en avoit été instruit, aussi-bien que de
» ce qu'étoit la Fleury ; qu'assuré d'un accès fa-
» cile, il étoit venu, la veille, lui parler lui-mê-
» me ; qu'ayant conclu ensemble leur arrange-
» ment, c'étoit elle qui l'avoit envoyé au Pa-
» lais Royal, l'assurant qu'elle m'y feroit trou-
» ver ; qu'ils étoient convenus ensuite que dès
» aujourd'hui, sa maison lui seroit ouverte, &
» qu'il pourroit m'y voir..... Il en étoit là de

» sa narration, qui, si j'avois eu plus d'usage,
» m'auroit fait faire bien des réflexions sur la
» liberté de sa conduite, & sur la facilité de
» celle de la Fleury, lorsqu'un bruit confus de
» voix, que nous entendîmes sur l'escalier, dans
» lesquelles nous reconnûmes celle de la Fleury,
» nous interrompit.

» Comme ce bruit augmentoit considérable-
» ment, nous nous levâmes pour aller voir ce
» que ce pouvoit être. Jugez de notre étonne-
» ment, du mien sur-tout, lorsque j'apperçus la
» Fleury, qui faisoit d'inutiles efforts pour fer-
» mer le passage à trois jeunes gens qui étoient
» entrés malgré elle, & qui avoient enfin pé-
» nétré jusqu'à la porte de ma chambre. Je vous
» supprime les éloges outrageans dont je fus
» accablée, dès qu'ils me virent paroître : je ne
» puis les répéter ; & vous ne pourriez les enten-
» dre, non plus que les horreurs qu'ils vomi-
» rent contre la Fleury.

» Un d'eux, plus près de moi que les autres,
» s'élança dans ma chambre ; & m'ayant brusque-
» ment saisie par un bras, m'entraîna avec violen-
» ce ; M. de Mercour, qui d'abord leur avoit parlé
» avec douceur, outré de cette brutalité, qui
» vraisemblablement n'étoit pas la seule que
» j'eusse à craindre, mit avec fureur l'épée à la
» main, & força celui qui me tenoit, à me lais-
» ser aller. Mes cris firent abandonner à la Fleury
» l'entrée de ma chambre, qu'elle défendoit
» toujours. Les deux jeunes gens, à qui elle la
» disputoit, y entrerent avec elle ; & tous deux
» voyant leur camarade assez embarrassé à se dé-
» fendre contre M. de Mercour, qui le pouf-
» soit vigoureusement, eurent la lâcheté de

» mettre l'épée à la main ; représentez-vous
» mon état.

» M. de Mercour, appuyé contre la muraille,
» se défendoit vaillamment : j'étois auprès de
» lui ; j'aurois voulu parer tous les coups qu'on
» lui portoit : hélas ! je lui en sauvai bien quel-
» ques uns ; mais je ne pus l'empêcher d'en re-
» cevoir un au milieu du corps, qui l'étendit
» à mes pieds, & dont le sang rejaillit sur
» moi.

» Pendant que ces trois hommes égorgoient
» mon amant, la Fleury qui crut ne devoir plus
» rien ménager, avoit ouvert les fenêtres, &
» crioit au secours de toute sa force. Ces cla-
» meurs assemblerent le peuple, & firent ac-
» courir la garde, qui enfonça la porte qui
» donnoit dans la rue, se saisit d'abord des
» trois assassins, qui se disposoient à fuir, &
» monta ensuite dans ma chambre, où cette
» affreuse scène venoit de se passer. Quel spec-
» tacle elle y vit ! Une femme étendue sans con-
» noissance, (la Fleury venoit de la perdre ;) à
» quelques pas d'elle, un homme sans mouve-
» ment, & baigné dans son sang ; une jeune
» personne à terre auprès de lui, toute couverte
» de ce même sang, qu'elle s'efforçoit d'arrê-
» ter, sans autre secours, que celui de ses mains
» qu'elle tenoit sur la plaie.

» Mon état auroit dû toucher ; il prouvoit
» que je n'étois point coupable : on me traita
» comme si je l'eusse été. Malgré mes pleurs,
» mes cris, mon désespoir, on m'arracha d'auprès
» de mon amant : on me traîna avec violence
» sur l'escalier & dans la rue à travers une foule
» innombrable de peuple.

» J'avois eu de la force pour soutenir la dou-
» leur; je n'en eus point pour supporter l'igno-
» minie; je ne sçais ce que je devins alors, ni
» quelle formalité on observa : l'évanouissement
» où je tombai fut long; & je n'en revins que
» pour me voir livrée à de nouvelles horreurs.
» A peine mes yeux se furent-ils ouverts, qu'ils
» regarderent avec inquiétude s'ils ne découvri-
» roient rien qui pût m'instruire de ce que je de-
» sirois & craignois tant d'apprendre. Hélas! au
» lieu de cet objet chéri qu'ils cherchoient, que
» virent-ils? Le comble de la honte & de l'in-
» famie.

» La Fleury étoit auprès de moi, le regard
» tristement fixé à terre, où la confusion se
» peignoit autant que la douleur. Loin de ré-
» pondre aux questions précipitées que je lui
» faisois sur M. de Mercour, elle gardoit un
» morne & un obstiné silence. L'image de mon
» amant occupoit trop mon cœur & mon esprit,
» pour me laisser la liberté de faire attention
» au lieu où nous étions, & aux différens ob-
» jets qui s'y trouvoient. Lorsqu'enfin dans
» le nombre de plusieurs femmes qui nous en-
» touroient, & qui s'étoient occupées à me
» rendre quelques soins dans l'état dont je sor-
» tois, je fus frappée de la figure de deux que
» je crus ne m'être pas inconnues, & qu'ayant
» un peu plus examinées, je me tenis pour les
» deux nieces de la Fleury, qu'elle m'avoit dit
» avoir renvoyées en Province : l'étonnement
» extrême que je leur fis paroître, excita de leur
» part, de longs éclats de rire, que redoublerent
» l'ingénuité avec laquelle je leur demandai par
» quel hazard nous nous trouvions ensemble;

» quel étoit le lieu où nous étions, & le sujet
» qui nous y rassembloit ? Mais, me répondit
» une d'elles, avant que de venir ici, il est
» toujours quelques petits préliminaires d'usa-
» ge, qui instruisent assez des raisons qui y
» conduisent. Il est singulier que vous ne vous
» en doutiez pas, & que vous en soyez si sur-
» prise & si affligée.

» Je me souviens, reprit l'autre, que la pre-
» miere fois que pareille aventure m'arriva, j'é-
» tois à peu près comme vient d'être Lucie; mais
» en ayant plusieurs fois essuyé de semblables,
» je m'y suis à la fin accoutumée. Vous serez
» comme moi, ajouta-t-elle, en m'adressant la
» parole; vous vous y ferez par la suite: ces
» petits accidens sont presqu'indispensables dans
» notre état, & nous sont plus avantageux que
» nuisibles. En sortant de la retraite où on nous
» condamne pour quelques tems, nous repre-
» nons, en rentrant dans le monde, les char-
» mes de la nouveauté, que nous avions perdues.
» Elles me tinrent ensuite une infinité de pro-
» pos que je ne puis vous répéter, qui, quel-
» ques clairs qu'ils fussent, étoient pour moi
» d'une obscurité impénétrable; ce fut enfin la
» Fleury qui m'en donna l'explication.

» Ah! Lucie, s'écria-t-elle tout-à-coup, en
» répandant un torrent de larmes, & en se
» traînant avec peine à mes pieds, où elle resta
» prosternée, quelques efforts que je fisse pour
» la relever; ah! Lucile, c'est mon indigne
» avidité qui cause tout votre malheur: me le
» pardonnerez-vous jamais ? De quelques cri-
» mes que j'aye noirci ma vie, celui que je me
» reproche le plus, & dont je me punirai sé-

» vérement le reste de mes jours, si le regret &
» le remord m'en laissent encore quelques-uns,
» est d'avoir abusé du pouvoir que me don-
» noient sur vous votre extrême jeunesse, &
» l'autorité qui m'a été confiée. Mais ô Dieux !
» de quel moyen le Ciel s'est-il servi pour vous
» retirer de l'abîme où j'allois vous précipiter :
» ce lieu infâme, accoutumé à retentir de la
» voix du crime & du libertinage, étoit-il fait
» pour entendre les gémissemens de la vertu &
» de l'innocence ! Alors sans quitter la posture
» humiliée où elle étoit, elle me donna les
» odieuses lumieres qui m'étoient nécessaires
» pour connoître toute l'étendue de mon infor-
» tune, & m'en faire redouter une plus grande
» encore : elle m'apprit que l'affreux malheur
» qui nous étoit arrivé, avoit été causé par la
» rencontre qu'elle avoit faite le matin, en ren-
» trant chez elle, des trois jeunes gens que j'y
» avois vus, & qu'elle avoit connus dans le tems
» que ses prétendues niéces (qu'elle m'avoua ne
» lui être rien) demeuroient avec elle ; que ces
» jeunes gens, qui l'avoient reconnue, malgré
» les précautions dont elle avoit usé pour se dé-
» rober à leurs regards, étoient entrés chez elle,
» quels que fussent ses efforts pour les empêcher :
» elle m'apprit encore qu'après que l'on m'eut
» entraînée hors de la chambre, un garçon Chi-
» rurgien s'étant trouvé dans la foule qui avoit
» suivi la garde, on avoit, avec les draps de mon
» lit qu'on avoit déchirés, bandé la playe de
» M. de Mercour, & arrêté son sang ; qu'en-
» suite nous avions tous été conduits chez le
» Commissaire ; qu'alors elle avoit nommé M.
» de Mercour, qui sur le champ avoit été transf-

» porté chez lui ; que les trois jeunes gens
» avoient été envoyés en prison, & qu'elle &
» moi, sur leur rapport, ayant été jugées plus li-
» bertines que criminelles, on nous avoit transf-
» férées où nous étions, entrepôt ordinaire de
» l'espece dont nous avions l'air d'être, jusqu'à ce
» qu'on ait prononcé contre elles la sentence qui
» les force au repentir de leurs fautes, dans la re-
» traite où on les condamne ».

Le récit de la Fleury fut accompagné des marques du plus sincere repentir. Cependant Madame Deville, informée de tout ce qui s'étoit passé, avoit fait les démarches nécessaires pour retirer Lucie du triste séjour qu'elle habitoit. Elle en obtint l'élargissement & alla la prendre elle-même dans un carrosse. Son premier soin ensuite fut de lui procurer des nouvelles de Monsieur de Mercour.

» Madame Deville quoique très-jolie, con-
» tinue Lucie, n'avoit jamais fait parler d'elle :
» il est même certain qu'elle avoit des mœurs ;
» & il est à présumer que, si elle eut prévu les
» suites de ma passion pour Monsieur de Mer-
» cour, elle eût de bonne foi, dans les commen-
» cemens, travaillé à la détruire. Mais éblouie
» du brillant de la fortune qu'elle imaginoit
» qu'elle me feroit faire, loin de chercher à l'af-
» foiblir, elle ne travailla au contraire qu'à la
» fortifier ; preuve certaine que, pour conduire
» une jeune personne, un cœur est moins
» nécessaire qu'un esprit éclairé. La sagesse n'est
» que pour nous ; les lumieres sont pour les au-
» tres.

» Madame Deville employa peu de tems aux
» informations qu'elle étoit allée faire : elle

» revint, avec une diligence presqu'incroyable,
» m'apporter enfin ces nouvelles tant souhai-
» tées.

» M. de Mercour, à ce qu'elle me dit, n'avoit
» repris la connoissance, que lorsqu'arrivé chez
» lui, un Chirurgien avoit pansé sa blessure,
» qui quoique très-considérable, n'avoit point
» été cependant jugée dangereuse. Au reste, con-
» tinua-t'elle, c'est à son valet-de-chambre, que
» je me suis directement informée ; c'est à lui
» que j'ai parlé, & je l'ai chargé d'un billet
» pour son maître, dans lequel je marque sim-
» plement, sans désigner ni nom, ni demeure,
» que la personne qui l'intéresse, & dont il doit
» être inquiet, est en bonne santé, & est en
» sûreté chez celle avec qui il l'a vue au Palais
» Royal. Le valet-de-chambre, à qui j'ai confié
» ce billet, en l'assurant qu'il contenoit un se-
» cret important pour son maître, & dont sa
» vie, dans l'état où il étoit, pouvoit peut-être
» dépendre, m'a promis d'être exact à le ren-
» dre, & à en apporter la réponse chez une femme
» de mes amies, qui demeure auprès de M. de
» Mercour, & que sur le champ j'ai été préve-
» nir, pour qu'elle fût exacte à nous l'envoyer.
» Si le domestique est fidele, tout ira le mieux
» du monde : s'il ne l'est pas, nous chercherons
» un autre expédient. Reposez-vous du soin de
» le trouver, sur mon amitié pour vous.

» Tout réussit au gré de nos desirs : le billet
» fut rendu, & il n'y avoit pas deux heures que
» Madame Deville étoit rentrée, lorsqu'on lui
» en apporta un de la part de son amie : il ne
» contenoit que ce peu de mots, que nous ju-
» geames tracés de la propre main de M. de
» Mercour.

» Vous me rendez à la vie Madame ; avec quel
» soin je vais la conserver, pour la consacrer
» toute à l'amour & à la reconnoissance.

» M. de Mercour, dit Lucie, par l'habitude
» de me voir, avoit appris à me connoître. Mal-
» gré la violence de sa passion, nous vécûmes
» trois mois dans la plus grande intimité, sans
» qu'il hazardât rien qui pût essentiellement me
» déplaire. Ce fut ce ménagement, dont il eut
» l'adresse d'user dans les commencemens, qui
» lui fournit par la suite, les moyens de n'en plus
» garder. Il sut, par sa réserve & par son res-
» pect, m'inspirer cette confiance aveugle &
» cette sécurité funeste qui, en nous dérobant la
» vue du danger, & en nous en ôtant la crainte,
» ne nous y précipitent que plus facilement.

» Quand il se fut assuré que mon amour
» n'avoit plus que de bien foibles barrieres à
» opposer au sien, il changea peu-à-peu de con-
» duite ; & bientôt ce ne fut plus cet amant ti-
» mide & respectueux, qui laissoit plutôt devi-
» ner qu'il aimoit, qu'il ne sembloit l'oser dire ;
» c'étoit un amant vif & emporté, qui ressentoit
» les plus violens desirs & qui vouloit les inspirer.

» Un jour entr'autres, que Madame Deville
» étoit absente pour quelques affaires, & que
» je me trouvai seule avec lui, j'eus à essuyer
» le plus violent des combats ; j'en sortis ce-
» pendant victorieuse, mais si indignée contre
» M. de Mercour, que quelques prieres qu'il
» employât pour m'appaiser, quelques larmes
» qu'il pût répandre, quelques pardons qu'il
» me demandât, je lui ordonnai impérieuse-
» ment de sortir sur le champ. Il vit bien qu'il
» falloit céder à ce premier mouvement : il me

» connoissoit trop, pour craindre qu'il n'eut de
» la suite.

» Hélas ! il ne se trompoit pas. A peine se fût-
» il retiré, que mon cœur, mon trop foible cœur
» lui avoit déjà pardonné. Je fus cependant
» quelques jours sans vouloir le revoir ; j'en
» avouai le sujet à Madame Deville ; & je ne lui
» dissimulai point les allarmes que me causoient
» les transports de M. de Mercour, & la diffi-
» culté que je commençois à m'appercevoir qu'il
» y auroit à les contraindre.

» Eh bien ! me répondit-elle, il faut qu'il
» travaille à vous les faire approuver : j'ai prévu
» ce qui vous arrive. Certaine de votre vertu,
» je n'ai point redouté pour elle l'épreuve où je
» me doutois bien que la mettroit à la fin votre
» amant. Il doit à présent la connoître, & être
» assuré qu'il n'y a point pour lui de triomphe
» à en attendre. Cette certitude étoit nécessaire,
» pour détruire l'impression qu'a du faire sur son
» esprit, la dangereuse femme à qui vous devez
» votre éducation. Comment voulez-vous qu'é-
» levée & formée par elle, vous fussiez ce que
» vous êtes ?

» Elle m'ajouta encore qu'elle étoit persua-
» dée que M. de Mercour travailleroit avec ar-
» deur, à obtenir le consentement de sa famille
» pour notre mariage ; qu'il n'y avoit après tout,
» de différence entre lui & moi, que celle qu'y
» mettoit la fortune ; que c'étoit un caprice du
» sort, que l'amour seroit trop heureux de ré-
» parer.

» M. de Mercour fut enfin reçu au bout de
» quelques jours ; Madame Deville étoit pré-
» sente. Elle s'étoit chargée du soin de lui parler

» & de l'engager à prendre des mesures pour
» assurer notre commun bonheur : elle saisit,
» avec son adresse ordinaire, la premiere occa-
» sion qui se présenta de le faire expliquer.

» J'adore Lucie, dit-il, en s'adressant à mon
» amie ; & je l'adorerai toujours. Au plus vif
» sentiment qu'a fait naître le premier de ses
» regards, a succédé la plus sincere estime. Sa
» vertu est digne de sa beauté ; & l'une & l'autre
» le sont de tout l'amour qu'elle m'inspire. Si
» j'étois le maître de mon sort, il seroit dès cet
» instant uni au sien pour jamais ; mais je vous
» tromperois, continua-t'il en s'adressant à moi,
» si je vous laissois croire, ma chere Lucie, que
» je puisse être à vous, de l'aveu & du consente-
» ment de ma famille. Ma mere, vaine & am-
» bitieuse, a des vues d'établissement pour moi,
» auxquelles rien ne sera capable de la faire re-
» noncer : elle a même pris à ce sujet, avec une
» famille respectable, des engagemens qu'elle
» ne voudra jamais rompre. Je ne vous dissimu-
» lerai même pas que, si elle découvroit ma
» passion pour vous, il n'est point d'effets fu-
» nestes que vous n'eussiez à redouter de son res-
» sentiment & de sa violence, & qu'il est très-
» essentiel qu'elle l'ignore.

» Quelqu'affligée que fut Lucie de ce dis-
» cours, comme elle aimoit tendrement son
» amant, elle ne put s'empêcher de le plaindre,
» & résolut d'attendre tout des circonstances.
» L'amour de cet amant, continue-t'elle, qui
» chaque jour prenoit de nouvelles forces ; mon
» âge (j'avois à peine seize ans) ; le sien, il en
» avoit au plus dix-huit ; la facilité de nous voir ;
» la liberté avec laquelle nous nous voyions ; la

» familiarité qui est une suite de l'habitude ;
» que d'écueils ! étoit-il possible de les éviter
» toujours ? L'époque du bonheur de M. de
» Mercour, fut celle de la fin du mien : ce fatal
» instant répandant sur tous ceux qui le suivi-
» rent, un sentiment d'amertume, que l'amour
» & l'amitié eurent bien le pouvoir d'adoucir
» quelquefois, mais qu'il leur fut impossible de
» détruire entierement. La situation où je me
» trouvai au bout de quelque mois, ajouta à mes
» regrets.

Madame de Mercour devoit aller à la campagne avec son fils. Celui-ci choisit, hors de Paris, une maison pour son amante ; & ce fut à Passy qu'elle vint s'établir avec Madame Deville. Elle y mit au monde une fille, cher & malheureux fruit de son amour. Au bout de quelques mois, M. de Mercour lui annonça que sa mere l'emmenoit pour dix jours seulement à la campagne. Mais les dix jours & beaucoup d'autres encore s'écoulerent sans qu'il revint. Sa mere, la plus impérieuse de toutes les femmes, l'avoit contraint d'épouser la fille du Comte de Furcé ; & ce fut en quelque sorte par amour pour Lucie, qu'il y consentit, puisque s'il eut refusé, Madame de Mercour, informée de tout, faisoit enfermer cette malheureuse amante, en vertu d'une lettre de cachet qu'elle avoit obtenue. On juge du désespoir de Lucie, lorsqu'elle apprit ces nouvelles de Madame Deville, qu'elle avoit envoyée à la Terre du Comte de Furcé. Mercour n'étoit pas moins affligé ; il revint de la campagne, revit son amante, en obtint son pardon, & continua de la voir & de l'aimer. Sa femme, qui n'avoit pu rien gagner sur son cœur, s'avisa d'un expédient qui lui réussit. Comme elle connoissoit la délicatesse des sentimens de Lucie, elle alla la trouver, & lui dit qu'elle venoit l'avertir que sa famille alloit renouveller contre elle ses persécutions; qu'elle lui conseilloit de se dérober au sort affreux qui la menaçoit, & la rassura sur la destinée de sa fille, dont elle lui dit qu'elle se changeroit volontiers. Lucie, timide & généreuse, embrassa Madame de Mercour, & se retira dans un Couvent.

Je ne vous entretiendrai pas, Madame, des Aventures d'Adélaïde, fille de l'infortunée Lucie; elles sont, pour ainsi dire, le sujet d'un autre Roman, qui n'ajouteroit rien à l'idée que doit vous avoir donnée du talent de Madame de Saint Aubin, le récit de cette premiere Histoire

Je suis, &c.

LETTRE XXIX.

Du côté du style & des situations, plusieurs personnes ont donné la préférence sur le premier Ouvrage de Madame de Saint Aubin, à ce second Roman, intitulé *Mémoires en forme de Lettres, de deux jeunes personnes de qualité*. Les deux héroïnes de ce commerce épistolaire se nomment Henriette & Sophie. Henriette a quitté le couvent pour aller se marier à Londres, avec le Comte d'Ossémont. Ce dernier, originaire d'Irlande, y avoit été élevé; il perdit son père & sa mere à l'âge de quinze ans; un de ses oncles veuf, qui n'avoit point d'enfans, & qui occupoit la première place dans le Ministere, l'avoit fait venir à la Cour. Le Duc d'Ormont avoit une fille charmante : cette fille & le Comte d'Ossémond s'aimerent. Une haine secrette divisoit les deux familles, & mettoit un obstacle insurmontable au bonheur des deux amans. Le frere de la jeune personne, loin de partager l'inimitié de sa maison pour celle du Ministre, aimoit Milord d'Ossémond, autant qu'il en étoit aimé; confident de ses feux, il mit tout en usage, pour rendre son père favorable à son ami. Le Duc d'Ormond fut inflexible; &, pour ne pas céder tôt ou tard au Ministre, il fit demander sa fille par le Roi, pour le Duc d'Herford, dont en effet elle reçut la main. Henriette naquit de ce mariage. Milady d'Herford se vit bientôt en proie aux transports les plus cruels de la jalousie : son mari sçavoit qu'elle avoit eu le cœur

Mémoires de deux jeunes personnes.

sensible pour d'Ossémond. Elle perdit son pere; & Milord d'Ossémond perdit son oncle; le neveu eut un des premiers Gouvernemens d'Irlande: deux ans après, il se rendit aux persécutions de ses amis, à celles sur-tout de Milady d'Herford, qui ne cessoit de le prier de se marier. Il épousa une femme qu'il estimoit; car il ne lui étoit plus possible d'aimer. Une conspiration se découvre en Irlande; le nom du Comte se trouve à la tête de ceux des rébelles; il est transféré à Londres, & prêt à perdre la vie sur l'échafaud. La mere & l'oncle de Henriette le font sauver la veille du jour marqué pour son supplice; le vaisseau sur lequel on le fit embarquer, périt sur les côtes de l'Amérique.

Sir Thomlay, homme sans naissance, avoit épousé une fille d'extraction noble, mais pauvre: elle n'avoit vécu que huit ans avec lui; veuve à vingt-quatre, belle & spirituelle, Milord d'Ossémond, pere du Comte dont on vient de parler, en étoit devenu amoureux, & l'avoit épousée. Veuve une seconde fois, elle avoit employé, avec tant de succès, ses amis & ses protecteurs, que son fils du premier lit étoit parvenu à la plus grande fortune; mais l'avantage que donnoit au malheureux Comte d'Ossémond, son frere d'un second lit, le sang illustre dont il sortoit, fut pour Thomlay un objet d'envie & de haine: on soupçonna même qu'il avoit contribué à la perte du Comte. Il sollicita la confiscation de ses biens, & en dépouilla sa malheureuse belle-sœur, femme du Comte. Celle ci mit au monde un fils, qui lui-même auroit perdu la vie, sans un paysan chez lequel elle s'étoit réfugiée. Milady d'Herford & son frere s'intéressoient au fort de Milady d'Ossémond; le frere se rendit en Irlande, découvrit la chaumiere qui servoit d'asyle au jeune d'Ossémond, revint en Angleterre; &, à la priere de sa sœur, conduisit cet enfant dans une terre qu'elle avoit au pays de Cornouailles, où elle le fit élever avec tant de secret, sous un nom supposé, que, tant qu'elle vécut, Milord d'Herford ne sçut jamais que le jeune d'Ossémond y fut retiré. Sir Thomlay, fâché qu'une généreuse compassion dérobât à sa fureur une nouvelle victime, fit si bien par ses sourdes pratiques, que l'attachement de Milord d'Ormond, ce frere généreux de Milady d'Herford, au sang des d'Ossémond, le rendit suspect au Gouvernement. Le crédit de Milord d'Herford, moins que sa haine connue pour ce sang malheureux, sauva la mere de Henriette du danger de ce soupçon; mais elle crut devoir en redouter les suites pour son frere, & le conjura de les prévenir; il prit le parti de se retirer en France.

C'étoit le fils de ce cruel Thomlay qu'on destinoit pour époux à Henriette. Ce fils n'avoit pas une ame plus élevée que celle de son pere: libre par la mort de ce dernier, & possesseur de biens immenses, il laissoit languir son cousin, le jeune d'Ossémond, dans un état de pauvreté, que des soins étrangers soulageoient.

Au bout de sept à huit ans, Milord d'Ormond se vit le maître de retourner sans risque à Londres; il se disposoit à partir, lorsqu'une très-belle personne eut, par l'amour qu'elle lui inspira, le pouvoir de l'arrêter à Paris. Henriette avoit été envoyée de bonne heure en France, pour y être élevée dans la Religion Catholique, qui étoit celle de sa mere. Il y avoit encore une autre raison de cette séparation : une Madame Hervins tenoit dans la maison de Milord d'Herford, sous les yeux de sa femme, la conduite la plus indécente : la mere avoit craint pour sa fille l'impression d'un exemple si dangereux.

Cette Madame Hervins étoit le fruit des amours d'un Comédien & d'une Comédienne de campagne. Un Marchand de Londres, à qui elle avoit fait tourner la tête, l'avoit épousée; ce mariage entraîna la ruine entiere du Marchand. Ce fut dans ces circonstances, que commença la liaison de cette femme avec le pere de Henriette. Milord d'Herford pria son épouse de donner un asyle chez elle à cette Madame Hervins. Elle eut deux filles, qui furent élevées chez Milord, sous les yeux de leur mere. Le Marchand avoit fait quelques voyages à Londres, qui pouvoient faire croire qu'il étoit le pere de ces enfans. Une maladie cruelle emporta Milady d'Herford au tombeau : quinze jours après, le marchand lui-même perdit la vie d'un coup de sang. Il courut des bruits défavantageux sur cette Hervins, à l'occasion de ces deux morts.

Le Comte d'Ossémond, dont la mere de Henriette, dans les derniers instans de sa vie, avoit confié le sort à une amie respectable, a demeuré quatre ans en Espagne ; il est, depuis quelques mois, de retour en Angleterre. Ce que Henriette sçait de ses malheurs, & de la tendresse que sa mere avoit eue pour ce jeune homme, lui fait desirer de le connoître : elle se trouve à la campagne avec deux femmes, dont l'une lui inspire le plus tendre penchant ; & l'autre, l'antipathie la plus marquée. Milady d'Helfeld est le nom de la premiere ; c'est une femme belle encore, à l'âge de quarante ans, vertueuse & raisonnable, sans pédantisme. Lady Valmer, sa sœur, n'a que beaucoup de coquetterie, & tous les vices qui tiennent à ce caractere. Milady d'Helfeld est cette amie à qui la mere d'Henriette, en mourant, avoit recommandé le Lord d'Ossémond. Henriette rend compte de tous les soins que sa généreuse mere a pris de d'Ossémond. Elle étoit près d'obtenir une révision du procès du pere de ce jeune infortuné, lorsqu'elle avoit cédé aux atteintes d'une maladie que tout l'art des Médecins n'avoit pu guérir.

Arrivée avec son oncle à Londres, Henriette n'a point trouvé son pere, qui étoit parti pour une de ses terres, dont il devoit revenir dans peu de jours. Sophie n'a pas encore répondu à son amie : une maladie, qui l'a conduite aux portes de la mort, l'en a empêchée : cette maladie étoit la petite vérole. On n'avoit rendu à Sophie les lettres de Henriette, que lorsqu'on l'avoit jugée hors de danger. Sophie reproche à son amie ses soupçons portés trop loin sur le compte de cette Madame Hervins. Elle prend le parti de Sir Thomlay, qu'un Anglois, qui se trouve pour lors à Paris, lui a peint sous des couleurs avantageuses. Elle fait aussi entendre à Henriette, qu'elle croit entrevoir dans son cœur un sentiment favorable au jeune d'Ossémond. Le Chevalier Hyde, (c'est le nom de cet Anglois, ami de Sophie,) lui a donné des détails sur Madame Hervins. Elle est jalouse à l'excès de toutes les jolies personnes ; & sa jalousie s'étend jusques sur ses filles : il en est une cependant qu'elle semble aimer ; & c'est la moins aimable. Le Chevalier représente l'autre sous des traits bien différens ; elle réunit tous les charmes.

Henriette rend compte à Sophie de son entrevue avec son père : Sir Thomlay étoit avec Milord. Le pere lui présente sa fille. Henriette fait cette description du premier : » Sir Thom‑
» lay est de moyenne taille, & fort irrégulie‑
» rement fait ; mais il a été en France long‑
» tems ; il y a eu de bons Maîtres à danser ; &
» il ne fait pas mal la révérence. J'avouerai mê‑
» me, de plus, qu'il n'est pas dénué de graces,
» excepté cependant sa façon de se présenter,
» que j'ai vû trouver par quelques personnes,
» modeste & timide, que beaucoup d'autres trou‑
» vent embarrassée ; & ce dernier avis est le
» mien. Au reste, je conviens encore qu'à l'exa‑
» men, il est très-bien ; que ses traits pour
» la plûpart, à les détailler, sont réguliers ; il a
» le front beau, les yeux grands, la bouche
» petite, les dents belles, les cheveux & les
» sourcils fort blonds, le teint d'un Anglois ;
» mais il a la physionomie sombre, le regard
» faux, le rire niais : voilà comme je vois sa
» figure. Pour son esprit, ce n'est pas la peine
» d'en parler ; pour son caractere, il y a trop
» de chose à en dire ; &, sans entrer dans un
» détail très-peu intéressant pour vous, fort ex‑
» cédent pour moi, je me tais sur son compte. «

Henriette a cru s'appercevoir que son pere gé‑ missoit dans le fond de son ame, de l'esclavage que lui faisoit sentir cette Madame Hervins ; elle est très-réservée avec cette femme & avec

Sir Thomlay. Elle est enchantée de Miss Charlotte, fille de Madame Hervins, dont le Chevalier Hyde a fait à Sophie un portrait avantageux.

Sophie fait un voyage en Bourgogne avec son pere & le Chevalier Hyde ; elle attend chaque jour son frere ; il arrive d'Italie avec le fils d'un intime ami de son pere, qui a fait le voyage avec lui. » Ma mere a imaginé une petite supercherie, qui sûrement nous amusera : nous ne nous
» sommes point vus, mon frere & moi, depuis
» notre premiere enfance. Le Vicomte de Val-
» mire, (c'est le nom de l'autre jeune homme,)
» a pareillement une sœur de mon âge, qu'il ne
» connoît pas non plus, & que leur pere doit
» nous amener aujourd'hui. Le projet de ma
» mere est de faire passer pour moi Mademoi-
» selle de Valmire, & de me présenter à son
» frere pour elle. On prétend, soit dit sans va-
» nité, que ce que l'échange pourroit me faire
» gâgner du côté de la figure, seroit payé un
» peu cher, par ce qu'il me feroit perdre d'ail-
» leurs ; que Mademoiselle de Valmire, est
» très-belle, mais qu'elle n'est tout juste que
» cela ; qu'en revanche, s'il est possible d'avoir
» plus d'esprit, il ne l'est pas d'être plus ten-
» dre. D'après ce que j'entends dire de mon
» frere, qui est aussi, à ce qu'on assure, hom-
» me à très-grandes passions, il y auroit bien,
» je pense, quelque chose de mieux à faire,
» pour l'un & pour l'autre, que d'en faire un
» frere & une sœur «. L'échange projetté se fait très-naturellement ; chaque frere paroît satisfait de sa sœur ; le Vicomte est un homme des plus aimables ; Sophie en fait l'éloge avec une

complaisance, qui feroit croire que ce jeune homme ne lui est pas indifférent; mais elle se hâte de dire à Henriette, qu'elle ne l'aime point, & qu'elle ne l'aimera jamais.

L'oncle de Henriette vient de s'embarquer pour la Jamaïque, où l'appelloient des affaires importantes; sa niéce est affligée de ce départ, qui la laisse sans secours & sans appui. Arrivée de Milady d'Helfeld à Londres; Henriette vole chez elle, dans l'espérance de voir à sa suite le Comte d'Ossémond; il ne l'a point accompagnée; Lady Valmer, sœur de Milady d'Helfeld, avec qui le Comte d'Ossémond étoit demeuré à la campagne, l'amene à Londres. Henriette ne se dissimule pas la joie qu'elle a de le revoir. Le jeune homme fait l'aveu de ses sentimens; Henriette lui cache, avec effort, ce qui se passe dans son cœur. Charlotte sent aussi du plaisir dans la compagnie d'un jeune homme, nommé Carpenter. Le pere de Henriette part pour une terre avec Madame Hervins, & laisse sa fille & Charlotte à Londres, sous la conduite d'une Gouvernante & d'un vieux Intendant attaché à son maître. Tous les caractères de l'amour sont très-bien dépeints dans les Lettres de Henriette; elle a trop vu que cette Lady Valmer est éperdûment amoureuse de d'Ossémond. Celui-ci surprend une des Lettres de Henriette, écrite à Sophie, y saisit le secret de la jeune Miss, & sçait enfin qu'il est aimé. Elle soupe avec lui chez Milord d'Herford, ce qui est pour elle un sujet singulier d'étonnement : elle découvre que les visites de Milord d'Ossémond chez son pere sont le fruit des soins de Madame Hervins, qui ayant vu souvent le Comte & Milady d'Helfeld chez les Carpenter, a pris pour eux la plus forte amitié; elle a jetté les yeux sur Milord d'Ossémond, pour lui faire épouser sa fille cadette, appellée Béti; en conséquence de ce mariage, elle presse Milord d'Herford de marier sa fille à Sir Thomlay. Milady d'Helfeld est indignée que Madame Hervins propose sa fille pour le Comte. Henriette se jette aux genoux de son pere, & le conjure, les larmes aux yeux, de ne pas lui donner Sir Thomlay pour époux. Béti est inconsolable de voir d'Ossémond résister à ses charmes & aux tentatives de sa mere; une maladie cruelle la met au tombeau. Henriette apprend que son oncle est mort à la Jamaïque; il a nommé sa niéce unique héritiere d'une succession très-considérable, aux conditions qu'un nommé James, Négociant à Londres, homme qui, de tout temps avoit eu sa confiance, seroit consulté sur l'etablissement de Henriette, & que son avis à cet égard seroit suivi; faute de quoi son oncle déclare Frédéric Vill, autre Négociant à la Jamaïque, son intime ami, héritier à la place de sa niéce.

Henriette instruit son amie d'une petite anecdote, qui fait épisode. Miss Charlotte, fille ainée de Madame Hervins, cede aux sollicitations du jeune Carpenter, son amant, a une foiblesse, en ressent des marques. Les deux jeunes gens sont exposés à toute la fureur de leurs parens; ils sont au désespoir. Milord d'Herford arrange cette affaire, en donnant une dot honnête à Miss Charlotte, qui épouse celui qu'elle aime.

Madame Hervins saisit une lettre, que Henriette écrivoit à Sophie, & où elle détailloit sa passion pour Milord d'Ossémond. Henriette se trouve mal, tombe, & dans sa chûte, se casse la jambe ; elle garde le lit près de trois semaines, ne voit point son pere, qui lui fait donner un ordre de demeurer dans son appartement; cependant elle en sort ; on lui dit qu'elle doit la fin de sa prison à Madame Hervins. Henriette n'essuye du Lord qu'une réprimande séche & froide. » Quant à Madame Hervins, sa con- » duite avec moi ne se ressemble plus ; elle y » met autant d'égards & d'attentions, qu'elle » y en mettoit peu auparavant. Vous croyez bien » que je ne m'en tiens avec elle, que plus sur » mes gardes. Sa haine, voilée & contrainte, » ne m'en paroît que plus à redouter ; elle con- » noît ma façon de penser pour elle ; elle l'a » méritée ; elle ne me la pardonnera jamais. «

Henriette reçoit une visite imprévue de son amie Charlotte & de Milord d'Ossémond; Milady d'Helfeld sollicitoit pour ce dernier un poste considérable dans les Colonies Angloises. On apprend que le testament de cet oncle de Henriette, mort à la Jamaïque, désignoit, pour le véritable héritier, Milord d'Ossémond, & non la jeune Miss. Ce bien monte à près de cinquante mille livres sterling. Combat de générosité : le jeune Lord refuse la succession, ajoutant qu'il ne l'accepteroit, que pour la remettre à l'héritiere naturelle. Henriette, de son côté, déclare que rien ne pourra la déterminer à s'opposer aux intentions de son oncle. Adieux de d'Ossémond à Henriette : il est près de partir pour l'Amérique : il a reçu de la Cour un emploi qui le retiendra pour trois ans dans le nouveau monde.

Milord d'Herford veut actuellement faire épouser à sa fille le Chevalier Holfold ; c'est un homme bien différent de Sir Thomlay. Le Chevalier est estimable, modeste, plein d'esprit & de raison. Henriette avoue que si elle n'aimoit pas Milord d'Ossémond, elle auroit pu aimer Holfold. Elle lui a dit qu'un engagement lui couteroit à prendre. Il a parlé sans hésiter à Milord d'Herford, qui l'a laissé le maître du temps de leur union. » Je vous remets sans aucune ré-
» serve, dit le Chevalier à Henriette, tous les
» droits que peuvent me donner sur vous, &
» la volonté, & la parole de Milord d'Herford.
» Croyez que je n'ai reçu l'une, que dans la vûe
» de vous soustraire à l'autre, & de vous ga-
» rantir pour jamais de toute espece de persé-
» cution...... Point de remerciment, je vous
» supplie, charmante Henriette, continua-t'il
» vivement, jugeant à mon air satisfait, que
» je me disposois à lui en faire. Ah ! en me
» faisant connoître tout le prix que vous atta-
» chez au service que je viens de vous rendre,
» vous m'allez peut-être faire regretter de vous
» l'avoir rendu. «

Madame Hervins est prête d'accoucher. Si elle donne le jour à un fils, Milord d'Herford l'épousera. Elle met au monde un garçon. Transports de joie de Milord, qu'il ne peut cacher aux yeux de sa fille : cependant il a des raisons pour différer son mariage.

Nouvelles douleurs de Henriette. Lady Valmer a disparu : personne ne doute qu'elle ne soit à la suite de Milord d'Ossémond. Enfin il passe pour constant que Milord d'Ossémond a enlevé cette femme. Lettre de Lady Valmer, adressée à sa sœur : cette lettre confirme les cruels soupçons de Henriette. Elle marque à Milady, que le Comte n'ayant pu se résoudre, sans fortune, sans état, à déclarer ses sentimens, il avoit exigé qu'elle contraindroit ceux qu'elle avouoit avoir pour lui, jusqu'à ce que, rétabli dans les biens & les droits de sa maison, il pût enfin faire éclatter les siens, & offrir à Milady d'Helfeld un époux digne de sa sœur ; que, sans le mariage qu'elle n'ignoroit pas qu'on s'empressoit de conclurre pour elle, elle ne se seroit jamais déterminée à l'éclat qu'elle osoit faire ; qu'elle se le reprochoit vivement, par le chagrin qu'il pouvoit lui causer ; mais que, l'incertitude du procès de Milord d'Ossémond, & l'appréhension, s'il n'avoit pas le succès qu'on en espéroit, de se voir, pendant son absence, contrainte à en épouser un autre, lui avoient fait prendre le parti de le suivre. Milady d'Helfeld partage le désespoir de Henriette, qui d'abord ne peut se résoudre à croire Milord d'Ossémond aussi coupable qu'il le paroît. Mais plusieurs de ses lettres, trouvées dans les papiers de Lady Valmer, & envoyées par Milady d'Helfeld à Charlotte, pour les remettre à son amie, sont des preuves non équivoques, auxquelles il a bien fallu enfin qu'elle se rendît.

Henriette, dans sa fureur, veut donner sa main au Chevalier Holfold. » Si le Che-
» valier, dans l'état où est mon cœur, ne dé-
» daigne pas ma main, je suis déterminée à
» prier mon pere de la lui offrir, & de le pres-
» ser, sans plus de délai, de l'accepter. Je ne
» vous cache pas que je désire vivement que

» Milord d'Ossémond puisse apprendre un jour,
» que ce mariage s'est conclu très-peu de tems
» après son départ...... Je veux qu'il soit pré-
» cédé & suivi des plus brillantes fêtes.......
» & de tout ce qui annonce la joie, & marque
» le contentement...... J'estime tant Sir Hol-
» fold, que bientôt, oh! sûrement bientôt, je
» parviendrai à l'aimer..... Mais, mon Dieu,
» mon pere, à qui j'avois fait demander un mo-
» ment d'entretien, m'envoye avertir qu'il m'at-
» tend! Quoi, aujourd'hui!.... Je le croyois
» avec du monde...... Je n'avois compté lui
» parler que demain. Ah! ma chere Sophie,
» que vais-je lui dire?.... Je tremble : aurai-
» je la force de l'aller trouver?.... Il le faut
» pourtant...... Adieu. «

Le caractere noble du Chevalier Holfold acheve de se déployer. Il s'oppose aux propositions pressantes que lui fait Henriette de l'épouser. « J'acheterois de ma vie, lui dit-il, l'inestima-
» ble bonheur que vous daignez m'offrir; & je
» m'estimerois le plus fortuné des hommes, si
» j'en pouvois seulement jouir un seul instant :
» mais, charmante Henriette, je crains de tris-
» tes retours; & je les crains uniquement pour
» vous. Quelles que soient les apparences qui
» semblent condamner l'heureux Milord d'Os-
» sémond, je l'ai trop connu, pour le croire si
» facilement coupable. Je ne vois rien, il est
» vrai, à alléguer pour sa justification; mais c'est
» vous qu'il aimoit; il étoit aimé de vous. Ah!
» je juge impossible qu'il ait pu, ou vous tra-
» hir, ou changer! Attendons qu'on ait appris
» son arrivée à la Jamaïque; ce délai sera de
» trois ou quatre mois. Vous devez penser qu'il

» me paroîtra bien long, & que je redoute vi-
» vement les lumieres qu'il peut donner; mais
» c'est votre bonheur que je défire; & quoiqu'il
» soit certain que je vous adore, que je vous
» adorerai toute ma vie, soyez assurée qu'il
» n'est point de sacrifice que je ne fasse à votre
» tranquillité & à votre satisfaction «.

Lettre du Chevalier Hyde, qui est de retour en Angleterre, à Sophie : elle renferme une partie de l'histoire de Henriette. Elle a été enlevée par trois hommes, dans le temps que son pere, Madame Hervins, le Chevalier Holfold, & d'autres personnes, jouoient dans le sallon. On fait des perquisitions; elles ne produisent aucun effet. Milord d'Herford tombe dangereusement malade : près de mourir, il alloit épouser Madame Hervins. Il sort de l'abysme du tombeau; le mariage ne se fait point; le fils qu'il avoit eu de cette femme meurt : Milord d'Herford apprend que ce fils étoit un enfant supposé. Enfin on est instruit que Sir Thomlay, par le conseil de Madame Hervins, étoit le ravisseur de Henriette : que c'étoit encore cette méchante femme, qui avoit engagé Lady Valmer à suivre Milord d'Ossémond. Ce monstre est puni : Milord d'Herford l'envoie dans les Colonies Angloises.

Milord d'Ossémond, de retour de la Jamaïque, se justifie sur cette Lady Valmer, qui n'est plus. Sir Thomlay est tué d'un coup de pistolet. D'Ossémond revoit Milord d'Herford; il en est accueilli : les deux amans enchantés se marient, & voyagent en France pour voir Sophie; le Chevalier Holfold demeure leur plus fidele ami.

Je reviens, Madame, à cette aimable & vertueuse Sophie, dont l'histoire se trouve mêlée avec celle d'Henriette, & que j'ai cru devoir séparer. Vous vous rappellez l'échange des deux sœurs? Ce jeu finit par deux mariages : le frere de Sophie épouse Mademoiselle de Valmire, & le Vicomte de Valmire reçoit la main de Sophie. Les deux premiers se retirent dans une terre en Gascogne, pour se livrer entierement au plaisir de s'aimer. Quelque temps après, ils en reviennent, s'aimant beaucoup moins, comme cela se pratique. Le Vicomte de Valmire, en s'engageant avec Sophie, avoit donné son congé à une Danseuse de l'Opéra, qu'il entretenoit. Quinze jours après son mariage, il reprend sa maîtresse, ses plaisirs & tous ses vices. Sophie voit à l'Opéra sa rivale chargée de diamans, selon l'usage; elle en a le cœur déchiré; mais elle prend le parti de dissimuler. Le Vicomte quitte la petite Danseuse pour une Madame de Berval, femme d'un Maître des Requêtes, &. présente à la sienne un Marquis à bonnes fortunes, nommé de Morsanne. Madame de Valmire croit réveiller la tendresse de son mari, en excitant sa jalousie. Il devient furieux, se bat avec Morsanne, lui porte un coup dangereux, est blessé lui-même. Il envoie chercher les parens de sa femme, qui l'emmenent dans une terre. Son innocence ne peut guères se justifier qu'à ses yeux; toutes les apparences la condamnent.

Le Vicomte continue de vivre scandaleusement avec Madame de Berval; il la fait même venir demeurer dans sa maison, après en avoir renvoyé la malheureuse Sophie, qui étoit grosse,

& qui bientôt accouche d'un fils. Le Marquis de Morfanne meurt de fa bleſſure. Valmire eſt mis à la Baſtille, pour le fouſtraire aux pourſuites de la Juſtice. Sophie vient folliciter elle-même fa liberté : au bout de trois femaines, il fort de priſon. Il eſt abyſmé de dettes ; Madame de Berval l'a ruiné. Par bonheur pour lui, le mari de cette femme, excédé de fa mauvaiſe conduite, la fait enlever & conduire pour toute fa vie dans une maiſon de force. Madame de Valmire vend tous fes diamans, pour acquiter les dettes de fon mari ; fes facultés ne répondent pas à fa générofité. Valmire eſt mis au Fort-l'Evêque, où il eſt écroué pour des fommes confidérables. Sophie, qui n'oſe encore fe montrer à fes yeux, s'enferme dans la même priſon, pour déterminer fon pere & fa mere à payer les dettes du Vicomte. Elle eſt à côté de fa chambre, fans qu'il foupçonne qu'elle partage fa captivité. « Que ne m'en coûte t-il point,
» pour ne m'en pas faire reconnoître, pour ne
» pas voler à lui ! Et combien, malgré cela, il
» faudra prendre fur moi pour oſer le voir, lui
» parler ! Je le fouhaite & le crains également.
» C'eſt cependant mon projet ; & j'y fuis ré-
» folue ; mais je voudrois que le hazard en ame-
» nât l'occafion ; qu'il fçût auparavant que je
» fuis ici ; qu'il m'eût apperçue. Dans ce deſ-
» fein, je laiſſe ma porte ouverte «.

Ils fe voyent dans ce féjour affreux ; on fait venir leur enfant ; la préfence du pere de Sophie, qui fe montre à leurs regards, ajoute à ces images touchantes ; il a fatisfait les créanciers de fon gendre. Ils fortent tous de cette priſon, en versant des larmes de tendresse. Le Vicomte & sa femme s'aiment plus que jamais.

Les deux jeunes femmes peintes dans ces Mémoires, respirent la candeur, la vérité, le sentiment, la délicatesse, la vertu. A quelques imprudences près, ce sont deux modeles à proposer aux jeunes personnes de leur sexe. Ces imprudences même peuvent servir de leçon pour n'en pas commettre de pareilles. L'Auteur ne les déguise ni ne les excuse : il en fait voir le péril & les suites funestes ; ensorte que ce tissu de fictions est instructif autant qu'agréable, & que des Demoiselles, que l'on se propose de bien élever, peuvent le lire, non-seulement sans danger ; mais avec fruit.

Je suis, &c.

LETTRE XXX.

Mlle de la Guesnerie.

Vous aimez, Madame, à lire l'histoire des amans malheureux; & je ne doute pas que l'amante infortunée qui va paroître sur la scène, ne vous intéresse & ne vous attendrisse. Les beautés de style & de sentiment, qui brillent dans le récit de ses aventures, jointes à une Lettre initiale, placée mal à propos au frontispice de l'Ouvrage, l'ont fait attribuer à Madame Riccoboni; mais la vérité m'oblige de le réclamer au nom de Mademoiselle de la Guesnerie, née à Angers, dont les talens n'avoient pas besoin d'un nom plus connu, pour faire goûter cette estimable production. Je ne vous dirai rien de la naissance ni des qualités personnelles de cette femme Auteur, qui vit loin de la Capitale; mais dont le goût est aussi formé, que si elle avoit passé toute sa vie à Paris.

Mémoires de Milédy B.

Son Roman est peu chargé d'action, comme il convient à des Mémoires; c'est plutôt, comme le dit Mademoiselle de la Guesnerie, une histoire de sentimens & d'idées, qu'un enchaînement de faits extraordinaires. Mais si c'est agir que de penser & de sentir, quelle vie est plus remplie que celle de Milédi B...! Les événemens y sont tissus & ménagés avec tout l'art qui peut attacher la curiosité sans la fatiguer. Milédi les raconte elle-même à une amie; & comme ils tirent beaucoup d'intérêt du genre d'éducation qu'elle a reçue, elle commence par faire connoître ceux qui lui ont donné le jour.

Son pere étoit de ces bonnes & anciennes noblesses, que peu d'ambition fixe ordinairement dans le lieu de leur origine. Il s'y est livré entierement au goût qu'il avoit pour les beaux arts, les belles-lettres, tout ce qui orne & cultive l'esprit, & surtout ce qui épure, étend & fortifie les lumieres de la raison. Dans ses voyages il devint amoureux d'une Angloise, fille du Duc de...., qui, de son côté, ressentit pour lui la passion la plus vive. Tous les deux voyant l'impossibilité d'être l'un à l'autre, en restant en Angleterre, prirent le parti de se réfugier en France, & s'y marierent. Le pere de Milédy étoit François : sa femme, quoiqu'Angloise, avoit été élevée dans la Religion Catholique; & son mari étoit Protestant. Lorsqu'ils arriverent en France, on usoit presque de violence pour faire abjurer cette Secte ; & le mari fut mandé à la Cour, pour rendre compte de ses sentimens. Il prévit que sa fermeté entraîneroit sa ruine ; il écrivit à sa femme toute la douleur qu'il en avoit, & lui demanda pardon de tous les maux qu'alloit lui causer une conscience trop délicate, mais dont il ne pouvoit vaincre les scrupules. Voici la réponse qu'elle lui fit ; elle vous donnera une idée du caractère & de la façon de penser de cette femme.

» Est-ce vis-à-vis de moi, qu'il faut vous ex-
» cuser ? Avez-vous pu croire que ma Religion
» vous condamnât ? Vous la déshonoreriez, si
» vous l'embrassiez par des vûes humaines : ell
» demande un cœur vrai & touché ; le vôtre ne
» l'est pas ; elle ne peut qu'en gémir. Les hom-
» mes qui vous tourmentent pour elle, ne la
» connoissent point : ils n'en font qu'un voil

» impie, pour couvrir leurs paſſions : ils outra-
» gent, ils défigurent l'image d'un Dieu plein
» de bonté, qui ne veut qu'un hommage ten-
» dre & ſincere. Qu'il m'en couteroit, ſi vous
» étiez aſſez lâche, pour fléchir ſous le poids de
» la crainte & de l'autorité! Je ſerois forcé de
» ceſſer de vous eſtimer; & mon bonheur eſt
» de vous admirer autant que je vous aime.
» Mais que pourrois-tu craindre, cher époux?
» La fortune ne t'enlevera pas mon cœur; la
» mienne eſt toute dans le tien. Mes ſentimens
» te vengeront de toutes les injuſtices; tu con-
» noîtras qu'ils n'ont que toi pour objet. Cette
» idée me charme plus que la perte de tous
» les biens ne peut jamais m'effrayer : je ne la
» ſentirois, cette perte, que pour toi; & je
» croirois t'offenſer, ſi je te ſoupçonnois d'y
» être ſenſible, quand toute ma tendreſſe te
» reſte ».

Cette femme devient mere, & perd la vie
en donnant le jour à une fille, l'héroïne de ce
Roman. Son mari, au déſeſpoir, fuit le monde; » & occupé (c'eſt Milédy qui parle) du
» ſoin de chercher un endroit où il put être
» ignoré pour jamais, il ſe reſſouvint qu'il avoit
» vû autrefois, dans les montagnes d'Écoſſe, ſur
» le bord de la mer, une grotte pratiquée par
» les mains de la nature, dans un rocher élevé,
» & qui ſembloit fait pour le cacher à tout
» l'Univers. L'horreur de ce ſéjour, la ſombre
» mélancolie qu'il inſpiroit, avoient plus de
» charmes pour mon pere, que le payſage le
» plus riant & le plus varié. Tout ce qui s'aſ-
» ſortit à la ſituation de notre ame, a pour elle
» une douceur qui l'attire, & ſemble la ſou-

» léger : ce fut donc cet endroit sauvage & in-
» habité, que mon pere choisit pour sa re-
» traite «.

C'est aussi dans cette même solitude, que Mi-
ledi est élevée par son pere, avec sa nourrice,
& Henri, son fidele domestique.

» Mon pere n'étoit pas de ces gens austeres,
» qui fuyent les graces, & que les graces fuyent.
» C'étoit de ces ames sensibles, qui ont une
» sympathie naturelle avec tous les objets que
» le goût & le sentiment assaisonnent & em-
» bellissent ; il les cultivoit d'une main légere,
» que le raisonnement n'avoit point appésantie.
» Quoique livré à une mélancolie, dont je ne
» l'ai guères vu sortir, il cherchoit à me pro-
» curer tous les plaisirs innocens que je pouvois
» goûter. Pour m'amuser, il avoit apprivoisé
» quelques animaux sauvages ; il me montroit
» à prendre & à élever des oiseaux. Je leur ap-
» prenois à répéter des airs, à prononcer des
» mots, à faire entr'eux de petits dialogues.
» Ma chambre étoit ornée de coquillages, dont
» les couleurs assorties & variées, formoient
» des nuances, & imitoient des objets natu-
» rels. Henri m'avoit fait un bocage où je
» mettois mes oiseaux, où j'avois soin d'en élever
» toujours de nouveaux. Nous semâmes plusieurs
» especes de graines, qui s'étoient trouvées dans
» le magasin de mon pere ; la plûpart me don-
» nerent des fleurs, que je cultivois avec soin :
» j'en avois formé un parterre dans le milieu
» de mon bocage : c'étoit-là mon lieu de dé-
» lices ; ma récréation étoit de voir travailler
» Henri. Notre petite récolte, tous les soins que
» demande la vie, & que ma nourrice & lui

» nous rendoient, me dissipoient & m'amu-
» soient. Je me divertissois à entendre leurs
» contes, & à leur en faire : mon père m'y ex-
» hortoit. Ma fille, me disoit-il, ce sont nos
» amis ; nos malheurs ne les ont pas fait fuir ;
» tâchez que l'agrément & la douceur que vous
» leur ferez gouter, les en dédommagent : nous
» sommes chargés de toute la reconnoissance.
» Un jour que je m'amusois avec un oiseau,
» pendant que ma nourrice plioit presque sous
» un faix qu'elle portoit, il accourut avec pré-
» cipitation pour la soulager. Ah ! ma fille, me
» dit-il, est-ce ainsi que vous sentez la recon-
» noissance ? Vous n'êtes occupée que de vos
» plaisirs, quand votre nourrice ne l'est que de
» vos besoins ; quand elle oublie les siens pour
» les vôtres, c'est à vous à vous en ressouvenir
» pour elle.

» Quelle misérable vanité, me disoit souvent
» mon père, que celle qui employe la dureté
» & la hauteur vis-à-vis de ceux qu'une mal-
» heureuse destinée nous a soumis ! Nous abu-
» sons de leur infortune, & nous sommes éton-
» nés qu'ils cherchent à surprendre notre bonne-
» foi, & à se dédommager sur notre négligence
» de ce que leur fait souffrir notre inhumanité.

» C'est ainsi qu'il ne laissoit jamais échapper
» une occasion de me faire sentir le prix de la
» bonté & de la générosité. Vous voyez, ma
» fille, me disoit-il, par quels principes simples,
» l'Auteur de la nature en entretient l'ordre &
» l'harmonie ; c'est ainsi qu'il voudroit unir les
» hommes. Il a gravé dans leur cœur la loi qui
» devroit être le principe de leur bonheur ; la
» vérité, la bonne-foi, l'amour, étoient la source

» des trésors que leur avoit offerts un être bien-
» faisant ; la dureté, l'injustice, la tyrannie les
» leur ravissent : des loix souvent impuissantes,
» que l'autorité ne soutient que par la rigueur,
» ne les ramenent que par crainte, à des de-
» voirs qu'ils avoient trouvé tracés dans leur ame.

» Mais, mon pere, lui disois-je, le bon-
» heur est si rare ! Je vous ai ouï dire à vous-
» même, qu'il sembloit que la nature ne le
» montrât de tems en tems, que pour répan-
» dre plus d'amertume sur tant de jours qui
» s'écoulent loin de lui, comme ces éclairs qui
» redoublent l'obscurité : enfin, mon pere, vo-
» tre vertu vous a conduit dans une grotte.

» Il est vrai, ma fille, que l'homme errant
» au gré de ses désirs, ne les satisfait que pour
» en former de nouveaux ; mais ces désirs, ces
» erreurs même qui l'agitent & le promenent
» sans cesse, ne sont-ce pas les ressorts qui le
» mettent en mouvement ? C'est le principe
» d'action répandu dans tout le corps de la so-
» ciété ; c'est lui qui en forme les liens, qui
» fait naître les arts ; qui tire de la nature ce
» qu'elle a de plus riche & de plus précieux :
» mais nous sommes des ingrats ; comblés de
» ses faveurs, nous nous en plaignons. Elle seme
» des fleurs devant nous ; nous les foulons aux
» pieds, sans les cueillir ; est-ce sa faute ? La
» vertu, dites-vous, m'a conduit dans une grot-
» te ; eh bien, elle m'y soutient. C'est elle qui
» m'apprend à me passer de ces biens qui m'au-
» roient peut-être corrompu ; elle m'y prépare
» des plaisirs innocens. Celui de vous former à
» ses leçons. Jugez, ma fille, de sa force ; son
» image a toujours des charmes, même pour

» les méchans ; elle les rappelle à leur premiere
» origine.

» C'étoit par de pareils entretiens, que mon
» pere tâchoit de me donner des impressions
» aimables de la vertu. Que ces premieres an-
» nées de ma vie ont coulé légerement ! Ni
» chagrins, ni inquiétudes n'en interrompoient
» le cours paisible : les premiers rayons de la
» lumiere ne frappoient mes yeux, que pour
» ouvrir mon esprit à des idées douces & agréa-
» bles. Occupée à connoître, à exercer toutes
» les facultés de mon ame, il me sembloit tous
» les jours que j'acquérois un nouvel être ; je
» m'en applaudissois ; mes regards ne tomboient
» sur moi qu'avec complaisance ; j'avois de moi-
» même un sentiment tendre, qui agitoit dou-
» cement mon cœur : je ne connoissois de be-
» soins, que ceux qui répandent l'attrait du
» plaisir sur l'objet qui doit les satisfaire : un
» sommeil tranquille succédoit à des exercices
» modérés qui varioient, qui remplissoient tou-
» tes les heures, sans m'en laisser jamais apper-
» cevoir la pésanteur. C'est ainsi que je suis ar-
» rivée à l'âge de quinze ou seize ans «.

De tems en tems Milédy alloit se promener
seule dans les montagnes voisines : Milord Duc
B. la rencontre & l'aborde. Il étoit jeune & bien
fait, Milédy jeune & jolie : ils s'enflamment
l'un pour l'autre, & se jurent un amour éternel.

» Bientôt, continue Milédy, un froid ennui,
» des désirs inquiets, répandirent un nuage
» épais sur des jours sereins : mes yeux se char-
» gerent d'une triste langueur ; je soupirois ;
» mon cœur étoit pressé, mon esprit abattu ;
» rien ne soutenoit mon ame ; il sembloit qu'ell

» tombât dans un vuide affreux : je n'appor-
» tois plus qu'un esprit distrait aux leçons &
» aux entretiens de mon pere. Il sembloit que tou-
» tes mes idées & mes pensées ne fussent qu'un
» cahos, où je ne voyois plus rien ; je me cher-
» chois, sans pouvoir me retrouver. Inquiette
» d'un état si nouveau, cette inquiétude même
» ne me le rendoit que plus accablant. La sé-
» cheresse & l'amertume étoient répandues sur
» tout ce qui m'environnoit. Mes oiseaux, mes
» fleurs n'avoient plus de charmes pour moi.
» Je trouvois le jour d'une longueur affreuse ;
» j'attendois la nuit comme le seul remede à
» mes maux ; je n'y en trouvois point d'autre
» que de me plonger dans un profond sommeil,
» qui me fit perdre le sentiment pénible de
» moi-même. Mais ce sommeil, que me pro-
» curoit la fatigue de tant de mouvemens con-
» fus, en étoit troublé & agité. Il ne portoit
» plus dans mes veines cette agréable fraîcheur,
» ce baume délicieux qui sembloit avoir ré-
» pandu une nouvelle vie, de nouveaux char-
» mes sur tout ce qui frappoit mes premiers
» regards.

» Je me trouvois comme pressée & à l'étroit
» dans ce petit coin de la terre, qui, jusques-
» là avoit été pour moi l'Univers entier. Je me
» formois de ce monde, dont mon pere m'a-
» voit parlé, dont j'avois cru lire l'histoire, une
» idée si vaste, si immense, que toutes mes
» pensées & mes désirs s'y perdoient, comme
» dans un abysme. Je désirois tout, parce qu'au-
» cun objet n'arrêtoit & ne fixoit l'activité de
» mon ame : elle s'élançoit dans des routes in-
» connues, où une imagination errante la con-

» duifoit; & cependant je me retrouvois tou-
» jours dans cette grotte, où une trifte unifor-
» mité régnoit, où je ne faifois plus que lan-
» guir ".

Nos deux amans fe voyoient tous les jours au même endroit, à l'infçu du pere, lorfque Milord fut obligé de fe rendre à Paris. Vous devez juger, Madame, de la triftefle de Milédy. Son pere s'en apperçoit, lui demande fon fecret; & Milédy le lui avoue. Au bout de quelque tems, elle perd ce pere qu'elle adoroit. Ses dernieres paroles répondent au refte de fa vie.
» Vous allez entrer feule, dit-il à fa fille, dans
» une carriere où ma tendreffe auroit voulu vous
» conduire. Auteur de mon être, donnez à cette
» ame encore innocente toute la fageffe que
» mes foibles avis n'ont pu imprimer en elle.
» Vous le fçavez, grand Dieu! je n'ai jamais
» cherché qu'à lui infpirer l'amour de la vertu
» & de votre loi pure & fainte. Ne vous en
» écartez jamais, ma chere fille, continua mon
» pere, avec une voix ferme & élevée, qui
» fembloit infpirée & foutenue par une force
» divine. C'eft dans le fond de votre ame, que
» vous en trouverez l'empreinte adorable. En
» vain le vice & les paffions voudroient-ils l'ef-
» facer; dans un cœur qui l'écoute, le remords
» l'y rappelle bientôt. Mon Dieu, je n'ai pas
» cru que mes foibles lumieres fuffent capables
» de lui enfeigner le culte que vous demandez.
» J'ai vu des hommes féroces s'égorger, pour
» apprendre à vous adorer. Dans cette nuit
» obfcure, frémiffant de me tromper, & d'al-
» térer la pureté de votre ouvrage, je ne lui ai
» appris à fuivre que cette voix intérieure,

» que vous faites entendre au fond de tous les
» cœurs.

» Dans cette retraite paisible, ma chere fille,
» me dit mon pere, éloignée du vice & de tous
» les objets qui l'inspirent, rien n'a effacé les
» impressions mêmes de la divinité; mais dans
» le monde où vous allez vivre, l'air seul qu'on
» y respire, détruit bientôt toutes les vertus.
» Cherchez donc à les assurer par la Religion.
» Tout ce qui vous apprendra à respecter les
» décrets de la divinité, à élever votre ame vers
» elle, à aimer, à chérir ses créatures, à sentir
» dans votre cœur le desir, le plaisir si doux de
» leur être utile; soyez sûre, ma chere fille, que
» c'est Dieu même qui vous parle par l'organe
» des hommes.

» Il y a bientôt vingt ans que je vis dans ce
» désert, & je vois finir mes jours sans trouble
» & sans inquiétude. Les liens qui attachoient
» mon ame à ce corps fragile, ne se rompent
» que pour la laisser s'envoler dans le sein du
» pere de tous les hommes. Je dois, ma chere
» fille, me rendre ce témoignage devant vous,
» que j'ai toujours aimé sa loi divine. Il ne me
» punira pas des fautes que la foiblesse ou
» l'erreur m'ont fait commettre : c'est un pere
» de bonté, qui ne punit dans ses enfans, qu'une
» révolte déterminée. Je ne plains que votre
» sort, ma chere fille; mais je le remets entre
» les mains de l'Etre souverain, qui m'appelle
» à lui : que le dernier moment de ma vie me
» voye adorer ses arrêts. Soumettez-vous-y; ra-
» nimez votre force & votre courage : l'excès
» de la douleur offense la bonté d'un Dieu qui
» ne vous abandonnera pas.

» La perte de mes biens, ma chere enfant,
» me dit-il, avec un attendrissement qui fit cou-
» ler ses larmes, ne m'a laissé aucun ami à qui
» je puisse confier une destinée aussi chere que
» la vôtre. J'espere encore que, quoique ma
» sœur ait été l'instrument d'une partie de mes
» malheurs, la pitié & l'honneur lui parleront
» en votre faveur : peut-être que les derniers
» vœux d'un frere mourant, exprimés dans cette
» lettre, réveilleront dans son cœur la voix du
» sang, que l'intérêt & l'ambition y avoient étouf-
» fés. Je lui assure que jamais vous ne chercherez
» à rentrer dans les droits d'une fortune que je lui
» abandonne; car, ma fille, mes dernieres vo-
» lontés sont, qu'aussi-tôt que vous m'aurez fer-
» mé les yeux, vous abandonniez cette retraite.
» Adieu, ma chere enfant, me dit mon pere,
» d'une voix basse & presque éteinte; je sens
» que je n'ai plus que quelques momens à vi-
» vre : embrassez, pour la derniere fois, un pere
» qui ne regrette la vie, que parce qu'il vous
» perd «.

La douleur de Milédy lui inspire d'abord le dessein de pleurer son pere toute sa vie dans sa montagne ; mais il lui avoit recommandé de se rendre, après sa mort, à Paris, chez une sœur qui lui restoit. Milédy se met en route, rencontre Milord Duc de Workinschton, qui lui offre sa voiture: elle l'accepte; Milord en devient amoureux, & lui en fait l'aveu : mais Milédy alloit dans une Ville où elle devoit trouver son amant; pouvoit-elle être sensible pour un autre ? Elle arrive à Paris; voit Milord B. au spectacle, & le voit infidele : il revient de son égarement; mais sa légereté l'entraîne de nouveau; & malgré la constance de Milédy, tous les jours il lui donnoit des sujets de plainte.

Cependant Milord Duc de Workinschton avoit proposé sa main à Milédy : refusé plusieurs fois, il s'enferme dans sa chambre, & se tue en finissant cette longue lettre, adressée à celle qu'il aime.

» Ce sont, Mademoiselle, les vertus que j'ai
» tant cherchées, qui portent dans mon cœur
» le coup mortel. Depuis que ma raison m'é-
» claira trop sur les vices dont l'humanité est
» défigurée, je détestai ma malheureuse exis-
» tence : mes désirs errans & inquiets, tous les
» jours irrités, sans jamais être satisfaits, las-
» sés & épuisés, me plongerent dans cette mor-
» telle langueur où l'homme, sans force pour
» supporter la vie, n'en traîne plus, qu'en gé-
» missant, le poids accablant. Mon cœur cepen-
» dant, en détestant tout ce qui l'environnoit,
» se formoit des illusions qui lui faisoient sen-
» tir qu'il eût pu être heureux, s'il en eût trou-
» vé l'objet. Mais fatigué de le chercher inuti-
» lement, n'espérant plus le trouver, il alloit
» enfin terminer ses stériles vœux, s'élancer
» dans le sein de l'Eternel, qui, sans doute, le
» rappelloit à lui, puisqu'il ne lui présentoit
» plus rien dans la nature qui pût le soutenir :
» mais je vous vis ; vos graces, votre beauté
» préparerent déja dans mon ame, toute l'im-
» pression qu'y devoient faire vos vertus ; bientôt
» je les adorai. Ce tableau divin, que je ne me
» lassois plus de contempler, fit couler dans
» mon cœur la source de tous les plaisirs. Je le
» sentois renaître, s'animer, s'échauffer ; un seul
» de vos regards y portoit une tendre émotion ;

» le son de votre voix étoit pour lui la plus
» douce harmonie : une impression de volupté
» se répandit dans toutes mes veines, dans tous
» mes sens : je sentois, en vous admirant, &
» en ne cherchant plus qu'à vous admirer, ce
» ravissement qu'inspire la divinité même. Heu-
» reux momens, songes délicieux, vous êtes dis-
» parus pour jamais : je ne vous ai connus, je ne
» vous ai sentis, que pour vous regretter tou-
» jours. La résistance que je trouvai dans votre
» cœur, quand je me flattois que le premier
» objet offert à vos yeux, le premier qui vous
» eût montré l'image de l'amour, devoit vous
» le faire sentir, commença à dissiper les dou-
» ces illusions dont je m'étois enyvré; mais les
» charmes d'une tendre amitié promise, & ex-
» primée avec tant de naïveté, la douleur de
» m'affliger, peinte avec des traits si vrais & si
» touchans; tous les trésors de la confiance dont
» je croyois jouir, firent disparoître jusqu'aux
» soupçons de ce que je craignois déja. Je ne
» me plaignis que d'être aimé foiblement; mais
» enfin je crus l'être; & j'espérai que mon
» amour triompheroit un jour de cette indifé-
» rence, dont je vous faisois même un mérite.
» L'innocence & la vertu, me disois-je, ne
» connoissent que des mouvemens doux & mo-
» dérés : le calme est fait pour elles. Je ne fré-
» missois qu'un moment, des soupirs qui vous
» échappoient : je me flattois bientôt qu'ils n'é-
» toient que le combat d'un cœur timide, ef-
» frayé de la premiere impression qu'il reçoit.
» Quand vous vous attachâtes à moi, quand
» ma douleur, mon désespoir ne purent vous
» arrêter, je crus encore n'y combattre que con-

» tre le devoir; je crus que vous en gémissiez
» comme moi : vos larmes, les tendres prieres
» que vous me fîtes, de ne vous pas abandon-
» ner, m'en assurerent : mais enfin le bandeau
» alloit être déchiré, & ne pouvoit l'être qu'a-
» vec mon cœur tout entier. Grand Dieu !
» comment ai-je pu voir un rival, & un rival
» aimé, sans lui enfoncer un poignard dans
» le sein ; & tout fumant encore de son sang,
» le replonger dans le mien ? Mais votre dou-
» leur pouvoit-elle ne pas désarmer ma fureur ?
» En voyant couler vos larmes, je crus n'être
» sensible qu'à vos maux : je ne me plaignis
» point d'avoir été trompé : vous ne me laissâ-
» tes voir que la crainte de m'affliger. Insensé !
» je me flattai que c'étoit un sentiment ; qu'il
» combattroit les droits d'un perfide amant ;
» que ma constance pourroit le vaincre. Témoin
» des généreux efforts que vous faisiez pour
» moi, je n'étois pas encore tout-à-fait misé-
» rable ; mais ces efforts alloient vous coûter
» la vie. Je courus, je volai à votre amant :
» j'aurois voulu embrâser son ame de tout le
» feu qui me dévoroit, pour sauver des jours
» mille fois plus chers que les miens. Cepen-
» dant, à peine furent-ils hors de danger,
» que je sentis toute la rage d'un amour jaloux
» qui perd ce qu'il aime. En vain je voulus me
» former, avec un courage héroïque, ces sen-
» timens généreux, qui trouvent leur bonheur
» dans celui de l'objet aimé ; j'ai connu que
» cette grandeur où l'homme veut s'élever,
» n'est que l'enflûre d'un orgueil qui ne peut
» le soutenir qu'un moment. Accablé d'un spec-
» tacle, que je ne voyois qu'en frémissant, il

» m'en a encore coûté pour m'y arracher. Loin
» de vous, l'image de vos charmes, de vos ver-
» tus, celle de mon rival, possesseur d'un bien,
» unique & fatal objet de tous mes désirs &
» de tous mes regrets, a empoisonné mes jours
» de toute l'horreur du désespoir. J'apprends
» que cet amant, dont le bonheur me causoit
» tant de tourmens, n'en connoît, n'en sent
» pas le prix ; une foible lueur vient encore me
» luire au milieu des ténebres dont j'étois en-
» seveli ; je vole sur les aîles d'une apparence
» trompeuse. Malheureux, mes plaintes, mes
» larmes n'inspirent qu'une stérile pitié ! Un
» ingrat, un perfide remplit encore de tous les
» feux dont je brûle, ce cœur qui eut fait tout
» mon bonheur, & dont l'inutile & pénible effort
» ne laisse plus d'autre remede à mes maux, que
» la fin d'une misérable vie. Je ne puis cesser
» d'aimer; & jamais je ne pourrai être aimé ! J'a-
» dore en périssant, jusqu'à la constance qui me
» tue. Adieu, Mademoiselle : quand cette lettre
» vous sera rendue, je ne serai plus. Souvenez-
» vous quelquefois d'un infortuné qui, en pé-
» rissant, ne regrette que vous. Au funeste plai-
» sir que j'éprouve encore à vous tracer mes mal-
» heurs, à vous peindre mon amour, je sens
» qu'en cessant d'être, je voudrois vivre dans
» votre cœur. Adieu……

» C'en est donc fait; jamais je ne reverrai ce
» que j'adore ! Si du moins, témoin de mes der-
» niers soupirs, une larme, un regret…. Hélas !
» que votre image me rend foible ! elle fait
» trembler la main qui va porter le coup……
» O Dieu ! s'il étoit possible qu'un jour je fusse
» aimé !…. Misérable, qu'espérai-je encore ?
» Irai-je,

» Irai-je, témoin du bonheur d'un rival, ou
» des larmes qu'il fait répandre.... Ah ! puis-
» que la gloire & la vertu ont vainement com-
» battu pour moi, adieu, cher objet du plus
» tendre & du plus malheureux amour. Puissent
» vos jours plus fortunés que les miens......
» Puisse votre amant.... Mais l'instant qui re-
» plonge dans le néant, ou dans la vérité éter-
» nelle, n'est pas fait pour le mensonge. L'af-
» freuse idée du bonheur d'un rival, me fait
» encore frémir.... Mourons; que je sois du
» moins la seule victime innocente de ma fu-
» reur..... Un instant encore, je baignerois ma
» rage dans un sang odieux.... C'en est fait,
» le coup va partir. Adieu pour jamais «.

J'aurois desiré dans cette lettre plus de désordre & de feu : un amant désespéré, & qui, dans
son désespoir, est résolu de se donner le coup
de la mort, ne s'amuse pas à discuter & à définir.

Milord B. avoit fait ses réflexions : son pere
venoit de lui accorder la permission d'épouser
Milédy ; & il étoit à la veille d'accomplir ce mariage, lorsqu'il se battit avec le Prince de.....
Il est blessé à mort, demande à voir Milédy pour
la derniere fois, & meurt presque dans ses
bras.

» Quel spectacle, (c'est elle qui parle,) pour
» une tendre amante, qui, la veille, s'étoit flat-
» tée d'aller posséder ce qu'elle aimoit ! La pâ-
» leur de la mort, des yeux presqu'éteints, une
» respiration étouffée, sa tête panchée, qu'il ne
» pouvoit plus soutenir ; c'est ainsi que je revis,
» pour la derniere fois, le plus aimé de tous les
» hommes. Voilà, mon fils, lui dit son pere,

» qui le tenoit dans ses bras, votre chere Mi-
» lédy. A ce nom, qui sembla le rappeller du
» néant, il me tendit sa main, en poussant un
» profond soupir. Je ne pus que la serrer & la
» mouiller de mes larmes. Ce mouvement pa-
» rut lui avoir redonné de la force ; il leva les
» yeux sur moi, & voyant les pleurs dont, mal-
» gré tous mes efforts, j'étois baignée : ah ! ma
» chere Milédy, me dit-il, d'une voix qu'à pei-
» ne pouvois-je entendre, que votre amant fut
» coupable ! mais qu'il paye cher ses erreurs ! Il
» vous perd, quand il alloit être uni à vous pour
» jamais ; quand il ne connoissoit plus d'autre
» bien, que de vous adorer. Mon pere, que du
» moins je meure l'époux de ma chere Milédy !
» Alors, recueillant toutes ses forces, pour pres-
» ser ma main entre les siennes ; consentez vous,
» ma chere Milédy, que mes derniers momens
» me voyent attaché à vous par des liens indis-
» solubles ? Milord, mon cher Milord, m'é-
» criai-je, vivez ; je suis à vous ; mon cœur ne
» sçait aimer que vous. Le pere de Milord B....
» se hâta aussi-tôt de répondre : oui, mon fils,
» puisque Mademoiselle y consent, le plus ar-
» dent de mes desirs est de la voir votre épouse.
» Et, pour profiter des momens, le Prêtre que
» M. de Villebrun avoit envoyé chercher, nous
» donna la Bénédiction nuptiale. Vous êtes donc
» toute à moi, me dit Milord B.... d'une voix
» plus forte qu'il ne l'avoit encore eue, & en
» fixant sur moi des yeux que son cœur sem-
» bloit animer ; nous nous flattâmes quelques
» instans de le voir reprendre une nouvelle
» source de vie. O Ciel ! s'écria-t-il, je ne te
» demande des jours, que pour les consacrer à

» l'amour le plus légitime, à toutes les vertus
» qu'il peut inspirer. Mais tant d'égaremens
» méritent-ils encore ta bonté ? Oui, mon cher
» Milord, lui répondis-je ; une seule de vos
» larmes effaceroit à mes yeux tous vos crimes ;
» & le Ciel que vous implorez, n'est pas plus
» impitoyable que moi ; le repentir défarme fa
» colere : mais, au nom du plus tendre amour,
» calmez-vous. Il eut, pendant plus d'une heure,
» la tête appuyée fur mon fein ; fon pouls me
» paroiffoit plus tranquille : hélas ! c'est qu'il
» s'affoibliffoit, fans qu'aucun de nous s'en ap-
» perçût. Au bout de deux heures, que nous
» croyions qu'il goutoit un fommeil paifible, il
» pouffa un profond foupir, & ferrant foible-
» ment ma main, qu'il tenoit ; il dit d'une voix
» prefqu'éteinte : adieu, ma chere Milédy....
» Adieu pour jamais...... Je fens que je me
» meurs. Mon pere, pardonnez à votre mal-
» heureux fils. Inutile à mon Roi, à ma patrie,
» perfide à mes fermens, je ne mérite pas les
» pleurs que vous répandez fur moi...... Je
» meurs le plus foumis.... le plus tendre....
» Une fueur froide lui couvrit le vifage, fa voix
» s'éteignit, fes yeux fe fermerent pour ja-
» mais ; & on nous arracha, le vieux Milord
» Duc & moi, prefque fans vie, du plus affreux
» des fpectacles «.

Que devient Milédy après cette perte ? Retirée dans le fond d'une Province, auprès de
la Marquife de Revennes, fon amie, elle y jouit
de cette folitude qui convient à la douleur. Si
vous êtes curieufe de connoître cette Marquife,
lifez ce portrait.

» La Marquife de Revennes a des traits beaux

» & réguliers, une taille parfaite : quand je l'ai
» connue, elle commençoit à perdre cette pre-
» miere fraîcheur de la jeunesse; mais une ex-
» pression touchante étoit si répandue jusques
» dans le moindre de ses gestes, qu'on lui en
» trouvoit toutes les graces. Son port est si ma-
» jestueux, son abord si noble, que bien des
» gens, qui la voyent pour la premiere fois, le
» prennent pour de la hauteur, parce qu'elle est
» naturellement froide, quand elle ne connoît
» pas beaucoup. Après les premiers complimens,
» où elle ne met que cette fleur de politesse que
» donne le grand usage du monde, elle traite
» tout ce que la stérilité d'une premiere visite
» peut amener, avec une facilité d'expression,
» une tournure si naturelle, un sens & une rai-
» son si justes; son ame, pour ainsi dire, s'é-
» chappant, & venant se peindre dans ces pro-
» pos, que l'esprit seul ne peut que rendre
» froids, y met je ne sçais quoi de si intéres-
» sant, que dès la premiere vue, on se sent
» entraîné vers elle par cette douce sympathie,
» qui nous attache déja, par les liens du plaisir,
» à tout ce que fait & dit l'objet qui l'inspire.
» Ainsi cette froideur que je lui ai souvent en-
» tendu reprocher, n'est en elle ni dédain, ni
» mépris; ce n'est que l'effet du peu d'empresse-
» ment qu'elle a de paroître.

» Car, prenez-y bien garde, Madame, cet
» air si riant, si ouvert, ces tons si caressans, qui
» veulent à chaque instant vous dire combien ils
» vous trouvent aimable, ne sont, le plus souvent,
» que l'artifice d'une vanité qui, en intéressant la
» vôtre, veut enlever votre suffrage; & la Mar-
» quise n'a, je crois, jamais formé le dessein

» de plaire. Ce n'est que l'impression qu'elle re-
» çoit d'autrui, qui l'anime & la fait sortir
» d'une certaine indolence qui lui est naturelle.
» Il faut commencer par l'amuser & l'intéresser,
» pour jouir des agrémens de son esprit & de
» sa figure.

» Ce qu'on nomme physionomie, change en
» elle, suivant les mouvemens de son ame, qui
» viennent toujours se peindre dans les plus
» beaux yeux que j'aie jamais connus. Sous la
» main légere du plaisir, vous la voyez prendre
» un air de vie & de sentiment : alors son ima-
» gination échauffée a des idées vives, riantes,
» qu'elle peint des couleurs les plus naïves, les
» plus séduisantes ; vous sentez, à votre tour, ce
» que vous lui avez inspiré. Jamais l'expression
» du cœur n'a été plus vraie, plus touchante
» que chez elle ; mais il faut encore sçavoir le
» remuer. Abandonné à lui-même, il tombe
» dans une certaine paresse, qui fait craindre à
» ceux qu'elle aime le plus, qu'il ne soit de-
» venu froid ou inconstant. Depuis plus de dix
» ans que je vis avec elle, je ne l'ai jamais vue avoir
» de l'esprit uniquement pour en avoir ; il semble,
» au contraire, qu'on voye ses idées naître &
» se former suivant que les objets se présentent ;
» ce n'est chez elle que l'effet d'une lumiere
» vive & prompte, qui les saisit dans le premier
» moment : s'ils s'éloignent, elle n'y pense
» plus ; aussi est-il nécessaire de lui mettre de-
» vant les yeux ce qu'on veut qu'elle voye ; la
» prier même plus d'une fois de le regarder :
» alors personne ne le voit mieux, ne le rend
» avec plus de force & de vérité. Comme ses
» expressions ne tiennent qu'au sentiment qu'elle

« a des choses, elles en sont toujours animées;
« on n'y sent ni l'effort de la réflexion, ni l'ap-
« prêt de l'art. Elles sont faciles, coulantes, &
« le plus souvent ont ces graces simples d'un né-
« gligé, qui semble ne rien prêter à la beauté,
« & qui cependant la rend plus touchante. Tou-
« tes les vertus chez Madame de Revennes, ont
« le même caractere. Son ame a une convenan-
« ce naturelle avec elles, qui les lui fait exer-
« cer par goût; elle est bien éloignée de s'en
« faire un mérite. Elle est comme ces gens ex-
« trêmement forts, qui ne sentent point leur
« force, parce qu'elle ne leur coûte jamais au-
« cun effort.

« Elle ne connoît point ces détours obscurs
« où la probité est ensevelie sous les apparences
« trompeuses d'une bonne foi que l'adresse sçait
« lui conserver. Quoiqu'elle ait dans l'esprit &
« dans le maintien toutes les manieres que
« donne le grand usage du monde, ce n'est ce-
« pendant pas là qu'il faut la chercher pour la
« trouver aussi aimable qu'elle est; c'est dans
« une société intime qu'elle aime à répandre
« son ame, & qu'on en découvre tous les tré-
« sors.

« Comme elle n'a point toutes les préten-
« tions des femmes, elle n'en a ni les tracas-
« series, ni l'humeur. Elle n'a peut-être pas
« toujours ces attentions fines, ces recherches
« délicates, qui préviennent les desirs; mais
« aussi, dès qu'elle les connoît, elle s'y prête
« avec une complaisance si aisée, qu'on croit
« ne lui rien devoir. Jamais on n'a obligé avec
« plus de générosité & de noblesse; vous ne
« voyez que le plaisir pur qu'elle a d'en faire.

» Les peines & les chagrins de ce qu'elle aime,
» deviennent chez elle un vrai sentiment de dou-
» leur. Je me suis quelquefois refusée aux dou-
» ceurs de la confiance, pour lui cacher ce qui
» m'affligeoit; il en eût trop coûté à sa sensibilité.

» Ce qui peut mieux faire connoître le carac-
» tere de Madame de Revennes, c'est de n'a-
» voir jamais eu de scènes ni de brouilleries
» avec personne. Il est vrai que pour peu qu'on
» s'éloigne, & qu'on ne tienne pas à son cœur
» par des liens qui puissent l'attacher, on est
» bientôt effacé de son souvenir : un an de liai-
» son ne vous sauve pas d'un mois d'absence;
» sa sensibilité tient un peu à l'impression du
» moment. Née mélancolique, son esprit & son
» imagination paroissent quelquefois comme
» ensevelis dans un profond sommeil; mais le
» réveil est ordinairement heureux & brillant.
» Dans les petits évenemens elle pousse l'inquié-
» tude jusqu'à la foiblesse; dans les grands re-
» vers, je l'ai vue inébranlable, & conserver
» tout le sang-froid du jugement.

» Dans le cours ordinaire de la vie, on la pren-
» droit presque pour une dupe : est-elle animée
» par un grand intérêt ? c'est tout le jeu des ressorts
» les plus fins & les plus déliés. Elle court,
» elle vole, mais une fois arrivée à son but,
» elle retombe dans toute sa langueur. Cons-
» tante dans ses engagemens, c'est l'inconstance
» même dans ses goûts, à moins d'une longue
» habitude. Avec un grand fond de raison, elle
» a souvent de petites préventions. Personne n'a
» plus de douceur dans le caractere, plus d'amé-
» nité dans l'esprit ; néanmoins elle applaudit
» rarement, & laisse assez aisément voir la mau-

» vaise opinion qu'elle a des choses. Mais tou-
» tes ces foibles ombres, mêlées & fondues
» dans son caractere, ne semblent faites que
» pour lui donner une variété plus piquante.
» Tout chez Madame de Revennes est intéres-
» sant, parce que tout prend sa source dans la
» plus belle ame qui fût jamais ».

Les *Mémoires de Milédy B.* sont purement écrits : il y a des choses bien saisies & bien rendues ; le fonds en est riche ; & en général les caracteres en sont intéressans. Ce n'est pas pour la premiere fois que les Nymphes de la Loire parlent le langage des Muses & de la Philosophie. On voit dans les Poësies de Ménage, qu'il étoit en liaison avec quelques femmes de Lettres de la Ville d'Angers & des environs.

Je suis, &c.

LETTRE XXXI.

Des Mémoires imprimés dans un Procès qui intéressa tout Paris pendant près de trois ans, m'ont mis à portée, Madame, d'être instruit de tout ce qui concerne Madame Claire Mazarelli, Marquise de la Vieuville de Saint Chamond. Ces Mémoires, écrits sous les yeux de Juges éclairés & d'un Public attentif, unissent la vérité à l'authenticité, & renferment trois objets, qui feront connoître Mad. la Marquise de S. Chamond, sa naissance, son caractere & ses mœurs, que ses adversaires attaquerent vainement dans un Mémoire, ou plutôt un Libelle.

Madame de Saint Chamond, dit M. Mannory, dans son Mémoire, est née en 1731, « de pa-
» rens honnêtes, & qui vivoient de leur bien;
» son pere étoit Italien, & fils d'un Architecte.
» Sa famille, établie à Rome, y remplit long-
» tems des postes de confiance : sa mere, Pari-
» sienne, est fille d'un Officier de Bouche de
» chez le Roi, & cousine germaine de M Ti-
» tre, mort en 1720, Lieutenant-Colonel du
» Régiment de Belle-Isle, & Chevalier de l'Or-
» dre militaire de Saint Louis «.

Le pere de la Dame Auteur qui fait le sujet de cet article, étoit un de ces hommes « qui
» croyent toujours que ce qu'ils ne font pas,
» est ce qu'il y auroit de mieux à faire ; gens à
» systêmes & à projets; pleins de probité d'ail-
» leurs, & à qui il ne manque autre chose que du
» bonheur «. Madame Mazarelli, plus tranquille & plus économe, rétablit assez les affaires dé-

rangées de son mari, pour mener, avec sa fille une vie aisée & paisible.

Une fortune qui n'existe & ne se soutient que par l'extrême attention des personnes qui la gerent, conduit rarement à ces mariages brillans, par lesquels des gens de qualité donnent leurs titres à de simples Bourgeoises, en échange de leurs richesses, souvent mal acquises : aussi croit-on pouvoir assurer que Mademoiselle Mazarelli ne doit qu'à son mérite personnel, le nom qu'elle porte aujourd'hui. Elle sembloit destinée de tout temps à l'état dont elle jouit. Ses Mémoires prouvent qu'elle n'avoit pas encore quatorze ans, lorsqu'elle fut promise à un homme de qualité, que la mort enleva en 1750. Cette époque est intéressante & nécessaire pour l'idée que l'on doit avoir de ses mœurs. » La méchan-
» ceté, dit M. le Fébvre, dans un autre Mémoire,
» voudroit envain critiquer une liaison soutenue,
» pendant près de sept ans, par l'espoir d'un ma-
» riage. L'intérêt puissant qu'avoit Mlle Mazarel-
» li, de se rendre digne de l'honneur qui lui étoit
» promis, est un garant de sa sagesse, comme les
» preuves qu'elle a en main, le sont de la légiti-
» mité des vûes du Marquis de *** «. Que ce mariage ait été célébré ou non, c'est ce que je n'ai pas pu sçavoir. Il suffit d'être certain qu'il a dû l'être : » & puisque ce projet a rempli tout l'in-
» tervalle qui s'est écoulé depuis l'enfance de
» Mademoiselle Mazarelli jusqu'à son Procès,
» il faut que ses calomniateurs renoncent aux
» idées qu'ils voudroient donner d'elle «.

L'homme de qualité qui devoit l'épouser, est mort au mois d'Août 1750 : son Procès commence au mois de Septembre de la même an-

née ; il a duré près de trois ans. » Pendant cet
» espace, dit M. Mannory, ses adversaires eurent
» la hardiesse de répandre dans le Public, qu'un
» homme, qui réunissoit en lui les deux ordres
» les plus graves, étoit son heureux protecteur.
» C'étoit un Conseiller Clerc : on ne le nom-
» moit pas d'abord ; on varioit même à cet
» égard. Eh ! comment auroit-on pu l'assurer ?
» La Demoiselle Mazarelli n'en avoit jamais
» vu ; & les Procès criminels les éloignent né-
» cessairement. Si elle eût eu des intrigues &
» des défenseurs, elle n'auroit pas éprouvé dans
» son Procès toutes les difficultés qu'elle y a
» trouvées ; on l'eût mieux conduit ; elle auroit
» été vengée plutôt «.

Ce Procès enfin fut jugé vers l'année 1753 [*]
& ses liaisons avec M. le Marquis de Saint Chamond commencerent dans le même temps. Quel
moment pourroit-on prendre pour lui prêter
des avantures ? Sa conduite fut publique & claire ; ses mœurs ne peuvent être attaquées ; » &
» elle défie, à cet égard, la malice la plus carac-
» térisée. Elle ne craint rien des suppositions &
» des calomnies ; personne ne lui soutiendra en
» face, qu'il ait eu quelques liaisons particuliè-
» res avec elle «.

Ce défi annonce la conscience de l'honnêteté,
jointe à une sorte de hauteur dans le caractere.
Pour connoître celui de Mad. la Marquise de S.
Chamond, ce trait suffiroit ; mais nous avons un

---

[*] Ce Procès a fait tant de bruit, & est si connu dans
le monde, qu'on s'est cru dispensé d'en rappeller le sujet.
On peut lire les Mémoires de M. Mannory, tome VIII.

portrait écrit par elle-même, dans lequel nous pouvons puiser. Ce portrait, publié dans un Mercure de 1751, avoit été trouvé dans les papiers de la personne qu'elle devoit épouser. C'étoit quelqu'un qui pouvoit la démentir, si elle n'eut pas été dans le cas qu'elle disoit. « Tant que l'on » n'est pas lié à ce que l'on aime, on doit cacher une partie de ses sentimens.... L'objet » le plus aimable doit joindre la retenue à la » tendresse «. Des personnes mal intentionnées firent imprimer ce portrait, & ne s'apperçurent pas qu'il étoit à son avantage. Elles crurent que l'épithete de méchanceté qu'elle s'y donnoit, lui feroit tort dans le monde ; mais le Public sçût faire la différence de la gaieté, de la malice d'une jeune personne, avec l'humeur & la perfidie, qui caractérisent la véritable méchanceté.

Voici d'abord ce que Mademoiselle Mazarelli disoit de sa figure. « Ma tête est bien placée
» sur mes épaules ; & je n'ai pas mauvaise gra-
» ce, quoique je sois petite. J'ai le visage rond,
» les yeux plus grands que petits : ils sont d'un
» brun très clair, vifs & brillans ; ils en disent
» souvent plus que je n'en veux dire, & plus
» que je n'en pense. J'ai cependant, lorsque
» quelque chose me déplaît, le regard assez dur.
» J'ai les sourcils beaux, le nez petit, un peu
» large, rond par le bout, un peu retroussé ; &
» malgré tout cela, il ne me sied point mal. J'ai
» la bouche grande ; mais j'ai les levres belles,
» bien dessinées, & les dents très-égales & très-
» blanches. J'ai le front étroit, les cheveux bien
» plantés, & d'un brun cendré, &c. Pour mon
» caractere, il est, je crois, indéfinissable ; il est
» tout-à-la-fois doux, vif, enjoué & triste.

On pourroit soupçonner Madame de Saint Chamond de quelque penchant au caprice, d'après ce commencement; mais toutes les personnes qui la connoissoient, rendent justice à l'égalité de son humeur.

» Je suis douce dans le bonheur, impatiente
» dans le malheur; enjouée avec ceux qui me
» plaisent, triste avec le grand monde; car je
» suis naturellement rêveuse; & j'aime à être seu-
» le. Je suis compatissante; & les malheurs d'au-
» trui me touchent presque autant que les miens.
» Je serois bonne amie; mais la difficulté d'en
» trouver, fait que ce sentiment est encore libre
» chez moi. Je suis grande ennemie, & je hais
» bien; je ne crois pas qu'il m'arrive jamais
» d'oublier une offense; j'aimerois à me ven-
» ger; mais le Ciel m'a fait naître dans une
» condition qui ne me donne aucun pouvoir:
» je pourrois quelque chose par les autres; mais
» j'ai trop de cœur pour avoir de ces obligations.

» J'aime assez, dira quelqu'un, à voir
» une femme se vanter d'avoir du cœur......
» Il ne s'agit pas de bravoure; je ne m'en pi-
» que pas: cependant je n'aime pas les poltrons;
» & je jetterois la premiere pierre, si on lapi-
» doit cette espece d'hommes. Il n'est donc ques-
» tion que d'un cœur délicat en fait d'honneur....
» Ceux qui m'ont calomnié, j'en ai médit avec
» d'autant plus d'avantage, que mes méchan-
» cetés sont assez bien tournées. Si l'on voyoit
» mon ame, comme ma figure, on convien-
» droit que je puis être digne d'estime. Si j'ai
» désiré quelquefois des richesses, un état éle-
» vé, ce n'étoit pas pour toutes les vanités pué-
» riles, qui occupent la tête de nos jeunes fol-

portrait écrit par elle-même, dans lequel nous pouvons puiser. Ce portrait, publié dans un Mercure de 1751, avoit été trouvé dans les papiers de la personne qu'elle devoit épouser. C'étoit quelqu'un qui pouvoit la démentir, si elle n'eut pas été dans le cas qu'elle disoit. » Tant que l'on » n'est pas lié à ce que l'on aime, on doit ca- » cher une partie de ses sentimens.... L'objet » le plus aimable doit joindre la retenue à la » tendresse «. Des personnes mal intentionnées firent imprimer ce portrait, & ne s'apperçurent pas qu'il étoit à son avantage. Elles crurent que l'épithete de méchanceté qu'elle s'y donnoit, lui feroit tort dans le monde; mais le Public sçût faire la différence de la gaieté, de la malice d'une jeune personne, avec l'humeur & la perfidie, qui caractérisent la véritable méchanceté.

Voici d'abord ce que Mademoiselle Mazarelli disoit de sa figure. » Ma tête est bien placée
» sur mes épaules; & je n'ai pas mauvaise gra-
» ce, quoique je sois petite. J'ai le visage rond,
» les yeux plus grands que petits : ils sont d'un
» brun très clair, vifs & brillans; ils en disent
» souvent plus que je n'en veux dire, & plus
» que je n'en pense. J'ai cependant, lorsque
» quelque chose me déplaît, le regard assez dur.
» J'ai les sourcils beaux, le nez petit, un peu
» large, rond par le bout, un peu retroussé; &
» malgré tout cela, il ne me sied point mal. J'ai
» la bouche grande ; mais j'ai les levres belles,
» bien dessinées, & les dents très-égales & très-
» blanches. J'ai le front étroit, les cheveux bien
» plantés, & d'un brun cendré, &c Pour mon
» caractere, il est, je crois, indéfinissable; il est
» tout-à-la-fois doux, vif, enjoué & triste.

On pourroit soupçonner Madame de Saint Chamond de quelque penchant au caprice, d'après ce commencement; mais toutes les personnes qui la connoissoient, rendent justice à l'égalité de son humeur.

« Je suis douce dans le bonheur, impatiente
» dans le malheur ; enjouée avec ceux qui me
» plaisent, triste avec le grand monde ; car je
» suis naturellement rêveuse, & j'aime à être seu-
» le. Je suis compatissante ; & les malheurs d'au-
» trui me touchent presque autant que les miens.
» Je serois bonne amie ; mais la difficulté d'en
» trouver, fait que ce sentiment est encore libre
» chez moi. Je suis grande ennemie, & je hais
» bien ; je ne crois pas qu'il m'arrive jamais
» d'oublier une offense ; j'aimerois à me ven-
» ger ; mais le Ciel m'a fait naître dans une
» condition qui ne me donne aucun pouvoir :
» je pourrois quelque chose par les autres ; mais
» j'ai trop de cœur pour avoir de ces obligations.
» J'aime assez, dira quelqu'un, à voir
» une femme se vanter d'avoir du cœur......
» Il ne s'agit pas de bravoure ; je ne m'en pi-
» que pas : cependant je n'aime pas les poltrons ;
» & je jetterois la premiere pierre, si on lapi-
» doit cette espece d'hommes. Il n'est donc ques-
» tion que d'un cœur délicat en fait d'honneur....
» Ceux qui m'ont calomnié, j'en ai médit avec
» d'autant plus d'avantage, que mes méchan-
» cetés sont assez bien tournées. Si l'on voyoit
» mon ame, comme ma figure, on convien-
» droit que je puis être digne d'estime. Si j'ai
» désiré quelquefois des richesses, un état éle-
» vé, ce n'étoit pas pour toutes les vanités pué-
» riles, qui occupent la tête de nos jeunes fol-

» les; c'auroit été pour diminuer le trop grand
» nombre de malheureux que la fortune a faits,
» & pour être au-dessus d'une certaine partie
» du Public que je hais, & qui se croit en droit
» de mépriser tout ce qui lui paroît au-des-
» sous de lui........ Sotte avec les sots, sa-
» vante avec les savans; car il est bon de dire
» que je sçais un peu de tout: peu de Bour-
» geoises ont eu autant d'éducation que moi;
» on peut m'accorder une place dans la classe
» des gens spirituels: on en accorde si facile-
» ment! Si l'on me la refuse absolument, on ne
» pourra pas m'en refuser une parmi les per-
» sonnes de bon sens «.

Je n'ajouterai rien à ce portrait. Madame de Saint Chamond étoit fort jeune lorsqu'elle l'écrivit; & l'on y voit déja les principaux traits d'un caractere plus développé aujourd'hui. On s'apperçoit que son esprit, formé de bonne heure, a toujours été conséquent; & l'on y peut pressentir l'énergie de son ame, qui se trouve toute entiere dans ses écrits. Elle s'étoit essayée dans une lettre à M. Jean-Jacques Rousseau, dans laquelle sa raison & sa morale sont en opposition avec l'humeur & les principes de l'habitant de Montmorency, qu'elle désiroit revoir à Paris.

Lettre à M. J. J. Rousseau.

» Ecoutez-moi, lui dit-elle, je ne suis point
» *Auteur*, je ne suis point *bel-esprit*.... Je suis
» d'un sexe qui mérita vos égards; en vain avez-
» vous essayé de paroître penser à notre désa-
» vantage; votre cœur vous a trahi. Je ne vous
» en veux pas; vous vous êtes cru fort : je vous
» remercie, au contraire, des leçons que vous
» nous avez données. Malheur aux femmes qui

» ne les ont pas entendues : vouloir nous ren-
» dre plus respectables, n'est-ce pas nous en-
» seigner le moyen d'être plus aimées ? & c'est
» la différence qui se trouve entre nous. Vous
» ne semblez saisir, avec empressement, que les
» occasions d'être haï ; vous n'y réfléchez pas ce-
» pendant ; l'Auteur réconcilie avec l'homme.
» Cessez de fermer votre ame au bonheur : la
» singularité convient-elle au sage ? Quel plaisir
» trouve-t-on à borner son existence ? Sentir,
» est-ce donc une faculté au-dessous de vous ?....
» Vivez à la campagne, si vous l'aimez ; mais
» donnez-nous la moitié de l'année : voyez peu
» de personnes, vous aurez raison. Fuyez ces
» riches insolens, *ces femmes au maintien sol-*
» *datesque*, ces demis savans, ces avortons du
» Parnasse, la prétention, la bassesse. Il est des
» hommes simples & honnêtes, pour qui la mé-
» diocrité de leur fortune n'est point un mal-
» heur, qui jouissent de la considération de
» leurs amis, sans désirer celle de la multitude.
» Habitans paisibles de la Ville, ils ont sû se
» dérober au tourbillon de la Cour ; instruits,
» nés sensibles, dignes enfin d'être éclairés des
» lumieres de votre génie. Ce que je dis d'un
» sexe, je le pense de l'autre ; nous ne sommes
» point faites pour révolter votre Philosophie ;
» nous avez-vous condamnées à n'inspirer, à ne
» sentir que l'amour ? Nous savons tout appré-
» cier ; & la délicatesse de nos organes assure
» peut-être celle de notre goût. Telle qui vous
» recevra, méprisera *l'art & les minauderies*....
» Revenez ; peut-être nous vous retiendrons :
» les plaisirs, fussent-ils imaginaires, valent
» mieux que des malheurs certains. Ayez le cou-

» rage de vous dire : je ne veux plus d'une mi-
» fantropie qui ne fait que jetter du trouble
» dans mon cœur, fans aucun profit pour ma
» raifon «.

Cette lettre fe trouve toute entiere dans l'*Année Littéraire*, 1763. J'ai fçu par les amis même
de Madame la Marquife de Saint Chamond,
que le defir feul de plaire à fon mari, l'a rendue
Auteur : c'eft fous fes yeux qu'elle projetta &
exécuta l'éloge du Duc de Sully, que l'Académie Françoife avoit donné pour le fujet du prix
d'éloquence en 1763 ; & c'eft toujours d'après le
même principe, qu'elle a continué fes travaux
littéraires.

Eloge de Sully.

Penfées naturelles, diction pure, termes choi-
fis & juftes ; fentimens nobles, vertueux, pathétiques & touchans ; traits ingénieux, fans
affectation ; rien qui fente la déclamation, le
faux bel-efprit, le clinquant ; un ton toujours
fage, toujours décent ; en un mot, qui réunit
l'élégance & la précifion à ce goût, à cette politeffe que donne l'ufage du monde : voilà ce
que le Public a le plus loué dans l'Eloge de
Sully, dont je vais d'abord vous faire lire tout
l'exorde.

» Si l'amour de la gloire n'eût jamais enflâ-
» mé que des ames vertueufes, elles auroient
» fuivi, pour arriver à l'immortalité, les routes
» de la fageffe & de la bienfaifance ; les nations
» compteroient au nombre de leurs chefs moins
» de héros, plus de grands hommes. Mais l'am-
» bition chercha des moyens de fe fignaler plus
» éclatans & plus rapides ; la guerre les offroit :
» on devint conquérant. Des peuples détruits
» firent la célébrité des vainqueurs ; l'Hiftoire
» confacra

» confacra leurs actions ; & la flatterie éleva
» des ſtatues à ceux qui venoient de renverſer
» des trônes. Le tems remet tout à ſa place ; le
» récit des hauts faits eſt accompagné de celui des
» crimes La loi du plus fort tombe comme elle
» s'étoit formée. Que reſte t-il de ces trophées,
» monumens de l'orgueil & de la foibleſſe ? Ils
» ſont enſevelis dans la pouſſiere. Que penſe-
» t-on enfin de ces héros ? Ils étonnent encore ;
» ils ne touchent plus.

» Tranquille dans ſa marche, éclairée dans
» ſes projets, inépuiſable dans ſes reſſources,
» la vertu fit les grands hommes ; ils donnerent
» la paix à des peuples malheureux, releverent
» leurs cités abattues, ne les ſoumirent qu'à
» l'équité, aſſurerent leur bonheur ; la recon-
» noiſſance a gravé leur mémoire dans tous les
» cœurs, & la tranſmet d'âge en âge à la poſ-
» térité. Nous prononçons encore avec autant
» de ſenſibilité que de reſpect le nom de Sully,
» ce nom ſi cher, ſi précieux à la patrie. La re-
» nommée, qui trop ſouvent exagere la gloire
» du héros, ne ſçauroit égaler celle de ce grand
» homme ; entreprendre ſon éloge, ſeroit une
» témérité, ſi le ſeul ſouvenir de ſes bienfaits
» n'étoit un hommage, & ſi le ſentiment ne
» ſuppléoit à l'éloquence. «.

Sans s'aſtreindre à cette marche réguliere &
ſymmétrique, qui partage, diviſe & ſubdiviſe
la plûpart des Diſcours oratoires, l'Auteur ſuit
ſon héros, (qu'on ne perd jamais de vûe,) dans
les principales circonſtances de ſa vie ; & c'eſt
d'après la ſimplicité de ce plan, que moi-même,
ſans m'aſſujettir à aucun ordre, je vais extraire
quelques morceaux qui caractériſent le Duc de

Sully, & l'éloquence de son Panégyriste.

Après l'exorde, plein de douceur, de simplicité & de noblesse, que vous venez de lire sur les caracteres de la véritable grandeur, suit un tableau de la situation de la France, lorsque Sully parut à la Cour de Navarre. » La France, » toujours guerriere, ne fut pas toujours vertueuse. Une politique impie alluma dans son » sein les feux de la haine & de la vengeance. » Ce n'étoit plus ces François si fideles à leurs » Rois, si généreux aux champs de la victoire, » si recommandables par la franchise & la simplicité des mœurs. Victimes d'un fanatisme » aveugle & barbare, ils ne respiroient que le » meurtre, les ravages & les proscriptions; & » cet Empire touchoit à ses derniers momens, » si, pour lui donner une nouvelle splendeur, » le Ciel n'eût conservé Henri IV, qui, joignant à ses qualités héroïques l'heureux talent de connoître les hommes, choisit pour » ami, pour Ministre, Maximilien de Béthune, » Duc de Sully.

» Agé de douze ans, Sully fut conduit par » son pere à la Cour de Navarre. Je ne puis » vous enrichir, dit Béthune à son fils; mais » vous avez des vertus; elles vous placeront au-» dessus de la fortune. Préparez-vous à supporter les malheurs, les fatigues. Attachez-vous » au Maître que je vais vous donner, & méritez l'estime des gens d'honneur. C'est ainsi » que ce pere éclairé voit & peint en grand les » principes d'une sage conduite. A peine sorti » de l'enfance, Sully les entend & les suit. Béthune laissoit au vulgaire cette sévérité qui ne » sert qu'à rendre suspects, & celui qui l'em-

» ploye, & celui qui l'éprouve. On peut croire que
» l'un a dans son propre cœur des raisons pour
» craindre le vice, & que l'autre laisse entrevoir
» des dispositions à s'y livrer. Une ame forte
» ne succombe jamais ; & tel pense être séduit,
» qui n'est que foible. Sully avoit atteint l'âge
» des passions & des erreurs : il accompagne le
» Prince de Navarre à la Cour de Catherine de
» Médicis. Cette Cour voluptueuse lui présente
» des attraits flatteurs, mais dangereux ; la for-
» tune, des moyens infaillibles, mais criminels :
» il ne peut être ébranlé ni corrompu ; l'honneur
» seul est écouté. Plein de l'antique vertu de
» ses ayeux, Sully marche sous les enseignes de
» Henri. Aimer ce Prince, vivre & mourir à
» son service, fut le premier ferment de son
» cœur ; sa vie entiere en fut l'accomplisse-
» ment ".

Je rapporterai quelques-unes des actions qui ont signalé ce zèle de Sully pour Henri IV, & dont Madame de Saint Chamond fait un détail si brillant, dans un récit plein d'intérêt & de chaleur ". Henri commande en personne à Ca-
» hors ; avec quinze cens hommes, il surprend
» la Ville, défendue par une nombreuse gar-
» nison ; ce succès même devient un danger ; il
» irrite, il enflamme, il arme jusqu'aux habitans,
» qui des toits de leurs maisons, lancent une
» mort certaine ; celui qui soutient le choc des
» armes est écrasé sous les débris des édifices ;
» un monceau de ruines couvre Sully ; on l'en
» retire ; foible, respirant à peine, il deman-
» de, il apprend où est son Roi : un si tendre
» intérêt ranime toutes ses forces ; il vole où
» Henri, presque seul, est entouré d'un peuple

» furieux, si se renouvelle sans cesse. Tout est
» est attaqué; tout résiste; plus on gâgne de
» terrein, plus on s'interdit la retraite; il faut
» vaincre ou périr. Henri brave les efforts des
» ennemis, les repousse, les terrasse, les anéan-
» tit; & Sully, que son armure brisée livre à
» tous les coups, Sully meurtri, déchiré, san-
» glant, combat pendant cinq jours & cinq
» nuits, sans jamais abandonner son Maître «.

C'est avec la même rapidité & la même précision, que l'Auteur rappelle tous les autres exploits de son héros. » A l'activité du guerrier,
» il sçut allier la prudence du negociateur. Tout
» autre auroit vu ses desseins déconcertés à la
» Cour de Henri III, Cour artificieuse & bi-
» sarre, où régnoient le mensonge, la supersti-
» tion & la galanterie; où les conjectures les
» plus opposées trouvoient à s'appuyer sur d'é-
» gales vraisemblances. Sourd aux insinuations,
» indifférent aux caresses, insensible aux me-
» naces; tranquille au milieu des orages, fidele
» à l'astre qui régle sa course, il sçait éviter les
» écueils, veiller aux intérêts du Roi de Na-
» varre, remplir l'objet important & secret dont
» il est chargé «.

Ne croyez-vous pas remarquer, Madame, dans
le style de Madame de Saint Chamond, des
nuances qui différencient les diverses qualités
de son héros? Elle peint le guerrier avec cette
activité, cette chaleur qui caractérisent l'homme de guerre: il y a moins de feu, moins de
rapidité dans le portrait du négociateur; le style
en est plus mesuré, pour ainsi dire, plus réfléchi. Le caractere du Ministre, de l'homme
d'Etat, demandoit plus de variété; aussi y a-

t-on employé toutes les nuances propres à exprimer les différentes fonctions du Ministere. Comme cette partie du Discours de l'Orateur est la plus étendue, je me bornerai à quelques citations prises au hazard. " Avec une pénétra-
" tion vive, un esprit juste, un zèle ardent,
" Sully conçut, il traça, il exécuta les plans des
" opérations les plus difficiles. Que l'ignorance
" accuse la fatalité; un Ministre sage sçait en-
" chaîner les succès ".

Sully veut que la noblesse ne doive sa splendeur qu'au mérite, & qu'elle ne puisse être confondue avec l'homme vil, à qui les richesses attirent une fausse considération. " Illustres
" descendans des anciens nobles de la France,
" quelle gloire peut vous procurer votre luxe ?
" Vous n'attreindrez jamais à la magnificence
" de ces enfans de la fortune, qui chaque jour
" réparent les dépenses qu'ils font, par les in-
" justices qu'ils commettent. Ce n'est pas dans
" des palais superbes, que vous trouverez de
" vrais titres; si vous avez des mœurs, il ne
" vous faut qu'un champ & des armes. Comp-
" tez sur vos actions, si vous aimez la vertu pour
" elle-même ; comptez sur votre Roi, si vous
" désirez des honneurs. La majesté doit répan-
" dre son éclat sur ceux qui font sa grandeur
" & sa force. Un fleuve, en traversant les ter-
" res, leur donnent l'abondance & la fertilité ;
" mais ce sont elles qui le soutiennent, & lui
" forment ce lit qui le porte jusques aux mers ".

Sully est un témoignage éclatant que la récompense ne manque point aux travaux : la fortune, sans cesse repoussée par l'austérité du Ministre, fut contrainte, pour parvenir jusqu'à lui, de prendre le nom de la reconnoissance dans les mains du Monarque.....

» Courtisans, qui trompez vos maîtres, crai-
» gnez d'étendre jusques sur vos descendans
» l'opprobre dont vous vous couvrez; & si ja-
» mais vous élevez vos desirs sur le ministere,
» apprenez de Sully, qu'il n'est d'autre bonheur
» que celui d'en procurer aux hommes que l'on
» gouverne. Ebloui par l'honneur d'être le pre-
» mier dans l'Etat, on oublie souvent d'en être
» le soutien; on oublie que le pouvoir de dis-
» poser des richesses du peuple, n'est que celui
» de les faire servir à sa prospérité. Les temps
» de la guerre veulent sans doute des ressour-
» ces extraordinaires; mais l'incapacité ou l'in-
» fidélité les rendent si funestes, qu'on ne peut
» jouir des douceurs de la paix, lorsqu'elle est
» rendue au monde. Les malheurs s'accumu-
» lent; la confiance se perd; & le Ministre
» tombe dans un mépris, dont toute la faveur
» du Maître ne peut le relever. Sully sçait faire
» marcher les secours avec les besoins; mais il
» sçait les faire cesser ensemble. Son pou-
» voir & l'amitié de Henri ne l'aveuglerent
» point sur la nécessité d'être estimé de ses
» Concitoyens. Il fuyoit les plaisirs que la foi-
» blesse nomme délassement, & cette inaction
» criminelle, si révoltante pour le malheureux
» qui voit prolonger ses peines. Pesant les in-
» térêts sacrés qui lui étoient confiés, il vou-
» loit égaler chaque jour le bonheur de sa na-
» tion à la gloire de son Maître; & ses succès
» annonçoient au Roi ses travaux. Un Prince
» peut aisément connoître si son peuple est heu-
» reux; qu'il examine cette foule qui s'em-

» presse autour de lui : si l'on abuse de son au-
» torité, il ne verra qu'une froide curiosité ;
» point de ces transports, de ces cris d'allé-
» gresse qu'inspire le bonheur & la présence de
» celui qui le donne : qu'il lise sur les visages ;
» l'injustice de ses Ministres y sera gravée par
» la sombre tristesse «.

L'Auteur parcourt toutes les parties du Ministere de Sully, & peint avec autant de variété
que de justesse, la conduite de ce grand homme, dans l'exercice de toutes ses charges. Il
faut lire en entier le morceau touchant & pathétique de la mort de Henri IV : ce seroit l'affoiblir que de le citer par extrait.

» Sully voit enfin le jour où son Roi va devenir
» l'arbitre & l'ange tutélaire du monde.... Mais,
» quel bruit confus s'éleve ? Sa maison retentit
» de ce cri de douleur : ô Dieu ! tout est perdu !
» la France est détruite ! Il fait, en tremblant,
» quelques questions précipitées : que va-t-il
» apprendre ? Le plus grand des héros, & le
» meilleur des Rois, Henri expire au milieu d'un
» peuple qui l'adore ! Paris est teint d'un sang,
» pour lequel toute la nation répandroit encore
» le sien. Sully en suit la trace sacrée à travers
» une foule effrayée & tremblante, qui s'em-
» presse au-devant de ses pas. Un silence fa-
» rouche a succédé au tumulte ; l'on n'entend
» que les élans sourds, mais terribles du dé-
» sespoir. La voix éteinte, & la mort dans les
» yeux, les malheureux François levent leurs
» bras au Ciel, & lui redemandent leur Roi.
» C'en est fait ; leurs maux sont parvenus au
» comble ; le crime est consommé ! Henri n'est
» plus : Sully reste encore ; ils pensent à le con-

» ferver. Ils croyent avoir tout à craindre pour
» lui ; un sujet fidele devient une victime né-
» cessaire à l'impunité ; on le suit ; on l'arrête ;
» on veut l'arracher aux périls qu'il court ; on
» lui ferme les chemins du Louvre, comme un
» lieu fatal à sa vie. Conservez-vous pour nous,
» s'écrie le peuple, malgré les sanglots qui l'op-
» pressent ; Dieu n'a permis un si cruel mal-
» heur, que pour déployer sur nous ses vengean-
» ces ; nous sommes perdus, si vous nous aban-
» donnez ; après avoir si bien servi le per...
» ayez pitié de ses enfans. Pénétré, de...
» par le spectacle touchant qui se présente...
» reste immobile ; il hésite, & ne sçait...
» terreurs du peuple n'ont pas quelques fonde-
» mens certains..... Mais pressé par le triste
» désir de voir encore son maître, il avance ;
» s'il doit périr, ce ne sera du moins que sur le
» corps sanglant de son Roi. Il traverse le Lou-
» vre ; tout lui paroît dans un accablement pro-
» fond ; & la douleur est muette ; elle éclate à
» l'aspect de Sully. La présence d'un homme
» qui fut aimé de Henri IV, ranime les cris
» & les larmes ; Sully s'efforce en vain de ca-
» cher les siennes ; il craint d'ajouter au juste
» effroi qui s'est emparé des esprits ; mais il est
» un terme au courage ; l'ame elle-même l'a
» marqué ; Sully cede enfin au désespoir le plus
» violent. Un objet précieux, offert pour le cal-
» mer, vient l'augmenter encore : c'est le fils
» de Henri, qui des bras de la Reine, passe
» dans ceux de Sully. Il le reçoit avec transport ;
» il le presse contre son sein, lui jure un atta-
» chement éternel «.

Je ne m'arrêterai plus qu'à la peinture tou-

chante de la retraite de Sully. » La Cour n'étoit
» plus à ses yeux qu'un théâtre décoré pour le
» vulgaire, où souvent l'on ne voit que des su-
» jets sans talens, sans vertus, usurpant, à l'a-
» bri de la faveur, les honneurs dûs au mérite.
» Les courtisans, ce peuple désœuvré, osent
» porter sur lui les regards d'une maligne cu-
» riosité; ses vêtemens leur paroissent antiques;
» sa modeste contenance est prise pour la foible
» timidité. Sully n'est point décoré de ces or-
» dres que la politique inventa, dont l'orgueil
» abuse, & que la faveur donne; il portoit un
» signe plus touchant pour les ames vertueuses:
» une chaîne d'or suspendoit sur sa poitrine une
» médaille où les traits de Henri IV étoient
» gravés. Cette image précieuse, qui semble
» accuser la bassesse des courtisans, ne leur en
» impose pas encore; ils ont la raillerie sur les
» levres, quand la honte devroit couvrir leur
» front. Mais Sully leur fait sentir enfin tout
» le mépris qu'ils lui inspirent. Sire, dit-il au
» jeune Louis XIII, lorsque votre pere, de glo-
» rieuse mémoire, m'appelloit auprès de sa per-
» sonne, il faisoit retirer ses bouffons.

» Sully s'éloigne; il emporte avec lui l'estime
» & les regrets de la France. Un Ministre que
» tout un peuple pleure, est au-dessus de tou-
» tes les injustices de la Cour; on l'honore, on
» le respecte; ses ennemis les plus cruels n'o-
» sent se vanter de leur triomphe, & cachent
» leurs succès honteux, quand Sully publie sa
» disgrace.... L'éloignement de Sully remit la
» France presque au même état où il l'avoit trou-
» vée. Ainsi l'ame échappée des liens du corps,
» le livre aux loix de la dissolution.

» Au milieu d'une famille qui le révére, Sully entouré de nobles, de vassaux qui l'aiment & le respectent, meut & régit tout par les mêmes principes qui l'ont rendu le plus grand des Ministres & le premier des Sages. On s'empresse auprès de lui; on s'instruit à l'entendre; on se plaît à l'admirer: sa magnificence sans faste, sa générosité sans ostentation, une dignité sans hauteur, une bonté sans cette fausse familiarité qui insulte ceux qu'elle accueille, la simplicité, la décence de ses mœurs, la fermeté, la majesté même de sa conduite; tout le distingue, tout le peint. Sa vie réguliere annonce la gravité de son caractere, & ce goût qu'il eut toujours pour l'ordre. Comme son ame a besoin de faire des heureux, son esprit a besoin de travail. Ces deux mobiles régloient tout son temps: il avoit conservé l'habitude de se lever avec le jour; une partie de sa matinée étoit employée à prendre connoissance de tout ce qui concernoit les charges dont on n'avoit point osé le dépouiller; l'autre à rédiger ces mémoires économiques, qui sont heureusement parvenus jusqu'à nous, & qui dès-lors rendoient Sully plus utile à l'état, que ne l'étoient tous ceux qui l'avoient remplacé dans le Ministere. En rassemblant tous ses papiers, il relisoit les précieuses lettres de Henri; souvent il s'arrêtoit à contempler le portrait de ce héros; il le pressoit de ses levres; il le baignoit de ses pleurs, se rappellant les malheurs de ce Prince & ses vertus, comparant sa bonté avec sa mort cruelle. Chaque instant enfonce dans son cœur le trait dont il est

» déchiré, & qui seul l'empêche de jouir de la
» tranquillité de sa retraite : en vain il s'occupe
» du bonheur de ses vassaux, il est digne époux,
» fidele ami, tendre pere; ses larmes coulent
» sans cesse : trente années qu'il survécut à son
» Maître, ne purent en tarir la source; & ses
» derniers soupirs eurent encore toute l'amer-
» tume des regrets «.

Ainsi finit, Madame, cet Ouvrage intéressant, qu'on ne peut lire sans se sentir attendri ; c'est-là principalement ce qui distingue cet éloge de tous ceux, avec lesquels il a concouru pour le prix de l'Académie. L'Auteur a peint dans Sully l'ami d'Henri IV; & sous ce point de vûe, que personne n'a saisi comme Madame de Saint Chamond, elle inspire à tous les François de l'amour pour son héros.

Je me suis quelquefois vu obligé, dans le cours de cet extrait, de laisser de côté plusieurs pensées qui peuvent retrouver ici leur place; quoique détachées les unes des autres, vous ne les lirez pas avec moins de plaisir.

» Les bontés du Maître ajoutent un sentiment
» flatteur à celui qu'on éprouve quand on a rem-
» pli son devoir.

» La sensibilité de l'ame l'emporte quelque-
» fois sur la foiblesse du corps.

» La vanité dans quelques ames a brillé du
» coloris des vertus.

» Mériter près d'un grand Roi, c'est obtenir.

» Où l'honneur est certain, l'intérêt est mé-
» connu : la reconnoissance des Princes ne pro-
» duit souvent que des richesses.

» S'il est un talent qui réunisse en quelque
» sorte tous les autres, le talent de l'homme de

» guerre peut seul prétendre à cet avantage !
» en vain l'homme vieilli dans le cabinet vou-
» droit faire croire qu'il n'appartient qu'à lui de
» régir un Empire : sa vûe affoiblie dans l'om-
» bre, ne peut appercevoir les ressorts d'un
» grand Etat. Financier, il n'est pas citoyen ;
» Magistrat, il est souvent mauvais politique.
» Timide dans ses projets, lent dans leur exé-
» cution, il laisse échapper le temps ; & le mal
» s'augmente. Le guerrier vigilant, accoutumé
» à prévoir, agit facilement ; tous les dangers,
» tous les besoins suivent les camps ; par les
» soins d'un Chef éclairé, le soldat y trouve
» l'abondance des Villes. Cet honneur qui fait
» verser son sang pour la patrie, ne souffrira
» jamais qu'on la sacrifie par des traités honteux.
» Celui qui sçait conduire des hommes à la
» gloire, peut seul les conduire au bonheur.

» On n'est pas vertueux impunément ; des
» ennemis secrets soufflent un venin qui ne peut
» flétrir un grand homme aux yeux de la pos-
» térité, mais qui donne, pour le moment, de
» cruelles atteintes à l'ame, & force l'innocence
» à la triste nécessité de se défendre.

» L'ingratitude ne révolte que l'orgueil, &
» ne lasse point la générosité.

» Où l'on ne trouve plus de Chefs, tout le
» monde se croit digne de l'être «.

Je suis, &c.

LETTRE XXXII.

Les premiers pas de Madame de Saint Chamond dans la Littérature, ont été signalés par des succès. On se rappelle encore les applaudissemens que lui ont mérité, dans l'Eloge de Sully, la délicatesse de son esprit, les graces de son style & la justesse de son goût. C'étoit, pour ainsi dire, contracter des engagemens dont elle voulut commencer à s'acquitter, en publiant le Conte de *Camédris*, dont la lecture me paroît également agréable & instructive. On reconnoît cette main qui traçoit au Temple de mémoire les vertus du favori d'Henri IV, & recueilloit, sinon les prix de l'Académie, du moins les suffrages des Académiciens & ceux du Public. L'analyse que je vais faire de Camédris, justifiera les éloges & l'estime qu'on a déja pour l'Auteur.

Camédris, Conte.

« Astérie, Souveraine des Sylphes, parcou-
» roit, sur un char d'azur, l'immense étendue de
» son Empire aërien. Accoutumée à la magnifi-
» cence des Cieux, elle en voyoit l'éclat avec
» assez d'indifférence ; & déja ses chevaux aîlés
» reprenoient la route de son palais, lorsqu'elle
» apperçut un autre char, dont la marche iné-
» gale & précipitée annonçoit le caractere de
» celle qui le conduisoit. Synaclée, Sylphide
» d'un ordre inférieur, s'étoit élevée au plus
» haut des airs, où elle erroit au gré de ses ca-
» prices; Astérie l'arrêta.... «

C'est ainsi que l'Auteur ouvre la scène aux évenemens qu'elle va décrire. Ce début me paroît noble & poëtique, & annonce, en peu de mots, le caractère de deux des principaux personnages du Roman.

La Sylphide du second ordre invite Astérie à quitter le séjour des airs, & lui montre la terre, dont une partie est confiée à ses soins, & la prie de l'aider dans cette pénible administration. Synaclée a tenté inutilement tous les moyens possibles pour perfectionner un jeune Prince auquel elle s'intéresse, & qu'un mot seul inconsidérément prononcé par sa mere, a rendu malheureux.

La Princesse Barzée étant prête à donner le jour à Camédris, pria Synaclée, son amie, de le douer le plus heureusement qu'il seroit possible, de peur qu'il ne ressemblât à son pere, qui, par son indolence, avoit perdu ses Etats. Synaclée n'avoit pas assez de puissance; mais elle obtint des Génies élémentaires, que la Princesse doueroit elle-même son enfant, & que le premier mot qu'elle prononceroit après l'avoir mis au monde, signifieroit ce qu'il devoit être. Barzée devint mere; & quelques momens après, ayant entendu le bruit d'un vase de porcelaine, qu'un de ses gens venoit de casser, elle s'écria *étourdi!* ce mot fut l'arrêt fatal, qui devoit décider du caractere & du sort de Camédris.

A quinze ans le jeune Prince entra dans le monde, & s'y fit connoître par des étourderies qui forment, pour ainsi dire, comme autant d'Episodes, qui n'ont entr'eux aucune ressemblance. Le Prince a aimé successivement plusieurs femmes, dont l'histoire offre des contrastes agréables, des tableaux variés & des peintures du monde.

Instruite d'une partie des fautes de Camédris, dont les conséquences étoient souvent très-dangereuses, Astérie descend avec Synadée sur le globe terrestre; elle voit le Prince, le trouve aimable, & déja s'intéresse à son sort. Les deux Sylphides tiennent un rang considérable dans la Capitale; leur maison est ouverte aux cercles les plus nombreux & les plus brillans. Camédris suit la foule; il rend visite à Astérie, dont la beauté le frappe & l'enchante. Il ne songe plus qu'à plaire à la Sylphide. Astérie, de son côté, observe la conduite du Prince; elle veut le connoître & sçavoir s'il est digne de son amour : mais ne s'attachant pas aux apparences, comme la plûpart des femmes, elle étudie Camédris; &, sans ajouter foi aux bruits désavantageux qui courent contre lui, elle en démêle les motifs. Le fruit de ces fréquens examens est de trouver toujours le Prince plus étourdi que coupable. Ce qu'elle sent pour lui, ne lui permet pas d'attendre de l'âge & de l'expérience, qu'il se corrige; elle entreprend elle-même de le rendre parfait. Camédris étoit abîmé de dettes; elle lui fournira des secours. Emporté par son courage, le Prince a voulu reconquérir ses Etats; il a succombé dans cette expédition, a été blessé & fait prisonnier. A l'aide des Gnomes, Astérie le guérit de sa blessure, & lui rend la liberté. La reconnoissance autant que l'amour, attache le Prince à la Sylphide; il lui fait le récit de ses foiblesses, lui promet d'être docile à ses leçons; & bientôt Camédris est un homme nouveau. Il est estimé, chéri dans le monde; mais il ne voit & il n'aime qu'Astérie, qui répond également à sa tendresse.

Le cœur rempli du bonheur d'aimer & d'être aimée, elle avoit élevé les bras vers le Ciel ; Camédris ofa les ferrer dans les siens ; une frayeur soudaine agite Astérie ; elle craint d'avoir trop accordé, elle craint d'avoir trop obtenu ; mais une lumiere éclatante, signal de la divinité, brille sur le front de Camédris ; des nuages volent autour du Prince & de la Sylphide, s'y rassemblent, les enlevent ; déja la terre a disparu à leurs yeux ; Astérie apperçoit avec transport qu'elle remonte au séjour des Sylphes. Son bonheur passe ses espérances ; ses destins sont remplis ; elle est pour jamais unie à son amant ; & Camédris a puisé l'immortalité dans le sein même des plaisirs.

Cette courte analyse du Conte de Camédris suffit sans doute, Madame, pour en donner une idée générale ; mais il contient des détails que vous ne serez pas fâchée de lire.

On ne nomme point la patrie de Camédris, mais on la devine par des traits qui la caractérisent. » Vous ne connoissez pas, comme moi,
» les peuples chez qui vous êtes, dit Synaclée ;
» ils sont aimables, mais pour ceux qui n'ap-
» précient point leurs qualités ; charmans aux
» yeux prévenus seulement ; spirituels, pour qui
» se prête à leur jargon ; ils parlent raison tant
» que l'on veut ; ils ont même l'air de l'enten-
» dre ; mais si quelquefois la sagesse est sur
» leurs levres, la légereté, l'erreur & la folie
» sont toujours dans leurs têtes. Croyez-moi,
» amusez-vous de leurs travers, sans chercher
» à leur donner des vertus. Puisque vous ne
» pouvez régler leur esprit, vous ne changerez
» pas leur cœur. Examinez-les bien : sont-ils
» galans ?

» galans ? font-ils gais ? font-ils fages ? Les uns
» fe ruinent, fans fe procurer de vrais plaifirs ;
» les autres s'enrichiffent, fans choifir les moyens.
» Ils ont un fafte mal entendu & fans gran-
» deur : ils applaudiffent aux mauvais ouvrages,
» bâillent aux bons, courent après les femmes,
» les méprifent, en font méprifés ; n'aiment
» rien, en difant qu'ils aiment tout, n'ont que
» des fantaifies, point de defirs. Quelques Phi-
» lofophes de nos jours leur ont dit qu'il n'y a
» ni vices, ni vertus : dans ce trifte aveuglement,
» ils ne cherchent pas à s'éclaircir par des lu-
» mieres plus fûres. Cependant ils lifent, ils
» font inftruits, fi c'eft l'être, que de ne favoir
» précifément, que ce qu'il vaudroit mieux
» ignorer «.

Ce tableau des mœurs de la nation de Camédris, marque que la Philofophie a guidé la
main du Peintre ; & ce ton de morale, toujours
mêlée d'un peu de critique, regne avec efprit
dans toutes les pages de cette agréable & in-
génieufe fiction. On y trouve une fineffe de
goût, une jufteffe de jugement, que le fujet ne
femble pas devoir fournir, & qui cependant ne
font jamais étrangeres au fujet. Je me bornerai
à rapporter ici quelques penfées que le hazard
m'a fait tomber fous la main ; car j'avoue de
bonne foi, que le choix m'eût embarraffé. Chacune en particulier femble mériter la préférence.

» Le long féjour que l'on fait dans le mon-
» de, loin de fixer fur la meilleure maniere de
» s'y conduire, rend tous les plans incertains
» & douteux : on voit des hommes réuffir, &
» s'élever, malgré les torts les plus graves, les
» vices les plus honteux : on voit des hommes

» dans l'oubli, dans l'avilissement même, avec
» beaucoup de mérite, avec les plus grands ta-
» lens ; il y a dans le monde un enchaînement
» d'erreurs motivées & accréditées les unes par
» les autres, d'où partent tous les biens & les
» maux. L'intrigue y tient lieu de vertus, & le
» hasard dispose des fortunes.

» Il est des femmes qui jouissent, à l'abri d'un
» nom, de l'impunité de leurs travers ; qui se
» croyent esprits forts, parce qu'elles osent rire
» de leurs vices ; tendres, parce qu'elles sont
» galantes ; estimées, parce qu'on les craint, &
» qu'elles ne sçavent pas lire dans les ames
» tout le mépris qu'elles inspirent.

» On tient des propos fort légerement, &
» par malheur avec impunité. Autrefois les hom-
» mes auroient répandu leur sang, pour soute-
» nir l'honneur des femmes ; ils étoient dignes
» de leur plaire ; ils étoient intéressés à les dé-
» fendre : mais ils sont tels aujourd'hui, qu'ils
» attachent une espece de honte aux sentimens
» qu'ils font naître.

» Une femme qui lit les livres du jour, &
» qui reçoit quelques savans, est un génie su-
» périeur, pourvu qu'elle ait des singularités :
» il faut penser, parler, agir comme elle ; au-
» cun ouvrage n'est universellement applaudi,
» si celui qui l'a composé, n'a pris l'attache du
» bel esprit indiqué.

» On s'ennuie nécessairement où l'on ne plaît
» pas.

» Les hommes qui fuyent le monde, ont une
» raison secrette qui les y détermine ; & ce
» n'est pas Philosophie, c'est orgueil : l'une fe-
» ront chercher les hommes pour leur être utile ;

» l'autre éloigne de ceux même dont on a be-
» foin.

» L'efprit fuffit aux malheureux, à peu près
» comme le fuperflu aux gens qui manquent du
» néceffaire.

» Les jeunes gens fe flattent en vain d'en
» impofer à la calomnie; la légereté de leur
» conduite lui donne des armes; elle attaque,
» elle atteint, elle bleffe; & fi le temps femble
» guérir les plaies qu'elle a faites, on reconnoît
» toujours où fes coups ont porté.

» Jamais Hiftoire n'eft oubliée : les méchans
» qu'elle amufe, rejettent les éclairciffemens,
» & gardent le fait. Pour être heureux, il ne
» faut jamais faire parler de foi.

» La lenteur dans le difcours annonce que
» tout ce que l'on dit, vient d'un effort de mé-
» moire; on en impofe aux ignorans; mais on
» découvre aux autres la fécherefle de fon ef-
» prit : on parle vîte quand on a beaucoup d'i-
» dées, & qu'elles fe fuccedent rapidement.

» La difcrétion eft quelquefois dangereufe &
» cruelle : elle ôte les moyens de fe défendre
» quand on eft accufé injuftement, & laiffe
» jouir de l'impunité celui qui eft réellement
» coupable.

» C'eft un détour de la vanité, que l'aveu de
» fes torts : il vaut mieux fe montrer tel que
» l'on doit être, que tel qu'on eft en effet.

» Celui qui brigue les éloges, prend foin de
» les mériter.

» Trompées fur les moyens de plaire, les
» femmes croyent-elles y avoir atteint par une
» coquetterie exercée fans choix, & par le nom-
» bre d'hommages qu'elles reçoivent fans plaifir?

» Elles ont des amans, les entraînent, les subjuguent, & ne sçavent ni les attacher, ni les fixer ; elles ignorent qu'à force de vouloir donner de l'amour, elles n'inspirent souvent que du mépris, & que ce pouvoir qu'elles cherchent à établir, n'existe qu'avec les qualités qui le fondent.

» On iroit moins loin, ou plus sûrement, si l'on approfondissoit davantage la conduite de l'objet qui intéresse : mais qu'il faut de courage pour risquer de voir détruire une illusion flatteuse !.... Séduit par les grâces d'un objet, on lui croit les qualités que l'on désire ; l'imagination s'enflâme ; la raison se tait ; & le cœur cede ; mais cette raison reprend bientôt ses droits ; le malheur la rappelle ; il ne reste plus que la honte de s'être trompé & le foible espoir de s'arracher à des sentimens que l'on désavoue.

» Le chagrin est presque toujours injuste : quand on est malheureux, on se croit en droit de haïr l'Univers.

» Tel est l'effet des grandes passions trompées ; on devient misantrope ; & sans doute le premier qui le fut, étoit ambitieux, vain ou tendre.

» Quand l'esprit est agité, ce n'est plus le temps de la solitude : fixée sur un objet de douleur ou de plaisir, l'ame se soutient elle-même, se plaint ou se contemple ; mais quand on ne sçait jusqu'à quel point on doit craindre ou espérer, les idées se croisent ; le sang s'allume ; & le désordre intérieur se manifeste par des mouvemens impétueux.

» Les usages ont changé les caracteres ; l'hon-

» neur est soumis aux préjugés, la justice à la
» force, le mérite à la faveur, les loix à l'in-
» trigue.

» La nation Françoise ne fait voyager que
» ceux qui ne peuvent inspirer par la figure,
» l'esprit & les mœurs, ni admiration, ni esti-
» me, ni respect. Les étrangers, au contraire,
» nous envoyent ce qu'ils ont de mieux ; aussi
» l'enthousiasme nous prend-il à la plus légere
» apparence de talens, de vertus ou de grâces
» que nous croyons remarquer en eux : nous
» les regardons même fort au-dessus de nous ;
» & nous les en avons presque persuadés.

» Lisez les fastes de votre nation : il fut un
» temps où généreuse & fiere, simple & vail-
» lante, elle n'avoit, dans toutes ses actions, d'au-
» tre mobile que l'honneur. On étoit difficile,
» à la vérité; on ne rioit point d'un discours
» injurieux, d'un procédé perfide, d'une con-
» duite indécente, de l'ingratitude, de la mau-
» vaise foi, de la méchanceté; mais on s'ex-
» primoit avec noblesse, avec décence, avec
» simplicité ; on sçavoit mériter un bienfait,
» le reconnoître & le rendre. Tout ce qui étoit
» honteux en soi, n'étoit ni toléré, ni avoué,
» ni plaisant : la ruse étoit bassesse ; la folie n'é-
» toit point gaîté ; l'esprit ne s'aidoit pas du
» secours de l'épigramme ; on avoit des mœurs
» enfin. Par quelle fatalité ce caractere national
» s'est-il perdu ? Si l'on n'a pu le conserver, au
» moins il vaut bien la peine que l'on cherche à
» le reprendre ; & personne n'y est plus obligé,
» que ceux qui, par leur naissance, placés au
» premier rang, semblent devoir servir d'exem-
» ple, de guide & de modele à tout ce qui

» leur est inférieur. Les peuples ne deviennent
» méprisables, que lorsque les grands sont mé-
» prisés.

» La noblesse du sang n'est point indifférente;
» elle ajoute à la honte des vices, comme à la
» gloire de la vertu.

» Les femmes peuvent se convaincre aisément,
» qu'il n'est point d'amans plus aimables, que
» ceux qu'elles ne rendent point heureux.

» Une femme a toujours le cœur froid, quand
» elle a beaucoup d'esprit. (Cette pensée a été
critiquée dans tous les Journaux; on n'avoit pas
fait attention à ce qui suit.) » La raison nuit
» au sentiment, parce qu'elle sçait apprécier
» les objets qui lui sont offerts. On aime peu
» quand on voit bien ; mais celui qui mérite-
» roit la tendresse d'une ame éclairée, seroit
» sûrement le plus heureux des hommes.

» Ce n'est quelquefois qu'au moment où
» l'on voudroit n'avoir jamais eu de torts, que
» l'on sent tous ceux que l'on a eus.

» Ne jamais réussir du côté de la fortune,
» devient, aux yeux du vulgaire, une preuve
» qu'on n'étoit pas digne des graces qu'elle ré-
» pand.

» On ne jouit que de ce que l'on partage.

» Tel qui croyoit se faire des amis, n'a fait
» souvent que des ingrats.

» La plûpart des femmes ne deviennent ga-
» lantes, que parce que l'on a voulu croire qu'el-
» les l'étoient.

» Les femmes n'ont de vices, que ceux que
» les hommes leur communiquent : ces derniers,
» à force de connoître le monde, acquerent
» des qualités ; les femmes perdent, au con-

» traire, celles qu'une vie retirée, & nécessai-
» rement réfléchie leur donneroit ; quand une
» fois on leur a fait voir le ridicule de ce que
» les hommes nomment petitesse, préjugés,
» foiblesses, elles se flattent d'être fortes selon
» eux, & s'avilissent en croyant leur ressem-
» bler.

» Les Grecs punissoient les maîtresses des
» fautes de leurs amans ; on seroit plus fondé à
» punir les amans des fautes de leurs maî-
» tresses.

» Les femmes se font respecter quand elles
» veulent ; ce sentiment dépend d'elles ; les hom-
» mes ne peuvent s'y soustraire : mais le don
» de leur cœur n'en est pas toujours la suite ; il
» faut des atteintes plus fortes ; on n'est pas
» toujours conduit à l'amour par l'estime ; on ne
» l'est pas même par les desirs.

» Il faut sçavoir sacrifier ses plaisirs à la crain-
» te de faire des malheureux.

» Il n'est point de vice, qui ne puisse con-
» duire à quelque vertu. La vengeance donne
» souvent la bravoure ; la colere produit l'in-
» trépidité ; l'envie, l'émulation ; par un retour
» secret sur soi-même, la cruauté fait naître la
» compassion ; la satiété rend délicat ; la faus-
» seté produit la politesse ; la folie, la gaîté ;
» la prodigalité, la bienfaisance. Il n'y a que
» l'avarice, qui ne conduit à rien ; car l'insensi-
» bilité même, qui paroît être un défaut dans
» la nature, donne ce que nous admirons le
» plus, la force d'esprit.

» Les jeunes gens sont jettés dans le mon-
» de, & n'y sont point conduits. Pressés de jouir
» de la liberté qu'on leur donne, des biens que

» leur imagination exagere, des plaisirs dont la
» la nature s'embellit, ils profitent de leurs
» avantages, cedent au tumulte flatteur de leurs
» sens, se livrent à la volupté qui les appelle.
» Dans un âge où les moindres desirs ont toute
» l'impétuosité des passions, on n'entend point
» la voix de la sagesse ; la magnificence séduit
» la vanité ; on dérange sa fortune ; les ridi-
» cules sont plus craints que les vices ; on s'en
» défend au péril de sa vie ; & l'amour que l'on
» croit sentir, excuse toutes les fautes qu'il fait
» commettre : on trompe les femmes, ses amis
» & soi-même. La raison se fait entendre enfin ;
» les réflexions succedent au délire ; & ce sont
» toutes ces mauvaises têtes qui deviennent les
» bonnes : cependant, à force de se livrer à tout,
» l'ame peut se flétrir.

» Il faut avoir connu le mal, pour aimer le
» bien : celui qui n'aura jamais fait de sottises,
» ne sçaura point les éviter.

» On résiste plus aisément au plaisir que l'on
» connôit, qu'à celui qu'on imagine.

» Les hommes ne sont hardis, qu'avec les fem-
» mes qu'ils méprisent.

» Rien n'embellit comme le bonheur.

» C'est une erreur de croire que l'extrême
» reconnoissance porte à l'indiscrétion. Trop
» publier un bienfait est une espece d'ingrati-
» tude : il semble que l'on cherche à soulager
» son cœur du poids de l'obligation, en cares-
» sant la vanité de ceux qui obligent.

» Les femmes veulent plaire ; & quand cette
» espérance est perdue, elles dédaignent celui
» qu'elles n'ont pu séduire.

» Il est des instans, où les hommes sont vrais

« malgré eux, & persuasifs sans le sçavoir.

« Les hommes ne sçavent vanter la beauté &
« l'esprit d'une femme, qu'aux dépens de toutes
« les autres; rien n'est comparable à celle dont
« ils veulent faire l'éloge; quelquefois cepen-
« dant les personnes à qui l'on parle, sont d'un
« mérite fort supérieur, en sont persuadés, &
« ne pardonnent pas au mal-adroit qui vient
« choquer leur amour-propre.

« Les amusemens les plus puérils sont des
« fêtes avec l'objet qu'on aime.

« Telle est la différence des ames; le senti-
« ment embellit tout aux yeux des femmes; il
« rend tout insipide aux yeux des hommes :
« obsédés par leurs desirs, ils se refusent aux
« amusemens.

« Ce n'est pas avec ceux que l'on a quelque
« intérêt de tromper, que le caractère se ma-
« nifeste.

« Les politiques ont bien raison de craindre
« l'amour. En appréciant les objets, il ramene
« trop l'homme à lui-même; les chimeres s'é-
« vanouissent quand le cœur a parlé.

Il est aisé de juger, d'après ces différentes
pensées, combien l'Ouvrage de Madame de St.
Chamond differe de la plûpart des fictions de
ce genre. Il n'est pas question de ces prestiges
de la féerie, où brille l'imagination, presque
toujours aux dépens du jugement. Réflexions,
esprit, sentimens, graces de style, connoissance
du cœur & usage du monde; voilà ce qui distingue le Conte de Camédris. Ainsi l'avoit jugé,
avant moi, le Censeur de cet Ouvrage, dont je
rapporterai l'approbation; je ne sçaurois mieux
finir cet article.

» Cette fiction ingénieuse, dit M. d'Albaret,
» n'est point une lecture de pur amusement. La
» morale y est adroitement semée : on reconnoît
» la main des Grâces «.

Eloge de Descartes.

L'Eloge de Descartes, autre Ouvrage de Mad. de Saint Chamond, n'a point concouru pour le prix de l'Académie Françoise : il auroit sans doute mérité l'attention, & peut-être balancé le suffrage des Juges de l'éloquence. Mais l'Auteur satisfait de l'approbation de quelques amis, s'est contenté de le faire imprimer.

Le génie de Descartes, ses découvertes, ou plutôt le parti qu'il a tiré de celles qui avoient été faites, l'ordre qu'il a mis dans les connoissances acquises avant lui, le rapprochement lumineux de beaucoup d'idées éloignées les unes des autres, la chaîne par laquelle il les a liées, la refonte générale de la Philosophie, les services que sa marche méthodique a rendus aux sciences, le caractere de son esprit, celui de son ame, ses vertus, sa morale, son Christianisme : tout Descartes, en un mot, me paroît bien saisi, bien peint, bien ressemblant dans ce Discours.

L'Auteur commence par définir la vraie & la fausse Philosophie. La premiere, » qui nous rend
» fermes dans le malheur, modestes dans la
» prospérité, sensibles pour nos pareils, séve-
» res à nous-mêmes ; qui sçait ménager les foi-
» blesses, régler les passions, secourir la misere,
» consoler l'innocence, exciter la vertu, effrayer
» le vice, prit naissance au sein de la raison....
» Par elle l'homme sent toute la supériorité de
» son être, en respecte la source, sçait en pré-
» voir la fin. Rempli du Dieu qu'il ose conce-
» voir, il le cherche, s'en assure & l'adore. La
» seconde, incertaine dans sa marche, mécon-

» noit la vérité : de triftes réflexions font naî-
» tre le dégoût de fa propre exiftence.... On
» tremble à l'idée d'un Dieu vengeur : on vou-
» droit fe fouftraire à fa puiffance, en la fubor-
» donnant à des loix imaginaires. Comme on
» ne voit plus que foi dans l'univers, on brife
» les liens de l'humanité. Qui ne peut la fervir,
» prefque toujours l'infulte ; principes, devoirs,
» fentimens, tout eft rejetté dans la claffe des
» chimeres ; & l'on fe perd enfin dans la nuit
» du menfonge «.

Précis de la Philofophie fcholaftique dans le quinzieme fiecle. Quelques mains courageufes avoient ébranlé déja le trône d'Ariftote ; on fentoit l'obfcurité de fes écrits ; on s'apperce-voit qu'il y avoit des vérités à connoître, & une méthode plus fimple de les trouver ; » mais,
» pour qu'elles paruffent dans tout leur éclat,
» il falloit un génie puiffant, doué d'une ima-
» gination prodigieufe, d'un jugement profond,
» d'une tranfcendance prefque furnaturelle,
» qui, joignant à la chaleur de Ramus, la dou-
» ceur de Bacon & l'adreffe de Gaffendi, por-
» tât le flambeau Philofophique au-delà des
» routes ténébreufes de l'opinion ; un homme
» perfuadé que la nature & la vérité font fou-
» mifes à des loix immuables, & que rien n'eft
» incompréhenfible pour l'efprit humain, hors
» le Dieu qui d'un mot a créé l'univers.

» Cet homme parut enfin : Defcartes fembloit
» être formé par le Ciel même, pour éclairer,
» confoler & guider fes femblables : pour les
» accoutumer à faire ufage de leur raifon, il
» établit des doutes méthodiques, forma de
» nouveaux plans d'étude, attacha la Phyfique

» à l'expérience; la métaphysique au bon sens;
» répandit la lumiere, deffilla tous les yeux, &
» donna le premier, aux écrits, ce coloris philo-
» sophique qui rend tout intéreffant, utile &
» certain, lorfqu'on cherche moins à paroître
» favant, qu'à procurer le bonheur aux hommes,
» & qu'on ne les jette point, par des hypo-
» thèfes hardies, dans le dégoût de leur état,
» dans le réfroidiffement fur leurs devoirs, dans
» le doute fur les vrais biens.

» Vivre fans avoir examiné fon exiftence dans
» un univers inconnu, dont on ignore les cau-
» fes & les effets, parut à Defcartes un crime
» envers Dieu & la nature. Après avoir fait
» ferment aux pieds des autels, de ne jamais
» écrire que pour la gloire de l'Etre fuprême,
» & le bonheur du genre humain, il ofa pré-
» fenter aux hommes un plan général d'étude:
» errans de fyftêmes en fyftêmes, ils n'avoient
» pu fe fixer fur aucun. Comment franchir l'ef-
» pace que l'ignorance, toujours timide, met-
» toit entr'eux & la vérité? Ainfi les premiers
» Navigateurs, hafardant de voguer fur les mers,
» s'effrayerent de leur immenfité, & n'oferent
» perdre de vue les bords qu'ils avoient eu le
» courage de quitter «.

Voici un morceau rempli, felon moi, de raifon, d'honnêteté, d'élévation & de fentiment.
» Rien ne peut difpenfer l'homme de fervir
» fon Dieu, l'humanité & fa patrie: en vain fe
» croiroit-il un être féparé des autres par des
» intérêts particuliers; il a dû fentir qu'on ne
» fubfifte point feul, que l'on eft une portion
» néceffaire & dépendante des états & des fa-
» milles où l'on eft attaché par fa naiffance, par

MADAME DE SAINT CHAMOND.

» sa fortune, par son serment. Combien celui qui
» rapporteroit tout à lui-même, seroit injuste
» & cruel, incapable de servir les autres, tou-
» jours prêt à leur faire tout le mal possible,
» lorsqu'il croiroit pouvoir en tirer quelque
» bien ? Il seroit l'opprobre de la nature, lui
» qui lui fut destiné pour sa gloire. Hommes,
» embrassez l'étendue de l'Univers ; voyez-le sans
» bornes ; considérez-vous comme une partie de
» l'immensité ; craignez d'imaginer que les Cieux
» sont faits pour cette terre ; vous croiriez qu'elle
» est votre principale demeure, & cette vie votre
» plus grand bien ; un autre lieu vous attend ; vous
» devez espérer un autre sort. Un Dieu qui vous
» forma, dont le pouvoir est immense, les per-
» fections infinies, les décrets infaillibles ; ce
» Dieu qui vous créa par un souffle divin, en
» vous assujétissant à des maux passagers, vous
» promit un bonheur éternel. Persuadée de cette
» vérité consolante, l'imagination s'éleve ; l'ame
» s'agrandit ; on porte ses regards avec une res-
» pectueuse audace sur l'Univers, dont on se
» sent une partie intéressante. Emané de l'Etre
» suprême, on croit pouvoir s'en approcher ; &
» ce n'est que par la connoissance de ses ouvra-
» ges, qu'il est possible d'y parvenir. Oui, la
» science porte l'homme jusqu'à la divinité ; le
» plus instruit est le plus grand sans doute. Ce-
» lui qui sçait apprécier la force & la foiblesse
» de la nature, qui peut seconder l'une, sou-
» lager l'autre, arrêter leurs excès, diriger leurs
» actions, est un nouveau créateur dans ce
» monde «.

L'Auteur de ce Discours a heureusement employé un trait rapporté dans la vie de Descartes,

par Baillet. » Flattée d'avoir ce Philosophe près
» d'elle, Christine fit, du jour de son arrivée, une
» véritable fête ; tout ressentit sa bonté, sa fa-
» miliarité même. Le Pilote, qui venoit d'ame-
» ner Descartes dans les ports de Suede, reçut
» de la Reine les plus grandes marques de gé-
» nérosité ; elle voulut s'amuser de l'idée qu'il
» pouvoit avoir d'un Philosophe. Ce titre en-
» core nouveau, devoit étonner la simplicité ;
» mais la raison en rectifie la foiblesse. Ce n'est
» point un homme, répondit le Navigateur,
» avec l'enthousiasme de l'admiration ; c'est,
» sans doute, un demi-Dieu ; il m'en a plus ap-
» pris, en trois semaines, sur la science des vents
» & de la marine, que soixante années de tra-
» vaux & d'expériences ; & je me sens, par lui,
» capable d'entreprendre les voyages les plus
» difficiles. Cet éloge, que la vérité même pro-
» nonçoit par une bouche peu faite à l'art flat-
» teur des Cours, fit sur la Reine l'impression
» la plus vive, & peut-être augmenta l'estime
» qu'elle avoit conçue pour Descartes. Une ap-
» probation populaire & libre, persuade bien
» mieux, que ces acclamations outrées du cour-
» tisan, esclave des goûts de son maître. Chris-
» tine rendit, & fit rendre à Descartes, tous les
» honneurs qu'elle crut dignes de lui. Les
» Sçavans murmurerent ; le Philosophe Fran-
» çois leur parut aussi redoutable, qu'ils le vou-
» lurent faire croire inutile. Les envieux ont
» toujours la mal-adresse de craindre ce qu'ils
» s'efforcent de paroître mépriser.

Je ne citerai plus qu'un endroit de ce Discours ; c'est le tableau touchant & non moins
instructif de la mort de Descartes. » Il n'offroit

» plus que la triste dépouille de l'humanité;
» mais enfin sa grande ame, prête à se dégager
» des liens terrestres qui l'assujétissoient, reprit
» quelques instans sa premiere vigueur; il sem-
» bloit que le Dieu qui l'avoit éclairée, voulût
» la ranimer encore. Descartes, sans force, re-
» prit toute sa raison; il sentit alors que sa fin
» étoit prochaine, & qu'une autre existence al-
» loit commencer. Tout ce qui l'entoure verse
» des larmes; lui seul considere avec courage
» le moment terrible qui réunit l'ame à son
» souverain principe, & rend les corps à la terre.
» Cette séparation n'a rien qui l'étonne; elle
» est annoncée, attendue, nécessaire. Sans ef-
» froi sur le sort qui l'attend, pénétré de res-
» pect pour les décrets du Ciel, & de confian-
» ce dans sa bonté, Descartes appelle à son lit
» de mort les Ministres du Dieu qui va juger
» sa vie : le méchant les éloigne; le juste les
» desire : c'est dans leur sein qu'il doit trouver la
» consolation de ses maux présens, l'espoir des
» biens futurs, & consacrer enfin ses derniers
» soupirs. S'il est possible d'ajouter à l'idée que
» tout homme doit avoir de la Religion, des
» ressources qu'elle présente, du respect qu'on
» lui doit, c'est par l'exemple du Philosophe
» mourant qui l'invoque & l'écoute; son aspect
» fait trembler l'impie; mais il affermit le sage,
» plus instruit & plus courageux que le vulgaire,
» capable de concevoir & d'examiner les véri-
» tés éternelles. Son hommage ne peut être
» soupçonné d'ignorance ou de foiblesse; c'est
» la nature & la raison qui constatent l'existence
» de leur divin Auteur. Descartes, plein de
» cette confiance gravée dans tous les cœurs

» vertueux, content de sa vie, satisfait des
» hommes, convaincu du bonheur éternel, ren-
» dit l'esprit dans une tranquillité digne de la
» pureté de ses mœurs & de la grandeur de son
» génie «.

Il n'y a point de division marquée dans ce Discours; il n'en est ni moins bien pensé, ni moins bien écrit. C'est un des éloges, je ne dis pas seulement des mieux faits, mais un des meilleurs qu'on puisse faire de Descartes, qui parmi nous, est pour la Philosophie, ce que Corneille a été pour le Théâtre.

L'éloge dont je viens de vous rendre compte, est accompagné de notes sçavantes, claires & solides, où la doctrine de Descartes est éclaircie & développée. Ces notes sont le résultat d'une lecture considérable, approfondie & digérée. Mad. de St. Chamond peut se flatter d'avoir fait un Ouvrage très-estimable par l'intelligence singuliere du Cartésianisme, par la netteté avec laquelle ce système est exposé dans toutes ses parties, par la douce chaleur qui vivifie ces matieres philosophiques, par la justesse des pensées, par la noblesse des sentimens, par l'élégance du style; enfin un Ouvrage digne d'un Philosophe.

Voici quelques pensées détachées du Discours, & qui n'ont pu entrer dans le cours de cette analyse.

» Rien n'éloigne du sçavant, comme l'assurance
» qu'il vous donne de votre incapacité.

» Le bonheur ne doit pas être soumis au cal-
» cul : ce qui nous paroît tel, l'est en effet; &
» son peu de durée ne l'anéantit pas. Celui qui
» perdroit la faculté de voir le soleil, seroit-il
» autorisé à croire, que d'autres yeux ne jouis-
» sent

» sent point de sa lumiere; & penseroit-il avoir
» été la victime de l'illusion?

» Les comètes, dont les fanatiques, les mé-
» chans & les adulateurs ont trop souvent abu-
» sé, rentrerent, sous les loix de la Philosophie,
» dans l'ordre des astres.

» Il est toujours, au fond de notre cœur, un
» censeur secret qui nous avertit; mais il trou-
» ble plus qu'il ne persuade; & rarement on
» voit des hommes assez courageux, assez ins-
» truits même, pour avouer qu'ils se sont trom-
» pés.

» Le sage seroit trop heureux, s'il n'étoit jugé
» que par la raison seule, & s'il n'avoit que
» l'ignorance à combattre.

» Pour acquérir, il faut n'avoir rien à con-
» server.

» Quand on a pu, quelque temps, se sous-
» traire au tumulte du monde, affecter le mé-
» pris des hommes, d'un trait de plume hardie
» ébranler tous les fondemens de la morale la
» plus pure, on pense être parvenu aux plus su-
» blimes connoissances.

» Il n'y a rien d'extravagant ou de ridicule,
» qui n'ait été proposé & reçu.

» Accoutumée aux erreurs, la raison même se
» révolte à la premiere vérité qu'on lui présente.

» Le héros en impose par l'éclat de ses vic-
» toires; le Magistrat, par la force qu'il donne
» aux loix. L'un paroît aggrandir les Empires;
» l'autre semble en être le soutien : on jouit
» chaque jour de leurs travaux & de leurs soins.
» Le Philosophe, avec autant de courage & de
» prudence, forcé d'attendre tout du temps,
» instruit avec crainte, persuade avec peine; &

» la haine est presque toujours la compagne de
» sa renommée.

» La faveur ou la fortune dont nous jouissons,
» nous fait plus d'ennemis que le mérite même.

» Tel est l'avantage de la véritable générosité;
» l'emploi qu'elle fait des biens, les multiplie.

» L'habitude d'être seul, rend dur; la société
» rend plus doux; la morale en est plus sûre;
» elle a besoin, pour paroître, de cette aménité
» que l'on contracte par l'usage des passions;
» elle sçait tolerer les folies, excuser les erreurs,
» ramener à la prudence, à la vérité.

» Les hommes accordent assez légerement de
» l'esprit aux femmes qui leur plaisent; celles
» qui écrivent, sont jugées plus séverement; ils
» supposent toujours qu'un d'eux a dicté l'ou-
» vrage, quelque mauvais qu'il puisse être. Il ne
» faut pas leur enlever cette petite consolation;
» c'est le dernier retranchement de leur vanité;
» d'ailleurs, ils ont, je crois, une raison de po-
» litique : si les femmes s'éclairoient à un cer-
» tain point, ils retomberoient dans l'obscurité.

» Une femme connue dans le monde pour
» avoir de l'esprit, fait soupçonner qu'elle en
» a bien peu, lorsqu'elle paroît douter qu'une
» autre ait sçu composer un Ouvrage «.

Je suis, &c.

LETTRE XXXIII.

ON parloit beaucoup, Madame, il y a douze ou quinze ans, dans le monde Littéraire, de l'esprit, des grâces, de la jeunesse de Mlle Brohon, & surtout de son talent d'écrire, dont elle avoit déja donné plusieurs preuves, quoiqu'elle eût à peine alors dix-huit ans. Ses *Amans Philosophes*, petit Roman, qui parut en 1755, & un très-joli Conte, inséré dans le Mercure de France, sous le titre des *Charmes de l'ingénuité*, avoient commencé à lui faire de la réputation. On s'attendoit qu'avec beaucoup d'esprit & de facilité, elle répondroit à l'accueil favorable que le Public avoit fait à ses premiers Ouvrages ; mais depuis plus de douze ans, il n'a paru aucun écrit sous son nom, aucun qui lui ait été attribué. Elle est rentrée dans le cours de la vie ordinaire des personnes de son sexe. *Mlle Brohon.*

Damon, Mérindor, Victoire & Uranie sont, Madame, les quatre principaux Acteurs du Roman de Mademoiselle Brohon, intitulé : *les Amans philosophes ; ou le Triomphe de la raison*. *Les Amans Philosophes.*

Damon est un jeune homme naturellement vertueux ; mais qui, n'ayant point encore éprouvé l'empire des passions, succombe au premier choc, sans cesser néanmoins de chérir la vertu.

Mérindor joint à un esprit juste, un caractere droit & une ame généreuse ; l'étude de la sagesse a fait de tout temps son occupation chérie ; mais, pour avoir trop approfondi le caractere des hommes, il en fuit le commerce.

Victoire est une jeune personne d'une figure charmante, d'un cœur noble & sincere, & d'une solidité d'esprit qui égale la douceur de ses mœurs.

Uranie est une veuve jeune & jolie, d'un mérite distingué & d'un génie supérieur.

L'estime avoit formé entr'elle, Mérindor & Damon, l'amitié la plus tendre; mais la jeune veuve, sans s'en appercevoir, avoit porté plus loin le sentiment en faveur de ce dernier.

De ces quatre personnages, Mérindor est le plus philosophe. Après avoir essuyé avec constance des revers de fortune, des infidélités de ses maîtresses, des trahisons de ses amis, il se retire dans une terre: elle étoit dans le voisinage de celle de Damon, avec lequel il lia une tendre amitié. Ce dernier apprit que Mérindor n'avoit perdu un procès considérable, que parce que le Juge avoit détourné une piece essentielle, & suborné de faux témoins. Il fit recommencer la procédure; & son ami rentra dans la possession de tous ses biens.

Mérindor quitta sa retraite, & vint avec Damon fixer son séjour à Paris. C'est-là qu'ils firent connoissance avec la vertueuse Uranie, chez laquelle ils avoient coutume de s'assembler plusieurs fois la semaine.

La jeune veuve aimoit Damon, qui, de son côté, avoit le cœur pris pour Emilie. C'étoit une coquette d'une figure aimable; mais d'une ame fourbe & artificieuse: elle avoit tellement captivé son amant, qu'il ne paroissoit plus ni chez Mérindor, ni chez Uranie.

Celle-ci avoit retiré dans sa maison une Demoiselle déguisée sous un habit d'homme, &

sous le nom de Déricourt. Cette jeune personne avoit perdu son pere & sa mere, & étoit restée sous la tutelle d'un frere aîné, qui conçut pour sa sœur un amour criminel. Victoire, (c'étoit le nom de cette fille) pour éviter les poursuites de son frere, s'étoit sauvée de sa Province, & étoit venue se réfugier chez Uranie. La coquette Emilie la rencontra un jour à la promenade en habit de cavalier; la prenant pour un homme, elle se laissa enflâmer à la premiere vûe, & n'omit rien pour lui faire connoître son amour. Une lettre tendre qu'elle lui écrivit, & qui fut interceptée par Damon, manqua de le brouiller pour toujours avec sa maîtresse ; mais, par l'artifice d'Emilie, cette lettre n'eut d'autre effet, que de découvrir le sexe de Déricourt. Emilie, furieuse d'avoir été trompée, jura de s'en venger. Dans une lettre qu'elle adressa au frere de Victoire, elle lui marquoit que sa sœur, réfugiée chez Uranie, & cachée sous les habits d'un homme, profitoit de ce déguisement pour entretenir plus sûrement une intrigue secrette. Dorante, (c'est le nom du frere,) partit sur le champ de sa Province, & vint accabler la malheureuse Victoire de mille propos outrageans. Il la tira des bras de son amie, la ramena en Province, & l'enferma dans un couvent, où il se réserva toujours la liberté de la voir. La fuite de sa sœur n'avoit fait qu'augmenter sa passion. Quand il se vit maître de son sort, il renouvella plus vivement que jamais toutes ses instances criminelles.

Mérindor aimoit Victoire ; & il en étoit aimé. Il sçut les mauvais traitemens que son frere lui faisoit essuyer ; & sa Philosophie succomba enfin sous une épreuve si rude. Il s'abandonna à un désespoir si cruel, que sa santé en fut considérablement altérée; & en peu de jours on désespera de sa vie. Damon apprit la maladie de son ami; il vint le voir, & il sçut que son indiscrétion avec Emilie, & la méchanceté de cette femme étoit la cause de tout ce désastre. La voix de l'amitié se fit entendre au fond de son cœur, & étouffa celle de l'amour. Il quitta Emilie, & crut qu'il étoit de son devoir de réparer le mal dont il se regardoit comme l'auteur.

Il faut entendre Mademoiselle Brohon faire elle-même le récit de ce qui se passe dans cette occasion.

» Quand Damon partit, la nuit commençoit
» à paroître; il voloit avec ardeur vers un séjour
» qui devoit lui offrir un ami, dont le malheur
» avoit ranimé, chez lui, les semences d'une ami-
» tié plutôt rallentie, qu'étouffée au fond de
» son cœur.

» Damon ignoroit entierement le funeste
» usage qu'Emilie avoit fait de la connoissance
» du secret de Victoire. Il ne se croyoit coupa-
» ble envers Mérindor, que d'avoir manqué à
» la promesse qu'il lui avoit faite, de ne plus
» s'occuper d'Emilie. Il espéroit trouver son par-
» don dans la sensibilité qu'il lui connoissoit,
» & dans l'épreuve qu'il faisoit lui-même du
» pouvoir de l'amour. C'étoit dans cette idée,
» qu'il se disposoit, avec confiance, à se présenter
» à ses yeux. Il se détermina à passer d'abord
» chez Uranie; il comptoit engager Victoire à
» plaider sa cause; il ne s'étoit pas présenté une
» seule fois à son esprit, qu'elle ne fût plus chez
» Uranie

» Uranie croyoit Damon coupable; sa visite
» noircit encore les traits sous lesquels il parois-
» soit à ses yeux; elle la prit pour un nouvel
» outrage; & son indignation augmenta telle-
» ment, qu'il étoit entré dans sa chambre, qu'il
» lui avoit déja fait mille questions plus em-
» pressées les unes que les autres, sans qu'elle
» eût daigné lui répondre, ni jetter un seul re-
» gard sur lui.

» Damon, bien éloigné de soupçonner les
» mouvemens que sa vûe faisoit naître dans
» l'esprit d'Uranie, n'attribua qu'à l'idée que
» son ami auroit pu succomber à son chagrin,
» le silence & l'air sombre qu'elle conservoit;
» à cette pensée, il ne fut plus maître de son
» trouble. Votre silence m'apprend ce que je crai-
» gnois plus que la mort, dit-il avec saisissement;
» Uranie, j'ai tout perdu; Mérindor n'est plus.

» Uranie ne prit d'abord ce discours que
» pour l'effet d'un nouvel artifice; mais son vi-
» sage, qu'elle vit tout à coup inondé de lar-
» mes, partagerent ses sentimens : l'erreur où
» Damon paroissoit être sur le sort de Mé-
» rindor, fournissoit à Uranie une trop belle
» occasion de lui reprocher les crimes dont elle
» le croyoit coupable, pour n'en pas profiter.

» Pourquoi affecter, dit-elle, un chagrin
» que sans doute vous ne ressentez pas? N'êtes-
» vous pas content de lui causer la mort? venez-
» vous encore insulter à sa mémoire?

» Quel odieux sentiment me prêtez-vous,
» Uranie, reprit Damon? Quel crime osez-
» vous m'imputer? Seroit-il possible que je fusse
» en effet coupable de sa mort, moi qui rache-
» terois ses jours au prix de tout mon sang?

» Osez-vous vous-même ajouter l'imposture
» à tant de crimes, répliqua Uranie ? traître ;
» le Ciel s'en vengera : s'il pardonne des foi-
» blesses, il ne pardonna jamais la trahison &
» le parjure. La trahison & le parjure, dit Da-
» mon ! O vous, en qui j'ai toujours remar-
» qué une ame si juste, un esprit si droit, Ura-
» nie, est-ce vous qui m'accusez si injuste-
» ment ? Je suis coupable, je l'avoue ; j'avois
» promis à Mérindor de ne plus voir Emilie ;
» j'ai manqué à mon serment ; hélas ! si vous
» avez jamais connu l'amour, dois-je vous pa-
» roître si criminel ? Emilie s'est montrée à moi
» plus tendre que jamais ; elle s'est montrée in-
» nocente & fidelle.

» Innocente & fidelle, interrompit Uranie
» avec indignation ! Juste Ciel ! est-ce à moi
» que s'adresse un pareil discours ? Perfide, osez-
» vous encore la justifier ? Mais dois-je m'en
» étonner ? Qui partage ses crimes, doit les ex-
» cuser. Uranie voulut sortir à ces mots ; Da-
» mon se précipita au-devant de ses pas.

» Votre discours renferme un mystere que je
» ne puis pénétrer, lui dit-il ; expliquez-vous ;
» Dieux ! que vous me causez d'allarmes ! De
» quel crime suis-je complice avec Emilie ?
» Comment ai-je contribué à la mort de Mé-
» rindor ? Eh ! l'ignorez-vous, reprit Uranie ?
» Sa tendresse pour Victoire vous étoit connue ;
» ne pouviez-vous juger que c'étoit attenter sur
» ses jours, que de lui ravir ce qu'il avoit de
» plus cher au monde ?

» Lui ravir Victoire, répondit Damon !
» Ciel ! une semblable entreprise auroit-elle pu
» seulement s'offrir à mon esprit ? Oui,

» Uranie, avoir enfanté dans le vôtre de pareils
» soupçons ?

» Cet écrit suffira peut-être pour vous con-
» fondre, dit Uranie, en lui présentant la lettre
» d'Emilie à Dorante ; lisez ; osez ensuite nier
» votre trahison.

» Damon parcourt avidement cette prétendue
» preuve d'un crime qu'il ignore ; chaque mot
» le jettoit dans un trouble inexprimable ; Ura-
» nie, dit-il d'une voix tremblante, cette lettre
» est-elle parvenue à Dorante ?

» L'état de Merindor en est un trop sûr ga-
» rant, repliqua-t'elle ; & s'il vous manque le
» cruel plaisir d'en sçavoir les suites, jouissez-
» en ; & sachez que Victoire, arrachée de mes
» bras, souffre à-présent tout ce que l'imagina-
» tion peut se représenter de plus affreux ; sa-
» chez qu'en butte à la violence & à des desirs
» infâmes, l'innocente, la vertueuse Victoire
» gémit, languit, & subit mille morts à la
» fois : à ce tableau pouvez-vous ignorer le
» coup funeste, qui ravit le jour à Merindor ?
» Et pouvez-vous vous méconnoître pour l'auteur
» de tant de maux, lorsque vous seul, ingrat,
» avez été le dépositaire du secret si essentiel
» à ces malheureux Amans ?

» Qui pourroit exprimer le désespoir de Da-
» mon à cet affreux détail ? Il le porta à un
» tel excès, qu'Uranie crut devoir interrom-
» pre un discours, qui produisoit en lui la
» plus cruelle révolution. Elle ne perdoit pas
» cependant de vue un seul de ses mouvemens ;
» tous la surprenoient également ; un si beau
» repentir pouvoit-il partir d'un cœur vicieux ?

» Damon s'apperçut bientôt de l'attention

« qu'elle prêtoit aux expressions de sa douleur.
» Soyez témoin de mon chagrin, lui dit-il ;
» mon cœur en est pénétré ; & l'accablement
» où il me plonge est extrême. Uranie, quel
» mystere venez-vous de me découvrir ? Et toi,
» Mérindor, quelle idée de moi emportes-tu
» au tombeau ? Qu'elle est injuste ! moi un
» perfide, moi un traitre ! A ces traits recon-
» noîtrois-tu ton ami ? Un instant suffiroit-il pour
» changer entierement les dispositions de l'ame ?
» L'amitié n'a-t'elle pu prendre mon parti dans
» ton cœur ? Par ce discours, jugez, Uranie,
» que vos soupçons sont injustes. Ah ! bien loin
» d'être complice des attentats d'Emilie, que ne
» pouvez-vous connoître l'horreur qu'ils m'ins-
» pirent !

» Uranie pénétra, mieux que Damon, l'a-
» dresse dont Emilie s'étoit servie pour lui
» arracher son secret ; elle la fit appercevoir
» à Damon. Mérindor, s'écria-t'il, dans toute
» l'amertume dont son ame étoit pénétrée, cher
» & vertueux ami, c'est donc moi qui t'ai ravi
» le jour ; c'est moi qui t'ai sacrifié à l'objet
» le plus indigne. Hélas ! il fut un tems où
» j'étois digne de toi ; j'aimois, j'admirois tes
» vertus ; je faisois mes plus doux plaisirs de
» les imiter ; Emilie nous a perdu tous deux ;
» mon cœur n'a connu le crime, qu'en com-
» mençant à l'aimer.

» Uranie n'eut pas le courage d'en imposer
» plus longtems à la crédulité de Damon ; elle
» ne pouvoit être témoin insensible de sa dou-
» leur ; & son cœur s'étoit toujours trop vi-
» vement intéressé à lui, pour qu'elle reçût in-
» différemment les preuves qu'il lui donnoit

» encore de l'excellence du sien. Vos respects
» me pénétrent, Damon, s'écria-t'elle ; con-
» solez-vous ; votre ami voit encore le jour;
» mais son sort n'en est pas plus heureux.

» A la nouvelle que Mérindor n'avoit point
» succombé à sa douleur, Damon vouloit vo-
» ler auprès de lui, se justifier, s'il étoit pos-
» sible.

» Uranie lui représenta, que Mérindor le
» croyant auteur de ses maux, sa vue pourroit
» lui causer une révolution fatale à sa situation.

» La conduite que vous garderez désormais,
» lui dit-elle, peut seule vous justifier ; je crains
» bien qu'il n'ait pas le tems d'en juger par
» lui-même. Damon, Damon, la vue des
» cruels effets de votre imprudence n'a-t'elle
» pas bien de quoi vous humilier ? Quel triste
» compte n'avez-vous pas à vous rendre de
» votre conduite passée ? Souffrez que l'amitié
» vous la rappelle par ma bouche.

» Uranie peignit vivement à Damon, les
» commencemens, les suites, enfin les erreurs
» où sa passion pour Emilie l'a plongé. Damon
» convient de ses torts, d'abord par docilité,
» & bientôt par goût. Uranie plaide les droits
» du sentiment & de la raison, & peut-être
» ceux de l'amour ; le feu qui régnoit secret-
» tement dans son cœur, échauffe ses discours ;
» sa voix est tout à la fois vive & tendre ;
» l'émotion de son ame anime son visage d'un
» coloris qui redouble ses agrémens naturels.

» Damon la regarde & l'écoute avec un trou-
» ble plein de charmes ; à peine ose-t'il res-
» pirer ; il croit entendre la sagesse même s'é-
» noncer par sa bouche. Il se fait cependant

» un changement total dans son cœur ; ce que
» la connoissance des crimes d'Emilie a com-
» mencé, la vertu d'Uranie l'acheve. Il perd
» entierement son goût pour Emilie, & ne sent
» plus pour elle qu'un souverain mépris ; mais
» il ne peut trop admirer Uranie ; il frémit à
» l'idée de l'ingratitude dont il a si souvent
» payé l'amitié peu méritée qu'elle lui a tou-
» jours accordée. Il gémit de l'avoir rendue té-
» moin de tant d'égaremens ; il veut les ré-
» parer ; il en cherche les moyens, & croit
» l'appercevoir dans ce qui peut seul rendre
» Victoire à la tendresse & aux vœux de son
» cher Mérindor.

» Vous triomphez, dit-il vivement à Ura-
» nie ; jouissez de votre ouvrage ; oui vous me
» rendez à la raison ; que ne pouvez-vous con-
» noître toute l'impression que vous avez faite
» sur mon cœur ! Mais ce n'est plus aux simples
» paroles que vous pouvez vous fier désormais ;
» il faut des preuves : puisse le Ciel m'accorder
» le tems de vous les donner ! puisse encore,
» Mérindor, être à portée de connoître le chan-
» gement que vous avez produit en moi ! Je
» vous quitte.... Hélas ! Uranie..... portez,
» je vous conjure, ces derniers mots à celui
» que j'ose encore nommer mon ami ; dites-
» lui que ma vie même va être destinée à ré-
» parer mes fautes. Damon se leve à ces mots,
» il sort, & laisse Uranie dans un trouble ex-
» trême, sur la promptitude de sa retraite.

Il part à l'instant pour l'endroit où étoit Victoire & son infâme tyran. Il demande à Dorante
la liberté de sa sœur ; celui-ci entre en fureur à
cette proposition ; il met l'épée à la main ; &,

percé par Damon, il trouve dans sa blessure, la fin de sa vie & de ses crimes. Cette mort rend Victoire à elle-même, & par conséquent, à son cher Mérindor. On travaille à obtenir la grace de Damon : il revient à Paris, reparoît devant Uranie, lui offre son cœur & sa main, qu'elle accepte.

Ainsi finit ce petit Roman, où les *Amans* ne sont pas plus *Philosophes* qu'ailleurs. Mais, sans faire attention au titre de l'Ouvrage, on doit à l'Auteur de justes éloges, & pour les sentimens qu'il donne à ses personnages, & pour la maniere dont il les exprime. Vous verrez, Madame, avec plaisir, & c'est par-là que je finis cette Lettre, la peinture de l'amour & du Courtisan, qui n'a pas pu entrer dans le cours de cette analyse.

» L'homme de Cour a l'abord enchanteur ;
» ses façons plaisent ; son langage séduit ; la na-
» ture semble avoir réservé pour lui seul, l'heu-
» reux talent de persuader. L'intérieur répond-
» t-il à de si beaux dehors ? Non ; ce n'est qu'une
» belle écorce, qui couvre un tronc vicieux. Ar-
» rachez cette écorce, vous n'y verrez plus qu'ar-
» tifice, présomption, mensonge & légereté ;
» promettre tout, ne jamais rien accorder, éta-
» blir son triomphe sur les tristes débris du bon-
» heur des autres ; ramper sous ceux que le pou-
» voir suprême rend maîtres de sa destinée ; du
» même fond de bassesse qui lui sert à ramper,
» s'en servir aussi pour s'élever & regarder le
» reste des mortels comme autant de victimes
» qu'on doit immoler à ses plaisirs.

» Est-il rien de plus noble que l'amour ? Est-
» il rien de si doux, rien même de plus utile à
» la société ? Lui seul corrige nos mœurs, les

» rend pures & délicates. L'homme lui doit ce
» ce qu'il a d'estimable : sans l'amour, la féro-
» cité, naturelle à son caractere, rendroit son
» commerce mille fois plus insupportable, que
» celui des animaux les plus sauvages. Mais
» quel est cet amour ? C'est celui qui, puisant
» sa source dans la raison même, fut toujours
» soutenu de l'aimable vertu; qui, bannissant
» tous remords de l'ame, laisse jouir en paix
» du plaisir enchanteur de se contempler dans
» sa tendresse pour un objet dont le mérite,
» non-seulement justifie, mais fait même une
» douce violence à nos sentimens «.

Je suis, &c.

LETTRE XXXIV.

CE qui commença à faire connoître Mademoiselle Brohon, & lui fit peut-être encore plus d'honneur que ses *Amans philosophes*, c'est le Conte qu'elle envoya à l'Auteur du Mercure de France, sous le titre des *Charmes de l'Ingénuité*, & auquel M. de Boissi, alors chargé de la rédaction de ce Journal, donna des éloges, qui furent confirmés par le Public. Voici, Madame, ce qu'il contient de plus agréable & de plus intéressant. *Les Charmes de l'ingénuité.*

Mélanie, née de parens nobles, mais peu riches, reçut l'éducation d'une de ses tantes, dont elle étoit tendrement aimée. Eugénie apperçut, dans le cœur de sa jeune Eleve, des dispositions tendres, qu'elle jugea devoir être un jour dangereuses à son repos. Pour prévenir les malheurs dont elle la croyoit menacée, elle résolut de la laisser dans une ignorance profonde sur les effets & le nom même de l'amour, persuadée qu'en voulant lui donner des préservatifs contre cette passion, elle l'exposeroit au desir de la connoître. En revanche, elle lui parloit beaucoup de l'amitié : elle lui vantoit les charmes de ce sentiment, & lui faisoit sentir combien il influe sur le bonheur de la vie.

Une amie d'Eugénie l'invita, un jour, à l'accompagner dans une de ses Terres, où elle devoit passer quelque tems : Mélanie fut de la partie.

Un jour que cette derniere parcouroit seule les différentes avenues des jardins, elle apperçut une porte qui donnoit dans la Campagne; elle l'ouvrit, & vit à quelques pas de-là, un ruisseau qui baignoit un gazon émaillé de fleurs, & qu'un double rang d'arbres mettoit à l'abri de l'ardeur du soleil. Mélanie s'approche; la beauté de cette retraite, le calme qui y régne, la sérénité du jour, & le chant des oiseaux la séduisent; elle s'assied sur le gazon, & se laissa surprendre par le sommeil.

Il y avoit quelque tems qu'elle y étoit plongée, lorsqu'elle fut éveillée par un mouvement qui se fit auprès d'elle. Sa surprise fut extrême, de voir à ses pieds un jeune homme qu'elle ne connoissoit pas : elle voulut fuir ; la voix de l'inconnu l'arrêta.

» Les coups sont portés, aimable personne,
» lui dit-il; je vous ai vue, & c'est dire que
» je vous adore. Le hazard vient de forger la
» chaîne qui devoit captiver mon cœur : je me
» croyois à l'épreuve des traits de l'amour; mais
» hélas! qui peut l'être du pouvoir de vos char-
» mes? Je n'y ai point résisté ; & ce jour me
» va coûter le repos de ma vie. «

L'innocence de Mélanie l'empêcha de comprendre le sens de ce discours ; son cœur ne s'y méprit pas : elle examinoit l'inconnu avec la plus curieuse attention ; & elle y trouvoit un plaisir qui augmentoit par dégré.

Elle prit tout ce qu'elle éprouvoit, & ce qu'elle inspiroit à l'inconnu, pour de simples mouvemens d'amitié. Elle ne craignit pas de se livrer à un sentiment si doux, & que sa tante lui avoit toujours offert sous des traits respectables.

» Est-il possible, lui dit-elle ingénûment,
» qu'un

» qu'un seul instant ait pu produire tant d'effet ?
» Et sans connoître le caractere de l'objet qui
» nous frappe, peut-on lui être solidement at-
» tachée ? Mais, qui êtes-vous, poursuivit-elle,
» sans lui laisser le tems de repondre ? Quel
» hazard vous a conduit auprès de moi ?

» Mon nom est Terville, lui repondit-il ;
» Paris est le lieu de ma naissance ; & j'y ai
» laissé une partie de ma famille. Quelques
» intérêts particuliers m'ont appellé dans cette
» Province, où je suis depuis deux mois : Je
» revenois de la chasse, lorsque le hasard m'a
» conduit dans ces lieux.

» Que ne m'est-il possible de vous peindre
» la révolution qui s'est faite alors dans mon
» ame ; j'ai cru qu'un événement surnaturel
» alloit changer son existence. Vos yeux se sont
» ouverts, & cet instant a décidé ma defaite.
» Oui, je vous adore ; & je sens que sans vous,
» il n'est plus de repos pour moi.

» Ah ! si votre bonheur ne dépend que de
» moi, repliqua la naïve Mélanie, croyez que
» vous serez le plus heureux des hommes. Je
» vous l'avoue, Terville, vous me par-issez di-
» gne de mon amitié ; mais je n'ose vous l'offrir
» sans l'aveu de ma tante : elle a toujours réglé
» mes sentimens ; un manque de confiance
» de ma part pourroit la chagriner. Suivez-moi,
» poursuivit-elle avec un transport charmant ;
» elle est en ces lieux : elle chérit le vrai mé-
» rite ; elle vous aimera, Terville, quand elle
» vous aura vu ; & sûrement elle me permettra
» de devenir votre amie «.

Terville se contenta d'exprimer avec feu la
satisfaction que lui donnoient les favorables dis-

positions où il voyoit le cœur de cette aimable personne. Il lui jura une tendresse éternelle; mais il lui avoua qu'il ne pouvoit faire encore, auprès de sa tante, la démarche qu'elle lui proposoit ; qu'il étoit lui-même sous la puissance d'un oncle, dont il avoit besoin de ménager l'esprit, pour l'engager à consentir à son bonheur.

» Eh bien! Terville, reprit Melanie, n'épar‑
» gnons rien pour nous rendre favorables de si
» chers parens. Pendant que vous travaillerez à
» mériter le suffrage de votre oncle, je parlerai
» à Eugenie ; je lui dirai.....

» Ah! Melanie, interrompit Terville, elle va
» peut-être vous défendre de m'aimer ; elle va
» peut-être vous défendre de me voir.

» Quelle raison en auroit-elle, reprit Mela‑
» nie avec surprise? L'amitié ne peut me ren‑
» dre coupable à ses yeux ; elle s'est de tous
» tems appliquée à m'en faire connoître les
» douceurs ; mais quoi!.... ne seroit-elle pas
» jalouse de vous voir partager ma tendresse
» avec elle. Cela pourroit bien être ; & vous
» me faites ouvrir les yeux : elle me défen‑
» droit de vous aimer!..... je ne pourrois plus
» vous voir....... Ah! Terville, vos craintes
» passent dans mon ame; vous me faites trem‑
» bler.

» Eh bien! chere Melanie, repliqua l'amou‑
» reux Terville, charmé du tour ingénu qu'elle
» donnoit elle-même aux allarmes qu'elle lui
» laissoit voir ; dérobez quelque-tems à votre
» tante l'intelligence de nos cœurs : je parlerai
» à mon oncle ; je l'engagerai à faire lui-mê‑
» me les premieres démarches auprès d'Eugenie.

» Mais en attendant, me refuserez-vous le bon-
» heur de vous voir ? M'interdirez-vous le plaisir
» de lire dans vos yeux, que j'ai sçu vous toucher?
» Non je ne vous refuserai rien, répondit
» ingénûment Melanie: j'approuve vos raisons;
» j'attendrai l'effet de vos démarches auprès de
» votre oncle. Il m'en coûtera, je vous l'avoue,
» pour manquer de confiance envers Eugenie;
» c'est la premiere fois qu'elle aura à s'en plain-
» dre; mais puisque les intérêts de notre amitié
» l'exigent, je leur ferai fidelle. Ces mêmes
» lieux, cependant, pourront nous procurer
» le plaisir de nous voir ; j'y recevrai, chaque
» jour, avec joie, l'assurance d'un sentiment ten-
» dre de votre part ; & vous aurez la douceur de
» vous voir payer de la mienne d'un retour
» sincere ».

La nuit approchoit ; Melanie & Terville furent contraints d'interrompre un entretien si
flatteur. Que cet instant leur coûta de peines!
» Je vais m'éloigner de vous, disoit avec
» douleur le passionné Terville ; nous nous re-
» verrons demain, reprenoit la naïve Mélanie :
» une si courte absence doit-elle nous faire
» soupirer ? «
En disant ces mots, des larmes s'échappoient
de ses yeux ; Terville y mêloit les siennes. » Ma
» tante m'a toujours dit que l'amitié ne cau-
» soit que des plaisirs, reprit encore Melanie;
» mais c'est sans doute lorsqu'elle ne trouve
» aucun obstacle à s'exprimer «. Terville jura
qu'il alloit travailler sans retard à détruire ceux
qui s'opposoient à leur commun bonheur. Mélanie lui rendit la main, qu'il baisa avec transf-
port. Ils se séparerent enfin, en se promettant

de nouveaux plaisirs pour le lendemain.

Mélanie fut exacte à se trouver au rendez-vous qu'elle avoit donné à Terville. Leur entretien fut encore plus tendre que la veille. Ils avoient éprouvé les langueurs de l'absence ; le plaisir de se revoir leur en parut plus vif.

» Je ne sçais, dit-elle à Terville, quel genre
» d'amitié vous m'inspirez ; mais je n'ai jamais
» éprouvé auprès de ma tante, ce que j'éprouve
» auprès de vous. C'est qu'elle vous aime moins
» que moi, lui répondit Terville. Ah ! Mélanie,
» pourriez-vous me refuser le prix du sentiment ?
» Celui qui m'anime pour vous, est de nature
» à ne pouvoir être égalé.

» Que je me plais dans cette douce certitude,
» s'écria Mélanie ! Que vous m'êtes cher, Ter-
» ville ! Si vous cessiez de m'aimer, je crois que
» je cesserois de vivre «.

Terville, que le respect qu'il avoit pour Mélanie, avoit retenu jusqu'alors dans les bornes les plus étroites, ne fut pas, cette fois, maître de ses transports.

» Livrez-vous sans allarmes aux mouvemens
» de votre cœur, lui dit-il avec un trouble ex-
» trême, chere Mélanie : l'amour même & vos
» charmes vous répondent de ma constance....
» mais.... vous m'aimez donc.... Ah ! Méla-
» nie, assurez-m'en encore ; vous m'aimez....
» Mélanie..... «

La vivacité avec laquelle Terville prononça ces dernieres paroles, répandit le trouble dans l'ame de Mélanie : elle rougit & soupira, sans sçavoir pourquoi. Ses yeux, qui rencontrerent ceux de son amant, furent à l'instant baignés de ces délicieuses larmes que l'amour fait répandre.

Terville s'empresse à les recueillir : il y confond les siennes ; &, guidé par ses desirs, il prend Mélanie dans ses bras, la serre tendrement ; son ardeur augmente.

» Terville..... lui dit Mélanie, d'une voix
» foible, qu'éprouvons-nous l'un & l'autre ?
» Quel étrange mouvement faires-vous naître
» dans mon cœur ? Ah ! que ma tante avoit rai-
» son de me vanter les charmes de l'amitié !
» Qu'ils sont puissans ! mais pourquoi ne les goû-
» tai-je qu'avec vous « ?

Ce discours rappella Terville à lui-même : l'innocence de Mélanie y étoit représentée avec trop d'avantage, pour ne pas faire effet sur un cœur naturellement ami de la vertu.... » Qu'al-
» lois-je faire, dit-il ? Ce qui doit être l'objet
» de mon adoration, ce qui doit faire un jour
» ma félicité, alloit me rendre le plus coupable
» des hommes. Non..... ma raison s'y refuse....
» mon amour même en seroit blessé..... » En disant ces mots, Terville reprend auprès de Mélanie la timidité du véritable amour.

Mélanie alloit, sans doute, questionner Terville sur ce qui venoit de se passer entr'eux, lorsqu'elle entendit la voix d'Eugénie, qui répétoit son nom avec inquiétude. Contraints de se séparer, nos deux amans se dirent, en gémissant, l'adieu le plus tendre. Mélanie rentra dans le jardin, où sa présence calma les allarmes de la craintive Eugénie.

» Où étiez-vous, ma chere enfant, lui dit-
» elle, sitôt qu'elle l'apperçut ? Je vous cherche
» depuis longtemps. Venez, poursuivit-elle,
» sans attendre sa réponse ; venez embrasser vo-
» tre mere, qui vient d'arriver en ces lieux «.

Mélanie avoit besoin d'une nouvelle aussi inattendue, pour dérober à sa tante le trouble où elle étoit encore. « Ma mere, reprit-elle! quel » bonheur l'amene auprès de moi » ? A cette joie succede bientôt le chagrin d'apprendre que Mélise, (c'est le nom de la mere,) vient lui parler d'un mariage qu'elle avoit promis de lui faire contracter avec le Comte d'Armainville.

Ce Seigneur avoit passé sa jeunesse à la Cour: parvenu à un âge mur, & fatigué du tumulte du monde, il s'étoit retiré à la campagne; il y vit Mélanie, & se détermina à partager avec elle son rang & sa fortune. Il ne découvrit ses sentimens qu'à Eugénie. Celle ci, sans en rien dire à sa niéce, en donna avis à Mélise, qui partit sur le champ, pour communiquer à Mélanie les dispositions du Comte d'Armainville, & accélérer ce mariage.

Le Comte, qui sçavoit que Mélise devoit, dès le soir même, s'expliquer avec Mélanie, se fit un plaisir délicat de jouir de la surprise où seroit cette jeune personne, en entendant nommer l'amour pour la premiere fois, & de connoître par lui-même, si elle seroit flattée d'apprendre qu'elle lui en avoit inspiré. Se glissa secrettement dans un cabinet qui touchoit à l'appartement de Mélise, où, par une porte vitrée, il fut à portée de voir & d'entendre la scène qui se préparoit.

Mélise, après avoir prodigué à sa fille les caresses les plus tendres, s'empressa de l'instruire du sujet de son voyage; elle lui peignit sous les couleurs les plus sensibles, le bonheur qui l'attendoit. Mélanie frémit, sans pouvoir s'en rendre raison; son silence surprit Mélise,

» Vous ne répondez pas, ma fille, lui dit-elle;
» auriez-vous de la répugnance à épouser le
» Comte ? Songez que je suis autant votre amie,
» que votre mere ; & parlez-moi sans détour «.

Rassurée par le ton affectueux qu'employoit sa mere, Mélanie lui répondit, en l'embrassant, qu'elle ne connoissoit pas d'autre volonté que la sienne : » mais ajouta-t-elle, apprenez-moi à
» quoi l'engagement que vous me proposez,
» doit me soumettre : qu'exige de moi le titre
» d'épouse du Comte d'Armainville « ?

Mélise sourit, & reconnut, dans cette réponse, l'effet des soins d'Eugénie. » Le Comte
» n'exige de vous, dit-elle à sa fille, que ce que
» ses bonnes façons & son amour vous forceront
» de lui accorder ; c'est une fidélité à toute
» épreuve ; c'est enfin votre cœur qu'il deman-
» de, & que vous ne pouvez lui refuser. Ah!
» que me dites-vous, s'écria Mélanie. S'il en
» est ainsi, je ne puis épouser le Comte. Eh!
» pourquoi, dit Mélise, avec surprise « ?

Mélanie vit avec chagrin qu'elle alloit rompre le silence que Terville lui avoit recommandé ; elle voulut retenir son secret; mais vivement pressée par sa mere, » hélas! reprit elle,
» comment pourrai-je donner mon cœur au
» Comte ? Il n'est plus en mon pouvoir.

» Eh! à qui l'avez vous donné, répliqua Mé-
» lise ? A vous, Madame, dit Mélanie, à ma
» chere tante, &..... elle hésita un instant; à
» Terville, poursuivit-elle; vous remplissez tous
» trois l'étendue de mon cœur; il n'y a plus de
» place pour d'autres «.

Quel sujet d'étonnement pour Eugénie! A quoi lui ont servi tant de précautions pour éviter à son éleve la connoissance de l'amour ? Elle fixe sur sa sœur des regards interdits.

« Ah ! ma sœur, lui dit Mélise, est-ce-là ce
» que vous m'aviez annoncé ? Vous voyez ma
» surprise, reprit Eugénie ; les dispositions du
» cœur de Mélanie, ses liaisons avec Terville,
» & le jeune homme lui-même me sont in-
» connus.

» Expliquez-nous donc ce mystere, dit Mé-
» lise à sa fille ; quel est ce Terville dont vous
» nous parlez » ?

Mélanie apprit à sa mere comment elle avoit connu Terville, & les circonstances qui avoient formé leur liaison. « Ah ! s'il paroissoit devant
» vous, poursuivit-elle avec vivacité, si vous
» connoissiez les qualités de son ame, vous l'ai-
» meriez comme moi. Pouvois-je lui refuser
» mon amitié ? Il m'assuroit sans cesse de la
» sienne ; & la sincérité même s'exprimoit par
» sa bouche «.

Mélise & Eugénie allarmées des périls où l'innocence de Mélanie avoit été exposée dans ses entrevues avec Terville, n'osoient plus la questionner, craignant d'en trop apprendre ; il leur étoit cependant essentiel de ne rien ignorer de cette aventure.

« A quoi passiez-vous votre temps auprès de
» Terville, lui dit Mélise ? que vous disoit-il ?
» quels étoient vos amusemens ensemble ? Mais
» sur-tout, Mélanie, gardez-vous de me rien
» déguiser.

« Eh ! que pourrois-je vous cacher, reprit
» Mélanie ? L'amitié n'est pas un crime ; ma
» tante m'a toujours dit qu'elle étoit au con-
» traire le plus doux lien de la société. Je pas-

» fois, avec Terville, les plus beaux inſtans de
» ma vie ; il m'aimoit, il me le diſoit ; je l'ai-
» mois, & je l'en aſſurois avec la même ſincé-
» rité. Dieux ! que nos entretiens étoient doux !
» Chere Mélanie, me diſoit-il, connoiſſez l'é-
» tendue de votre empire ; toutes les puiſſances
» de mon ame vous ſont aſſujetties ; & vous
» ſçavez triompher des deſirs mêmes que vous
» m'inſpirez. Oui, ſi l'amour les excite, le reſ-
» pect leur en impoſe.... Il chériſſoit ſurtout,
» diſoit-il, l'innocence de mon cœur ; je n'étois
» pas moins empreſſée à l'inſtruire de ce qui
» m'intéreſſoit le plus en lui. C'eſt ainſi que nous
» paſſions des heures entieres, & qui nous pa-
» roiſſoient des momens. Hélas ! nous ne nous
» ſommes jamais ſéparés ſans répandre des lar-
» mes, que l'eſpoir de nous revoir le lendemain,
» ne pouvoit même arrêter «.

Mélanie s'exprimoit avec trop d'ingénuité,
pour ne pas perſuader.

» Graces au Ciel, dit Méliſe, bas à Eugénie,
» nos craintes ſont diſſipées ; Terville a reſ-
» pecté l'innocence de ma fille, au point de la
» laiſſer dans ſon erreur ſur l'amour ; profitons
» de ſon peu d'expérience, pour détruire le pen-
» chant que ſon cœur oppoſe aux deſirs du
» Comte.

» Je ſuis contente, dit-elle enſuite à Méla-
» nie : j'aime votre ſincérité ; mais, ma fille,
» j'exige, au nom de cette tendreſſe que vous
» m'avez aſſurée tant de fois avoir pour moi,
» que vous oubliez Terville, que vous renon-
» ciez à ſon amitié, & que vous donniez la vô-
» tre au Comte.

» Oublier Terville, s'écria Mélanie avec

« douleur ! Ah ! Madame.... Ne répliquez pas ;
» reprit Mélife : obéissez ; &, dès demain, dis-
» posez-vous à recevoir favorablement celui que
» je vous destine.

» Et Terville, dit la tendre Mélanie, que va-
» t'il donc devenir ? Oubliez jusqu'à son nom,
» répliqua Mélife : non, ma fille, non, Terville
» ne paroîtra jamais à vos yeux ».

Mélanie ne put supporter la rigueur que renfermoit une telle menace : elle perdit connoissance ; Eugénie & Mélife s'empressoient à la secourir, lorsque le Comte, accablé de ce qu'il venoit d'entendre, s'offrit à leurs regards.

» Ah ! Monsieur, lui dit Mélife !... Je sçais
» tout, reprit le Comte : que je suis malheu-
» reux ! mais, de grace, ménagez le cœur de
» votre aimable fille ; ce n'est pas en causant
» son malheur, que je puis mériter sa tendresse.
» Le secret que je viens d'apprendre n'a rien
» diminué de mon amour. Quelle ingénuité !
» quelle innocence dans cette charmante per-
» sonne ! que Terville est heureux » !

Vous imaginez assez, Madame, sans que je vous le dise, que Mélife & Eugénie ne négligèrent rien pour ramener à leurs vues le cœur de Mélanie : mais tout leurs efforts furent inutiles : caresses, menaces, promesses ; tout fut employé, & rien ne réussit. Le Comte d'Armainville, de son côté, passoit des journées entieres à soupirer auprès de Mélanie, & à tâcher de l'attendrir. Mélanie estimoit ce Seigneur : elle gémissoit en secret d'être cause du chagrin auquel il se livroit ; mais il lui étoit impossible de répondre à sa tendresse.

» Ah ! Comte, lui disoit-elle, si la vengeance

» peut avoir des charmes pour vous, jouissez-
» en ; je ne puis vous causer autant de peine,
» que j'en souffre moi-même, depuis que je suis
» séparée de Terville.

» Est-ce ainsi que vous prétendez adoucir
» mes maux, s'écria le Comte ? Cruelle, en
» m'offrant la vengeance pour dédommagement,
» vous portez à mon cœur un nouveau trait de
» désespoir ; ce sont les mêmes tourmens aux-
» quels vous êtes en proie, qui causent mon
» malheur ; j'y reconnois la vivacité de votre
» amour pour le trop heureux Terville.

» N'enviez pas son sort, reprit Mélanie : est-
» il malheur semblable à celui d'être éloigné de
» ce qu'on aime ? Terville ne me voit plus ; il
» ignore si je lui suis fidelle. Ah ! du moins, s'il
» sçavoit les soins que je prends, pour lui con-
» server mon amitié ! S'il sçavoit..... Pardon-
» nez, Monsieur, reprit-elle, en voyant les
» mouvemens d'impatience qui échappoient au
» Comte ; l'on ne peut contraindre le senti-
» ment. J'aime Terville ; je l'ai connu avant
» vous ; avant vous, il m'assura d'une tendresse
» éternelle ; s'il avoit laissé du vuide dans mon
» cœur, vous seul, Comte, seriez digne de le
» remplir ; mais.... Mélanie s'arrêta....

» Achevez, répliqua le Comte, avec douleur ;
» dites que vous ne m'aimerez jamais ; que tout
» espoir m'est interdit ; que je dois enfin étouf-
» fer l'amour malheureux que vous m'avez ins-
» piré.

» Ah ! sans m'ôter votre amitié, reprit vive-
» ment Mélanie, soyez assez généreux, cher
» Comte, pour vous contenter de mon estime !
» Je vous l'offre ; & s'il étoit une autre espece

» d'amitié que celle que j'ai pour Terville, je
» vous l'offrirois de même. Oui, je sens que
» vous avez des droits sur mes sentimens; mais
» je l'avoue, ils ne sont pas semblables à ceux
» que j'ai donnés à Terville: jouissez des vô-
» tres; & souffrez qu'il jouisse des siens. Que
» ne vous devrai-je pas «?

Mélanie s'apperçut que ses dernieres paroles avoient jetté le Comte dans une profonde rêverie: elle se flatta qu'il disposoit son ame à lui faire le sacrifice qu'elle demandoit.

Le Comte sortit à ces mots, & laissa l'esprit de Mélanie flottant entre la crainte & l'espérance; mais il ne l'abandonna pas longtemps à cette inquiétante situation. Il revint le lendemain; & sans communiquer son dessein, il invita Mélise, Eugénie & la charmante Mélanie à embellir, de leur présence, une fête qu'il donnoit, leur dit-il, le même jour dans son château.

Dieu! quelle agréable surprise pour Mélanie, en y arrivant, de reconnoître son cher Terville dans le premier objet qui frappe ses regards chez le Comte! Elle jette un cri de joie; &, sans contraindre les mouvemens de son ame, s'élance dans les bras de son amant, qu'un pareil transport amene au-devant de ses pas.

» Cher Terville, lui dit-elle, je vous revois!
» quel bonheur! « sa voix expire. Terville ne peut s'exprimer avec plus de facilité. Des mots entre-coupés forment l'entretien de ces tendres amans. Mélise & Eugénie les regardent; & dans l'excès de leur surprise, elles ne pensent pas à les séparer, ni à en imposer à leurs transports.

Mélanie s'arrache des bras de Terville pour voler dans ceux de sa mere & de sa tante.

Elle ne se croyoit pas coupable d'avoir, à leurs yeux, prodigué à son amant les preuves de sa tendresse ; ainsi elle ne craignoit pas leurs reproches.

» Le voilà ce cher Terville, leur dit-elle ;
» dont le souvenir me rendoit rebelle à vos
» desirs. Avois-je tort ; & déja ne l'aimez-vous
» pas autant que moi ? «

Melise & Eugenie n'avoient plus la liberté de s'exprimer ; l'étonnement leur coupoit la parole. Melanie n'y fit pas attention ; elle avoit satisfait sa tendresse ; elle crut devoir quelque chose à la générosité du Comte.

» Vous me rendez Terville, lui dit-elle :
» ah ! Monsieur, que ne vous dois-je pas ! «

Le Comte, qui vouloit ravir à son cœur, l'occasion de s'affoiblir de nouveau, ne repondit à Mélanie qu'en prenant une de ses mains, qu'il mit dans celle de Terville ; & dans cet état les présentant tous deux à Melise : » J'ai triomphé de
» mon amour, lui dit-il ; j'ai sacrifié mon bon-
» heur à celui de votre aimable fille ; ne rendez
» pas mes combats infructueux ; consentez à l'u-
» nion de ces deux amans ; ils sont dignes l'un de
» l'autre. Sous le nom de Terville, reconnois-
» sez le fils du Marquis de Clerval, mon frere. «

Melise apprit cette nouvelle avec joie ; mais sa fille ne put cacher sa surprise, & demanda à Clerval, quelle raison lui avoit fait prendre un faux nom auprès d'elle ? » Rassurez-vous,
» Mademoiselle, reprit le Comte : je vais pour
» lui, vous en instruire, & le justifier. Sa tris-
» tesse & sa répugnance pour un mariage avan-
» tageux que je lui proposois, m'ont fait soup-
» çonner qu'une passion secrette formoit cette

» opposition dans son cœur. Je l'ai fait suivre;
» j'ai sçu qu'il se rendoit tous les jours à la porte
» d'un jardin; je l'y ai surpris moi-même; &
» je l'ai obligé de m'ouvrir son ame. Il m'a
» avoué qu'il vous adoroit, & qu'il avoit dé-
» guisé son nom pour me dérober la connois-
» sance de sa flamme. Oui, dit alors Clerval à
» Mélanie, oui c'est la crainte de vous perdre,
» ou de me voir éloigné de vous, si j'étois re-
» connu, qui m'a fait employer cet artifice.
» Que sous l'heureux nom de Terville, j'ai
» goûté de douceurs! Sous le titre de l'amitié,
» vous m'avez offert l'amour le plus tendre.
» Pardonnez, belle Mélanie, si je vous ai lais-
» sée si longtems dans l'erreur; mais content
» de mon sort, & pénétré de respect pour vo-
» tre innocence, je n'ai osé entreprendre de
» vous désabuser. Que dites-vous, Clerval, s'é-
» cria Mélanie? Les sentimens que j'ai pour
» vous, ne seroient pas ceux de l'amitié!

» Quoi! toujours de l'amitié, chere Méla-
» nie, lui dit-il, d'un ton chagrin! Ne voulez-
» vous m'accorder qu'un sentiment si froid?
» Il ne peut récompenser la vivacité des miens.
» L'amour peut seul payer l'amour....

» Eh! quelle différence mettez-vous donc en-
» tre l'amour & l'amitié, interrompit Mélanie?
» Je vous ai entendu souvent répéter le mot
» d'amour. Melite, Eugenie & le Comte l'ont
» quelquefois prononcé devant moi; mais j'ai
» cru qu'il renfermoit les caracteres de l'amitié.
» Je vous l'avoue, cependant; il me sembloit
» qu'il avoit quelque chose de plus vif & de plus
» intéressant. J'aimois surtout, Clerval, j'aimois
» à l'entendre de votre bouche «.

Nos deux amans se livrent à leurs transports sans crainte. Le Comte obtient, pour eux, l'agrément du Marquis de Clerval son frere : il leur assure tous ses biens après sa mort, & les conduit lui-même à l'autel.

C'est de ce conte, Madame, que M. Marin, que j'ai déja cité avec éloge dans l'article d'Héloïse, a tiré le sujet d'une Comédie très-intéressante, qui se trouve dans le recueil de ses œuvres dramatiques, sous le titre des *Graces de l'ingénuité*. Il a conservé toutes les situations du Roman, & toute la naïveté du rôle de Mélanie ; il y a ajoûté d'autres beautés de détail, qui donnent beaucoup d'agrément à cette piece, sans lui rien faire perdre du côté de l'intérêt.

Je suis, &c.

LETTRE XXXV.

<small>Mademoiselle de ***.</small>

IL ne m'est pas possible, Madame, de vous apprendre le nom, ni de vous faire connoître la personne d'une femme Auteur, qui a donné au Public les deux Ouvrages qui vont faire le sujet de cette Lettre. Je sçais que c'est une Demoiselle née dans une condition non commune, qui, n'écrivant que pour son amusement, n'a confié qu'à quelques amis, un secret, que ceux-ci garderont d'autant plus volontiers, que ces deux productions n'ont rien qui puisse beaucoup flatter l'amour-propre.

<small>Lettres de Mlle de Jussy.</small>

La premiere est intitulée, *Lettres de Mademoiselle de Jussy*. Vous sçaurez que cette Demoiselle est dans un Château d'une de ses tantes ; & que c'est-là qu'elle écrit à une amie, tout ce qui se passe autour d'elle. A deux lieues de-là est un autre château, dont la maîtresse est la Comtesse de Crecy, ʺ femme de trente-cinq à
ʺ trente-six ans, dont la figure est fort noble &
ʺ fort spirituelle ; son ton doit être celui de la
ʺ bonne compagnie : elle fait les honneurs de
ʺ sa maison avec une politesse qui n'est ni froi-
ʺ de, ni empressée : elle parle peu, & parle
ʺ bien.... Nous trouvâmes chez elle M. d'Om-
ʺ breval ; je vous le nomme comme fort connu.
ʺ Jamais je n'ai vu de figure plus noble, plus
ʺ touchante, & qui inspirât une plus favorable
ʺ prévention.ʺ

Il est question dans ces lettres d'un être singulier, nommé M. Dumesnil. ʺ Il ignore l'u-
ʺ sage

» sage du monde, & ne se doute point de ce-
» lui de la vie sociale. Il a beaucoup d'esprit,
» beaucoup de connoissances, beaucoup de juge-
» ment, pas l'ombre de goût : personne ne
» parle avec plus d'exactitude, ni avec autant
» de grossiereté. Son langage n'est pas gaulois,
» mais antique. Il s'exprime avec une concision
» que je n'ai connue qu'à lui ; il a souvent de
» la force dans ses idées, jamais d'élévation.
» Son goût dominant est celui des Théâtres ;
» il les sçait presque tous : il rend le tragique
» d'une maniere ridicule : pour le comique, il
» y est supérieur..... M. Dumesnil a ce mas-
» que piquant, dont souvent le talent ne dédom-
» mage point ; une taille courte & ronde, de
» petites jambes d'une grosseur énorme, un
» visage rouge & rebondi, le nez large & écra-
» sé, de petits yeux ronds d'un bleu de tur-
» quoise, toujours en mouvement, une voix de
» tonnere, l'articulation assez nette, & cepen-
» dant tenant beaucoup de Polichinelle ; l'air
» brusque & joyeux ; sa figure est vraiment le
» miroir de son ame ; tel on le juge d'abord,
» & tel il est. Homme sans égards, sans rete-
» nue, rapportant tout à lui, ne se donnant ja-
» mais la peine de feindre, il pense toujours tout
» haut ; il est avare, avec une franchise à la-
» quelle on ne s'accoutume pas ; & se vante
» d'une bassesse, comme M. de.... se vanteroit
» d'une générosité ».

Mlle. de Jussy peint assez bien une sorte de
Présidente qui n'aime qu'elle, & qui meurt de
peur d'être sensible. Cette femme a une fille
malade ; elle y envoye tous les quarts d'heure,
en recommandant bien, s'il y a quelque mau-

vaise nouvelle, de ne l'en pas instruire. ،، Nos ،، laquais sont si bêtes, nous disoit-elle, qu'ils ،، sont capables de m'apprendre la mort de ma ،، pauvre fille au sortir de table, ou bien au mo- ،، ment où j'irois me coucher; qu'ils y prennent ،، garde toujours; celui qui me joueroit ce tour, ،، ne resteroit pas dans la maison vingt-quatre ،، heures ،،.

،، La tante de Mlle. de Jussy se leve un matin avec une attaque de paralysie ; elle part pour les eaux. La niece va demeurer chez Mad. de Crecy. Cette dame paroit accablée de chagrin. Il y a dans sa société, M. d'Ombreval, dont on dit du bien ; on revient plusieurs fois à son éloge. Il se trouve aussi dans la compagnie de Mad. de Crécy, un Abbé qu'on nous donne pour une excellente & honnête creature.

Vous ne perdrez pas de vue que M. d'Ombreval n'a pas l'air moins triste que Mad. de Crécy. La tante meurt de sa paralysie, laisse à sa niece douze cens livres de rente viagere, & vingt mille écus. Mais cette derniere somme sera donnée à condition que Mlle. de Jussy épousera le Dumesnil. Vous vous attendez bien que cet homme ne trouve pas grace aux yeux de Mlle. de Jussy, & qu'il restera à Dumesnil les vingt mille écus.

On s'apperçoit bientôt que M. d'Ombreval n'est pas indifférent à Mlle. de Jussy. Madame de Crécy redouble d'amitié pour elle; de jour en jour elle lui montre plus de confiance ; elle lui laisse entrevoir que son cœur nourrit un chagrin violent, dont cependant elle dissimule la cause. L'Abbé fait entendre à Mlle. de Jussy, que Madame de Crécy est devorée d'un amour secret

pour ce M. d'Ombreval, qui aime une autre femme, nommée Madame de Leuville. Sur ces entrefaites, Mlle. de Juffy reçoit une lettre de cette Madame de Leuville, qui vient de mourir. Voici ce que contient cette lettre : Rece-
» vez, Mademoiselle, la plus forte preuve de
» ma confiance & de mon estime. Je porte
» l'une & l'autre à un si haut dégré, que je
» vous ferai, presque sans peine, un aveu que
» tout autre que vous ne pourroit m'arracher.
» Je me suis longtems abusée sur mon état ;
» mais il n'est plus possible de se faire illusion.
» Je suis méconnoissable ; mes forces s'affoi-
» blissent de jour en jour ; je n'ai plus que peu
» de momens à vivre ; ma mort sera, pour un
» de vos amis, un coup bien sensible ; & c'est
» le seul regret que j'emporte avec moi. Vous
» seule, Mademoiselle, pouvez en adoucir l'a-
» mertume ; je sçais combien il vous est attaché ;
» pardonnez-le moi, j'en avois pris de l'om-
» brage : maintenant sans retour sur moi-mê-
» me, incapable de former de vœux que pour
» lui, j'envisage avec consolation les ressources
» qu'un attachement mieux placé & plus rai-
» sonnable lui procurera dans la suite. Vous
» êtes faits l'un pour l'autre, Mademoiselle ;
» suivez tous deux une si heureuse destinée.
» Cette lettre ne vous sera remise qu'après ma
» mort ; chargez-vous de l'annoncer à votre ami ;
» c'est un service que vous devez à son amitié,
» & j'ose dire à la mienne ; on vous remet-
» tra aussi de ma part un dépôt bien cher, der-
» nier & trop douloureux sacrifice. Vous voyez
» que je ne vous traite pas en rivale ; je n'ai
» pas la force d'en dire davantage ; ceci est écrit

» à plus de dix reprises. Adieu, Mademoiselle,
» pardonnez, oubliez toutes mes foiblesses ; mais
» conservez le souvenir de tous mes sentimens
» pour vous. «

Cette lettre est accompagnée du portrait de M. d'Ombreval, & d'une bague de femme. Mlle. de Jussy commence à être éclairée sur les aventures de son amant ; car elle en étoit éprise dans le fond de son cœur ; & il est tems que cette passion éclate. La demoiselle parle de cette lettre à M. d'Ombreval qui donne des larmes au sort de Madame de Leuville ; il demande à voir cet écrit : on lui répond qu'on l'a brûlé.

Madame de Crécy, qui aime toujours la jeune personne, se met en tête de vouloir la marier avec un homme de condition, riche & estimable, M. d'Ombreval vient lui-même l'engager à ne pas refuser ce parti : situation qui, vous le voyez, n'est pas neuve. » Le Comte
» de Kerlo est capable de vous rendre heureuse;
» sa fortune est considérable... Monsieur, j'y réflé-
» chirai ; je vous remercie..... Vous l'épouserez
» donc?... Ne me le conseillez-vous pas?... Oui...
» je le dois... mais.... Les sanglots lui coupèrent
» la parole. Je ne pus tenir contre sa douleur.
» Rassurez-vous, lui dis-je, je ne serai jamais
» au Comte de Kerlo, ni à aucun autre. Il
» se jetta à mes genoux avec transport, me baisa
» les mains mille fois ; puis, reprenant un air
» plus sombre..... Mais je m'opposerai donc à
» votre bonheur, à celui de mon ami ! Cruel
» secret !... Non, mon cher Comte... Vous
» ne vous opposerez ni à l'un ni à l'autre ; je
» suis contente de mon sort ; la fortune ne
» m'éblouit pas au point de l'acheter aux

» dépens de ma liberté. Votre ami n'est point
» amoureux «.

Conversation entre Madame de Crecy & Mademoiselle de Jussy, au sujet de ce mariage. La premiere apprend que cette demoiselle a une passion dans le cœur ; elle ne s'est pas expliquée. Madame de Crecy cependant, à cet aveu, se trouve mal. Il se passe entre ces deux femmes un combat de générosité ; ces deux rivales disputent à qui aura plus de grandeur d'ame & de vertu. Mademoiselle de Jussy est indignée (du moins elle croit l'être) que M. d'Ombreval résiste à l'attachement d'une femme que l'Univers devroit adorer.

L'amie de cette Héroïne admirable lui vante M. d'Ombreval, lui parle de son mérite, de ses vertus, & en le justifiant, rend Mademoiselle de Jussy condamnable à ses propres yeux. Madame de Crecy ne peut soutenir longtems ce rôle : elle tombe malade ; elle cherche à dompter sa passion, & raconte son histoire à Mlle de Jussy.

Elle étoit sortie du Couvent à l'âge de quatorze ans, avoit trouvé, chez son pere, M. d'Ombreval, qui étoit un enfant de dix ans. C'étoit le plus aimable enfant du monde. Il conçoit une passion décidée pour cette demoiselle ; il lui déclare son amour. Le pere ne pensoit pas comme la fille : elle épouse M. de Crécy. M. d'Ombreval entre dans le service, revient au bout de quelques années auprès de Madame de Crécy, plait beaucoup à son mari. Il veut parler d'amour : on lui ordonne un silence éternel. Il obéit. M. de Crécy meurt ; alors sa veuve offre sa main à M. d'Ombreval. Il se trouble, parle d'amitié Madame de Crécy entend son arrêt, demeure son amie, apprend qu'il est engagé à une autre femme qui meurt; & au moment que Madame de Crécy expire, elle trouve une autre rivale dans la petite personne qu'elle a accueillie. Enfin, elle se combat, elle triomphe d'elle-même, & presse Mademoiselle de Jussy d'épouser M. d'Ombreval. Mademoiselle de Jussy persiste toujours dans la noble résolution de ne pas épouser un homme qu'elle adore; on entrevoit pourtant que toutes ces façons de vertu s'évanouiront, & qu'elle cédera à la générosité de Mad. de Crécy, & à son propre penchant.

La Demoiselle Auteur de ce Roman a fait paroître, quelque tems après, une autre production, dont l'original est Anglois; & qu'elle s'est contentée de traduire, sans y rien ajoûter de son invention. Elle l'a publiée sous le titre de *Maria*; & il ne faut pas la confondre avec une autre traduction du même Ouvrage, imprimée en Hollande sous un autre titre & par une autre main.

Maria, ou Mémoires d'une Dame illustre.

Worthy se retiroit un soir, par un temps incertain, chez M. Weldonne, son ami. Un orage violent, accompagé de pluie, l'oblige de se refugier, avec le laquais qui l'accompagne, sous une porte cochere. Il entend des gémissemens; ce sont ceux d'une fille très-malheureuse. M. Worthy ne balance pas à lui offrir des secours. Sa femme est d'une jalousie extrême; il n'ose conduire chez lui cette fille infortunée; il la mene chez la femme de son Laquais, la confie à ses soins, la lui recommande, & se retire avec la satisfaction d'avoir secouru un être qui souffroit.

Il charge sa fille, Miss Henriette, d'aller voir le lendemain, Maria (c'est le nom de la personne qu'il avoit retirée). Henriette vole auprès de Maria ; les deux jeunes Miss s'intéressent mutuellement, & prennent beaucoup d'amitié l'une pour l'autre. Maria se dispose à raconter ses aventures à sa bienfaitrice, quand la porte de la chambre s'ouvre, & leur présente Madame Worthy, le visage pâle, les yeux enflammés. Elle s'avance avec précipitation vers sa fille en s'écriant : eh ! Henriette, êtes-vous aussi liée avec votre pere contre moi ? Alors, suffoquée par les larmes & par les soupirs, elle tomba sur un siége, qui heureusement se trouva derriere elle. Henriette se trouvoit dans un cruel embarras ; occupée d'un côté à soulager & à caresser cette mere si chere, victime de ses propres tourmens, & de l'autre à l'excuser en peu de mots auprès de Maria, qu'elle vouloit préparer à la scene qu'elle jugeoit devoir bientôt suivre ; car elle ne souffrit pas qu'elle se retirât, pensant que son absence feroit un plus mauvais effet.

Madame Worthy ne revient à elle que pour se livrer aux transports de sa fureur ; elle fait à Maria & à sa fille les reproches les plus humilians. Les larmes de Maria annoncent son innocence ; la réflexion ramène Madame Worthy à la raison ; elle a pitié de cette fille, dont la candeur & la beauté la touchent ; elle se détermine à la conduire chez elle ; ses inquiétudes ne sont pas tout-à-fait évanouies ; elle sera plus tranquille, quand elle aura Maria sous ses yeux.

Miss Henriette ne manqua pas de faire part à son pere de tout ce qui étoit arrivé. Ce pere respectable se réjouit de pouvoir adoucir l'infortune, sans exciter les soupçons d'une épouse qu'il aime ; il se refuse même le plaisir de voir

Maria. Il fait des recherches dans sa maison, pour sçavoir qui a pu avertir Madame Worthy; elles ne l'instruisent de rien. Ce n'est que long-temps après, qu'on découvre que c'est Sally-Price, femme-de-chambre de Madame Worthy, qui, connoissant la foiblesse de sa maîtresse, l'entretient par de faux rapports, & se fait un mérite du zèle qu'elle affecte.

Cette fille avoit fait la connoissance d'un nommé Casval, homme sans mœurs & sans principes, qui devoit hériter d'un bien considérable, & qui l'avoit séduite. La maison de la femme du laquais, où M. Worthy avoit conduit Maria, servoit à leur rendez-vous. Le soir même où cette aventure étoit arrivée, elle s'y étoit rendue; &, piquée de ce que son maître avoit troublé ses plaisirs, elle avoit raconté à sa maîtresse l'histoire de la jeune orpheline, & l'avoit ornée de mensonges qui avoient fait l'effet que l'on a vu.

Madame Worthy cependant avoit pris de l'amitié pour Maria; ses soupçons étoient dissipés; Sally-Price ne vit pas sans envie les bontés de sa maîtresse pour une inconnue; elle craignit que Maria ne la remplaçât; elle mit tout en usage pour la perdre; &, à force d'en dire du mal à sa maîtresse, elle parvint à l'ébranler.

Madame Worthy veut enfin apprendre les aventures de Maria. Au moment que celle-ci commence son histoire, elle est interrompue par un bruit qui se fait dans un appartement voisin. Madame Worthy reconnoît la voix de son époux, Maria, celle du Comte de Beaumont; elle frémit; elle implore la protection d'Henriette & de sa mere. Ce Comte est son persécuteur; il la demande à M. Worthy, & lui tient des propos très-vifs. La chaleur avec laquelle celui-ci prend le parti de Maria donne des inquiétudes à sa femme, qui ne voit que de l'amour où elle ne doit voir que de la générosité. Elle songe à veiller avec plus de soin sur la conduite de l'objet de ses soupçons.

Madame Worthy & Maria tombent malades; en peu de temps, leur état ne leur permet plus de se voir. Sally-Price profite de ces circonstances; elle augmente, par ses discours, les soupçons inquiets de sa maîtresse. Elle affecte, d'un autre côté, beaucoup d'empressement pour Maria; elle feint de la plaindre, lui fait part de la jalousie de Madame Worthy contr'elle, lui fait sentir que c'est la cause de sa maladie. Maria, qui ne recevoit plus de ces obligeans messages auxquels elle étoit accoutumée de la part de Madame Worthy, & qui se souvenoit du motif de la première visite qu'elle lui avoit faite, ne balança pas à croire tout ce que Sally-Price disoit; &, malgré la tendre amitié qui les unissoit, Henriette & elle, sa grandeur d'ame & la bonté de son cœur, ne lui permirent pas d'hésiter à prendre un parti, qui, en la séparant de son amie, pourroit probablement rendre la paix à une famille si chérie.

Elle se détermine à chercher un autre asyle. Elle consulte Sally, qui lui en offre un chez une de ses cousines, femme d'un Fermier de Sept-Fonts. Elle promet de le faire avertir, pour qu'il la vienne chercher. Il ne reste plus à Maria, qu'à trouver le moyen de s'échapper, sans faire soupçonner sa confidente, & sans qu'Henriette s'en apperçoive; elle profite d'un après-midi que son amie & son pere sont allés chez M. Veldonne; elle sort, soutenue par Sally, entre dans une auberge où elle trouve le Fermier, & part.

M. Worthy & sa fille, qui ne prévoyoient point cet événement, pleins d'admiration pour cette charmante Miss, en parloient à M. & à Madame Veldonne avec tous les transports qu'on a pour une personne que l'on aime. Leurs amis applaudissent à la protection qu'ils donnent à cette infortunée. » Hélas! disent-ils, nous avions » une fille qui devoit faire le charme de notre » vie; nous ne sçavons ce qu'elle est devenue; » peut-être souffre-t-elle «. Ces mots inspirent de la curiosité à M. Worthy. M. Veldonne, de l'aveu de sa femme, raconte son histoire à son ami.

Son pere avoit servi longtems sur mer; il s'étoit élevé au rang de Vice-Amiral; il avoit contracté dans son métier une dureté qu'il faisoit sentir à son fils. Voulant l'établir, il avoit demandé, sans le consulter, la fille du premier Commissaire de l'Amirauté: cette fille n'avoit, ni dans le caractere, ni dans la figure, rien qui pût toucher le cœur de M. Veldonne, à qui on la destinoit. L'amour qu'il avoit senti pour Fanny, augmentoit encore ses dégoûts: obligé de ménager un pere absolu, il parut se soumettre, & gagna du temps. Fanny avoit suivi le sien en Irlande. M. Veldonne, qui ne songeoit qu'aux moyens de la revoir encore, en trouva bientôt une occasion favorable. Un de ses parens mourut à Dublin; il fut chargé d'en aller recueillir la succession. Il partit, termina ses affaires, revit Fanny, la détermina à un mariage secret. Devenu libre par la mort de son pere, rien ne s'oppofa plus à fon amour ; Fanny le rendit pere d'une fille ; il s'embarqua quelque temps après pour fe rendre à Londres : une tempête le fit échouer fur les côtes de l'Ecoffe. Il alla par terre avec fa femme, & fa fille au berceau, à Edimbourg ; il s'y repofa quelque temps de fes fatigues.

Madame Blair, chez laquelle il logeoit, n'avoit rien négligé pour les amufer. C'étoit la veuve d'un Officier du Sceau, qui jouiffoit d'un revenu affez honnête ; elle s'étoit fi fort attachée à l'enfant de M. Veldonne, qu'elle fit tous fes efforts lorfqu'ils partirent, pour les engager à la lui laiffer, leur promettant de la leur ramener au plutôt : elle devoit faire inceffamment un voyage à Londres : ils y confentirent, pour épargner à un enfant fi jeune les fatigues du chemin après celles d'une tempête.

M. Blair leur écrivit fouvent : bientôt ils n'en reçurent plus de nouvelles. Quelles furent les inquiétudes de M. Veldonne ! Elles redoublerent, quand il reçut une lettre de Madame Blair, qui lui marquoit qu'elle étoit obligée de faire un voyage à Paris, & qu'elle y menoit fa fille ; il s'accufa de facilité, d'imprudence. Il voulut prendre des informations ; il apprit que cette Dame étoit Catholique, & que fon zèle pour fa Religion, l'avoit déterminée à enlever cet enfant, pour la faire élever dans un couvent. Ses recherches ne lui purent rien apprendre ; il promit en vain une récompenfe de deux mille livres fterling à qui lui en donneroit des nouvelles.

» Vous pouvez juger, continue M. Veldonne,
» à quel excès Madame Veldonne porta fa

» douleur, lorsqu'on lui eut appris cette terri-
» ble nouvelle. Le transport usurpa pour quel-
» que-temps la place de sa raison. Une ma-
» ladie dangereuse, occasionnée par l'épuise-
» ment des esprits & par des réflexions conti-
» nuelles sur ses malheurs, me fit craindre de
» perdre cette chere femme aussi bien que ma
» fille: quoique le temps ait un peu affermi
» notre résignation à la disposition divine des
» événemens; cependant les vingt années qui
» se sont écoulées depuis cette fatale perte,
» n'ont pû l'effacer de notre mémoire; chaque
» jour elle arrache des soupirs du fond de nos
» cœurs; & elle empoisonne pour nous toutes
» les douceurs de la vie «.

M. Worthy & sa fille consolent M. Veldonne; ils apprennent à leur retour le départ de
Maria, dans une lettre à Miss Henriette & à
sa mere; elle expose avec délicatesse les motifs qui l'obligent de s'éloigner, les remercie
de leurs bienfaits, dont elle ne conserve que
le portrait de son amie. Grandes allarmes dans
cette famille; Madame Worthy, éclairée sur
la fausseté de ses soupçons, mêle ses regrets
à ceux de sa fille & de son mari. On s'empresse à découvrir ceux qui l'ont aidée dans ce
projet; les recherches sont vaines.

La femme de ce domestique, dont la maison
avoit d'abord servi d'asyle à Maria, & qui étoit
le lieu des rendez-vous de Sally-Price & de
Casval, avoit entendu une conversation de cette
détestable créature avec son amant; elle se plaignoit de ce que ce dernier n'avoit pas tué Maria, & de ce qu'il s'étoit contenté de la livrer,
pour cinquante pistoles, à un Seigneur dont il ne
dit pas le nom.

Cette femme effrayée, va révéler cet affreux complot à M. Worthy, qui en frémit; son épouse n'en est pas moins indignée; elle chasse Sally. On fait chercher partout Casval, pour tirer de nouvelles lumieres de ce scélérat; il a disparu; on ne le retrouve plus. Ce malheureux, en conduisant Maria, avoit été tenté, profitant du trouble de la belle fugitive & du silence de la nuit, de recueillir le fruit de son crime, & de prévenir son acquéreur. Son innocence & sa dignité lui en ont imposé; il avoit rencontré un Carrosse dans sa route, & fait entendre à Maria, que le Cocher étoit de ses amis, & l'avoit engagé à y entrer pour faire son voyage plus commodément. Le Carrosse arrête devant une Ferme; une femme qui se dit Miss-Price la reçut à la portiere, l'invita à se reposer; surprise de ne point revoir son Conducteur, Maria demanda où il étoit: des affaires l'avoient arrêté à quelques milles de-là.

Cette excuse apparente est bien reçue. Pendant que Maria repose, l'Auteur nous ramene à Londres, où M. Worthy se donne envain tous les mouvemens imaginables pour la retrouver. Le Comte de Beaumont qu'il a été voir, lui proteste qu'il ignore absolument où elle est. Il n'a pas plus de nouvelles du Lord Belvidere, l'aîné de ses fils, homme perdu de débauches, digne en tout de son pere, qu'il prétend que Maria a voulu séduire. Toutes ces obscurités augmentent les craintes de M. Worthy; il se disposoit à partir pour la Campagne, où son usage étoit de se rendre dans la belle saison, lorsqu'un matin, Henriette, revenue à pied de chez une Dame, est arrêtée par un homme superbement mis, qui lui demande la permission de lui dire deux mots qui regardent Maria. A ce nom si chere, Henriette s'arrête, le priant avec vivacité de poursuivre ce qu'il avoit à dire.

« L'humanité, Madame, continua-il, m'a
» engagé à vous chercher; & ce motif me con-
» duisoit chez vous dans l'instant que je vous
» ai apperçue. Comme anciennement j'ai eu
» l'honneur de vous voir dans le Comté d'Yorck,
» où j'ai une maison assez proche de celle de
» M. Worthy, je vous ai reconnue aussitôt,
» quoique de l'autre côté de la rue. Miss Ma-
» ria que j'ai délivrée des mains de son ravis-
» seur (mais l'histoire seroit trop longue pour
» le présent) est actuellement chez une de mes
» tantes, fort près d'ici; elle est si malade qu'on
» lui donne peu d'heures à vivre; vous êtes le
» seul objet de ses regrets; votre nom est con-
» tinuellement dans sa bouche..... Ce seroit
» un grand acte de bonté, si vous vouliez con-
» descendre à la voir. Je vous conduirois im-
» médiatement chez ma tante, qui se trouvera
» fort honorée de vous recevoir; ou si vous
» voulez retourner chez Lady Vicars, & me
» permettre de vous accompagner, mon Car-
» rosse est à sa porte, & vous mènera plus
» promptement ».

Henriette, inquiéte du sort de son amie, consent à marcher sur le champ, sans aller chercher de voiture. L'inconnu l'accompagne respectueusement, & l'introduit dans une maison de grande apparence. Une femme vient l'y recevoir. Elle demande à voir Maria, se fait conduire à son appartement; on la mène de chambre en chambre, dans une qui est extrêmement reculée ; on l'y fait entrer, & l'on ferme la porte sur elle : sa terreur est inexprimable. L'inconnu la vient trouver peu de momens après, lui demande pardon de son procédé, l'impute à l'amour qu'il a conçu pour elle, lui propose sans façon de faire son bonheur ; au premier signe de consentement, il a un Ministre prêt.

Henriette répond avec fermeté à cet homme entreprenant ; il lui fait sentir qu'elle est en son pouvoir ; que son amour est trop violent pour ne pas profiter du piége où il l'a fait tomber ; qu'il est prêt à s'exposer à tout, plutôt que de ne pas recueillir les fruits de son crime ; il la quitte pour la laisser réfléchir sur sa proposition.

Henriette effrayée, s'abandonne aux larmes ; elle examine la chambre qui lui sert de prison, frémit de la trouver exactement fermée de tous côtés. Elle va à la fenêtre ; elle donne sur une cour ; l'élevation des murs & les grilles ne permettent pas de rien espérer de ce côté. Elle entend du bruit dans une maison voisine, dont les fenêtres donnent sur le même lieu ; elle appelle ; des personnes entendent ses cris, se montrent & lui promettent leurs secours ; ils volent. Pendant ce temps, l'inconnu qui l'a trompée, & qui a entendu ses cris, veut l'en punir, en lui faisant violence.

Henriette se défend avec tout le courage de la vertu ; elle alloit succomber, quand on enfonce la porte ; son ravisseur la quitte pour se défendre. Il tombe blessé d'un coup d'épée ; elle s'évanouit, revient à elle, & voit à ses côtés son libérateur, dont l'air noble devient encore plus intéressant par le service qu'il vient de lui rendre?

Le malheureux qui vouloit la déshonorer, n'est autre que Casval; il a reçu le châtiment de ses crimes; il meurt en les détestant, en demandant pardon à Henriette & en avouant la part qu'il a eue au malheur de Maria; il expire avant que de pouvoir nommer la personne à qui il l'a vendue.

Miss Henriette est conduite chez son pere par son libérateur, qui jouit des transports & de la reconnoissance de sa famille. Cet homme est le fils du Comte de Beaumont; mais il est haï de son pere & de son frere, parce qu'il a des vertus; il a toujours vécu loin d'eux; sa fortune est très-médiocre. M. Worthy s'empresse bientôt à l'augmenter. Il est instruit de l'amour qu'il ne manque pas de prendre pour sa fille; il l'approuve, & la lui promet avec une dot considérable. Leur hymen est différé jusqu'au retour du fils de M. Worthy, qui doit revenir incessamment de ses voyages.

Le bonheur de cette heureuse famille n'étoit troublé que par le souvenir de Maria. Cette fille infortunée, qu'on a laissée cherchant le repos dans la Ferme où Casval l'a conduite, se réveille le lendemain, & s'étant habillée pour sortir & pour prendre le frais dans la campagne, trouve, avec surprise, la porte de sa chambre fermée. Elle se rassure bientôt, parce qu'elle croit que c'est une précaution qu'on a prise pour sa sûreté. On lui ouvre enfin, pour la faire descendre; les bonnes façons de son hôtesse calment toutes ses craintes. Pendant qu'elle prend du thé avec elle, un homme en bottes entre dans la salle d'un air familier : il vient souhaiter le bon jour à
Mistris

Miſtris Price. » Lady Acinſvald, dit-il, a ren-
» voyé ſa femme-de-chambre ; il va à la Ville
» prier ſa ſœur d'en trouver une autre ». Maria
réfléchit ſur ce diſcours : elle a peu de reſſources ; ſi elle pouvoit être préſentée à cette Dame,
elle ſeroit tranquille ſur ſes beſoins ; elle auroit
un appui. Elle demande à ſon hôteſſe, ſi elle ne
pourroit pas la faire préſenter. On leve toutes les
difficultés. L'homme repart pour annoncer à Milady, que ſa commiſſion eſt faite. Une chaiſe à
quatre roues ſe préſente bientôt ; Maria y monte : ſon hôteſſe lui dit adieu en pleurant, & lui
remet entre les mains une lettre, dans laquelle
elle lui dit qu'elle la recommande.

Maria part ; le temps qu'elle reſte en route,
l'étonne. Le Poſtillon lui dit que les chemins
ſont mauvais, & qu'il a été obligé de prendre
un long détour. La nuit approche : Maria, par
curioſité, lit la lettre qu'on lui a remiſe ; elle
n'eſt point cachetée ; elle y trouve ces mots :
» Madame, mon cœur ſaigne pour vous ; je ſuis
» forcée d'en agir comme je fais ; mais je vous
» plains ; & c'eſt pour vous rendre ſervice que
» je vous écris. Seigneur, pardonnez-moi : mais
» n'allez point à l'endroit où vous penſez ; tout
» eſt un artifice de Milord Belvidere : nous
» ſommes ſes fermiers ; nous lui avons de gran-
» des obligations ; & nous le craignons. Autre-
» ment, je n'aurois pas voulu, pour le monde
» entier, agir comme j'ai fait. Je vous prie,
» Madame, de déchirer ce billet auſſi-tôt que
» vous l'aurez lû ; car je ſerois perdue. Je ne
» puis vous en dire davantage : faites ce que
» vous pourrez pour vous échapper «.

Maria ſe repent de n'avoir pas ouvert plutôt

cette lettre : elle se trouve dans des campagnes désertes, éloignées de tout village, sans espérer du secours. Un homme suit sa voiture ; elle n'a aucune facilité pour s'échapper. On la fait descendre dans une nouvelle ferme : son hôtesse la conduit dans une chambre ; elle la laisse avec Lucie, sa fille, qui lui tient compagnie, pendant qu'elle va travailler à sa cuisine. La physionomie intéressante de Lucie touche Maria, qui ne fait pas de difficulté de lui confier sa situation, & de lui demander du secours.

Lucie surprise, lui apprend que son pere est Fermier de Sir Thomas Jones, ami intime du Lord Belvidere. Ce dernier a fait passer Maria pour sa femme, qu'une dévotion mal entendue écarte de ses devoirs. C'est pour s'en rendre le maître, qu'il a employé toutes les machines que nous avons vues. Maria n'a que le temps de la désabuser.

Madame Holmes, son hôtesse, revient avec son mari & son fils nommé Roger. Tous ont pour Maria les égards les plus respectueux ; ils ne doutent pas de l'histoire que leur a faite le Lord Belvidere, & se réjouissent de voir ce Seigneur bientôt maître de la jeune épouse.

L'heure de se reposer étant venue, on conduit Maria dans sa chambre ; elle demande en vain à Madame Holmes de permettre que Lucie passe la nuit avec elle : on la laisse seule ; elle visite son appartement ; la porte ne se ferme pas : Il y a un cabinet voisin, qu'elle ne peut ouvrir pour voir ce qu'il y a dedans. Des pressentimens confus l'inquiettent ; elle se jette toute habillée sur son lit. Bientôt accablée de ses peines & de ses fatigues, elle s'assoupit ; la porte du cabinet s'ouvre, & la réveille; quelqu'un s'approche de son lit, & veut y entrer. Maria se leve, appelle du secours; on la poursuit; elle pousse des cris affreux; bientôt Lucie qui les entend, accourt: son frere Roger la suit avec un bâton & de la lumiere. Il frappe vigoureusement cet homme dont se défend Maria, & le force à lâcher prise; c'est le Lord Belvidere, qui s'enfuit en jurant de se venger.

Lucie reste pour consoler l'aimable Miss: son frere fait sentinelle à sa porte; elle conseille à Maria de feindre qu'elle est malade. Le lendemain, à la pointe du jour, Lucie ira chez M. Burnet, son parrain, le Ministre du canton, qui demeure à un mille de-là; elle lui racontera l'histoire de Maria, & le priera de permettre qu'on la conduise chez lui: pendant ce temps Roger ne la quittera pas, jusqu'à son retour.

Ce projet heureux s'exécute avec toute l'adresse possible. Le caractere tendre & compatissant de Lucie, la naiveté, la pitié grossiere de Roger présentent un tableau très-agréable. C'est la vertu, c'est l'honnêteté, l'innocence, la candeur même.

Maria est reçue avec bonté de M. Burnet & de sa fille, qui s'empressent à lui témoigner la part qu'ils prennent à son infortune. Elle revoit dans cette maison le Docteur Howard, qu'elle a connu chez le Comte de Beaumont, dont il étoit le Chapelain. Ce digne homme avoit été son conseil, son appui, sa consolation dans le temps de malheur, qu'elle a passé auprès de ce Seigneur. Le Docteur faisoit un voyage chez Lady Latimer, vieille Dame très-respectable, qui ne songe qu'à faire du bien. La maison de son ami M. Burnet se trouvant sur son chemin, il n'a pas voulu passer sans le voir. Maria, qui ne veut être à charge à personne, lui demande si elle ne pourroit entrer au service de Lady Latimer. M. Burnet s'oppose à ce desir; il la prie en vain de souffrir qu'il lui serve de pere; il est obligé de consentir à ce qu'elle desire; il va voir Lady Latimer avec le Docteur. Le bien qu'ils disent de Maria à cette Dame, l'intéresse en sa faveur. Les nouvelles entreprises de Belvidere, qui a découvert sa retraite, & qui veut l'enlever encore, déterminent M. Burnet, qui la conduit à Latimer, où elle est parfaitement bien reçue.

Lætitia, niece de cette Lady, vivoit avec elle, s'ennuyoit beaucoup de la dévotion de sa tante, soupiroit après les plaisirs & les dissipations de Londres, & ne se consoloit de la contrainte où elle se trouvoit, que dans l'espérance de l'héritage de Lady Latimer. Elle ne manqua pas d'être bientôt jalouse des bontés de sa tante pour Maria; elle cherche à lui nuire dans son esprit; mais cette Dame reconnoît son motif, & lui reproche son envie.

Lætitia cependant jouit de la liberté que lui donne l'assiduité de Maria auprès de sa tante; elle va dans le voisinage; dans le cours de ses visites, elle voit bientôt le Lord Belvidere; quelque sujet que Maria ait eu de se plaindre de lui, Lætitia veut lui inspirer de l'amour. Le Lord de son côté, dont les affaires & la fortune sont très-dérangées, se propose de les réparer avec les biens de Lady Latimer. Ces deux personnes feignent mutuellement de s'aimer. Lætitia, pour s'instruire mieux du caractere de ce Lord, engage sa tante à prier Mavia de lui faire le récit de son histoire ; elle n'a rien à réfuser à sa bienfaitrice.

Maria ne connoit ni son pere ni sa mere. Une femme nommée Madame Sergisson, veuve d'un Colonel au service de l'Angleterre, l'avoit menée en France, où elle l'avoit fait élever dans la Religion Catholique. Cette Dame étoit morte, & l'avoit confiée à Madame Nelson qui l'a conduite à Londres, dans l'espoir de lui faire retrouver ses parens. Cela étoit difficile ; Madame Sergisson n'avoit point dit qui ils étoient ; elle avoit seulement remis un oreiller & un couvre-pied d'un grand prix. Les soins qu'on se donne, n'ont aucun succès. Madame Nelson a envie de se retirer dans un couvent en France ; elle remet Maria dans les mains de Mylady Aston, Dame Catholique, qui se charge d'en avoir soin. Madame Nelson meurt bientôt, & ajoutant aux bienfaits de Madame Sergisson, elle forme à Maria une fortune de six mille livres sterlings.

Lady Aston est une hypocrite qui cache ses désordres sous les apparences de la piété. Elle épouse un Irlandois nommé Fitzgérald ; tous deux esperent rétablir leur fortune par ce mariage ; tous deux sont trompés. La fortune de Maria, dont ils jouissent, est dévorée par eux. Ils craignent le temps où ils seront obligés d'en rendre compte ; ils veulent le prévenir. Ils se déterminent à livrer Maria au Comte de Beaumont, qui l'aime & qui, instruit de son histoire, se fait passer pour en être le pere, la reconnoît & la conduit chez lui. Il se lasse bientôt de la contrainte où le retient le titre qu'il a pris ; il désabuse Maria, en la priant de le regarder comme un amant. Le Lord Belvidere, son fils, à qui il a fait connoître qu'elle n'est pas sa sœur, devient le rival de son pere, qui n'est pas disposé à lui céder. Tous deux s'emportent & mettent l'épée à la main ; ce combat horrible auroit eu des suites affreuses, si des domestiques, accourus au bruit, ne les avoient séparés. Le Comte de Beaumont fait enfermer son fils, & presse Maria de se rendre à ses desirs. Ses refus l'offensent & l'irritent ; il la chasse & la met hors de chez lui par un mauvais temps. C'est dans ce moment que M. Worthy l'avoit trouvée.

Lady Latimer est indignée des procédés des Beaumont ; cette histoire lui fait naître des idées ; elle se détermine à écrire à Madame Veldonne ; elle espere que Maria est la fille qu'ils ont perdue.

Un jour se promenant à l'entrée d'un bois, avec Maria & Lucie, elles entendent des cris ; elles avancent ; elles trouvent un homme qui dit être blessé dangereusement ; elle renvoye Lucie chercher ses domestiques pour faire transporter ce malheureux. Cette fille n'est pas plutôt partie, que trois hommes masqués accourent & se saisissent de Maria. Sa résistance & celle de Lady arrêtent ces furieux. Lady arrache le masque de l'un d'eux, qui se trouve être Belvidere. Leurs cris attirent un Voyageur inconnu, qui tombe sur les ravisseurs, blesse Belvidere, met en fuite les autres, aidé du domestique de Lady Latimer, qui, revenant avec Lucie, a précipité ses pas lorsqu'il a entendu les cris de sa maîtresse. On transporte au Château, Belvidere blessé, pour tâcher de le guérir ; l'inconnu les accompagne. C'est le fils de M. Worthy, qui revient de ses voyages. Il ne peut voir Maria sans l'aimer. De son côté cette jeune personne éprouve pour son libérateur, des sentimens plus vifs que ceux de la reconnoissance. Lady Latimer, qui les pénétre, veut faire leur bonheur.

Aux Lettres qu'elle a écrites à Madame Veldonne, elle en a jointe pour M. Worthy, qu'elle a invité à se rendre au Château. Le jeune Worthy repart pour aller voir sa famille, avec la permission de revenir avec elle. Pendant ce temps, le Comte de Beaumont, usé de débauches, se trouve à la fin de ses jours. Il avoit écrit au Lord Belvidere & au Colonel, ses fils, pour qu'ils vinssent recevoir ses derniers soupirs. Le Lord n'a pas fait grand cas de l'état de son pere; occupé de son projet, il a négligé de l'aller voir. Le Colonel, rempli de ses devoirs, accourut chez l'auteur de sa vie. La mort de cet homme est présentée avec les couleurs fortes, qui caractérisent le pinceau Anglois; c'est un vieux scélérat qui se trouve au moment d'aller rendre compte de ses actions. Il demande pardon à M. Worthy de ce qui s'est passé, lui avoue ses complots & ses intrigues pour tromper Maria, lui remet l'oreiller & le couvrepied, qui peuvent seuls servir à éclaircir sa naissance.

Après avoir rendu les derniers devoirs à cet homme, M. Worthy revient dans sa Terre où il amene le Colonel. Il y trouve son fils qui lui donne des nouvelles de Maria, & ne lui cache point l'amour qu'elle lui inspire. M. Worthy estime trop cette aimable fille, pour ne pas applaudir à ses sentimens, quand même elle ne retrouveroit pas ses parens. Ils partent tous avec M. Worthy.

Je ne vous parlerai pas de la joie de toute cette famille. M. & Madame Veldonne retrouvent leur fille dans Maria ; elle épouse le fils de M. Worthy ; Henriette devient la femme du Colonel ; & le Lord Belvidere, confus de ses erreurs passées, rendu à ses devoirs, épouse Lætitia avec l'agrément de sa tante. Ces familles heureuses n'oublient ni Lucie, ni son frere Roger, ni le Docteur Hovard, ni M. Burnet, dont la fille épouse le Docteur.

Tel est ce Roman, Madame ; il est rempli de sentiment & d'intérêt ; il respire la vertu, l'humanité, la religion. Le vice y reçoit la punition qu'il mérite ; on gémit de ses attentats, de l'art qu'il employe pour parvenir à son but. On pourroit trouver peut-être un peu trop de ressemblance dans quelques incidens. Henriette aime le Colonel qui l'a délivrée de Casval ; Maria commence par avoir la même obligation au fils de M. Worthy ; ces deux amans ne se font connoître l'un & l'autre, que par un service absolument semblable. Quelquefois les événemens ne sont pas assez liés. L'histoire de Maria est différée trop longtemps. Celle de M. Veldonne, dès le commencement, fait deviner au Lecteur qu'il retrouvera sa fille dans cette aimable Miss, & lui ôte le plaisir de la surprise. Les transitions ne sont pas toujours heureuses. L'Auteur passe quelquefois trop brusquement de Maria à ce qui se passe à Londres chez M. Worthy ; on la perd trop longtemps de vue, surtout dans des momens où sa situation intéresse. Tout cela cependant n'empêche pas que cet Ouvrage n'attache vivement le Lecteur.

Je suis, &c.

LETTRE XXXVI.

Après avoir publié dans les Journaux, de petits vers de société ou d'amusement, Madame Guibert les a rassemblés, & y a joint d'autres piéces, dont elle a formé un volume. Ce recueil débute par une Epître, dont voici le commencement, qui vous fera connoître l'âge de l'Auteur, & sa façon de penser sur plusieurs objets.

Madame Guibert.

En vain, trop tendre Itis, vous me peignez vos feux;
Je suis hors de cet âge, hélas! trop dangereux,
   Où la raison n'a que de foibles armes
    Contre l'enfant qu'on nomme Amour.
A présent, de sang-froid, je contemple ses charmes;
    Et je me redis chaque jour :
    J'ai trente ans; je ne dois plus plaire;
    Adieu jeunesse, adieu beauté;
    Quand mon amour propre est flatté,
    Ma raison me dit le contraire.
    Il est des plaisirs de tout temps;
    Mais celui qu'on goûte au bel âge,
    De ne trouver que des amans,
    Approche-t-il de l'avantage
    De ces aimables sentimens,
    Dont l'amitié remplit notre ame?
    Souvent de sinceres amis,
Sur de légers soupçons, sans grace sont bannis;
    On craint une indiscrette flamme;
    Et leurs airs d'amans sont punis.
    De la haine de mes semblables

J'éprouvois l'effet chaque jour,
Et les payois bien de retour.
Depuis un an, devant ma glace,
Je ne boucle plus mes cheveux.
Si je vous ai chéris, vains atours, danses, jeux,
C'est que, sans vous peut-être, Amour eut trouvé place
Dans un cœur qui n'étoit que trop fait pour aimer.
Cessez donc, jeune Itis, de vouloir me charmer ;
Un instant de foiblesse empoisonne la vie ;
A ma tranquillité porteriez-vous envie ?
  Laissez-moi jouir du bonheur
  Que m'offre la Philosophie.
Je devrois m'offenser de votre vive ardeur ;
Mais de votre destin je sens trop la rigueur :
  Quand, avec l'heureux don de plaire,
  Sans espérance on persévere,
Itis, & qu'on n'obtient qu'une tendre pitié,
C'est d'un sincere amour être trop peu payé....

Je crois, Madame, que vous applaudirez aux Vers suivans ; ils sont intitulés l'*Homme heureux possible*.

La vie est un instant ; il en faut profiter ;
Rejetter avec soin tout préjugé nuisible,
Croire un Dieu bienfaisant, croire un ami possible,
Et connoître le prix du bonheur d'exister ;
Caresser la folie, estimer la sagesse,
Aimer un seul objet, en être un peu jaloux,
Etre toujours fidele, & jamais n'être époux,
Effleurer les talens, les aimer sans foiblesse,
Paroître indifférent sur le mépris des sots,
Avoir le cœur ouvert sur ses propres défauts,

Être content de soi, mais sans trop le paroître ;
Enfin se croire heureux, c'est le moyen de l'être.

Madame Guibert sçait prendre le ton de la passion, quand l'amour lui a fait éprouver sa légereté, & qu'elle a eu le malheur d'écouter un ingrat. Une *Epitre à Ariste* prouve assez que l'Auteur ne pardonne pas l'infidélité.

  Ne viens point troubler ma retraite ;
  J'ai sçu me faire en ce séjour
  Une félicité parfaite.
J'ai tous les bons Auteurs, des fleurs & ma musette ;
  Et j'y badine avec l'Amour.
Je ne me pare point des fleurs que m'offre un traître ;
Tu célébras ma fête ; elle n'est plus pour toi :
  J'étois fidelle, il falloit l'être,
Et je n'aurois jamais vécu que sous ta loi.
  J'allarmai, dis-tu, ta tendresse
Par ma coquetterie & ma légereté.
Aurois-je vu durer deux lustres ta foiblesse,
  Sans tes rivaux, mon inégalité ?
Avec tous les talens, la candeur, la jeunesse,
  La beauté, même la sagesse,
  On voit s'enfuir la volupté,
Si l'on ne sçait mêler, avec un peu d'adresse,
L'amour, la jalousie & la fidélité.

Le Quatrain suivant me paroît un sentiment bien exprimé.

  De ta fausse félicité,
  Ingrat, connois l'erreur extrême ;
  Ah ! si tu sçavois comme on aime,
  Vanterois-tu ta liberté ?

Ceux-ci, Madame, ne vous plairont pas moins;
ce sont de ces jolies bagatelles, qui annoncent de la finesse dans l'esprit, & de la légereté dans la versification.

A M ***.

Judicieux Censeur, dont la plume légere
Sçait distinguer l'Auteur d'avec le plagiaire,
    Venge-moi d'un vol qu'on m'a fait;
  Je t'apprêtois quelques justes louanges,
  Lorsque le cœur trop plein de mon sujet,
    Je laisse entrevoir mon secret
A celui dont je veux qu'aujourd'hui tu me vanges.
D'abord, sur mon dessein, il trace ton portrait;
Il peint de ton esprit l'enjouement, la justesse:
    Ah!.... quand il t'écrira
  Les jolis vers que sa Muse t'adresse,
Pense qu'il m'a volé tout ce qu'il te dira.

A M ***.

    Tu méprises les douces loix
  Que l'amitié sçut tracer dans ton ame;
  Pour te livrer à la perfide flamme,
Dont un cruel enfant t'aveugla mille fois;
Songe qu'un jour tes sens seront glacés par l'âge;
Celle de caresser une trop douce erreur:
    L'amitié fait le vrai bonheur;
    L'amour n'en offre que l'image.

Madrigal.

    Pincer les cordes d'une lyre,
    Couronner les vœux d'un amant;

> Ce sont deux sortes de délire ;
> Mais celui qu'Apollon inspire,
> Est préférable au doux tourment
> Que ressent un cœur qui soupire ;
> L'un, l'esprit a sçu le produire,
> Et l'autre, le tempérament.

Enfin, Madame, si vous voulez le portrait de Madame Guibert, le voici peint par elle-même.

> Vive jusqu'à l'étourderie,
> Folle dans mes discours, mais sage en mes écrits,
> Ils sont presque toujours remplis
> Par des traits de Philosophie.
> Sensible pour l'instant, mais facile à changer,
> J'oublie, & quelquefois on peut me croire ingrate ;
> Je cherche à m'éclairer ; je crois ce qui me flatte ;
> Je fuis les envieux, sans vouloir m'en vanger ;
> Mon esprit est solide, & mon cœur est léger.
> Air gai, peau blanche, œil noir, & grandeur ordinaire ;
> Mes traits sont chifonnés ; ma taille est réguliere.

Je passe, à dessein, sous silence, plusieurs pieces de Madame Guibert, dont le genre pourroit bien ne pas vous amuser. Ce sont des Epitres, des Poëmes, des Vers de société, &c. Elle a fait aussi un Drame en cinq actes, intitulé *la Coquette corrigée, Tragédie contre les femmes*; une Comédie en un acte & en vers libres, qui a pour titre, *les Rendez-vous*; enfin, une troisieme piece, *les Filles à marier*, en un acte. Je ne parlerai que de cette derniere, après que je vous aurai fait part d'une Lettre plaisante & originale. Elle est de *Mademoiselle Jeanneton à son prétendu*.

» Regarde, amant trop impatientant, malgré
» mon peu de mérite, (quoique je n'en aye pas
» beaucoup,) j'avois pourtant trouvé quelqu'un
» qui avoit bien de quoi ; je t'aime pourtant
» mieux que lui : mais vois ce que c'est qu'une
» vie aifée ! j'y renonce pourtant pour toi. Va,
» va, pour notre malheur commun à l'un & à
» l'autre, je t'époufcrai ; &, puifque tu as fçu
» être fi fort de mon goût ; car moi déja, quand
» j'ai donné ma parole, c'est comme fi tous les
» Notaires y avoient paffé : ça vous fait bien voir
» que, quand on s'est entêté de quelqu'un, ce
» n'est pas le bien qui tente, ni qui fait le bon-
» heur.

» Avec ton lit conjugal ; apparemment que
» c'est que tu voulois me choquer. Crois-tu que
» je me marie pour des plaifirs qui ne font pas
» grand chofe, (quoique je ne les connoiffe pas
» bien.) Je finis ; car votre lettre est toute pleine
» de beaux détours qui me paffent. Que ne
» m'expliquez-vous vos fentimens, tous tels
» qu'ils font, comme quand vous me parlez avec
» moi, quand nous nous voyons.

» Avec votre rival, que vous me parlez tou-
» jours, quoiqu'il ait du mérite & de quoi ;
» qu'est-ce que vous voulez en parler ? V'là qu'est
» fini, puifqu'il est remercié. Pour en revenir,
» puifque vous me parlez de Religion, en avez-
» vous, pour vouloir faire comme vous dites,
» d'attenter à vous priver de la vie ? Si vous vous
» étiez tué, & que vous fuffiez mort, ah ! ça,
» voyons, dans quel état vous feriez ! auffi il est
» vrai que cette chofe-là que vous m'écrivez dans
» votre lettre, m'a affez tourmenté l'efprit, pour
» que je renonce à tout autre que vous ; & il en

» arrivera tout ce qui pourra. Voilà qu'est sini ;
» je sens bien que nous nous convenons : mais,
» sans vouloir trop paroître trop pressée, je vou-
» drois déja que cela fût fini ; car je vois bien
» que tout ce que vous avez dit est naturel,
» comme vous le pensez ; & ça ne seroit-il pas
» bien heureux, si nous étions bientôt liés en-
» semble par le lien conjugal? Vous n'auriez
» pas dû tant penser à ce rival que vous me par-
» lez tant; & si vous sçaviez, il ne m'a jamais
» tant montré son amour, que vous m'avez
» montré le vôtre : aussi je serois bien ingrate
» que de ne vous pas préférer à lui. Je suis bien
» fâchée que vous ayez pris la chose si à cœur,
» d'autant que je serai toujours sincere. Ah! ça,
» ne laissez pas voir ma lettre; car, quoique
» vous sçavez comme nous sommes tous deux,
» pas moins, ça ne me feroit pas de plaisir,
» parce qu'on pourroit penser mal, comme vous
» sçavez ce qui en est. A la fin, je finis, en
» vous assurant de penser à moi, comme je pen-
» serai à vous. Je ne vous écris que ce petit
» billet, parce que ma tante Catin, qui est ve-
» nue pendant que j'écrivois ce petit billet, m'a
» empêchée que je vous en dise davantage ; ainsi
» je finis ce petit billet, & suis votre, &c. «

Dans la Comédie *des Filles à marier*, M. Broton, Bourgeois, ouvre la scène avec ses trois filles, Cathis, Lolotte & Victoire, qui sont possédées du démon conjugal. Elles ne sortent jamais ; elles restent toujours chez elles ; il n'y a pas d'apparence que les amans viennent les y chercher. M. Broton, qui d'ailleurs les traite avec dureté, les exhorte à la patience ; Victoire, la cadette, aime Léandre ; il s'introduit dans la maison aussi-tôt que le pere est sorti; il voudroit vaincre les obstacles qui s'opposent à ses desirs; Babot, qui est la soubrette, lui propose un expédient.

Il faudroit boire un peu,
Vous griser.....

LÉANDRE.

Me griser !

BABOT *vivement.*

Ceci n'est pas un jeu;
Monsieur fait d'un bouchon sa retraite ordinaire;
C'est là qu'il adoucit sa bile atrabilaire;
Et qui peut, sur un banc, être assis près de lui,
Bavarder & brailler, deviendra son ami :
Moi-même, qu'au logis il bougonne sans cesse,
Quand je vais l'y chercher.....

LÉANDRE.

Eh bien.

BABOT.

Il me caresse;
Et moi qui sçais qu'il faut hurler avec les loups,
J'avale de bon vin deux ou trois petits coups;
Alors, tout plein d'amour, il dit : ma gouvernante,...
Est une honnête fille.... &....

LÉANDRE.

Fille complaisante.

BABOT.

Ecoutez; n'allez pas faire le dameret;
Il faut avec Broton aller au cabaret.

Léandre

Léandre se révolte d'abord de cette idée; il se détermine enfin à la suivre. Broton arrive à demi ivre; il a vu Léandre au cabaret; il en est très-content; il lui a offert une de ses trois filles, à son choix; & il épouse la cadette. Ce court exposé vous donne l'idée que vous devez avoir du talent de Mad. Guibert pour l'art dramatique.

Vous serez plus contente, Madame, de celui de Mademoiselle de Bermann, pour le genre oratoire. On m'a dit à Nancy, où j'ai [vu] son portrait dans la Salle de la Société Roy[ale] des Sciences & Belles-Lettres de cette Vill[e,] que cette Demoiselle, dont le portrait représe[nte] une jolie personne, avoit épousé un Gentilho[mme du] pays, dont on m'a dit le nom, que j'a[i oublié.] Elle s'est rendue célèbre en Lorraine [par un] Discours qui a remporté le prix d'éloqu[ence,] au jugement de cette même Société.

Mlle de Bermann.

» Ma jeunesse & mon sexe, dit [l'Auteur],
» rendent mon projet téméraire. A [peine par-]
» venue à cet âge où l'on apprend à [con]oître
» la vérité, j'ose essayer de mériter v[os suffra]ges;
» mais de jeunes mains ne cueillent[-elles] pas
» tous les jours des lauriers dans le c[hamp] de
» Mars? Minerve seroit-elle plus sévé[re que] le
» Dieu des combats? Bien des femmes [ont] eu
» le front orné de couronnes académ[iques];
» sans espérer leurs succès, j'entre dans [la mê]-
» me carriere. Je ne demande qu'une grace à
» mes Juges: peut-être suis-je ici la premiere
» qui leur offre le fruit de ses veilles. Je ne
» voudrois pas qu'on pût dire que je suis aussi
» la premiere, qui n'ait pas été digne de leurs
» suffrages. J'ai la gloire de mon sexe à cœur

Discours.

» les talens, l'éducation, l'étude, sont du côté
» de mes concurrens; rien du mien, que le de-
» sir, sans doute impuissant, de les imiter &
» de les atteindre. S'il arrive donc, comme il
» est probable, que des hommes éclairés l'em-
» portent sur une foible rivale, je prie ins-
» tamment mes Juges d'oublier que j'osai com-
» battre; je souhaiterois qu'on n'apprît qu'une
» Lorraine a concouru pour le prix, qu'en appre-
» nant en même tems qu'elle l'a mérité.

» Après avoir lû plusieurs écrits de morale
» & de belles-lettres, le parallele des uns &
» des autres m'a fait naître un doute, que je
» propose comme un problême à résoudre : lequel
» seroit le plus utile dans notre siecle, d'écrire des
» ouvrages purement de littérature ou de mo-
» rale ? J'entends par les premiers, tous ceux
» qui ne servent qu'à nous amuser, & à
» nous rendre plus sçavans ou plus éloquens.
» Dans la classe des autres, je comprends tous
» ceux dont le but est de nous rendre plus sages,
» de réformer nos mœurs, de nous éclairer
» sur nous-mêmes, sur nos défauts & sur ceux
» de nos semblables. Je me décide en faveur
« de la morale, parce qu'elle est plus utile &
» plus nécessaire que la littérature; parce qu'elle
» atteint souvent le but de la littérature, sans
» que la littérature ait le même avantage; par-
» ce que nous avons peu de bons livres en fait
» de morale, & que nous en avons beaucoup
» de littérature; parce qu'enfin notre siécle est
» aussi éclairé que corrompu.

» Le but de la morale, ses effets, sont les
» preuves de ma premiere proposition.

» Se connoître soi-même, en apprenant quels
» sont ses devoirs, apprendre à les remplir,

» n'est-ce pas de toutes les sciences & la plus
» utile & la plus nécessaire ? Telle est la mo-
» rale ; c'est la doctrine des mœurs, la régle
» de nos actions ; & s'il étoit un art d'être ver-
» tueux, je dirois l'art de la vertu....... Nous
» avons des défauts ; elle s'efforce de les dé-
» truire. Nous courons après la gloire ; elle nous
» en montre le véritable chemin. Nous voulons
» être heureux ; elle nous en indique des moyens
» infaillibles. C'est elle qui, le flambeau à la
» main, pénétre jusques dans les replis du cœur
» les plus cachés ; c'est elle qui nous fait tou-
» cher au doigt ces limites quelquefois imper-
» ceptibles qui séparent le bien du mal. C'est dans
» ses leçons que l'homme de bien puise cette
» noblesse de sentimens qui dirige toutes ses
» démarches. Ce sont ces préceptes qui ins-
» pirent au méchant, avec la honte d'être ce
» qu'il ne doit pas, le repentir de n'être pas ce
» qu'il devroit. Son étude forma les grands hom-
» mes, elle produisit les Héros. Sans elle, point
» de Socrate ; point d'Alcibiade..... Sans science,
» sans éloquence, je puis être utile à ma famille,
» à mes amis, à la société ; & le puis-je sans
» la vertu ?... Quelle différence entre la gloire
» de commander aux sciences même, par l'é-
» tendue des lumieres, & le mérite de com-
» mander à soi-même par la force de la raison ?

» Le parallele de la morale & de la littéra-
» ture amene naturellement celui d'Athénes
» & de Lacédémone : Athénes apprenoit à par-
» ler, Lacédémone à bien vivre. Un homme
» qui pense, dans laquelle des deux voudroit-
» il habiter, si elles subsistoient encore ? La-
» quelle des deux notre Roi choisiroit-il de gou-

» verner ? On ne lit encore aujourd'hui, qu'avec
» une admiration mêlée d'étonnement & de sur-
» prise, les prodiges qu'enfanta Sparte, Ré-
» publique illustre, Peuple de héros, dont tou-
» te la science fut celle du devoir ; toute l'é-
» loquence, de bien faire ; & toute la gloire,
» celle d'être homme de bien.

» La morale atteint souvent le but de la
» littérature ; & jamais la littérature n'atteint
» celui de la morale. C'est ma seconde pro-
» position......

» La morale peut amuser en corrigeant, éclai-
» rer l'esprit en réformant le cœur, donner en
» même temps des préceptes à l'un, & des lu-
» mieres à l'autre.... Tel est l'avantage parti-
» culier d'un bel Ouvrage de morale sur mille
» beaux Ouvrages de littérature. Ceux-ci ne
» peuvent que m'amuser & me rendre plus élo-
» quente ; celui-là peut, en m'amusant, me
» rendre plus éloquente & plus sage ; j'y trou-
» verai des préceptes pour l'un & des exemples
» pour l'autre.

» Télémaque pourroit être un Quintilien pour
» moi. L'art de l'Orateur qu'enseigne si bien
» ce dernier, est mis en œuvre tout entier dans
» le beau Roman de l'Archevêque de Cambrai :
» sa lecture vaut les leçons les plus instructives
» de l'éloquence.

» Quel modèle de bon goût, que les caractè-
» res & les mœurs du siecle ! Brillant dans le
» pinceau, variété dans les portraits, force dans
» les tableaux, vivacité dans les couleurs....
» Une diction pure, des idées rendues avec net-
» teté, un style aisé, coulant & quelquefois su-
» blime ; des expressions choisies, souvent neu-

» ves & cependant naturelles. Hazarderai-je de
» dire que ce chef-d'œuvre de morale appren-
» droit mieux la pureté du style, les agrémens
» & les finesses de notre langue, que la meil-
» leure Grammaire-Françoise ? Il me semble
» trouver abondamment Vaugelas & Bouhours
» dans la Bruyere, sans trouver cependant la
» Bruyere dans Vaugelas & Bouhours.......

» Nos Bibliothéques sont remplies de mor-
» ceaux d'éloquence & de chefs-d'œuvres de
» littérature ; mais il est peu de bons livres de
» morale ; nouvelle raison d'utilité, qui, se-
» lon moi, devroit engager nos Auteurs à tra-
» vailler moins sur des sujets de littérature, que
» de morale. Décorera-t-on en effet du nom
» d'Ouvrages de goût, d'Ouvrages estimables,
» mille productions séches & insipides, qui
» n'ont pas été censurées, parce qu'elles n'ont
» pas même été lues. Nous avons des Essais
» de morale, des Réflexions sur les hommes
» & sur leurs caractères, des Dissertations sur
» les mœurs, les passions, les vertus & les vi-
» ces : à le bien prendre cependant, cette abon-
» dance apparente n'est qu'une disette réelle ;
» les Auteurs de ces différens Livres ont man-
» qué leur but, d'épurer les mœurs & de for-
» mer la raison. Contens d'entasser raisonne-
» mens sur raisonnemens, la plûpart ont né-
» gligé les graces de la diction, comme des
» ornemens étrangers à leurs sujets ; très-peu
» ont approfondi leurs matieres ; & presque tous
» n'ont donné que des pensées froides & en-
» nuyeuses. Faut-il peindre avec force, animer
» le tableau, donner du feu & de la vivacité aux
» couleurs ? le pinceau leur tombe des mains ;

» leur plume languissante & foible trace, avec
» peine, des esquisses imparfaites; ils écrivoient
» sur les passions, comme des hommes qui n'en
» avoient aucune......

» Enfin notre siecle, aussi éclairé que corrom-
» pu, est la quatrieme raison qui m'engage à
» me décider en faveur des Livres de morale.
» Nul siècle plus poli, plus brillant que le
» nôtre & celui qui l'a précédé! Nul siecle plus
» fertile en grands génies, en Sçavans, en
» Orateurs, en Poëtes peut-on dire en hom-
» mes vertueux? L'esprit & le bon goût y fleu-
» rissent dans toute leur étendue ; la raison y
» jouit-elle de tous ses droits?.... Partout l'i-
» gnorance est bannie; le vice l'est-il?... Nous
» avons les lumieres & les graces d'Athénes & de
» Rome ; avons-nous les vertus de Lacédémone?
» Notre siecle ne peut être ni plus éclairé ni plus
» corrompu..... Combien d'Ecrivains de nos
» jours n'ont employé leurs talents pernicieux,
» qu'à distiller dans leurs Ouvrages un poison
» d'autant plus funeste, qu'il est plus subtil
» & plus caché. Livres odieux, dont le but n'est
» que de faire triompher le vice & l'irreligion;
» dangereux & méprisables Auteurs, qui ne doi-
» vent leur célébrité, qu'à notre peu de rete-
» nue & de sagesse. Mon dessein n'est pas ici
» de déclamer contre leur doctrine impie, ou
» de la combattre.... Je ne prétends pas non-
» plus attribuer aux sciences & aux arts, le dé-
» réglement des mœurs.... Je ne voudrois que
» réveiller l'émulation de nos Auteurs sur une
» matiere plus nécessaire & plus importante, que
» celle qu'ils traitent ordinairement ; matiere
» dans laquelle ils atteindront souvent le but

» qu'ils se proposent dans d'autres moins essentiel-
» les : matiere enfin sur laquelle nous avons peu
» d'Ouvrages capables de réformer les mœurs,
» dans un temps où il ne nous manque peut-
» être que la sagesse & la vertu «.

Je vais, Madame, vous parler de deux Ouvrages d'un genre bien différent de ceux qui ont fait la matiere des deux premiers articles de cette Lettre. L'un est un *Abrege de l'Art des accouchemens* ; l'autre présente des *Avis aux meres* qui nourrissent leurs enfans.

Madame du Coudray.

Art des Accouchemens.

Madame Lebourcier du Coudray, ancienne Maîtresse Sage-femme de Paris, après avoir exercé son art pendant seize ans dans la Capitale, fut attirée dans la province d'Auvergne. Sa réputation fit accourir auprès d'elle beaucoup de femmes infirmes, qui devoient leurs maladies à la mal-adresse des Sages-femmes ou des Chirurgiens de Village, qui les avoient accouchées. Pour prévenir de semblables malheurs, elle offrit de donner des leçons gratuites. L'Intendant applaudit à ce projet généreux ; & elle ouvrit son école. Mais comment se faire entendre de ces especes d'Automates ? Pour cela, elle imagina de construire une machine, une femme artificielle, dans laquelle elle introduisoit un fœtus, aussi artificiel. Par le secours de cette invention ingénieuse, que l'Académie a approuvée, elle parvint à montrer l'Art des accouchemens. Mais son zèle ne s'est pas borné à éclairer la contrée qu'elle habite; elle a voulu rendre ses lumieres utiles à toutes les Sages-femmes des Provinces ; &, pour cet effet, elle corrigea & augmenta ses leçons, & les donna au Public dans cet Abrégé, Ouvrage très-utile aux jeunes Sages-femmes, & généralement à tous les Eleves de cet Art.

L'objet de l'Auteur est de renfermer en peu de mots les vrais principes, & de les présenter sous un point de vue, qui puisse les faire comprendre par des femmes peu intelligentes. Combien y en a-t-il de cette espece qui, sans prévoir aucune suite fâcheuse, se mêlent d'accoucher! Et combien de malheureuses ne deviennent pas les victimes de cette ignorance! « La » seule compassion, dit Madame du Coudray, » m'a rendue Auteur; & n'écrivant point pour » les personnes éclairées, je ne sçaurois me » rendre trop intelligible. » En effet, ses vues sont très-bien remplies: elle traite, dans cet Ouvrage, de l'Accouchement & de la maniere dont on doit le terminer, soit que l'enfant se présente bien ou mal. Ses préceptes ne contiennent, à la vérité, rien de neuf pour les personnes instruites; mais, comme ils sont courts & exposés d'une maniere claire & méthodique, ils deviennent très-utiles aux Sages-femmes de la Campagne, qui sont peu susceptibles d'une instruction plus étendue.

Madame Corron. J'ai lu quelque part, qu'une autre Sage-femme appellée Madame Corron, née & établie à Paris, avoit publié en 1757 une Dissertation, en forme de lettre, sur les Accouchemens.

Avis aux meres. Le second Ouvrage, dont j'ai parlé ci-dessus, est un *Avis aux meres qui veulent nourrir leurs Enfans*, par Madame L***. Quoique l'avis soit adressé aux meres seulement, il est bon que les peres le lifent auffi. C'eft d'eux fouvent que viennent les plus grands obftacles, dont les meres s'autorifent pour ne pas nourrir. Ils trouveront ici des raifons de fentiment & d'intérêt, auxquelles il eft difficile de ne pas fe rendre.

La modefte mere qui a fait ce petit Ouvrage, ne vient pas, d'un ton dogmatique, annoncer à fes femblables, qu'il faut qu'elles nourriffent; elle fe contente de leur montrer comment il faut qu'elles s'y prennent, & que rien n'eft plus aifé ni plus avantageux. Ce qu'elle dit, par exemple, fur les moyens qu'une mere employe pour regagner la tendreffe de fon enfant, eft on ne peut pas mieux obfervé. ｡ C'eft une er-
｡ reur de s'imaginer qu'on fe fera aimer des
｡ enfans au même dégré, que fi on les avoit
｡ nourris; en leur faifant oublier la Nourrice,
｡ on leur a donné la premiere leçon d'indif-
｡ férence & d'ingratitude. La féparation de la
｡ Nourrice caufe à ceux qui font fenfibles, un
｡ chagrin cruel, qui nuit à leur fanté. Ils s'atta-
｡ chent enfuite à la premiere perfonne qui
｡ s'empare d'eux; fouvent c'eft à la bonne; &
｡ la politeffe eft ce qui refte pour la mere.
｡ S'il fe fait un fecond changement, l'enfant
｡ n'y eft plus fenfible, parce qu'il a déja appris
｡ à fe détacher. C'eft alors que ce fecond atta-
｡ chement, fut-il pour la mere, ne vaut pas
｡ le premier. On parvient à lui donner un air
｡ affable avec tout le monde; mais il n'aime
｡ perfonne. On trouve que les enfans fe dé-
｡ tachent en grandiffant: qu'y-a-t'il d'éton-
｡ nant, lorfque, loin de conferver leur pre-
｡ miere fenfibilité, on leur fait éprouver des
｡ chofes qui l'altérent? Ceux qui ne changent

« point de meres, conservent leur attachement
« pour elles toute leur vie; à moins que, par
« la suite, elles n'ayent avec eux une conduite
« mal entendue ». Tel est le ton de l'Ouvrage,
qui partout est plein de raison & de sensibilité.

Mlle Besuchet. On attribue à une Demoiselle Besuchet, née à Paris vers l'an 1704, des Stances sur le *Miserere*, & quelques Poësies fugitives.

Mlle de Bazincourt. Mademoiselle de Bazincourt, Pensionnaire du Roi à l'Abbaye de Long-champ, a mis au jour l'Abrégé de la Bible, en vers, dédié à la Reine, peu de temps avant la mort de Sa Majesté. Il ne sera pas accueilli favorablement de cette espece de Lecteurs, que le sujet prévient contre l'Ouvrage, ni de ceux qui lisent le texte même, ou les meilleures traductions. L'Auteur ne s'est proposé que l'instruction des jeunes personnes, & particulierement des jeunes Demoiselles. Il peut sur-tout convenir à toutes les maisons où il y a des enfans, & aux Couvens. Cette façon d'apprendre à la jeunesse les principaux traits de l'Ecriture, est plus facile que toute autre; les époques restent plus dans la mémoire. On trouve dans l'abrégé de Mademoiselle de Bazincourt, de la clarté, de la fidélité, & une rapide précision. Il y a plusieurs endroits rendus assez heureusement.

Je suis, &c.

LETTRE XXXVII ET DERNIERE.

JE compte, Madame, pouvoir renfermer dans cette Lettre, le reste de mes observations sur les écrits des Femmes Françoises. Il y en a plusieurs que je me contenterai de nommer, n'ayant vû aucun des ouvrages qu'on leur attribue.

J'ai lu dans quelques Journaux, que Madame Dupin, ci-devant Fermiere générale, a composé la Préface d'une certaine critique de l'Esprit des Loix, dont il n'a paru que très-peu d'exemplaires. Je ne parle pas de la traduction de plusieurs morceaux de Pétrarque, & de divers écrits de morale, qui ne sont point encore imprimés. *Madame Dupin.*

On assure que l'extrait du Système de M. Rameau, inséré dans le *Pour & Contre*, & l'*Histoire de la Succession d'Espagne du Comte Ottieri*, sont de la composition de feu Madame de la Popeliniere, sœur de Madame Dupin, & épouse d'un Fermier général de ce nom. *Mad. de la Popeliniere.*

On parloit, il y a vingt ans, d'une Comédie intitulée *la Coquette punie*, en cinq actes & en vers, lue en société, par Madame Louise Mignot Denis, niece de M. de Voltaire, & sœur de M. l'Abbé Mignot, Conseiller au Grand-Conseil, & Auteur de quelques Histoires estimées. Le séjour de cette Dame à Berlin, son retour avec M. de Voltaire, & le *Madame Denis.*

temps qu'elle a passé avec lui à Genève & à Ferney, n'ont pas peu contribué à la rendre célebre.

Mlle Hubert. Une autre femme qui a beaucoup écrit, & dont je n'ai pu me procurer les ouvrages, quelques recherches que j'aye pu faire, est une nommée Mlle Marie Hubert, Protestante, née à Genève, & morte près de Lyon le 13 de Juin de l'année 1753, âgée d'environ cinquante-neuf ans. Les Livres qui nous restent de cette Demoiselle, sont intitulés *le Monde fou préféré au monde sage* ; *le Systême des Théologiens anciens & modernes sur l'état des ames séparées du corps* ; *Suite du même Ouvrage* ; *servant de réponse à M. Ruchat* ; *Lettres sur la Religion essentielle à l'homme* ; *Supplément à ce même Ouvrage* ; *Réduction du Spectateur Anglois*. Voilà, Madame, tout ce que je peux vous en dire.

Mlles de Choppy, de la Croix & de Launai. Je trouve, dans le *Journal des Dames*, les noms de plusieurs femmes, auxquelles on attribue des *Poésies diverses*, sans nous dire en quoi elles consistent : telles sont Mesdemoiselles de Choppy, de la Croix, de Launai, que je n'ai pas l'honneur de connoître.

Mlle du Hamel. On parle aussi, dans le même Journal, de Mademoiselle du Hamel l'aînée, Auteur d'un Divertissement intitulé *l'Agnès*, en un acte, mêlé d'ariettes.

Mademoiselle Gaillard. Mademoiselle Gaillard, de la ville de Montargis, a inséré dans des feuilles périodiques, une Epître en vers, adressée à M. de Fontenelle.

Le *Journal des Dames*, dont j'ai souvent fait mention, a paru pendant quelque temps sous le nom de Madame de Maison-Neuve. J'ignore si elle y a eu d'autre part.

Madame de Maison-Neuve.

Plusieurs pieces de la Comédie Italienne doivent une partie de leur invention à Madame Favart, qui en a donné le sujet, perfectionné le plan, & procuré le succès, par la maniere dont elle a rendu les principaux rôles, sur un Théâtre dont elle fait les délices.

Madame Favart.

J'ai entre les mains les Ouvrages de quelques autres femmes, qui feront la matiere du reste de cette Lettre. Je commence par une petite Comédie en prose, en un acte, représentée au Théâtre Italien, avec un succès médiocre, en 1756, sous le titre de *Plutus, rival de l'Amour*. L'Auteur est Madame Hus, mere de la Comédienne de ce nom, & qui a joué elle-même la comédie en Province, & débuté sur le Théâtre de Paris.

Madame Hus.

Vénus, les trois Graces, l'Amour, Plutus, Mercure & la Folie, sont, Madame, les personnages de cette piece. Plutus & Mercure descendent du Ciel à Cythère. Jaloux de plaire aux Graces, Plutus invite Mercure à le servir. « Ton » éloquence, lui dit-il, charmera la beauté mê- » me, & me rendra possesseur des Graces qui » m'enchantent ». A quoi Mercure, tout habile négociateur qu'il est des plaisirs des Dieux, trouve quelques difficultés. « Je doute, répond- » il, que tes trésors puissent séduire les Gra- » ces : parées par la nature, elles méprisent tout » autre ornement ; & l'Amour, d'un seul re- » gard, étale à leurs yeux plus de charmes,

Plutus, rival de l'Amour.

» qu'elles n'en pourroient jamais découvrir dans
» l'immensité de tes richesses «.

Cependant Mercure remplit les fonctions de son ministere. Les Graces arrivent pour respirer le frais & cueillir des fleurs ; elles apperçoivent un enfant beau comme l'Amour ; c'est l'Amour lui-même : mais un peu déguisé, sans fleches & sans carquois, couché sur un lit de roses. Cette vûe les frappe ; elles raisonnent agréablement, & comme des Graces doivent faire sur le sort de cet enfant, & sur l'éducation qu'il convient de lui donner. Il se réveille ; & cette scène, qu'il enflamme de ses feux, a le ton le plus passionné, par les craintes, les desirs & les empressemens d'un amour trop séduisant, pour que les Graces lui résistent : elles ne se sauvent du péril que par la fuite.

Mercure & l'Amour se rencontrent par hasard, & se disent leurs vérités. Cette scène a peu d'effet. Mercure veut séduire les graces par les offres les plus brillantes ; il ne réussit pas. L'Amour se retrouve auprès d'elles, & acheve de les vaincre, en se prosternant à leurs pieds. Il se fait connoître pour l'Amour lui-même. Son triomphe est mêlé d'amertume : Vénus est inquiette sur l'absence du Dieu Mars. La Folie arrive comme la Folie, c'est-à-dire, sans sujet & par caprice. Elle ne veut qu'égayer la scène, & réussit. Elle amuse les esprits par de petits riens, critique la sagesse, fait l'éloge du caprice, & raconte quelques anecdotes & nouvelles du jour. Mais on oublie la rivalité de Plutus & de l'Amour ; & l'action demeure suspendue.

Enfin les deux rivaux se joignent ; tout se déclare contre Plutus ; tout conspire à sa défaite; il va cacher sa honte, en se rabattant sur les mortelles, puisque les immortelles lui ont résisté.

Comme l'inquiétude de Venus redouble au sujet de Mars, Mercure, qui disparoit un instant, revient lui dire que ce Dieu a combattu, loin d'elle, pour la gloire : il lui annonce ses triomphes & son retour prochain.

Dans le temps que Madame Hus fit jouer sa Piece, M. le Maréchal de Richelieu venoit de triompher de Mahon. On sent, dans ces circonstances, sur qui doit réjaillir l'éclat de cette allégorie. L'Amour, vainqueur de son côté, demeure pour toujours auprès des graces. Plutus n'a garde d'en approcher; souvent il ne les connoît pas.

La rivalité, qui fait le fond de la Piece, n'est pas bien établie, ni assez soutenue entre Plutus & l'Amour; ils ne se rencontrent qu'une fois; & c'est presque sans combattre, que l'Amour triomphe du Dieu des richesses.

Pour prévenir les Spectateurs en faveur de la Piece, le jour de la premiere représentation, on vit arriver sur le bord du Théâtre, Mlle Sylvia, chargée du rôle de la folie, qui adressa ce compliment au Parterre :

Par de longs complimens on vient pour vous séduire,
 Et pour mendier des succès;
 Je n'ai que deux mots à vous dire :
L'Auteur est une femme; & vous êtes François.

La Piece fut suivie d'un divertissement analogue au sujet, avec un Vaudeville composé par M. de Caux de Cappeval, Auteur de quelques Ouvrages de Poësies, que Madame Hus avoit prié de lui rendre ce service.

Mademoiselle l'Espinassi.

Un genre plus sérieux occupe les loisirs de Mlle l'Espinassi, dont les travaux littéraires ont pour objet l'éducation des personnes de son sexe. Le but de son *Essai sur l'éducation des Demoiselles*, est d'éloigner d'une jeune Eleve, toutes les passions dangereuses, & de la rendre aussi sensée, qu'aimable.

L'Auteur regarde l'éducation des premieres années comme très-peu de chose; elle veut qu'on en laisse le soin aux Nourrices & aux Gouvernantes. Employer la méthode la plus aisée pour apprendre à lire à la jeune enfant, la laisser babiller tout à son aise; acquérir sa confiance, répondre juste à ses questions, lui nommer les productions de la nature & les instrumens des différens Arts; donner la préférence à la nature, commencer par l'Histoire naturelle, & parcourir ainsi tous les Arts, placer sous ses yeux tous les objets relatifs aux connoissances qu'on veut lui donner, lui insinuer les premiers élémens de la Religion : voilà, à peu près, le plan d'éducation que propose, pour l'enfance, Mlle l'Espinassi. Elle recommande particuliérement qu'on fasse attention à tout ce qui peut échapper en présence d'une jeune Eleve. » Une petite fille de sept » ans, me disoit un jour, j'ai un Amoureux. » Un Amoureux, vous ! eh ! qu'en faites-vous... » Nous nous cachons derriere un paravant pour » nous embrasser.... Heureuse disposition ! On » rit de ces plaisanteries d'enfance; & elles sont » très-sérieuses. Qu'est-ce que l'idée d'un Amou- » reux à cet âge ? Elle est fort imparfaite ; ce- » pendant l'enfant, dans son petit raisonne- » ment, y attache une sorte de mal, puisque » pour le caresser, il se cache «.

L'éducation

L'éducation dont il s'agit ici, concerne un enfant de sept ans. On ne sçauroit trop tôt lui donner des Maîtres ; parce que ce n'est guères que dans la grande jeunesse, qu'on peut exiger d'une fille, une étude sérieuse. L'écriture doit suivre la lecture ; en même temps le Maître à danser & à chanter. Que les leçons se donnent en présence du pere & de la mere, ou de quelqu'un qui puisse remplir leur place. Le Clavessin, un Maître d'Arithmétique, la Géométrie élémentaire ; apprendre tout ce qu'une personne peut sçavoir en ouvrages d'aiguilles ; dès l'âge de dix ans ne plus quitter sa fille ; en être la gouvernante, l'amie : si une mere n'est pas capable de ces soins, mettre la jeune personne au Couvent, & ne l'en retirer que peu de temps avant de la marier ; ne la pas quitter même, jusqu'au moment de son établissement ; si elle est jolie, lui faire sentir que la beauté, sans le caractère, n'est rien ; si au contraire elle est laide, au lieu de l'humilier, lui faire sans cesse l'éloge de la vertu & de l'esprit ; lui dire que ce sont là les premiers agrémens & les seuls qui soient durables, &c. Tous ces préceptes sont très-bien détaillés par Mlle l'Espinassi.

Des Maîtres, l'Éleve doit passer à des Maîtresses - d'Histoire, de Géographie, de Dessein & de Physique. L'Auteur établit les régles qu'on lui doit prescrire sur un des points les plus importans, sur la Religion. En recommandant l'étude de l'Histoire, Mlle l'Espinassi s'éleve contre les Romans ; si cependant elle les permet, elle préfére les Contes de Fées & les Contes Arabes au Roman le mieux écrit ; parce que le merveilleux des Contes n'est pas dans la nature ; au lieu

Tome V. Pp

que plus le Roman est vraisemblable, plus il est dangereux.

« Vous pouvez juger, Madame, cette esquisse d'éducation ; je la crois judicieuse autant qu'honnête. Peut-être les idées ne sont-elles pas assez approfondies ; elle est écrite dans un style convenable, qui est clair & précis. Le plus grand défaut qu'on y puisse trouver, c'est qu'avec un tel plan d'éducation, un enfant apprendroit encore très-peu de chose ; il faut un pinceau plus vigoureux, plus détaillé ; & celui-ci n'est que délicat & ne fait qu'indiquer ».

Abrégé de l'Hist. de France. La connoissance de notre Histoire est une des parties essentielles que Mlle l'Espinassi fait entrer dans son plan d'éducation ; & pour la mettre plus à portée de ses Eleves, elle a voulu elle-même en faire l'Abrégé, & en a déja donné plusieurs Volumes qui ont paru successivement. Elle marche avec la plus exacte fidélité, dans la route qu'ont parcourue l'Abbé Velly & ses Continuateurs. Sa plume rend briévement les faits, sur lesquels se sont étendus ses guides. Persuadée avec raison, que le développement des causes, l'exposition des ressorts que fait mouvoir la politique, & un style trop étudié ne peuvent convenir à l'enfance, elle a dépouillé son Ouvrage de ces ornemens, & leur a substitué une maniere simple & naïve, propre à l'objet de son travail.

On ne sçauroit mieux faire, que de mettre son Abrégé entre les mains des enfans ; ils y apprendront l'Histoire de la Nation, qu'on leur laisse trop ignorer ; ils y trouveront des leçons de sagesse & de probité. Mademoiselle l'Efpinaffi, pour remplir ce but eſtimable, n'a pas perdu une occaſion d'en donner; c'eſt un mérite réel, qu'on ne ſçauroit diſputer à ſon Ouvrage.

Tandis que Mlle l'Efpinaffi s'exerçoit à abréger notre Hiſtoire, une autre Demoiſelle, Mlle de St Vaſt, s'occupoit à nous donner des Eſprits. Le premier eſt *l'Eſprit des Poëtes & des Orateurs du régne de Louis XIV*. Le but de l'Auteur a été de préſenter un Recueil moral, utile, inſtructif & amuſant. Il diviſe ſon Volume en deux parties; la premiere renferme toutes les penſées qui ont rapport à la Religion; on en a écarté avec ſoin toutes celles qui traitent des points de doctrine, agités parmi nous. La morale de la Religion eſt le principal objet de ce qu'on a recueilli. La ſeconde partie eſt conſacrée aux vertus morales, aux devoirs de tous les états, tels que la Philoſophie & la loi naturelle les indiquent. ″ Quoique le titre de ″ mon Livre n'annonce que les Poëtes & les ″ Orateurs, j'ai trouvé, dit Mlle de St Vaſt, ″ tant d'eſprit dans Madame de Sévigné, & ″ une tournure ſi naturelle à ſes penſées, que j'ai ″ jugé qu'elle pouvoit figurer avec ce que nous ″ avons de plus célébres, & que je ferois plai- ″ ſir au Public de les lui préſenter ″.

[marginalia: Mlle de S. Vaſt. L'eſprit des Poëtes]

Les Orateurs dans leſquels Mlle de St Vaſt a puiſé, ſont Fénelon, Fléchier, Boſſuet, & les Peres Bourdaloue, Maſſillon, Cheminais, Larue. Les Poëtes ſont les deux Corneilles, Racine, Campiſtron, Boileau, La Fontaine, Moliere, Regnard, Madame des Houlieres, Fontenelle. Je ne m'arrêterai pas ſur cette compilation; l'Auteur n'a, dans ces ſortes d'Ouvrages, que le mérite du choix ; celui-ci eſt bien fait ; Mlle de S.t Vaſt a eu ſoin de réunir les penſées qui, pour le fonds, peuvent avoir quelque rapport entr'elles ; ce qui donne un air d'enſemble à un Recueil de morceaux détachés.

Eſprit de Sully.

A ce premier Recueil a ſuccédé l'*Eſprit de Sully*, avec le portrait d'Henri IV, ſes lettres à M. de Sully, & ſes converſations avec le même. Ce Volume eſt diviſé par Chapitres : les premiers traitent de la Religion, de la morale, de l'économie & de la politique.

» Ce ne ſont jamais les bons Sujets qui man-
» quent aux Rois ; ce ſont les Rois qui man-
» quent aux bons Sujets. La grande difficulté,
» c'eſt de rencontrer un Prince qui ne cherche
» point, dans le Miniſtre de ſes affaires, le Mi-
» niſtre de ſes goûts & de ſes paſſions ; qui,
» uniſſant beaucoup de ſageſſe à beaucoup de
» pénétration, prenne ſur lui de n'apeller à rem-
» plir les premieres places, que les perſonnes
» dans leſquelles il aura connu un auſſi grand
» fond de droiture & de raiſon, que de capa-
» cité ; enfin, qui ayant lui-même des talents,
» n'ait point le foible de porter envie à ceux
» des autres. Cette jalouſie du mérite dans le
» Souverain, qui ſuppoſe pourtant qu'il en a lui-
» même, fait, en un ſens, plus de mal dans un
» Etat, que la haine qu'on lui connoit pour de
» certains vices, n'y fait de bien....

» Il n'eſt pas rare de voir des Miniſtres & des
» Confidens de Princes diſgraciés ; il n'eſt pas
» rare non-plus, qu'ils méritent ce traitement
» par des procédés reprochables. Lorſque cela
» arrive, eſt-ce véritablement les fautes que les
» Princes puniſſent ? Preſque jamais ; ils ſont

» par caprice, par légéreté, par orgueil, par
» mauvaise humeur, ce qu'il ne tiendroit qu'à
» eux de faire par le seul motif de la justice;
» il semble que le sort de la raison est de n'être
» écoutée, ni lorsqu'elle combat les passions,
» ni lorsqu'elle les conseille «.

On a rassemblé, dans cet *Esprit* dix-neuf lettres de Henri IV à Sully, qui peignent bien le caractère de bonté & la généreuse franchise de ce Prince. » Je suis fort proche de mes enne-
» mis, & n'ai pas quasi un cheval sur lequel je
» puisse combattre, ni un harnois complet que
» je puisse endosser ; mes chemises sont toutes
» déchirées ; mes pourpoints troués au coude ;
» ma marmite est souvent renversée ; & depuis
» deux jours, je dîne chez les uns & les autres,
» mes pourvoyeurs disant n'avoir plus moyen de
» rien fournir pour ma table «.

On trouve encore ici quelques-unes des conversations de ce Prince avec Sully. Il n'étoit pas heureux avec la Reine ; il se plaignoit souvent de sa mauvaise humeur, & vantoit les charmes qu'il trouvoit auprès de ses maîtresses. » Je ne
» reçois de ma femme, disoit-il, ni société,
» ni amusement, ni contentement ; elle n'a ni
» complaisance dans l'esprit, ni douceur dans la
» conversation ; elle ne s'accommode en aucune
» maniere ni à mon humeur, ni à mon tem-
» pérament. Lorsqu'en entrant chez moi, je
» veux commencer à lui parler familierement,
» & que je m'approche pour l'embrasser ou la
» caresser, elle me fait sentir une mine si froi-
» de, que je suis obligé de la quitter là de dé-
» pit, & de m'en aller chercher quelque con-
» solation ailleurs. Ma pauvre cousine de Guise

« est tout mon refuge, lorsqu'elle est au Lou-
« vre ; quoiqu'elle me dise bien des vérités
« quelquefois ; mais c'est de si bonne grace,
« que je ne m'en offense nullement, & que je
« ne laisse pas de rire avec elle ».

La derniere conversation de Henri avec Sully précéda de peu de jours le coup funeste qui le ravit à la France. Ce Prince avoit des pressentimens secrets, qui n'ont été que trop bien vérifiés. La Reine devoit être sacrée incessamment.

« Ah ! mon ami, disoit-il à Sully, que ce sacre
« me déplaît ! Je ne sçais ce que c'est ; mais mon
« cœur me dit qu'il m'arrivera quelque mal-
« heur. Par Dieu, je mourrai dans cette Ville ;
« je n'en sortirai jamais ; ils me tueront ; je
« vois bien qu'ils mettent toute leur derniere
« ressource dans ma mort. Ah ! maudit sacre !
« tu seras la cause de ma mort.

M. DE SULLY.

« Mon Dieu, Sire, à quelle idée vous tenez-
« vous là ? Si elle continue, je suis d'avis que
« vous rompiez ce sacre & couronnement, &
« voyage, & guerre. Le voulez-vous ? Cela sera
« bientôt fait.

HENRI IV.

« Oui, oui, rompez le sacre ; & que je n'en
« entende plus parler : j'aurai, par ce moyen,
« l'esprit guéri des impressions que quelques
« avis y ont faites ; je sortirai de cette Ville,
« & ne craindrai plus rien. Je ne veux point
« vous celer qu'on m'a dit que je devois être
« tué à la premiere magnificence que je ferois

» & que je mourrois dans un carrolle ; c'est ce
» qui fait que j'y suis si peureux.

M. DE SULLY.

Vous ne m'aviez pas, ce me semble, jamais
» dit cela, Sire. Je me suis plusieurs fois éton-
» né en vous entendant crier dans un carrosse,
» de vous voir si sensible à un si petit danger,
» après vous avoir vu tant de fois intrépide au
» milieu des coups de canons & de mousquets,
» & parmi les piques & les épées nues. Mais,
» puisque cette opinion vous trouble à ce point,
» en votre place, Sire, je partirois dès demain,
» & je laisserois faire le sacre sans vous, ou je
» le remettrois à une autre fois, & de long-
» temps je ne rentrerois, ni dans Paris, ni
» dans aucun carrosse. Voulez-vous que j'en-
» voye tout-à-l'heure à Notre-Dame & à Saint
» Denis faire tout cesser & renvoyer les ou-
» vriers.

HENRI IV.

» Je le veux bien ; mais que dira ma femme ?
» Car elle a merveilleusement ce sacre en tête.

M. DE SULLY.

» Elle dira ce qu'elle voudra ; mais je ne
» sçaurois croire que quand elle sçaura la per-
» suasion où vous êtes, qu'il doit être la cause
» de tant de mal, elle s'y opiniâtre davantage.

Un des principaux avantages de cette compilation, c'est que l'on relit toujours avec plaisir
les détails de la vie privée de Henri IV.

Mlle de Milly.

Il me reste, Madame, à vous parler de deux femmes, dont les noms n'avoient point encore figuré dans la Littérature, & dont les ouvrages n'y tiennent pas un rang fort distingué. L'une est Mademoiselle de Milly, qui a composé l'*Histoire du cœur*; & l'autre, Mad. Laboureys, qui nous a donné *les Métamorphoses d'une Religieuse*. Ce sont deux petits Romans, dont je ne vous entretiendrai que pour ne rien omettre de tout ce qui a fait jusqu'ici l'objet de mon travail.

Histoire du Cœur.

Julie, l'héroïne du Roman de Mademoiselle de Milly, est née à Bruxelles; sa mere l'a envoyée de bonne heure au Couvent à Paris. Elle y voit Madame Damonville, qui vient passer dans le même endroit, le tems de son veuvage; elle en apprend l'Histoire.

Madame Damonville, dans sa jeunesse, avoit été aimée du Comte d'Orvigny, pere de Julie; tout sembloit favoriser leur union; les parens même du Comte y consentoient, quoiqu'elle fût sans fortune. Des circonstances malheureuses forcerent d'Orvigny à chercher une épouse plus riche; il abandonna son amante; elle épousa M. Damonville, qui étoit déja âgé, & auquel elle donna un fils. Devenue veuve, elle étoit venue à Paris pour être plus près de son fils, qui faisoit ses études dans cette Capitale.

La vue de Julie lui avoit rappellé le Comte d'Orvigny, auquel elle ressembloit; elle n'avoit pu s'empêcher de chérir la fille d'un homme qu'elle avoit beaucoup aimé. Julie prit pour Madame Damonville autant d'amitié qu'elle lui en avoit inspirée. Trois ans après, on la tira de ce Couvent; sa mere la rappella à Bruxelles.

Le Marquis Damonville vint passer quelque temps dans la même Ville; Julie ne vit pas sans intérêt, le fils de son amie; le Comte d'Orvigny lui fit toutes sortes de caresses; il lui rappelloit une femme qu'il avoit aimée, que l'ambition seule l'avoit forcé d'abandonner: il l'invita à venir chez lui. La Comtesse, qui sçavoit les anciennes amours du Comte, ne voyoit pas sans chagrin tout ce qui les lui rappelloit. Elle n'avoit trouvé que de la froideur dans son mari; & elle l'imputoit au souvenir qu'il conservoit pour Madame Damonville.

La fortune de M. d'Orvigny étoit très-dérangée; il ne lui restoit que peu de biens. M. Damonville étoit très-riche; toutes ces raisons paroissoient prescrire le silence à Julie; elle ne répondit point aux sentimens du Marquis: affligé de son indifférence, il quitte Bruxelles. Madame Damonville est enchantée de l'amour de son fils; elle consent à lui donner Julie pour épouse; elle sera charmée de l'adopter pour sa fille; son cœur l'avoit déja choisie. M. d'Orvigny est pénétré de cette marque de bonté de la Marquise; il donne de bon cœur les mains à cet hymen.

» Il me faudroit dix cœurs, dit Julie, pour
» contenir les joies différentes que je ressens.
» Ma mere aime autant Madame Damonville
» que moi; elles se font mille caresses; & le
» Marquis, qui craint que je n'aie l'air d'une
» délaissée, s'occupe, pendant ce temps, à me
» faire les protestations les plus tendres. Il tour-
» mente mon pere pour l'accélération de la céré-
» monie. On a fixé notre union à quinze jours....
» Je suis au comble de mes vœux; je puis à pré-
» sent, à juste titre, appeller Madame Damon-

» ville ma mere ; mon mariage s'est fait hier ;
» j'ai obtenu que l'on ne donnât pas de fête,
» ensorte que notre union a été célébrée sans
» éclat. Mes deux meres semblent s'aimer da-
» vantage chaque jour ; mon pere n'a plus ces
» soins affectés auprès de Madame d'Orvigny ;
» je vois bien qu'il l'aime véritablement. Je ne
» puis m'empêcher de rire, quand je le vois avec
» Madame Damonville ; quelle différence de
» leur conservation avec celles qu'ils avoient il
» y a vingt ans ! Il semble qu'ils mettent tout
» leur plaisir à voir renaître leur ancien amuse-
» ment dans leurs enfans «.

Madame de Laboureys. Métamorphoses d'une Religieuse.

Je ne dirai que deux mots de l'Ouvrage de Madame de Laboureys. Il est question d'une jeune personne, que les mauvaises façons de sa mere forcent à se faire Religieuse. Elle ne fait pourtant point de vœux : elle quitte son Couvent & se marie. Elle a le malheur d'épouser un homme qui mange son bien & celui de sa femme, & qui est vingt fois sur le point de lui ôter la vie. Il lui fait éprouver les traitemens les plus cruels ; mais elle s'en trouve enfin débarrassée, parce qu'une mort prompte vient l'en délivrer. Devenue veuve, elle a beaucoup d'adorateurs ; elle donne la préférence à un Baron, avec lequel elle passe des jours heureux & tranquilles ; & c'est ainsi que finit ce Roman.

Je crains, Madame, que dans le cours de mes Lettres, je ne vous aye trop souvent entretenue de détails aussi peu intéressans ; mais vous avez voulu tout connoître, pour être en état de tout apprécier.

Je suis, &c.

Fin du cinquieme & dernier Tome.

TABLE
GÉNÉRALE ALPHABÉTIQUE

Des Personnes & des Ouvrages dont il est fait mention dans les cinq Volumes. Les plus grandes Lettres marquent les Personnes, & les petites, les Ouvrages.

MESDAMES
A.

ALISSANT DE LA TOUR, Tome V,	page 307
Epitres,	ibid.
ALTOUVITIS, T. I,	p. 104
ANONYMES, T. IV,	p. 606
Pensées errantes,	ibid.
Réflexions hazardées,	607
Lettres de Mademoiselle de Jussi, T. V,	p. 542
Maria, Roman traduit de l'Anglois,	550
ARCHAMBAULT, T. V,	p. 306

B.

BALETTI, T. IV,	p. 339
BARBIER, T. IV,	p. 84
Arrie & Petus, Tragédie,	id.
Cornélie, Trag.	86
Thomiris, Trag.	88
La Mort de César, Trag.	90
Autres Ouvrages,	93
BEAUMER, T. IV,	p. 525
Les Caprices de la Fortune,	ibid.
Poësies,	533
Allégories,	536

BEAUVAIS, T. I. p. 120
BELOT, T. V, p. 258
    Réflexions d'une Provinciale, 258
    Observation sur la Noblesse, 263
    Mélanges de Littérature, 264
    Nouradin & Almamoulin, ibid.
    Buhamar, 266
    Rustan & Mirza, 268
    Rasselas, 271
    Ophélie, 276
    Traductions d'Histoires, 290
BENOIT, T. V. p. 309
    Journal en forme de lettres, ibid.
    Mes principes, 311
    Pensées détachées, 318
    Elisabeth, 320
    Célianne, 330
    Lettres de Talbert, 332
    Sophronie, 345
    Agathe & Isidore, 351
    Triomphe de la Probité, Comédie, 365
    La Supercherie réciproque, Comédie, 369
BERMANN, T. V, p. 577
    Discours d'Eloquence qui a remporté le prix à Nancy, ibid.
BERNARD de Lyon, T. II, p. 137
BERNARD de Rouen, T. II, p. 481
    Lettre de M. de Fontenelle sur Eléonor d'Yvrée, 482
    Eléonor d'Yvrée, 483
    Le Comte d'Amboise, 502
    Inès de Cordoue, 515
    Suite d'Inès de Cordoue, 529
    Laodamie, Tragédie, 539
    Brutus, Tragédie, 541
    L'Imagination & le bonheur, fable, 547
BESUCHET, T. V, p. 586
BILLY, T. IV, p. 339
BINS, T. I, p. 120

TABLE.

BLÉMUR, T. I,	p. 454
BOIS-MORTIER, T. V,	p. 388
La Comtesse de Mariemberg,	ibid.
Histoire de Jacques Feru,	390
BOISSANGERS, T. II,	p. 140
BONTEMS, T. V,	p. 296
Les Saisons,	ibid.
BOURETTE, dite LA MUSE LIMONADIERE, T. V,	p. 397
Recueil en vers & en prose,	ibid.
Ode au Roi de Prusse,	398
BOURIGNON, T. I,	p. 310
Ses Œuvres,	312
BRAME, T. I,	p. 104
BREGY, T. I,	p. 346
Son portrait,	ibid.
Ses Ouvrages,	350
BRETONVILLIERS, T. II,	p. 137
BROHON, T. V,	p. 515
Les Amans Philosophes,	ibid.
Les Charmes de l'Ingénuité,	527
BRUN, T. IV,	p. 339
BUFFET, T. I,	p. 452

C.

CALAGES, T. IV,	p. 339
CAMBIS, T. I,	p. 120
CAMPION, T. V,	p. 390
Elégie,	ibid.
CASTILLE, T. II,	p. 140
CATELANS, T. IV,	p. 339
CAYLUS, T. II,	p. 395
CERTAIN, T. I,	p. 453
CHALVET, T. IV,	p. 339
CHANCE, T. II,	p. 136

CHARDON, T. V,	p. 303
CHEREMEAU, T. I,	p. 120
CHÉRON, T. II,	p. 125
Les Cérifes renversées, Poëme,	ibid.
CHEVRY, T. II,	p. 123
Ses Poësies,	ibid.
CHOPPY, T. V,	p. 588
CLAPISSON, T. II,	p. 305
CLÉMENCE DE BOURGES, T. I,	p. 102
CLÉMENCE ISAURE, T. I,	p. 32
CLERMONT, T. I,	p. 121
COLOMBIERE, T. IV,	p. 269
Réflexions sur les tremblemens de terre,	270
COMEIGE, T. II,	p. 140
CONTI, (la Princesse de) T. I,	p. 125
Les Amours de Henri IV,	ibid.
COSNARD, T. I,	p. 452
COSSON, T. V,	p. 307
CÔTE-BLANCHE, T. I,	p. 120
CRENNE, (Elisene de) T. I,	p. 119

D.

DACIER, T. II,	p. 396
Sa Vie,	397
Vie d'Homere,	413
Préface de l'Iliade,	416
Iliade d'Homere,	417
Préface de l'Odiffée d'Homere,	430
L'Odiffée d'Homere,	432
Caufe de la corruption du goût,	452
Défense d'Homere contre le P. Hardouin,	464
Traduction d'Anacréon,	466
Traduction des Œuvres de Sapho,	471
Comparaison de Plaute & de Térence,	474
DALET, T. II,	p. 164

TABLE.

D'Angennes, T. I,	p. 454
D'***. T. IV,	p. 543
Leçons de Chymie,	ibid.
De l'amitié,	552
Des passions,	569
Pensées & réflexions,	577
Avis d'un pere à sa fille,	580
Mémoires de Mademoiselle de Valcourt,	583
Lettres de deux amans,	592
Romans Anglois,	598
D'Armançay, T. II,	p. 138
D'Auchi, T. I,	p. 125
D'Aulnoy, T. II,	p. 166
Voyage en Espagne,	167
Mémoires de la Cour d'Espagne,	187
Mémoires de la Cour d'Angleterre,	204
Hyppolite, Comte de Duglas,	210
Suite du Roman d'Hyppolite,	224
Le Comte de Warvick,	239
Contes des Fées,	257
La Belle aux cheveux d'or,	ibid.
Fortunée,	262
Le Dauphin,	269
Le Prince de Carency,	278
D'Autray, T. IV,	p. 280
D'Autreval, T. II,	p. 395
De Laire, T. V,	p. 308
D'Entrecausse, T. III,	p. 181
Denis, T. V,	p. 587
Descartes, T. II,	p. 149
Ses Poësies,	ibid.
Deschamps, T. I,	p. 120
Deshoulieres, (Madame) T. I,	p. 516
Ses Poësies,	517
Deshoulieres, (Mademoiselle) T. III,	p. 151
Ses Poësies,	152
Desjardins, T. I,	p. 120

Desloges, T. II,	p. 305
Desroches, T. I,	p. 103
Dolième, T. V,	p. 307
Dorieux, T. II,	p. 140
Dorquier, T. II,	p. 165
Dourlens, T. II,	p. 136
Ses Poësies,	137
Douvrier, T. III,	p. 184
Dreuillet, T. II,	p. 477
Ses poësies,	ibid.
Du Boccage, T. IV,	p. 467
Le Paradis terrestre,	ibid.
La Colombiade,	491
Les Amazones, Tragédie,	504
Voyage de Madame du Boccage,	511
Du Chatelet, T. IV,	p. 311
Sa Vie,	ibid.
Institutions de Physique,	316
Principes de Mathématiques,	328
Du Corbet, T. V,	p. 305
Du Floncel, T. V,	p. 308
Du Fresnoy, T. II,	p. 165
Du Hallay, T. III,	p. 464
Du Hamel, T. II,	p. 305
Du Hamel, T. V,	p. 308
Dumont, T. IV,	p. 525
Du Noyer, T. III,	p. 1
Ses Mémoires,	ibid.
Réponse de son mari à ses Mémoires,	17
Lettres de Madame du Noyer,	25
Dupin, T. V,	p. 587
Duplessis-Bellière, T. IV,	p. 187
Duprat, (Anne) T. I,	p. 119
Duprat, (Philippine)	ibid.

Dupré,

TABLE.

Dupré, T. II, p. 141
Dupuis, T. I, p. 120
Durand, T. III, p. 185
   La Comtesse de Mortane, ibid.
   Lubantine, 186
   Mémoires de la Cour de Charles VII, 188
   Louis III, Roi de Sicile, 190
   Les petits Soupers de l'Eté, 192
   Le Comte de Cardonne, 199
   Les belles Grecques, 204
   Rhodope, ibid.
   Aspasie, 207
   Laïs, ibid.
   Lamia, 210
Dussé, T. III, p. 465
Dutort, T. IV, p. 289
Duval, T. II, p. 395

E.

Elie de Beaumont, T. V, p. 155
   Lettres du Marquis de Roselle, ibid.
Esnaut de Carouge, T. V, p. 411
Etienne, T. I, p. 120

F.

Fagnan, T. V, p. 189
   Kanor, ibid.
   Miroir des Princesses Orientales, 194
   Minet bleu & Louvette, 200
Favart, T. II, p. 165
Favart, T. V, p. 589
Fauques, T. V, p. 203
   Le Triomphe de l'amitié, 204
   Abbassaï, 213
   Contes du Sérail, 230
   Durboulour, 237
   Fazlillah, 241
Mémoires de Mademoiselle d'Oran, 242

Tome V.   Q q

TABLE.

FERRANT, T. II, p. 480
FERRIERES, T. III, p. 464
FEUILLET, T. II, p. 141
FLEURS, T. I, p. 120
FLEXELLES, T. II, p. 165
FLORE, T. I, p. 120
FONTAINE, T. IV, p. 34
   Aménophis, ibid.
   La Comtesse de Savoye, 45
FREDINE, T. II, p. 165

G.

GAILLARD, T. V, p. 588
   Epître à M. de Fontenelle, ibid.
GILOT, T. II, p. 378
GOMEZ, T. III, p. 466
   Journées amusantes, 467
   La Princesse de Ponthieu, 470
   Jean de Calais, 477
   Cent nouvelles nouvelles, 482
   Le Voleur amoureux, 483
   Histoire de M. Nifton, 486
   La Garde-malade, 491
   Les Amans cloîtrés, 496
   Histoire du Comte d'Hélemont, 510
   Crémentine, Reine de Sanga, 513
   Histoire de la Conquête de Grenade, 538
   Histoire du Comte d'Oxford, 545
   Histoire d'Eustache de Calais, 549
   Histoire d'Osman, 553
   Habis, Tragédie, 566
   Cléaque, Tragédie, 569
   Marsidie, Tragédie, 571
   Sémiramis, Tragédie, 573
   Les Epreuves, Ballet, 574
   Entretiens nocturnes, 576
   Anecdotes Persannes, 616
   La jeune Alcidiane, 631

TABLE.

Histoire du jeune Zelmatide, 635
GOURNAI, T. I, p. 121
GRAPHIGNY, T. IV, p. 94
  Sa Vie, ibid.
  Nouvelle Espagnole, 97
  Lettres d'une Péruvienne, 115
  Cénie, Pièce dramatique, 150
GRAVILLE, T. I, p. 121
GUIBERT, T. V, p. 569
  Recueil de Poësies & autres Piéces, ibid.
  Ses Comédies, 575
GUICHARD, T. V, p. 580
  Mémoires de Cécile, ibid.
GUILLAUME, T. I, p. 452
  Les Dames illustres, 453
GUYON, T. II, p. 108
  Ses Cantiques, ibid.
  Sa Vie, 111

H.

HABERT, T. I, p. 120
HARLAI, T. III, p. 644
HECQUET, T. V, p. 306
HÉERE, T. II, p. 305
HÉLOÏSE, T. I, p. 1
  Sa Vie, 2
  Ses Lettres à Abailard, 5
  Traduction de ces Lettres par M. Pope, 19
  Traduction de ces mêmes Lettres par M. Colardeau, 20
  Par M. Feutry, 27
  Par M. de Beauchamp, 28
HUBERT, T. I, p. 121
HUBERT, T. V, p. 588
HUS, T. V, p. 589
  Plutus, rival de l'Amour, Comédie, ibid.

I.

Itier, T. II, p. 306
Julien, T. V, p. 306

K.

Kéralio, T. V, p. 292
   Fables de Gay, *ibid.*
   L'Eventail, 293

L.

Laboreys, T. V, p. 602
   Métamorphoses d'une Religieuse, *ibid.*
La Bussiere, T. IV, p. 280
La Charce, T. II, p. 139
La Croix, T. V, p. 588
La Fayette, T. I, p. 460
   La Princesse de Montpensier, 461
   La Princesse de Clèves, 470
   Madame Henriette d'Angleterre, 485
   Mémoires de la Cour de France, 494
   Zaïde, 497
La Force, T. II, p. 307
   Histoire de Marguerite de Valois, 308
   Episodes, 309
   Gustave Vasa, 320
   Episodes, 331
   Histoire secrette de Bourgogne, 333
   Anecdote galante de la Duchesse de Bar, 345
   Les Fées, Conte des Contes, 355
   Plus belle que Fées, *ibid.*
   Persinette, 360
   L'Enchanteur, 361
   Tourbillon, 362
   Verd & Bleu, 363
   Le Pays des délices, *ibid.*
   La puissance d'Amour, 364
   La bonne femme, *ibid.*
   Epître à Madame de Maintenon, 367

TABLE.

LAGARDE THOMASSIN, T. IV,	p. 280
LA GORCE, T. IV,	p. 334
L'Amour & la Fortune,	335
LA GUESNERIE, T. V,	p. 450
Mémoires de Milédy B.	ibid.
LAMBERT, T. II,	p. 75
Avis d'une mere à son fils,	77
Avis d'une mere à sa fille,	81
Psyché,	87
Traité de l'Amitié,	88
Portraits de MM. de Fontenelle & de la Motte,	93
Traité de la vieillesse,	97
Réflexions sur les Femmes,	100
Discours sur la délicatesse,	103
La Femme hermite,	105
Alexandre & Diogene, Dialogue,	106
LA POPELINIERE, T. V,	p. 587
LA SUZE, T. I,	p. 335
Ses Poësies,	337
Sa Vie,	344
LA VALLIERE, T. II,	p. 140
L'AUBE-ESPINE, T. I,	p. 121
LA VIGNE, T. I,	p. 454
Ses Poësies,	ibid.
LAUNAI, T. V,	p. 588
LAURE, T. I,	p. 33
LE CAMUS, T. II,	p. 122
Ses Poësies,	ibid.
LE PAUTE, T. V,	p. 306
L'ESCLACHE, T. I,	p. 453
L'ESPINASSI, T. V,	p. 592
Essai sur l'Education,	ibid.
Abrégé de l'Histoire de France,	594
L'EVEQUE, T. IV,	p. 264
Le siécle,	ibid.

Lezé, T. V,	p. 308
L'Héritier, T. III,	p. 163
La Tour ténébreuse,	164
Ricdin, Ricdon, Conte,	165
Héroïdes d'Ovide,	179
Liborel, T. II,	p. 306
Liencourt, T. III,	p. 182
Ses Poësies,	183
Lintot, T. IV,	p. 340
Histoire de Mademoiselle de Salens,	ibid.
Louise Labé, T. I,	p. 72
Sa Vie,	ibid.
Débat de folie & d'amour,	75
Louvencourt, T. III,	p. 184
Louverni, T. V,	p. 307
Loyne, Provençale, T. I,	p. 120
Loyne, de Metz, T II,	p. 164
Lubert, T. IV,	p. 281
Amadis des Gaules,	ibid.
Léonille, Nouvelle,	287
Tyrannie des Fées détruite,	295
La Princesse Coque-d'œuf,	296
Le Prince Glacé & la Princesse Étincellante,	298
La Princesse Sensible & le Prince Typhon,	303
Lionnette & Coquerico,	304
La Princesse Couleur de rose,	308
La Princesse Camion,	309
Lussan, T. III,	p. 288
Histoire de la Comtesse de Gondès,	292
Les Veillées de Thessalie,	303
Histoire de Théminiès,	310
Histoire de Mélénide,	316
Histoire de Marie d'Angleterre,	323
Anecdotes de la Cour de Philippe Auguste,	334
Suite des Anecdotes de la Cour de Philippe Auguste,	345
Anecdotes de la Cour de François I,	370

TABLE.

Annales galantes de la Cour d'Henri II, 382
Mourat & Turquia, 394
Histoire du Regne de Charles VI, 408
Histoire de Louis XI, 421
Révolution de Naples, 433
Vie de Crillon, 446

M.

MAINTENON, T. I, 557
  Ses Lettres, 561
  Portraits, 569

MAISON-NEUVE, T. V, p. 589

MALENFANT, T. IV, p. 186

MARCHAND, (le) T. IV, p. 167
  Boca, Conte, 168
  Anecdote à ce sujet, 182
  Lettre de Madame Husson, ibid.

MARGUERITE, Reine de Navarre, T. I, p. 34
  Ouvrages de la Reine de Navarre, 36
  Contes de la Reine de Navarre, 37
  Le Gentilhomme qui meurt d'amour, ibid.
  Amadour & Florinde, 39
  Le Duc puni, 40
  Le Capitaine de Galere, 41
  La Vieille trompée, 42
  La Villageoise & le Bailly, 43
  Exemple de foiblesse humaine, 44
  Le Boucher & les deux Cordeliers, 46
  La Femme corrigée, 47
  Le Mari prudent, 48
  La Femme prudente, 49
  Le Mari ramené à son devoir, 50
  L'Amant trompé, 51
  La Femme d'un borgne, 54
  Avanture du Prince de Vendôme, 56
  La fausse Prude, 58
  Le Jeu des innocens, 60
  Punition plus cruelle que la mort, 64
  Indiscrétion involontaire, 69

TABLE

MARGUERITE de France, T. I,	p. 71
MARGUERITE de Valois, T. I,	p. 105
Ses Mémoires,	ibid.
MARIE de France, T. I.	p. 32
MARQUETZ, T. I,	p. 103
MASQUIERES, T. III,	p. 462
Ses Poësies,	ibid.
MAYOLLE, T. II,	p. 139
MAZEL, T. II,	p. 138
MENON, T. V,	p. 307
MILLY, T. V,	p. 600
Histoire du Cœur,	ibid.
MONTBRUN, T. II,	p. 395
MONTÉGUT, T. IV,	p. 273
Épitre,	274
MONTENAY, T. I,	p. 193
MONTMORT, T. IV,	p. 187
MONTPENSIER, T.	431
Ses Mémoires,	ibid.
Autres Ouvrages,	
Lettre au Roi,	437
Portrait,	441
MOREL, (Lucrece) T. I,	443
MOREL, (Diane)	p. 121
MOREL, (Camille)	ibid.
MOTTEVILLE, T. I,	ibid.
Ses Mémoires,	p. 287
Relation de la mort de Charles I,	288
	302
Pensées tirées de ses Mémoires,	305
MOUSSART, T. III,	p. 184
MURAT, T. II,	p. 550
Ses Mémoires,	ibid.
Les Finesses de la Jalousie,	563
Les Lutins de Kernosi,	568

TABLE.

Nouveaux Contes des Fées,	575
Anguillette,	579
Le Palais de la Vengeance,	581
Le Voyage de campagne,	587
Le Comte de Dunois,	592
Histoires sublimes,	606

N.

Nemours, T. I,	p. 352
Ses Mémoires,	353
Ninon-l'Enclos, T. I,	p. 317
Ses Lettres,	332
Nouvellon, T. III,	p. 181

P.

Parthenay, (Catherine) T. I,	p. 115
Partenay, (Anne) T. I,	p. 119
Pascal, (Françoise) T. I,	p. 452
Pascal, T. III,	p. 184
Patin, (Madame) T. III,	p. 181
Patin, (Gabrielle)	ibid.
Patin, (Charlotte)	ibid.
Pernette Guillet, T. I,	p. 102
Perrier, T. III,	p. 184
Plat Buisson, T. II,	p. 138
Plisson, T. V,	p. 307
Potar du Lu, T. IV,	p. 178
Le Songe,	ibid.
Prémontval, T. V,	p. 306
Prince de Beaumont, T. IV,	p. 364
Le Magasin des Enfans,	ibid.
Magasin des Adolescentes,	379
Instructions pour les jeunes personnes,	397
Education complette,	409
Mémoire de Madame de Batteville,	414
Lettre d'Emérance à Lucie,	428

Nouvelle Clarice, 446

   Depuis l'impression de cet Ouvrage, Madame le Prince de Beaumont a donné au Public le Magasin des pauvres Artisans.

PRINGY, T. III, p. 182

PUISIEUX, T. V, p. 106
  Conseils à une amie, ibid.
  Réflexions & avis, 107
  Les Caractères, 109
  La Comtesse de Zurlac, 113
  Zamor & Almanzine, 121
  Le Plaisir & la Volupté, 127
  Alzarac, 129
  Histoire de Mademoiselle de Terville, 134
  Mémoires d'un homme de bien, 150

PUISMIROL, T. II, p. 124
  Ses Poësies, ibid.

R.

RAMIEZ, T. II, p. 124
  Traduction de quelques Odes d'Horace, ibid.

RAZILLY, T. II, p. 121
  Ses Poësies, ibid.

RETAU DU FRESNE, T. V, p. 307

RICART, T. II, p. 124
  Ses Poësies, ibid.

RICCOBONI, T. V, p. 1
  Le Marquis de Cressy, 2
  Fanni-Butler, 14
  Juliette Catesby, 23
  Miss Jenny, 34
  Lettres de la Comtesse de Sancerre, 51
  L'Aveugle, Conte, 65

RICHEBOURG, T. IV, p. 49
  Ramire & Léonor, ibid.
  Persile & Sigismonde, 59
  Histoire de Troquelo, 69

TABLE.

Histoire de Ruperte, 71
Flore & Blanche-fleur, 80

ROBERT, T. V, p. 79
  La Paysanne philosophe, 80
  La Voix de la Nature, 87
  Voyage dans les Planetes, 94

ROCHECHOUART, T. III, p. 643

ROCHEGUILHEM, (de la) T. III, p. 70
  Histoire des Favorites, ibid.
  Marie de Padille, ibid.
  Léonore Tellez, 73
  Agnès Sorel, 77
  Julie de Farnese, ibid.
  Roxelane, 81
  Marie de Beauvilliers, ibid.
  Livie, ibid.
  Frédegonde, 82
  Nantilde & Eugénie, 85
  Marozie, 88
  Histoires galantes, 90
  Elisabeth d'Angoulême, ibid.
  Adelaïde, Reine de Hongrie, 91
  Agrippine, 92
  Tamerlan, 93
  Aventures grenadines, 104

ROHAN, T. I, p. 449
  Morale de Salomon, 451

ROLAND, T. II, p. 124

ROMIEU, T. I, p. 104

ROQUE MONTROUSSE, T. II, p. 138

S.

SAINT ANDRÉ, T. II, p. 140

SAINT AUBIN, T. V, p. 412
  Le Danger des liaisons, ibid.
  Mémoires de deux jeunes personnes, 433

SAINT BALMONT, T. I, p. 452

SAINT CHAMOND, T. V, p. 473
   Son portrait, 477
   Lettre à M. Rousseau, 478
   Eloge de Sully, 460
   Camédris, Conte, *ibid.*
   Eloge de Descartes, 506

SAINTE HELENE, T. II, p. 124

SAINT GERMAIN, T. IV, p. 600
   Lettres d'Henriette & d'Emilie, 601

SAINT MARTIN, T. II, p. 142
   La Reine de Lusitanie, *ibid.*

SAINTONGE, T. II, p. 369
   Histoire de Dom Antoine de Portugal, *ibid.*
   Ballet des Saisons, 379
   L'Intrigue des Concerts, Comédie, 380
   Griselde, Comédie, 381
   Balade, 386
   Circé, Opéra, 388
   Didon, Opéra, 392
   Diane de Montemayor, 394

SAINT PHALIER, T. V, p. 249
   Les Caprices du sort, 252
   La Rivale confidente, Comédie, 256

SAINT QUENTIN, T. II, p. 140

SAINT VAST, T. V, p. 595
   Esprit des Poëtes, *ibid.*
   Esprit de Sully, 596

SALIEZ, T. II, p. 113
   Ses Lettres, *ibid.*
   Ses Poësies, 119
   Ses Romans, 120

SAUVAGE, T. II, p. 140

SCUDERY, (Mademoiselle) T. I, p. 142
   Ibrahim, ou l'illustre Bassa, 144
   Episodes du Roman d'Ibrahim, 152
   Histoire de Roxelane, *ibid.*
   Histoire d'Axiamire & de Clangir, 159
   Roman de Cyrus, 165

Episodes du Roman de Cyrus,	175
Histoire d'Amestris,	ibid.
Controverse d'amour,	178
Histoire de Philoxipe & de Policrite,	179
Roman de Célamire,	188
Conversation de morale,	192
Pensées diverses,	196
Les Jeux,	197
Roman de Mathilde d'Aguilar,	198
Roman de Clélie,	208
Episodes du Roman de Clélie,	217
Histoire de Lysimene,	ibid.
Histoire d'Hortense & d'Elismonde,	224
Discours sur la gloire,	227
Roman d'Almahide,	228
Episodes du Roman d'Almahide,	238
Histoire d'Abindarrais,	ibid.
Histoire d'Abdala & de Fatime,	240
Pensées diverses,	248
Portrait,	251
Harangues héroïques,	256
Celinte,	271
Vers & Anecdotes,	285
SCUDERY, (Madame de) T. II,	p. 139
SÉGUIER, T. I,	p. 119
SENAICTAIRE, T. III,	p. 131
Orasie,	ibid.
SERMENT, T. II,	p. 135
Ses Poësies,	ibid.
SÉVIGNÉ, T. I,	p. 364
Son portrait,	368
Ses Lettres,	371
Plaisanteries & bons mots,	372
Réflexions morales,	382
Portraits,	388
Jugemens littéraires,	392
Anecdotes & événemens,	403
SIBERT, T. II,	p. 139
SIMIANE, T. III,	p. 465
STAAL, T. IV,	p. 1

Ses Mémoires, *ibid.*
L'Engoûment, Comédie, 24
La Mode, Comédie, 30

T.

TENCIN, T. III, p. 222
Le Comte de Cominge, 224
Lettre de M. Dorat, 239
Drame de M. d'Arnault, 243
Le Siége de Calais, 262
Les malheurs de l'Amour, 275

THYBERGEAU. Cette Dame dont il n'est fait aucune mention dans le corps de cet Ouvrage, parceque nous n'en avions alors aucune connoissance, a vécu jusques dans un âge fort avancé, conservant toutes les graces de son esprit. Elle est morte avant 1735. Il y a dans les Œuvres mêlées du Comte Hamilton, une Lettre d'elle, qui commence par ces vers :

Les Muses & l'Amour veulent de la jeunesse :
Je rimois autrefois, & rimois assez bien.
Aujourd'hui le Parnasse & la douce tendresse
Sont étrangers pour moi ; je n'y connois plus rien.

TRÉCIGNY, T. V, p. 416

V.

VANDEUVRE, T. III, p. 182
VATRY, T. III, p. 458
   Ses Poësies, 459
VERDIER, T. II, p. 141
VIEUX, T. II, p. 306
VILLARS, T. I, p. 545
   Ses Lettres, *ibid.*
VILLEDIEU, T. II, p. 1
   Les Désordres de l'Amour, 5
   Portraits des foiblesses humaines, 10
   Tragédie de Manlius, 12
   Nitétis, Trag. Com. 16
   Le Favori, Trag. Com. 17
   Les Exilés, 18
   Mémoires du Sérail, 24

TABLE.

Nouvelles Africaines,	ibid.
Annales galantes,	32
Histoire de Fratricelles,	ibid.
Les Galanteries grenadines,	41
Amours des grands hommes,	42
L'illustre Parisienne,	57
Journal amoureux,	60
Le Prince de Condé,	65
Mademoiselle d'Alençon,	68
Mademoiselle de Tournon,	ibid.
Henriette-Sylvie de Moliere,	69
Carmente,	72
Lysandre,	73
VILLENEUVE, T. IV,	p. 188
La Jardiniere de Vincennes,	193
Le Juge prévenu,	195
Contes des Fées,	201
La Belle & la Bête,	202
Les Nayades,	219
Le Beau-frere supposé,	247

Fin de la Table.

APPROBATION.

J'AI lû, par ordre de Mgr le Vice-Chancelier, un Manuscrit qui a pour titre : *Histoire Littéraire des Femmes Françoises, ou Lettres historiques contenant un précis de la Vie, & une analyse raisonnée des Ouvrages des Femmes qui se sont distinguées dans la Littérature Françoise*, & je n'y ai rien trouvé qui puisse en empêcher l'impression. A Paris, le 4 Décembre 1766. GUIROY.

PRIVILEGE DU ROI.

LOUIS, par la grace de Dieu, Roi de France & de Navarre : A nos amés & féaux Conseillers, les Gens tenans nos Cours de Parlement, Maîtres des Requêtes ordinaires de notre Hôtel, Grand-Conseil, Prévôt de Paris, Baillifs, Sénéchaux, leurs Lieutenans-Civils, & autres nos Justiciers qu'il appartiendra : SALUT. Notre amé JACQUES LACOMBE, Libraire à Paris, Nous a fait exposer qu'il desireroit faire imprimer & donner au Public un Ouvrage intitulé, *Histoire littéraire des Femmes Françoises, ou Lettres historiques & critiques contenant un précis de la vie & une analyse raisonnée des Ouvrages des*

Femmes qui se sont distinguées dans la Littérature Françoise; s'il Nous plaisoit lui accorder nos Lettres de Privilége pour ce nécessaires. A CES CAUSES, voulant favorablement traiter l'Exposant, Nous lui avons permis & permettons par ces Présentes, de faire imprimer ledit Ouvrage autant de fois que bon lui semblera, & de le vendre, faire vendre & débiter par tout notre Royaume, pendant le tems de six années consécutives, à compter du jour de la date des Présentes. Faisons défenses à tous Imprimeurs, Libraires, & autres personnes, de quelque qualité & condition qu'elles soient, d'en introduire d'impression étrangere dans aucun lieu de notre obéissance ; comme aussi d'imprimer, ou faire imprimer, vendre, faire vendre, débiter, ni contrefaire ledit Ouvrage, ni d'en faire aucun extrait, sous quelque prétexte que ce puisse être, sans la permission expresse & par écrit dudit Exposant, ou de ceux qui auront droit de lui, à peine de confiscation des Exemplaires contrefaits, de trois mille livres d'amende contre chacun des contrevenans, dont un tiers à Nous, un tiers à l'Hôtel-Dieu de Paris, & l'autre tiers audit Exposant, ou à celui qui aura droit de lui, & de tous dépens, dommages & intérêts, à la charge que des Présentes seront enregistrées tout au long sur le Registre de la Communauté des Imprimeurs & Libraires de Paris, dans trois mois de la date d'icelles; que l'impression dudit ouvrage sera faite dans notre Royaume & non ailleurs, en beau papier & beaux caracteres, conformément aux Réglemens de la Librairie, & notamment à celui du 10 Avril 1725, à peine de déchéance du présent Privilége; qu'avant de l'exposer en vente, le manuscrit qui aura servi de copie à l'impression dudit ouvrage, sera remis dans le même état où l'approbation y aura été donnée, ès mains de notre très-cher & féal Chevalier, Chancelier de France, le sieur DE LAMOIGNON, & qu'il en sera ensuite remis deux Exemplaires dans notre Bibliotheque publique, un dans celle de notre Château du Louvre, un dans celle de notredit Sieur DE LAMOIGNON, & un dans celle de notre très-cher & féal Chevalier, Vice-Chancelier & Garde des-Sceaux de France, le Sieur DE MAUPEOU; le tout à peine de nullité des Présentes. Du contenu desquelles vous mandons & enjoignons de faire jouir ledit Exposant, & ses ayans causes, pleinement & paisiblement, sans souffrir qu'il leur soit fait aucun trouble ou empêchement. Voulons que la copie des Présentes qui sera imprimée tout au long, au commencement ou à la fin dudit Ouvrage, soit tenue pour duement signifiée, & qu'aux copies collationnées par l'un de nos amés & féaux Conseillers, Secretaires, foi soit ajoutée comme à l'original. Commandons au premier notre Huissier ou Sergent sur ce requis, de faire pour l'exécution d'icelles, tous actes requis & nécessaires, sans demander autre permission, & nonobstant clameur de haro, charte normande & lettres à ce contraires; car tel est notre plaisir. Donné à Versailles, le quatrieme jour du mois de Février, l'an de grace mil sept cens soixante-sept, & de notre Regne le cinquante-deuxieme. Par le Roi en son Conseil.

LE BEGUE.

Registré sur le Registre XVII. de la Chambre Royale & Syndicale des Libraires & Imprimeurs de Paris, N°. 1088, folio 176, conformément au Réglement de 1723. A Paris ce 13 Mars 1767.

GANEAU, Syndic.